西方传统 经典与解释
Classici et commentarii
HERMES

HERMES

在古希腊神话中，赫耳墨斯是宙斯和迈亚的儿子，奥林波斯神们的信使，道路与边界之神，睡眠与梦想之神，亡灵的引导者，演说者、商人、小偷、旅者和牧人的保护神……

西方传统 经典与解释

Classici et commentarii

HERMES

尼采注疏集

刘小枫◉主编

尼采作为古代文史学者

Nietzsche as a Scholar of Antiquity

[美] 海特（Helmut Heit） 詹森（Anthony K. Jensen）◉编

纪盛 于璐◉译 冷昕然◉校

华东师范大学出版社

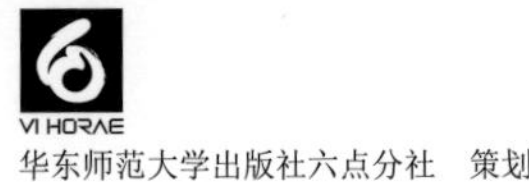

华东师范大学出版社六点分社　策划

古典教育基金·“传德”资助项目

“尼采注疏集”出版说明

尼采是我国相当广泛的读书人非常热爱的德语作家，惜乎我们迄今尚未有较为整全的汉译尼采著作集。如何填补我国学园中的这一空白，读书界早已翘首以待。

“全集”通常有两种含义。第一个含义指著作者写下的所有文字的汇集，包括作者并未打算发表的笔记、文稿和私信等等。从这一含义来看，意大利学者 Giorgio Colli 和 Mazzino Montinari 编订的十五卷本“考订版尼采文集”（*Nietzsche Sämtliche Werke*：Kritische Studienausgabe in 15 Bänden，缩写 KSA，实为十三卷，后两卷为“导论”、各卷校勘注和尼采生平系年），虽享有盛名，却并非“全集”，仅为尼采生前发表的著作和相关未刊笔记，不含书信。Giorgio Colli 和 Mazzino Montinari 另编订有八卷本“考订版尼采书信集”（*Sämtliche Briefe*，Kritische Studienausgabe in 8 Bänden）。

其实，未刊笔记部分，KSA 版也不能称全，因为其中没有包含尼采在修习年代和教学初期的笔记——这段时期的文字（包括青年时期的诗作、授课提纲、笔记、书信），有经数位学者历时数十年编辑而成的五卷本“尼采早期文稿”（*Frühe Schriften*：*Werke und Brief* 1854—1869；Joachim Mette 编卷一、二；Karl Schlechta /

Mette 编卷三、四;Carl Koch / Schlechta 编卷五)。

若把这些编本加在一起(除去 KSA 版中的两卷文献,共计二十六卷之多)全数翻译过来,我们是否就有了“尼采全集”呢?

Giorgio Colli 和 Mazzino Montinari 起初就立志要编辑真正的“尼采全集”,可惜未能全工,Volker Gerhardt、Norbert Miller、Wolfgang Müller-Lauter 和 Karl Pestalozzi 四位学者在柏林—布兰登堡学园(Berlin-Brandenburgischen Akademie der Wissenschaften)支持下接续主持编修(参与者为数不少),90 年代中期成就四十四卷本“考订版尼采全集”(*Nietzsche Werke Kritische Gesamtausgabe*,44 Bände,Berlin / New York, Walter de Gruyter 1967—1995,共九大部分,附带相关历史文献)。我国学界倘若谁有能力和财力全数翻译,肯定会是莫大的贡献(最好还加上 *Supplementa Nietzscheana*,迄今已出版七卷)。

“全集”的第二个含义,指著作者发表过和打算发表的全部文字,这类“全集”当称为“著作全集”(KSA 版十五卷编本有一半多篇幅是尼采 1869—1889 的未刊笔记,尼采的著作仅占其中前六卷,未刊笔记显然不能称“著作”)。尼采“著作全集”的编辑始于 19 世纪末。最早的是号称 Großoktavausgabe 的十九卷本(1894 年开始出版,其时病中的尼采还在世),前八卷为尼采自己出版过的著作,九卷以后为遗稿;然后有 Richard Oehler 等编的 Musarion 版二十三卷本(1920—1929)、Alfred Bäumler 编订的 Kröner 版十二卷本(1930 陆续出版,1965 年重印)。这些版本卷帙过多,与当时的排印技术以及编辑的分卷观念相关,均具历史功绩。

1956 年,Karl Schlechta 编订出版了“三卷本尼采著作全集”(*Werke in 3 Bänden*,附索引一卷;袖珍开本,纸张薄、轻而柔韧,堪称精当、精美的“尼采著作全集”)——尼采自己出版的著作精印为前两卷,卷三收尼采早期未刊文稿和讲稿以及“权力意志”遗稿。KSA 版问世后,Karl Schlechta 本因卷帙精当仍印行不衰——迄今已印行十余版(笔者所见最近的新版为1997年),引用率仍然很高。

Karl Schlechta本最受诟病的是采用了尼采胞妹编订的所谓“权力意志”遗稿(张念东、凌素心译本,北京:商务版1991)——由于没有编号,这个笔记编本显得杂乱无章(共辑1067条),文本的可靠性早已广受质疑。KSA版编辑尼采笔记以年代为序,从1869年秋至1889年元月初,长达近二十年(七至十三卷,近五千页),其中大部分不属遗著构想,所谓“权力意志”的部分仅为十二和十三卷(十三卷有贺骥中译本,漓江出版社2000;选本的中译有:沃尔法特编,《尼采遗稿选》,虞龙发译,上海译文版2005)。

有研究者认为,尼采并没有留下什么未完成的遗著,“权力意志”(或者“重估一切价值”)的写作构想,其实已见于最后的几部著作(《偶像的黄昏》、《善恶的彼岸》、《道德的谱系》、《敌基督》)——尼采想要说的已经说完,因此才写了《瞧,这个人》。按照这种看法,尼采的未刊笔记中并没有任何思想是其已刊著作中没有论及的。

研究尼采确乎当以尼采发表的著作为主——重要的是研读尼采或充满激情或深具匠心地写下并发表的文字。此外,尽管尼采的书好看,却实在不容易读(首先当然是不容易译),编译尼采著作,不仅当以尼采的著作为主,重要的是要同时关注注释和解读。

我们这个汉译“尼采注疏集”含三个部分:

1. 笺注本尼采著作全集——收尼采的全部著作,以KSA版为底本(其页码作为编码随文用方括号注出,便于研读者查考),并采用KSA版的校勘性注释和波恩大学德语古典文学教授Peter Pütz教授的“笺注本尼采著作全集”(共十卷)中的解释性注释(在条件许可的情况下,尽量采集法译本和英译本的注释——Gilles Deleuze/Maurice de Gandillac主编的Gallimard版法译全集本主要依据KSA版;英文的权威本子为“剑桥版尼采著作全集”)。

2. 尼采未刊文稿——选编重要的早期文稿（含讲稿和放弃了的写作计划的残稿）、晚期遗稿和书信辑要。

3. 阅读尼采——选译精当的文本解读专著或研究性论著/文集。

由此形成一套文本稳妥、篇幅适中、兼顾多面的“尼采笺注集”，虽离真正的“汉译尼采全集”的目标还很遥远，毕竟可为我们研读尼采提供一个较为稳靠的基础。

“尼采注疏集”是我国学界研究尼采的哲学学者和德语文学学者通力合作的结果，各位译者都有很好的翻译经验——这并不意味着译本无懈可击。编译者的心愿是，为尼采著作的汉译提供一种新的尝试。

刘小枫

2006年5月

古典文明研究工作坊

西方典籍编译部甲组

说实话，我宁愿去巴塞尔大学当一名教授也不想成为神。

致布克哈特，1899 年 1 月 6 日

确实，我也研究语文学；不过，那早已无需你我的关注。

致布兰迪斯，1888 年 4 月 10 日

Anthony Jensen 以此书纪念 Robert Rethy 和 Steven K. Strange

Helmut Heit 将此书献给 Joachim Müller-Warden

目 录

致 谢

感谢大众汽车基金会(Volkswagen Foundation)对促成本书的学术会议所给予的慷慨资助。特别感谢柏林工业大学(Technische Universität Berlin)主持举办此次活动,也要感谢柏林尼采研讨会(Berliner Nietzsche Colloquium)的每一位成员,尤其是 Lisa Heller。

本书的筹备与发行得到了大众汽车基金会、洪堡基金会(Alexander von Humboldt Foundation),以及普罗维登斯学院(Providence College)哲学系及其资助研究委员会的支持。本书的编者对他们的支持表示深深的感谢。

我们还要感谢布鲁姆斯伯里出版社旗下连续国际出版集团(Continuum-Bloomsbury)的审稿人和编辑人员,尤其是 Rachel Eisenhauer、Colleen Coalter、Nick Fawcett、Kim Storry、Kim Muranyi 和 Camilla Erskine。

感谢格鲁伊特出版社(Walter de Gruyter Press),尤其是 Tiziana Ziesing,感谢允许我们在本书再刊 Jonathan Barnes 的论文以及 Glenn Most 与 Thomas Fries 合著的论文。我们还要感谢 Tilman Borsche 的编辑团队,允许我们翻译并再刊 Most 及 Fries 的论文。

还要特别感谢 Henry Albert、Laura Fatuzzo、Phillip Roth 和 Ian Thomas Fleishman 在多语言和跨学科翻译方面的辛勤努力；我们也要感谢 Kelly Hudgins 在格式和编辑方面的细心协助，感谢 Axel Pichler 提供的编辑建议、校样检查和索引编译。

缩略语

BAB *Historisch-kritische Gesamtausgabe*: *Briefe*, 4 vols., edited by Joachim Mette, et al. (Munich, 1933—1943)《据实-考订版全集:书信》

BAW *Historisch-kritische Gesamtausgabe*: *Werke*, 5 vols., edited by Joachim Mette, et al. (Munich, 1933—1943)《据实-考订版全集:著作》

GA *Friedrich Nietzsche*, *Werke* (*Großoktav-Ausgabe*), 19 vols., edited by the Nietzsche-archive (Leipzig, 1894—1913)《尼采作品(大全集)》

KGB *Kritische Gesamtausgabe*: *Briefwechsel*, edited by Giorgio Colli and Mazzino Montinari (Berlin, 1975ff.)《考订本全集:书信》

KGW *Kritische Gesamtausgabe*: *Werke*, edited by Giorgio Colli and Mazzino Montinari (Berlin, 1967ff.)《考订本全集:著作》

KSA *Sämtliche Werke*: *Kritische Studienausgabe*, 15 vols., edited by Giorgio Colli and Mazzino Montinari (Berlin, 1988)《全著作:考订研究版》

KSB *Sämtliche Briefe*:*Kritische Studienausgabe*,8 vols.,edited by Giorgio Colli and Mazzino Montinari (Berlin,1986)《全书信:考订研究版》

引用的尼采具体出版作品,使用以下缩写:

AOM *Vermischte Meinungen und Sprüche*(in *Menschliches Allzumenschliches II*);《杂乱无章的观点和箴言》(*Assorted Opinions and Maxims*)

BGE *Jenseits von Gut und Böse*;《善恶的彼岸》(*Beyond Good and Evil*)

BT *Die Geburt der Tragödie*;《肃剧的诞生》(*The Birth of Tragedy*)

CW *Der Fall Wagner*;《瓦格纳事件》(*The Case of Wagner*)

D *Morgenröthe*;《朝霞》(*Dawn*)

DS *David Strauss* (*Unzeitgemäße Betrachtungen I*);《施特劳斯——表白者和作家》

GM *Zur Genealogie der Moral*;《道德的谱系》(*On the Genealogy of Morals*)

GS *Die fröhliche Wissenschaft*;《快乐的科学》(*The Gay Science*)

HH *Menschliches*,*Allzumenschliches*;《人性的,太人性的》(*Human*,*All Too Human*)

HL *Vom Nutzen und Nachteil der Historie für das Leben*(*Unzeitgemäße Betrachtungen II*);《论史学对生活的利与弊》(*On the Use and Disadvantage of History for Life*)

IM *Idyllen aus Messina*;《墨西拿的田园诗》

RWB *Richard Wagner in Bayreuth*(*Unzeitgemäße Betrachtungen IV*);《瓦格纳在拜罗伊特》

SE *Schopenhauer als Erzieher*(*Unzeitgemäße Betrachtungen III*);《作为教育者的叔本华》

TI *Götzen-Dämmerung*;《偶像的黄昏》(*Twilight of the Idols*)

UM *Unzeitgemäße Betrachtungen*;《不合时宜的沉思》(*Untimely Meditations*)

WS *Der Wanderer und sein Schatten*(in *Menschliches Allzumenschliches II*);《漫游者和他的影子》(*The Wanderer and His Shadow*)

Z *Also sprach Zarathustra*;《扎拉图斯特拉如是说》(*Thus Spoke Zarathustra*)

其他经常引用的私人出版物、授权手稿、和尼采未出版的作品及笔记的缩写:

A *Der Antichrist*,《敌基督者》(*The Antichrist*)

DD *Dionysos-Dithyramben*;《狄俄尼索斯颂歌》(*Dionysian Dithyrambs*)

DW "Die dionysische Weltanschauung";《狄俄尼索斯崇拜的世界观》("The Dionysian Dithyrambs")

EH *Ecce homo*,《瞧,这个人》

FEI "Über die Zukunft unserer Bildungsanstalten";《论我们教育制度的未来》("On the Future of our Educational Institutions")

GST "Der griechische Staa";《希腊邦国》("The Greek State")

HC "Homer's Wettkamf";《荷马的竞赛》("Homer's Contest")

HCP “Homer und die klassische Philologie”;《荷马与古典语文学》(“Homer and Classical Philology”)

NCW *Nietzsche contra Wagner*;《尼采反瓦格纳》

PPP “Die vorplatonischen Philosophen”;《前柏拉图哲学家》(“The Pre-platonic Philosophers”)

PTAG “Die Philosophic im tragischen Zeitalter der Griechen”;《希腊肃剧时代的哲学》(“Philosophy in the Tragic Age of the Greeks”)

SGT “Sokrates und die griechische Tragödie”;《苏格拉底与希腊肃剧》(“Socrates and Greek Tragedy”)

TL “Über Wahrheit und Lüge im aussermoralischen Sinne”;《论道德感之外的真理与谎言》(“On Truth and Lies in an Extra-moral Sense”)

WPH “Wir Philologen”;《我们语文学家》(“We Philologists”)

NF 《遗稿》(*Nachlaß*)①

引用的尼采未发表的笔记符合 Hans Joachim Mette 在魏玛的歌德-席勒文库分类系统。

笔记的电子版本可以在如下网站进行查阅：

格鲁伊特出版社的“尼采在线”(http://www.degruyter.com/view/db/nietzsche)

尼采文献资源(http://www.nietzschesource.org/)

① [译注]该缩略语在本文集中频繁使用,且未作说明,故添加在此。其余各文所用缩略语均各有说明。

作者简介

Babette Babich：福坦莫大学哲学教授，《新尼采研究》执行主编。

Jonathan Barnes：曾任牛津、日内瓦和索邦大学教授。

Douglas Burnham：史丹福郡大学哲学教授。

Hubert Cancik：巴塞尔大学哲学与历史研究所荣休教授，柏林勃兰登堡人文社会理事会成员。

Hildegard Cancik-Lindemaier：独立学者，古典语文学家、罗马及基督宗教史学家。

Thomas Fries：苏黎世大学新日耳曼文学名誉教授。

Helmut Heit：柏林工业大学狄尔泰研究员，柏林尼采研究会主席。

Anthony K. Jensen：普罗维登斯学院哲学副教授，《尼采研究》副主编。

Joachim Latacz：巴塞尔大学荣休教授，瑞士国立荷马研究项目主任。

Matthew Meyer：斯克兰登大学哲学副教授。

Glenn W. Most：比萨高等师范学院古希腊文史教授，芝加哥大学社会思想委员会及古典与比较文学系教师。

James I. Porter：加州大学尔湾分校古典与比较文学教授。

Carlotta Santini：萨兰托大学及巴黎第四大学哲学博士候选人。

Vivetta Vivarelli：佛罗伦萨大学教授。

Alexey Zhavoronkov：柏林洪堡大学康拉德·阿登纳研究员。

引　言

[xvii]“尼采先生决不能把自己说成一位学术性的研究者”（维拉莫维茨[Ulrich von Wilamowitz-Moellendorff]）。

“这荒谬至极，谁若写出这样的东西，他的学术生命便结束了”（乌瑟纳尔[Herman Usener]）。

“尼采的观点不仅表现出高度的不确定性，比蜘蛛网还要脆弱，而且具有明显的错误”（第尔斯[Hermann Diels]）。

“语文学的历史中没有尼采的立足之地，他没有做出足够积极的贡献”（莱因哈特[Karl Reinhardt]）。

“在过去的 39 年中，我目睹了许多年轻的学者在我的监督下茁壮成长，我从未知道有哪位年轻人，能像这位尼采一样，如此早、如此年轻就已如此成熟，也从未试图在我的学科领域内去推动任何人的职业生涯。[……]他是人们仰慕的对象，也是整个莱比锡语文学界的领袖（尽管并非他有意如此），他迫不及待地想让人们像听从讲师那样听到他的教诲。你会说我是在描述一种‘现象’，没错，他正是如此”（里奇尔[Friedrich Ritschl]）。

“你对拉尔修（Diogenes Laertius）材料来源的研究显然具有极高的价值，而且所得的结论，已在你早期的论文中引起了我的注意——即狄奥克勒斯（Diocles）曾是[其著作的]主要材料来源——

这也已得到进一步的证实”(策勒尔[Eduard Zeller])。

“弗里德里希·威廉·尼采[……]取得了辉煌的成就”(布尔西安[Conrad Bursian])。

《肃剧的诞生》“是一部具有深刻的想象性洞见的作品,它让一代的学者只能跟在后头辛勤劳作”(康福德[F. M. Cornford])。

本质上,此处展现了尼采作为一位古代文史学者的矛盾状态。一方面,我们兴高采烈地赞扬他的洞见和潜力;而另一方面,几乎对等的是,极端憎恶他那浅尝辄止的涉猎和没能发挥自己的潜力。就此处的分歧而言,都有一个共同点,即这些评判不是针对一位哲学家,而是针对一名年轻的学者。这正是我们希望在此关注的那位尼采:古代文史学者尼采,没有人质疑他的才华横溢,但对他的学术声誉却依然怀着深刻的矛盾心理。

事实上,在尼采跻身19世纪最杰出的哲学家行列之前,在他鸣响《扎拉图斯特拉如是说》和《敌基督者》的雷声之前,在他提出超人说(Overman)和永恒轮回学说(Eternal Recurrence)之前,他是一位专业的古代文史学者。作为一名语文学学者,他曾先后于波恩(1864—1865)和莱比锡(1865—1869)在著名的古典学者雅恩(Otto Jahn)和里奇尔的指导下修习。他取得的成绩——发表的关于诗人忒奥格尼斯(Theognis)以及传记作家拉尔修的文本的语文学作品,让他年仅24岁就引人注目地免试获得莱比锡大学的博士学位,并于1869年春受聘担任巴塞尔大学语文学的副教授(Extraordinarius)。仅仅一年后就被提拔为教授(Ordinarius)。他授课10年,在大学和当地公开课(Pädagogium)中获得了利弊并存的成功,讲授的主题从早期希腊哲学、柏拉图对话、亚里士多德的《修辞学》,到希腊音乐戏剧、宗教[xviii]制度、抒情诗、拉丁语法、文学史、埃斯库罗斯、荷马以及赫西俄德。他的课业讲稿笔记和对应的文稿书信更是卷帙浩繁,他发表的语文学文集共计8部——一半以拉丁文写就,另一半是德语——以及8篇短评,其时间约从 1867 到 1873 年之间。他曾于 1871 年 1 月提请转入哲学系，但旋即被拒绝。他于 1876 年休假离开大学，疗养了一年，1879 年 5 月因身体状况欠佳而辞职。

虽然对于尼采而言，向来不乏赞扬或谴责的声音，但却少有研究尼采的学者——古典学家则更少——会花时间去了解他作为一名古代文史学者的这段时期。在过去的一个世纪里，尼采的文章但藏积灰而少人问津。他的大量讲课笔记更是在《考订研究版》（*Kritische Studienausgabe*）中丝毫不见踪影，甚至连声称“大全”的《考订版全集》（*Kritische Gesamtausgabe*）都认为有些笔记不值得收入其中。当然，以前也一直有关于尼采治学研究的文集出版，不过甚至这些也只是流于尼采治学的表面。

造成这种忽视现象的主要原因，简单地说，在于他的著作被哲学家们普遍认为“不成熟”，而在古典学家眼里则“非古典”。一方面，以哲学[视角]关注尼采的学术成果，重视他的语文学著作，主要因为这是为他更为成熟的思想作准备的阶段。这些说法对于那些想了解尼采最著名的成熟理论的起源和发展的人来说，本身十分有趣。但是，由于基于尼采后期的哲学来衡量尼采的学术成果，这些学者就会始终无视尼采早期研究自身的价值。尼采关于希腊宗教的课程、他对抒情诗的思考、他对韵律功能的洞察，旨在晓谕他的读者和学生，并使之信服这些主题，而不是在揭示未来天才不成熟的足迹。与这些方法不同的是，我们的主要目的并非想展示尼采早期关于古代文史的作品如何帮助我们理解尼采，而在于展示这些作品如何能增进我们对古代文明的理解。

另一方面，古典学者总是忽视尼采学术成就的价值，以至于到了这个程度，即他们也倾向于以他后期的哲学著作为透镜来评价他。并且，其哲学著作有相当一部分是对整个学术界，尤其是古代文史学者的大肆批判，确切说来是嘲讽。尼采的学术简历被认为劣迹斑斑，因为他不公平地蔑视他同行的观点，因为他的著作得不到严谨的学院派学术评判机构的支持，还因为他的研究被称为“尼采式的”而不是“学术的”。这些评判，从乌瑟纳尔和维拉莫维茨的时代开始就一直在语文学者中间存续，某种程度上，它们也许切中了《肃剧的诞生》的要害。但是他们显然都错了，关于尼采的学术著作、专业评论以及语文学的课程，无一不揭示出这些作品的作者是一位极其严谨且极具洞见的学者。希望我们的文集能在某种程度上消除长久以来把尼采视为半吊子学者的刻板印象。

即使我们严格遵照其著作自身的成就价值来考虑它，我们如何评估作为一名学者的尼采的问题仍然存在。我们应该统计他发表[xix]文章的数量和期刊影响力的评级吗？尼采可能在今天的大学里获得终身教职，但可能没有教授的职称。我们应该考虑他的肃剧理论的影响范围吗？如果是这样的话，那么他的名字会排在温克尔曼(Winckelmann)和莫姆森(Mommsen)之前。我们是否应该不以公认的解释为标准来衡量尼采的作品？此处尼采被公认为在该领域没有取得成功，因为很少有人会毫无保留地接受他的理论；但是问题又来了，沃尔夫(Wolf)和施里曼(Schliemann)的情况也是如此啊。我们能否猜测，尼采是否成功地运用了公认的治学方法，并为了与他当时的学术气候保持一致而创作了这些作品？这将忽略了尼采对同样这种治学方式和学术气候的批评，这些批评事实上对当代古典学研究的转变做出了重大的贡献。

有人可能会争辩，不存在唯一通用的方法来评估尼采作为一名古代文史学者的价值。因此，为了解决这个价值问题，又避免迫使其成为一个或另一个标准，本书的编辑们在 2011 年 11 月于柏林工业大学举办了一场专题研讨会。我们聚集了尼采研究和语文学方面的专家，试图批判性地考察尼采对各种古代课题本身的立场，进而让专家们尝试解决什么是尼采曾经的价值及其未来将会具有怎样的价值。覆盖的主题范围包括尼采的学识和他对语文学的运用、他的希腊文献课程、他对荷马研究的贡献、他论早期希腊哲学家的著作的解释性概论以及他对古代科学的鉴赏。参加研讨会的与会者——巴比奇(Babette Babich)、拉达彻(Joachim Latacz)、迈耶(Matthew Meyer)、莫斯特(Glenn Most)、桑蒂尼(Carlotta Santini)、扎沃洛科夫(Alexey Zhavoronkov),以及我们自己——在这里发表了我们论文的修订版。同时,我们还收入了我们同事的新近研究,他们是伯纳姆(Douglas Burnham)、坎辛克(Hubert Cancik)和坎辛克-林德迈尔(Hildegard Cancik-Lindemaier)、波特(James I. Porter)、维瓦莱利(Vivetta Vivarelli)。为了让我们选文的内容丰满充实,我们得到了来自格鲁伊特出版社的慷慨支持,允许我们刊登莫斯特和弗里斯(Thomas Fries)的《尼采修辞学课程的文献材料》("Die Quellen von Nietzsches Rhetorik-Vorlesung")的新译文,以及巴恩斯(Jonathan Barnes)那篇影响深远的《尼采与拉尔修》("Nietzsche and Diogenes Laertius")。

我们相信,这样一个跨学科的国际对话不仅对尼采研究具有重要意义,可以揭露那些被人们长期忽视的问题,也对古典学的研究十分有益,能重新审视其自身领域内最伟大的天才及其声誉。希望通过这 13 篇论文各自的研究角度,读者能对尼采作为古代文史学者的价值得出自己的见解。

开篇的两篇文章可以看作我们如何看待作为一名学者的尼采这一问题的补充方法。两位作者都确信他对古典研究的重要性,尽管各自的原因不同。拉达彻展现了尼采在该领域内的异军突起如何必须置于 19 世纪古典学研究的社会、政治以及学术条件的情景中进行考察。拉达彻尤其选取了尼采于 1871 发表的《荷马与赫西俄德的竞赛》("Certamen Homeri et Hesiodi"),他认为尼采对古典学界最主要的实实在在的(meat-and-potatoes)贡献精巧而独特,但并非无懈可击。

波特也高度评价了尼采的学术成就,但正是基于尼采的反传统行为,基于尼采对当时的方法论和思想观念的批判,以及他之破坏了人们[xx]长期以来不假思索地以语文学的名义接受的东西，波特才确定了尼采的价值所在。波特的研究求助于尼采的笔记和课程——特别是他那使人着迷却默默无闻的埃斯库罗斯的《奠酒人》(*Choephori*)课程、他对诗体韵律所做的研究以及他的《古典语文学通识》(*Encyclopedia of Classical Philology*)——以重塑尼采激进的思想，并指出了他与德罗伊森(J. G. Droysens)的《希腊化史》(*History of Hellenism*)之间被忽视的关联。

由莫斯特和弗里斯合作完成的作品与伯纳姆的文章组成了一个主题单元。两篇论文都对尼采写作过程的层面予以了关注——可以说某种程度上是对艺术家画室的两次独特地一瞥。但是，正如之前所言，尼采可能在哲学家与语文学家的脑海中呈现出两种不同的面孔。莫斯特和弗里斯考察了尼采如何构建自己在巴塞尔的修辞学课程，这一过程揭示了尼采作为一名普通语文学家的原初身份：他对材料进行严格地检视、剖析早期学者的相关论点、为自己的学生收集整理了大量庞杂的文献史料。莫斯特和弗里斯展现了尼采对自己的材料独到的利用方式，其实是基于他自身如何理解古代关于借鉴、概括等一类事情的偏好。

相对而言，伯纳姆则揭示了一位天才般的人物：他已经为语文学做了许多细致的调查工作，并开始从中直觉到了古代文史研究更为宽阔的范畴。众所周知，这个范畴唯至尼采的第一本书《肃剧的诞生》中才得到了充分的阐释。[尼采思想]的各个不同阶段及其曲折的发展，才导致他最终提出了关于狄俄尼索斯崇拜与阿波罗信仰之间的二元对立的主张，然而，这些发展此前却从未得到过解释。伯纳姆特别强调了阿波罗的意义以及对阿波罗信仰的快乐是一种必不可少的清醒的幻觉。他的这篇文章对语文学家尼采如何成为哲学家尼采这一问题做出了实质性的贡献。

编排在“学术成就”这部分的三篇论文分别考察了尼采最早的著作及其对该领域的影响。詹森(Anthony K. Jensen)阐明了在普福塔中学(Schulpforta)的毕业论文及他的第一篇论文中，尼采就墨伽拉的忒奥格尼斯这一主题，在抄本分析与批判语言学的语文学方面做出的革新。詹森表明，尼采如何试图从错综复杂如迷宫般的文献讹误、增删篡改及编修者的歪曲中重建忒奥格尼斯的真实可信的文本。尼采的文章在该领域得到了同行们的相对好评，并且如今依然有一定的影响力。

重刊的巴恩斯的论文讨论了尼采对拉尔修《名哲言行录》取料的考证，它会使读者想起尼采从事研究工作时勤勉刻苦和细致谨慎的个性。虽然他具有我们古代知识的“守夜人”身份，但尼采仍然认为，拉尔修撰写的传记很大部分——通常是整段地，不假思索地——摘取自其他人的材料，尤其是马格尼西亚的狄奥克勒斯。尼采发现了语文学中存在的一个主要问题，并提出了解决办法，这些办法迄今为止仍然能得到一些响应。

在“荷马诸问题”上，似乎未给尼采的革新留有多少余地，扎沃洛科夫证明了尼采的见解对大批学者依然有着举足轻重的影响。虽然当代研究荷马的学者将尼采引作权威的情况相对较少，但他对“单一作者”解释模式的独特变体在欧洲乃至[xxi]整个英语世界的荷马研究领域频频获得共鸣。尼采关注荷马诗歌的非文学背景，这使他与异常活跃的口传诗歌的研究联系在了一起。

共有三篇论文谈及尼采为他的系列课程《希腊文学史》而收集和整理的数量庞大的笔记，其中，桑蒂尼着重关注尼采对希腊文学、语言和文化的令人着迷的思想理念。桑蒂尼从一个独特的问题角度重构了尼采的课程：我们重塑希腊文学这类形成于一种口传文化——更重要的是，多数人目不识丁——而言，究竟意味着什么？20世纪的人们全神贯注于历史与文学中的口传形式，而尼采恰恰认为识字和书写在某种程度上属于不受欢迎的文化副产品，这一思考早已预示了这个现象。

维瓦莱利的论文也考察了希腊的文学文化，但这一次他的关注点是，尼采着眼于接受者，换言之，听众，而不是文学情感的生产者。尤其在他的《希腊音乐戏剧》中，尼采把他正在形成中的关于语言情感的哲学理论融入了他在希腊音乐戏剧、诗歌、肃剧和韵律诗的学术发现中。维瓦莱利解释说作者与听众之间具有一种整体性的动态情感，从而辨析出早期希腊人良好的文化与“博学”的西方文化之间的鸿沟。

如何称得上是正确恰当的哲学与如何算得上是表达情感的诗歌，二者之间的关系得到了迈耶的关注，他以尼采的《肃剧的诞生》为透镜。尼采理解柏拉图所指出的诗歌与哲学之争，明白两者不仅仅是两种表达思想的手段，更是一个文化时代的转变。柏拉图转而极力主张学术哲学，这不仅意味着桑蒂尼和维瓦莱利所展示的那种文学活动的终结——它意味着整个“肃剧时代”的消亡，正是这个消亡才导致了哲学的产生。这一洞见影响了尼采自己的关于博学的学问的观点，并通过隐性的延伸，影响了我们对尼采作为一名学者的观念。

最后一组论文力图证明尼采具有十分广泛的兴趣：涉及哲学、科学和宗教等领域的核心问题。海特（Helmut Heit）考察了尼采如何致力于早期希腊哲学的研究，在他的课程中讨论了前柏拉图的哲学家以及“希腊肃剧时代的哲学”。比较与他同一时期的研究如策勒尔（Eduard Zeller）或于贝韦格（Friedrich Ueberweg），能表明合时宜的与不合时宜的特点。海特认为，尼采的希腊哲学谱系学，尤其源于他对哲学家个人品性的关注，源于他对古风与古典时期希腊[思想]的整序，源于他在所谓的从神话到理性的上升中揭开了艺术与形而上学的面貌。

巴比奇也聚焦于早期希腊（Greek）与晚期希腊（Hellenic）文化之间的巨大差异，不过，他的视角是尼采对希腊科学现象的关注。巴比奇的问题也是尼采的：鉴于早期希腊人已经掌握了理论、数学、技术这些先决条件，可以靠此发展出我们今天所谓的“科学”，但他们为何没有这么做？当然，没有简单的答案，要想去解决该问题——尼采是第一个去尝试解决的人——需要深入真理、价值及生命自身的本质，进行类似的广泛考察。

坎辛克和坎辛克-林德迈尔的观点代表了我们这本文集的目标，即细读尼采早期的著作，将之置于当时情境之中。坎辛克从一部手稿记录中抽取了两组[xxii]笔记，他展现了尼采在巴塞尔所作的关于早期希腊宗教的课程与他对当时语文学存在缺陷的思考之间有趣的内在关联，这些笔记曾准备作为第四篇《不合时宜的沉思》发表，题为《我们语文学家》。在此过程中，坎辛克得以追寻在《肃剧的诞生》发表后，尼采对于早期文化、宗教、公民社会等思想的实质性发展。

我们希望，单独地来看，读者能发现尼采几乎对每一个主题总能有精辟的见解，一种崭新的、具有穿透力的见解，真正有助于推进古代希腊的持久的跨学科对话。这本书作为一本文集，有其内在的跨学科和国际化的主旨，我们希望读者对尼采作为一名古代文史学者的作为，能有一个更准确和更全面的印象。

詹森 & 海特

普罗维登斯/柏林，2013 年秋

第一部分
尼采在语文学领域的地位

论尼采语文学之滥觞

拉达彻(Joachim Latacz)　撰

罗斯(Philip Roth)　英译

> 此外,亲爱的朋友,我请求你把你的目光直接牢牢盯住一个即将起步的学术生涯……
>
> 尼采致洛德,1868年

[3]在学术界,始终存在这样一个问题,一名来自莱比锡大学的24岁学生,在没有取得博士学位的情况下,更何况还没有取得大学执教资格(habilitation),却于1869年2月被聘为巴塞尔大学古典语文学的副教授,尼采是如何做到的?由于我碰巧是尼采在巴塞尔希腊语文学教席的第7位继任者,21年来——从1981年一直到2002年退休,我一直在思索这个问题。因此我满怀感激地接受了这次机会,尝试在一个尽可能令人满意的篇幅里回答这个问题,显然,这个问题一直折磨着许多学生的自信心,也包括我的同行。

首先需要澄清的是:在尼采教职的任命问题上,既没有愚昧的失误,也不存在欺诈的行为。在那个时候,这样的事情既正当也合理,这一点我将会在下文予以证明。因此,让我们暂时去一趟"语文学的低洼地带"——与后来的尼采对话——这些领域无论如何都是他后来才思泉涌的先决条件——正如他在后期作品中强调的那样。在《快乐的科学》格言 102 中，标题“写给语文学家的话”(A Word for the Philologists)下有言：

> 世间有许多非常有价值的珍贵图书，要完好地保存，并让人们读懂，需要数代学者的努力——一再地加强这一信念，这便是语文学的任务。(KSA 3,458—459)

所以我希望在接下来的时间里，尼采可以快乐地陪伴我们。

首先，是一份生平境况的简介：日期和事件自然皆为大家所知。不过，我们仍应铭记这些内容，以确保青年尼采，没错，作为一名语文学家的青年尼采始终是我此次陈述的中心。

日　期	年龄	地　点
* 1844 年 10 月 15 日		莱比锡附近的洛肯(Röcken)
1850 年至 1858 年	6—13	瑙姆堡/萨勒河(Naumburg/Saale)的家教和预科教育
1858 年 10 月	14	瑙姆堡/萨勒河附近的普福塔中学(Schulpforta)
1864 年 10 月	20	波恩大学
1865 年 10 月	21	莱比锡大学
1869 年 2 月 10 日	24	申请巴塞尔大学
1869 年夏季学期	24	巴塞尔大学，副教授
1870 年 3 月	25	巴塞尔大学，教授
1870 年 3 月至 8 月	25	普法战争(医务兵)
1879 年 6 月 14 日	34	退休(养老金：每年 3000 瑞士法郎[CHF])

[4]在洛肯村(位于瑙姆堡[Naumburg]和梅泽堡[Merseburg]之间,近哈雷/萨勒河[Halle/Saale])的教区牧师家庭度过了童年后,尼采接受了家教的辅导,便又入瑙姆堡的教会学堂,之后,14 岁的尼采于 1858 年 10 月得到一个免费攻读当时的精英寄宿制学校的机会,即位于瑙姆堡附近的普福塔中学(Schulpforta)。1864 年 9 月,19 岁的他,完成了高中的学业(此前两年,维拉莫维茨[Ulrich v. Wilamowitz-Moellendorff]进入普福塔中学;因此,17 岁的尼采和 14 岁的维拉莫维茨的确互相认识)。普福塔中学毕业后仅一个月,尼采进入波恩大学,于 1864/1865 年的冬季学期学习神学与哲学,但到了 1865 年春季学期,他便改换到了语文学专业——也就是所谓的古典语文学。他那位受人尊敬的老师里奇尔(Friedrich Ritschl)在同雅恩(Otto Jahn)发生了著名的 1865 年波恩学者斗争(*Bonner Gelehrtenstreit*)后去了莱比锡大学,尼采也追随他去了那里,并听了 1865/1866 冬季学期的课程。从 1865 年 10 月直到 1869 年 2 月,也就是将近 9 个学期的时间,尼采一直在莱比锡。1869 年 2 月 10 日,24 岁的他接到了在巴塞尔的聘书,他立即接受了邀请。仅仅三个半月后的 5 月 28 日,尼采在巴塞尔的就职典礼上作了《荷马与古典语文学》(“Homer and Classical Philology”)(BAW 5,283—305)的演讲。一年后,他成为一名合格的教授。大致的时间框架就是如此。

怎么可能有如此神速的事业发展?答案将分为三个部分的详细阐述以及一个部分的概观:(1)当时使青年能掌握高水准的语文学才能的社会先决条件,(2)青年尼采对语文学的态度,(3)尼采从普福塔中学起直到进入巴塞尔大学之前所取得的语文学成就(以《荷马与赫西俄德的竞赛》[“Certamen Homeri et Hesiodi”]为典例),以及(4)概观:尼采青年时期所取得的成就对当时以及现代古典语文学的影响。

一、高等教育的社会先决条件

[5]作为一名青年，尼采对语文学的态度，必须从他身处的中-高阶级德语社会中所接受的普通教育课程来看待。在教师、牧师、医师、律师等家庭中成长的孩子——当然多数是男孩子——在学龄前就已经对文学和艺术颇为熟知。他们实际上是在接受与父亲的职业和生活相似的训练。在尼采成长的那个时期——一个没有现代媒体的时期！——文学、历史、音乐占据了前沿的地位。文学大多指的就是经典，即莎士比亚、莱辛、歌德、席勒、克莱斯特，还有让·保罗、卢梭等等，此外还有启蒙哲学和德国唯心主义哲学。历史意味着民族史——始于日耳曼英雄传奇——并且，另一方面则是，古代(antiquity)史。谈论这些领域内的话题和讲述相关内容的故事，就成了家庭内的学前教育。古代史是诗歌与哲学的基础。它们在尼采的童年和少年时期几乎无所不在。

长尼采4岁的施瓦布(Gustav Schwab)的三卷本《美丽的古代经典传说》(*Schönste Sagen des klassischen Alterthums*)，①可能在每户中产阶级屋内的书架上都有一席之地。人们可以从22岁的施里曼(Heinrich Schliemann)的描述中想象他对这类书籍的熟悉程度，此人同样也是一位牧师的儿子。他在自传中讲述了自己的童年：

> 虽然我的父亲不是语文学家，也不是一个考古学家，但他对古代史充满强烈的兴趣；他经常几近狂热地[！]告诉我有关赫库兰尼姆(Herculaneum)和庞培(Pompeii)的悲惨遭遇[……]他也经常以近似崇拜的口吻给我讲关于荷马英雄的事迹和特洛伊战争的故事[……](Schliemann 1892，4)

① [译注]即国内有多个译本的《希腊的神话和传说》。

怀旧、浪漫以及时不时出现的不由自主的稍显滑稽的口吻，这样的回忆，应该不会欺骗任何人。在他们所回忆的那个时期，这种现象十分普遍，那就是浪漫主义。诚然，我们已确知施里曼给他的童年赋予了神话色彩，但我们拥有大量成长于19世纪中叶的知识分子的自传材料，我们得以从中获悉当时社会十分普遍的氛围。那时，教育、教育、还是教育，处于当时有抱负的中产阶级的中心地位。这对于我们所说的“有教养的中产阶级”（Bildungsbürgertum）而言，绝不是毫无价值的。在这一过程中，古代扮演着主要的角色。因此，奠定青年人后来发展的基础就在这里。

这些基础在学校受到进一步的培训和加强。那个年代的大学预科（gymnasium）自然是相当古典式的教育。在18世纪的最后三分之一个世纪里，第二人文主义或新人文主义（Second Humanism or Neo-Humanism）开始蓬勃发展，除此之外，这意味着对古代兴趣的再度复活不再只为了科学。该世纪末，基督教徒赫伊涅（Gottlob Heyne）在哥廷根大学以及他在哈雷（Halle）的学生沃尔夫（Friedrich August Wolf）让语文学摆脱了神学的枷锁，将语文学建立为一门正当的学科（参 Latacz 2002）。沃尔夫于1787年在哈雷创立了第一个“语文学研讨会”（*Philologisches Seminar*）。希腊语和拉丁语的教师们在这里接受培训，参加类似的研讨班，这些教师也把该运动作为“预科教授”（Gymnasialprofessoren）引入了当时境况相当不佳的中学教育中。[6]另一方面，这种境况已经为这次风暴做好了准备，因为十分幸运的是：1809/1810年，赫伊涅的学生洪堡（Wilhelm v. Humboldt）和他的朋友施莱尔马赫（Friedrich Schleiermacher）通过普鲁士大学及学校的改革措施，已经用“人文”预科取代了古老的贵族教育（Fürstenschulen）和拉丁语教育。他们被选来实施洪堡的“19世纪教育史上的核心准则”（Landfester，1988，208）。该准则的原文写道：“人类真正的目标[……]是使自身的各种力量构成一个最崇高、最比例均衡的整体”（Humboldt［1792］，1960—1981，64）——并且这一形构的理想对象被简要地指定为“希腊思想的产物”，因为，依据洪堡的观点，

> 只有希腊民族的性格［……］才是最接近那种人类的性格，它不曾考虑个体的差异，在任何情况下都能存在并且应该存在。（Humboldt［1793］，1960—1981，9；其简要分析可参Landfester 1988，36—43）

在这之后，沃尔夫为这个在他看来过于狭隘，仅是审美的和情感化的准则确定了一些现实的、实用的目标。他的《语文学通识教育》（“Encyclopaedia philological”）的课程（Pfeiffer 1982，217）被重复讲授了18次，并在后来出版发行，其中，沃尔夫描述了“古典学问”（classical scholarship），[①]它是对以所有形式表现的对古代知识的了解（语言、文学、艺术、科学、宗教、习俗等等），而知识的重建可来自所有类型的可用材料（文本、艺术品、日常现象如碑刻和钱币等）。因此，他把语文学定义为——就此而言，这正是他以“古典学问”一词所意谓的东西——一门历史的科学，必须尽可能地在研究对象的原初历史语境中对其进行审视和理解。这一普遍的要求——以历史为基础，加上在采集和联系特殊现象时严格的方法论要求——由于1810年的教育改革，在近100年里一直是中学课程的基础。

很快，中学里的希腊语和拉丁语的新语法、新词典，关于文体、版本、注释等等的书本，像洪水一样涌来。兰德费斯特（Manfred Landfester）描绘了这一新文化如何开始影响学校的日常生活，他

---

① ［22］沃尔夫的学生博厄克赫（August Boeckh）是这股潮流最主要的代表；参Pfeiffer 1982，222。

的根据是学校实际实践的形形色色的文件，尤其是课表（Landfester 1988）：拉丁语和希腊语课程居于首位，甚至在德语课之先，以今天的标准来看，每周的课时多得惊人：拉丁语多达16节课，希腊语也有12或14节课。在精英教育体制的中学，如尼采的普福塔中学，不仅课时有所加长，教学强度也相当的高。尼采从1859年8月9日到18日的日记为我们提供了入口，以进入他所谓"普福塔极其平凡的日常生活图景"：

> 5点起床，然后——早晨洗漱、集体的祷告和简短的早餐之后——上午6点开始上课，连续两堂重复课程，12点午饭时间，之后在学校的院子里休闲，下午2点继续上课，是阅读与写作课，短暂的课间休息后，下午5点是另一个连续的两堂重复课程，直到下午7点。然后是晚餐和一些业余活动的时间，在院子里活动直到8:30，晚祷后，晚上9点就寝。（BAW 1,119—120,123,131）

所以，学生们也处于"运动中"，可以这么说，从早上5点到晚上9点。[①] 基本上我们这里所看到的是一个亚历山大里亚缪斯神殿（Alexandrian *Mouseion*）文坛（Republic of Letters）的微型版本。由于学生从五年级，或者说[7]通常在10岁的年龄段，便开始学习拉丁语，因此那些高年级的最优秀的学生几乎可以比运用德语更好地运用拉丁语写作，就不足为奇了，他们也经常能更流利地说这门语言[②]

---

① 即使是星期天也没有太大的例外，除了因为不上课，学生们只需要在早上6点起床。但是，"工作时间"仍然必不可少，这些只会被祈祷和清晨的教堂活动打断。参 BAW 1,125—126。

② 列举一例，兰德费斯特引用了当时相当著名的莱比锡古典学者赫尔曼（Gottfried Hermann）的传记。确实，他拥有用拉丁语"自由写作"的能力，并且"完整"地掌握了这门语言；然而，对于德语的掌握仅仅称得上是"清晰、简单、简短"。参 Landfester 1988,97。兰德费斯特另外的引用，参 Koechly 1874,15。

(在他的毕业文凭上,尼采还记有这一良好的拉丁语口语技能),[①]因此,到高中毕业时,他们普遍都对古典神话、历史、文学更为熟悉,且程度远超如今参加我们学科的大学毕业考试的学生。这种训练一直持续到大多数学生之后的职业生涯中,尽管只是一种日常惯例,它仍然为精英领袖们的内部交流打下了非常实用的基础。但是,最好的学生(尼采当然是其中之一),[②]被学校提供的这些课题所吸引,试图渗透到这些课题的深处,他们怀着一种先天遗传、之后又被精耕培育的对知识的饥渴,几乎总是不可避免地在很早的年纪便成长为古代文史学(antiquity)的专家。

二、青年尼采对语文学的态度

尼采早期对语文学的态度需要以如下粗略概述的背景为前提进行理解和把握。对于一个有这种品性和才能的人,他的这种态度在当时的社会背景下并不属于例外,相反,应是其结果。以下是尼采及其他人就此问题做出的评论:

(1) 早在 1863 年 9 月,也就是大约于普福塔中学毕业前一年,尼采写信给他的母亲说:"我现在一个人在为将来而忙碌,为在大学的时间作计划;我甚至开始使我的研究适应它。"对于两周后他即将迎来的 19 岁生日,尼采提出"只要学术著作",即语文学的著作(致伊丽莎白·尼采[Elisabeth Nietzsche],1863 年 9 月 25

① "对于拉丁语。他具有优异的翻译经典的能力,而且他的拉丁语书面表达也正确、清晰而且漂亮;所以虽然从他口语考试的结果来看稍显欠缺,但无论如何,都能获得'优秀'的成绩。他还相当擅长讲拉丁语。"参 KGB I/4,261;楷体强调为笔者所加。尼采的证书保存在魏玛的歌德与席勒档案馆(Goethe-and Schiller-Archive)。

② 尼采在班上几乎一直是第一名,可见于他致弗兰琪斯卡·尼采与伊丽莎白·尼采的信件,1862 年,9 月 25 日;参 KGB I/4,207—208。

日；KSB 1，257）。① 这里的“研究”，无疑指的就是他的普福塔中学毕业论文，这篇论文研究了早期希腊诗人墨伽拉的忒奥格尼斯（Theognis of Megara），当然，以拉丁语写就，题为《墨伽拉的忒奥格尼斯》（“De Theognide Megarensi”）（BAW 3，21—64；1864 年 9 月 7 日完成）。

（2）在 1864 年转到波恩大学前不久，在一条典型的标题“我的人生”（My Life）下，尼采回顾了在普福塔中学时他所特有的自信：

> 从瑙姆堡的中学转入普福塔[后]，那正是我的第 14 个年头，[……]我与经典研究之间越来越亲密无间；我想起了我对索福克勒斯、埃斯库罗斯、柏拉图的第一印象，心中充满最愉快的回忆。主要是想起了我最喜欢的一首诗、《会饮》（*Symposium*），还有当时的希腊诗人们。我依然在里面努力奋斗着，为了进一步加深我的知识。（BAW 3，66，68）

（3）5 年后，在莱比锡大学，他正在为即将到来的毕业作打算，于是写了另一篇“我的人生”的回顾：

> 少了些外部的突发事件，否则，当时我就会[在普福塔的生活刚开始时]勇敢地去当一名音乐家，因为正是在音乐面前，从我的第 9 个年头起，我感觉到了最强烈的冲动[……]。只有我在普福塔最后的那段时间里，在充分的自我认识中，我放弃了我生命中所有关于艺术的计划；[8]因此而产生的空缺

① 此处他提出想要拉赫曼（Lachman）的著作（Lachman 1851）、德隆克（Dronke）的著作（Dronke 1861），此外还有舒伯特的作品《四手联弹大二重奏》（“Grand Duo à quatre mains”）。

被此后的语文学所填补。因为我需要一个托盘天平，以抗衡这些直到那时仍持续变化且无法安定的倾向，我需要一门科学，它可以靠沉着的清醒、逻辑的冷酷和规范的劳作而得到增进，而不会使一个人的心在瞬间被其结果所触动。我当时相信，所有的这些在语文学中都能找到。从事这一领域的前提差不多就在一个普福塔中学学生的手里。有时，语文学的任务会专门设在该机构内，例如，批判性地评价索福克勒斯或埃斯库罗斯具体的歌队。此外，普福塔中学还有一个特别的优势，对未来的语文学家十分有利，即对希腊和罗马作家的热烈而广泛的阅读，这是学生们的普遍习惯。然而，最幸运的事，是我遇到了杰出的语文学教师，通过他们，我对他们的科学有了自己的判断。如果我当时碰见的老师们正巧是那些研究小青蛙血液的显微学家[Mikrologen]，就像人们有时会在中学遇到的那样，他们认为科学啥都不是，就是书本上的灰尘：我就会把曾经献身于科学的憧憬扔掉，远离这些可怜的不幸之人所属的领域。但是，还有这样的语文学家们，斯坦哈特(Steinhart)、凯尔(Keil)、科尔森(Corssen)、彼得(Peter)等等，他们就在我的眼前，这些具有自由宽阔的视野和充满活力的干劲的人，他们有时甚至给了我更亲近的嗜好。这就是为什么，在普福塔的最后一年里，我已经独立完成了两篇语文学作品。(BAW 5, 253—254. 他所指的是《厄尔曼纳里克》["Ermanarich"]和《忒奥格尼斯》["Theognis"]；楷体强调为笔者所加。)

(4) 到目前为止，我们已经看到一些尼采自己的证词。从这些内容来看，我们可以推断出他不仅与语文学意气相投，而且还抱有强烈的意志和决心去从事语文学的职业——因此，既不是他母亲自然而然所期望的神学，也不是尼采文学中经常提到的哲学。毫无疑问，尼采在普福塔中学时已经阅读过不少哲学著作——叔本华、[1]黑格尔、康德以及其他人的（这些都是礼节性的需要）——但是在当时的书信和后来的回忆中，都没有出现如此坚定的对哲学的献身信念，也没有像认同语文学那样明确地认同哲学。然而，应该充分注意到：那时的尼采已经区分了作为技术性啃灰工作的语文学与作为人文学科内一个领域的语文学。尽管截至那时，尼采还没有以后来尖锐的眼光和成熟的态度来表达这一取舍——很有可能是他还不能这样做——但已经暗含在了他具有强烈否定态度的拒斥的音调中：一方面是“研究小青蛙血液的显微学家，他们认为科学啥都不是，就是书本上的灰尘”；另一方面，则是拥有“自由宽阔的视野和充满活力的干劲”的语文学家们，后者才是他所希望“效忠”的。[2]

（5） 而这些“具有自由宽阔的视野和充满活力的干劲的人”已经在年轻人中为他们自己找到了一位具有才华的同类。1864 年 9 月 7 日，上文提到的斯坦哈特给波恩的哲学教授沙尔施密特（Carl Schaarschmidt）写了一封推荐信：

> 尼采此人具有深刻的、沉思的品质，易感于哲学，亦即柏拉图的哲学，而对此他已经领略得相当不错了。然而，他仍然在神学与语文学之间摇摆不定，后者可能会赢得他的青睐。[3]

---

① 尼采尤其崇拜叔本华，这已众所周知，不过，尽管如此，这些阅读不过是一种爱好。它们从未使尼采放弃语文学。

② 尼采“对语文学的不满”（他的确对他那个时代错误的语文学感到不满），在他还是一名大学生时就已不止一次地明显表露，当漫天都是针对《肃剧的诞生》的“诽谤”之声之后，这种不满对他而言几乎成了创伤症候。尼采无法使自己摆脱传统的语文学，也没能建立起他心目中的“崭新的与正确的”语文学。目前更为全面的分析可参 Schwinge 2011，246。

③ 引自 Hoppe 与 Schlechla 1938—1942，I，409。蒙蒂纳里（Montinari）原计划出版 KGB 第四卷，内容是“尼采的书信（尼采手稿的一些日常生活的书信以及随手笔记）”，十分可惜，该计划于 1993 年被放弃。参 KGB I/l，v；KGB I/4，vi。

人们可能会注意到“易感于哲学”,这个形容词“易动感情的”(schwärmerisch)准确地揭示了在尼采的早期抉择中,哲学和语文学之间的差异。我们再回忆一下,尼采自己[9]在回顾普福塔中学的经历时心中所想的事:

> 我需要[……]一门科学,它可以靠沉着的清醒、逻辑的冷酷和规范的劳作而得到增进[……]。我相信,所有这些都能在语文学中找到。(BAW 5,253)。

(6) 所以,尼采在1869年写下他最后的决定时,绝对合乎常理:

> 在普福塔中学生活6年后,我满怀感激地告别了严格但有益的老师,我去了波恩。在这里,我的研究暂时旨在探讨福音批评的语文学方面,以及对《新约》的基础研究[neutestamentliche *Quellenforschung*(《新约》原始资料研究)]。在这一神学冒险之外,我还是**语文学与考古学研讨**班的旁听生。[所以,这里没有提到哲学。——JL]我十分仰慕里奇尔的人格。这就是为什么在他离开波恩的同时,我也毅然决然地追随他去了莱比锡,选择那里作为我新的学术家园。(BAW 5,255)

(7) 于是一切就这么决定了:1865年秋季学期,尼采在莱比锡开始了明确的古典语文学学习,格外着重于希腊语方面。仅仅用了一年,他便成为了“莱比锡语文学家协会”(Philologischer Verein zu Leipzig)的创建者之一,以及里奇尔最喜欢的学生之一。他投身自己的学习,并取得了这样的好成绩(很快便写出论文并准备出版),他十分确信他未来的事业,以至于他在三年后,即1868

年5月，在给他的好友洛德(Erwin Rohde)的信中写下了我在本文题词中用到的这句话：

> 此外，亲爱的朋友，我请求你把你的目光直接牢牢盯住一个即将起步的学术生涯……(致洛德，1868 年 5 月 3 日或 4 日；KSB 2，275)

我省略了后面的文字。这些词句读起来——固执而顽强，但也有几分清晰的自嘲的言外之意(可以说几乎带有一种宿命论的自我否定)，它们已经指向了未来：

> [……]一种胆怯的自我反省从不会出现(在这里)：我们只是需要，因为我们不能是别的，因为我们面前没有一个更适合我们人生的职业生涯，因为我们阻碍了通往更有用的[!]职位的路径，因为除了恰好指明的路径，我们没有其他任何方法能使我们这群精力充沛、视野突出的人对我们的人类同胞有用处。(致洛德，1868 年 5 月 3 日或 4 日；KSB 2，275)

数行之后，更进一步：

> [……]作为未来的大学骑士(university-knights)，必须做大量工作来使自己 *ὥσθε γνωρίζεσθαι*[立身扬名]，因此，要让我们的名字经常出现在学刊杂志上，安排 Anekdota[未发表的作品]，从巴黎等地登上世界舞台。一年半到两年内我们将取得资格，在柏林或者别的什么地方，熬过这"蒸馏的绝望期"，这段时期就像是无薪编外讲师(das Privatdozen-tenthum)，*σὺν ἐρχομένω*[一起前行，步调一致][……]。无论如何，我们都会遇到这样的学术生涯，这并非妄想。我认为这

样是可以接受的，在教授的位置上，首先，有适当的闲暇时间从事自己的研究，其次，一个具有影响的有益的氛围，最后，可以获得并维持一个还算过得去的独立的政治和社会地位。对于后者，我已暗示了，我们的优势大于任何公众性质的职业，无论是律师还是教师。（致洛德，1868 年 5 月 3 日或 4 日；KSB 2，275—276）

[10]所以，对哲学的爱肯定不在第一位，而是首先希望拥有一个有保障的中产阶级的生活方式，再享有一定的声誉（事实上，首先是语文学上的声誉）。尼采计划来实现目标的步骤极具战略性，像企业的发展规划一样，这对于一位 23 岁的青年而言十分引人注目。[①] 坦率地讲，尼采想成为一名古典语文学的教授。之后甚至不到一年，他就会梦想成真。他的目标似乎实现了。不过我们将会看到为什么这个目标之后很快就变成了一个沉重的负担。然而，在那之前，让我们来看一眼尼采所取得的语文学成就，这些成就让他有可能不可预见地早早达成他的目标。

三、尼采从 16 到 28 岁之间的语文学作品（从普福塔到巴塞尔）

日　期	年龄	地点/作品选
1858 年 10 月	14	**普福塔中学**
1861 年 7 月	16	《国王密特拉达梯的生平事迹》（“De rebus gestis Mithridatis Regis”）

① 尼采后来会经常强调自己的“聪明”；例如，1871 年他申请巴塞尔大学的哲学教授职位，当他要求更换教席并推荐洛德作为他的继任者时，曾这样说：“有人应该会说到我，说我有最聪明的主见，能从友谊中获益。”参致洛德，1871 年，2 月 8 日；KSB 3，183。

（续表）

日　期	年龄	地点/作品选
1862	16	《命运与历史》（"Fatum und Geschichte"）；《自由意志与命运》（"Willensfreiheit und Fatum"）为"日耳曼"学生社团（students league 'Germania'）而写，成员中有宾德（Wilhelm Pinder）和克鲁格（Gustav Krug）。
1862年10月	17	《李维〈建城以来史〉·序言释义》（"Prooemium Livi historiarum explicatur"）
1862年11月	18	《〈埃阿斯〉第一幕释义及简论》（"Primi Ajacis stasimi interpretatio cum brevi praefatione"）
1863年5/6月	18	翻译注释了"卡利诺斯（Callinus）、提尔泰俄斯（Tyrtaeus）、弥涅尔墨斯（Mimnermus）、萨福（Sappho）、阿纳克里翁（Anacreon）"等人的作品
1863年10月	18	《12世纪有关东哥特王厄尔曼纳里克传说的形成结构》（"Gestaltung der Sage vom Ostgotenkönig Ermanarich bis in das 12te Jahrhundert"）
1864年4/5月	19	《〈俄狄浦斯王〉第一幕的合唱歌》（"Primum Oedipodis regis carmen choricum"）
1864年7月	19	《墨伽拉的忒奥格尼斯》（"De Theognide Megarensi"）（毕业论文[离校考试]）
1864年10月	20	**波恩大学**
1865年10月	21	**莱比锡大学**
1866年1月18日	21	《忒奥格尼斯集的最后编订》（"Die letzte Redaktion der Theognideae"），在"语文学家协会"（*Philologischer Verein*[PhV]）上的报告

（续表）

日　期	年龄	地点/作品选
1866年6月1日	21	《关于苏达[辞书]的史料来源》（"Über die litteraturhistorischcn Quellen des Suidas"）（PhV）
1867年1月	22	《亚里士多德文稿的书目》（"Die Pinakes der aristotelischen Schriften"）（PhV）
1867年7月	22	《尤卑亚的歌唱比赛》（"Der Sängerkrieg auf Euboea"）（PhV）
1867	22	《论忒奥格尼斯诗句蒐集史》（"Zur Geschichte der Theognidischcn Spruchsammlung"），载《莱茵博物馆语文学专刊》(*Rheinisches Museum* [RhM]) NF 22. 161—200
1868年4月25日	23	《舒曼的赫西俄德〈神谱〉》（"G. F. Schoemanns Theogonie des Hesiod"），载《德意志文学核心期刊》(*Literarisches Centralblatt für Deutschland* [LC])
1868年10月31日	24	《罗瑟的〈阿纳克里翁〉》（"Valentin Roses Anacreon"）（LC）
1868	24	《拉尔修的材料来源·之一》（"De Laertii Diogenis fontibus I"）（RhM NF 23，269—296）
1868	24	《希腊抒情诗论集·卷一：达娜厄的哀怨》（"Beiträge zur Kritik der griechischen Lyriker. I：der Danaë Klage"）（RhM NF 23，480—489）
1868年11月6日	24	《关于瓦罗的〈讽刺诗〉与犬儒派的默尼普斯》（"Über die Varronischen Satiren und den Cyniker Menippus"）（PhV）

（续表）

日　期	年龄	地点/作品选
1868年11月21日	24	《尼采〈尤朵绮亚问题〉修订》（“R. Nietzsches ‘Quaestiones Eudocianae’”）（LC）
1869年1月30日	24	《齐格勒的忒奥格尼斯集版本》（“Chr. Zieglers Theognis-Edition”）（LC） 《博奈斯的〈赫拉克利特书简〉》（“J. Bernays ‘Heraklitische Briefe’”）（LC） 《麦考德的阿里斯托克赛诺斯的〈和声学〉残篇版本》（“P. Marquards Edition der Fragmente der‘Harmonie’des Aristoxenos”）（LC）
1869年2月10日	24	**来自巴塞尔大学的聘书**
1869年4月3日	24	《洛德的路吉阿诺斯著作：路吉阿诺斯的〈金驴记〉等》（“E. Rohdes’ Lucian’s Schrift: *Loukios ē ónos*’[*etc.*]”）（LC）
1869	24	《拉尔修的材料来源·之二》（“De Laertii Diogenis fontibus II”）（RhM, NF 24, 296—358）

[11]在普福塔中学念书的几年时间，尼采已撰写了至少9篇语文学作品，其中5篇以拉丁文写就。他的研究主题始于罗马历史与文学（密特拉达梯[Mithridates]、李维[Livy]），既而其主题只关注希腊文学，只有研究厄尔曼纳里克的那部分除外：①这些作品有两篇讨论希腊肃剧（索福克勒斯的《埃阿斯》与《俄狄浦斯王》），两篇来自希腊早期诗歌（从卡利诺斯到阿纳克里翁，并最终研究了忒奥格尼斯）。值得注意的是，这里面没有关于哲学的著作。

① 厄尔曼纳里克是日耳曼民族的（Germanic）哥特人（Gothic）首领（公元4世纪）。他在《贝奥武甫》（*Beowulf*）中也有一定戏份。

之后,在莱比锡,他写出了约20篇作品,有些稿件是提交给"语文学家协会"的报告,还有一些则准备发表。其中第一篇发表在1867年的《莱茵博物馆语文学专刊》(*Rheinisches Museum für Philologie*),完成于他22岁那年;这一时期的最后一篇发表于1871年的《莱茵博物馆语文学专刊》,时年26岁(此次《荷马与赫西俄德的竞赛》的发表无疑在莱比锡便已准备好,因此也可算作在莱比锡的作品之一)。对于这样一位年轻人来说,他所研究的主题可谓异常广泛,涵盖了众多早期希腊诗人,从忒奥格尼斯到《竞赛》——也就是从公元前6世纪到公元2世纪——甚至直到公元5世纪的皇后兼作家尤朵绮亚(Eudokía)。① 我们在这里又一次看到了与普福塔中学时期的作品展现出的类似的景象:20篇作品中只有1篇(此篇至少有一半)主题涉及罗马文学,这就是1868年对瓦罗(Varro)的《萨图里奥》(*Saturae*)的研究;其他19篇则全都关注希腊诗人和散文作家。这里面也找不到任何关于哲学的单独论文。研究亚里士多德或赫拉克利特听起来像是在作原始材料的研究[Quellenstudien],而他研究拉尔修的作品,主要的目标也是为了揭示这部3世纪时期的哲学史的材料来源。所以,这里也不是一位未来的哲学家在说话,而是一位语文学家。而且这位语文学家唯独只用语文学术语发表言论:尼采以古老的方式进行常规的语文学的治学实践,且依据其技艺的发展水平:他会参照常规的措辞,同时对文本进行一丝不苟的细节分析、对传统进行考证,还会使用列举典型这一方法。

当然,不可能举出他所有的作品来表明这一点。因此,我们将以一个成果尤为卓著的例子来展现尼采的治学步骤,展现他的好辩的敏锐,以及最重要的是,展现他解决问题的综合方法(即使在今天,这也是通常公认的可靠的研究方式):这就是他在《荷马与赫

---

① [译注]即拜赞庭皇帝希拉克略之妻(Fabia Eudokia, c. 580—612)。

西俄德的竞赛》中所作的工作。我们将不得不潜下心来，然后深入到最末梢的语文学细节中去，因此，某些缺乏语文学训练的"哲学的"读者会不可避免地感到受挫和厌烦。尽管如此，不论是谁，倘若他能说服自己坚持关注下去，他都会注意到尼采的学术[12]和方法论基础实际上有多么意义深远、包罗万象和严谨细腻，尼采正是以此为基础，建立起了他后来的思想大厦。

《荷马与赫西俄德的竞赛》①

首先，略提一下背景：在罗马帝国早期，有一股旨在回归伟大的希腊古典时期的复兴运动，在这一繁荣的背景下，涌现了大量的传记文学。其中特别受欢迎的是诗人的传记，所谓的*βίοι*[履历]，即 vitae[生平]。其中荷马的生平占了绝大多数。这里面有 9 份一直流传至今。都是编写于罗马帝国时期，距离这位《伊利亚特》的创作者生活的时代将近 800 至 1700 年之久(按《苏达辞书》的说法)。在这 9 个文本中，有 7 份是匿名作品，剩下的两份，分别源自一部文学指南(普罗克洛斯[Proclus])和一套 10 世纪的大百科全书，《苏达辞书》(Latacz 2011，13 以下)。这些都是参考诸多以前的著作汇编而成的，其中至少有一部分确实有可能属于如地下暗河式的口头传统，即"集体记忆"的成果：各自的材料来源越是丰富，其后续编纂的随机性就越大。他们的核心的组成包括"荷马专家"报告的一系列观点矛盾的证词，也包括许多匿名的行间注，如"一些人说……而另一些人则这么说"。这个核心经由各个作者不

① 在此，我要真诚地感谢沃格特(Ernst Vogt)的工作(1959 及 1962)，还要感谢他对拙文《荷马研究两百年，回顾与展望》(*Zweihundert Jahre Homer-Forschung, Rückblick und Ausblick*，1991)所作的贡献。[23]沃格特的早期研究已经有半个多世纪的历史了，然而，这些研究还没有获得那些致力于理解尼采思想发展历程的哲学家和语文学家们的正确认识。但坎辛克(Cancik)是例外，参 Cancik[1995] 2000，1—25。亦参 Latacz 2011，1—25 的提示。

同的思想观念、发明、误解而被进一步充实和丰富起来。莱斯基(Albin Lesky)于 1971 年在他那套论希腊文学史的鸿篇巨著中曾这样说:“古代的传记,绝望的状况”(Lesky 1971,778)。这些生平的格式普遍采用以下六个主题组成:(1)家系,(2)出生地,(3)命名,(4)(可能的)职业和游历,(5)死亡,(6)以及可能的著作清单。从这些*βίοι*[履历]中获得有价值的见解的可能性几乎为零。用柯克(Geoffrey Kirk)的话来说就是:“古人对荷马的生平和个性的确切情况一无所知。”(Kirk 1985,1)①

在这些托名的传记中,有一篇较长的文本,题为《竞赛》(Certamen)。其篇幅大约有 8 页。这是亨利库斯·斯特法努斯(Henricus Stephanus)从位于佛罗伦萨的洛伦佐图书馆(Laurentiana)内发现的,当时被混杂在各种不同主题文章的抄本中(《洛伦佐抄本》[*Laurentianus*],56,成书于 14 世纪)。首先要注意的是,抄本没有署名作者;斯特法努斯于 1573 年将之编辑为“荷马与赫西俄德的竞赛”(*Ὁμήρου καὶ Ἡσιόδου ἀγών*),即《荷马与赫西俄德的竞赛、最先有光、妇女与其他打油诗、日内瓦纪年 1573》(*Homeri et Hesiodi certamen. Nunc primum luce donatum. Matronis et aliorum parodiae. Genavae anno MDLXXIII.*)。

这一版本在整个 19 世纪里以多卷本的形式多次重印(例如,韦斯特曼[A. Westermann]1845 年的*Βιογράφοι*[传记]),不过,最初的抄本便不再为人们所知。比如韦斯特曼相信,一份轶失了的早期抄本《巴黎希腊语抄本》(*Codex Parisinus*)是其内容的主要来源。但是在 1863 年,罗瑟(Valentin Rose)在佛罗伦萨重新发现了这一原始抄本,他在 1863/1864 年发表的报告引起了一场小小的轰动。罗瑟的发现肯定激励了尼采,让他于 1867 年 7 月写了一篇题为《尤卑亚的歌唱比赛》(“Der Sängerkrieg auf Euboea”)的论

① 对“确切”一词进行了辨别和区分,但并未否定之,参 Latacz 2011,18—19。

文，提交给了莱比锡的“语文学家协会”。一直以来都存有这样的疑问，即尼采论文的标题是否模仿了瓦格纳的歌剧《汤豪瑟与瓦特堡的歌唱比赛》（“Tannhäuser und der Sängerkrieg auf Wartburg”），该剧曾在1845年于德累斯顿（Dresden）首演（Vogt 1962, 105）。这的确有可能，不过，这还不足以充分确定尼采意图，即他正力图证明这部迄那时为止仍然匿名的希腊文本的作者身份。

[13]在他的课程中，尼采特别重视文本的三重结构。[①] 在这份文本的18个小节（这里根据的是Wilamowitz 1916所作的划分）里，只有8节（6—13节）处理了有关“赫西俄德与荷马的竞赛”（Certamen）这类内容，而斯特法努斯正是据此来命名了这一文本。在ἀγών[竞赛]的前后，即1—5节和14—18节，分别包含了上述六点公式的常见信息。因此，这个标题其实并不准确。尼采之后会发现，这是由于斯特法努斯嗜好缩略写法。这一流传于14世纪的文本应该有一个更为准确与合理的标题：《关于荷马与赫西俄德、其家系以及彼此间的竞赛》（*On Homer and Hesiod and their Ancestry and Competition*）。这更符合文本内容，而且，如此一来，这一三重结构的布局才使文本真正形成了一个整体——尽管不太协调：

第一部分（1—5节）：[托名]传记（出生地、家系、名字、重大事件；过度到实际的“竞赛”）

---

① 参《尤卑亚的歌唱比赛：尼采的课程》（“Der Sängerkrieg auf Euboea: Vortrag von Friedrich Nietzsche”）。可见于BAW 3, 230—244。这篇文章并未收入于KGW，尼采第一次具体提到这一课程的计划是在1868年春，在标题“我的下一个研究主题”（Themata meiner nächsten Arbeiten）下，参BAW 4, 123。关于这个计划中的“带校勘和注释的文本”的初步工作以及后来的《竞赛》论文，都于1868/1869的冬季着手展开。参BAW 4, 133—162; BAW 5, 168—171, 190—202, 212—217, 220—233。亦参施莱希塔（Karl Schlechta）的《后记》（“*Nachbericht*”），1940, 439—430。尼采在那个时候对“竞赛”的理解已经洞见了决定性的信息，参BAW 5, 170—171。

第二部分(6—13 节):“竞赛”

第三部分(14—18 节):两位主人公“竞赛”后的命运,他们的死亡。

在第 3 节中,文本交待了荷马的身世,并展现了一张五花八门而又捕风捉影的家谱,那些匿名的作者(或不如说是“编纂者”)得意洋洋地透露,他曾听人说“虔诚的 *αὐτοκράτωρ*[帝国统治者]哈德良”从德尔斐的神谕中获得了荷马身世的确切答案:即荷马乃特勒马科斯(Telemachus)与涅斯托尔(Nestor)的女儿埃皮卡斯特(Epicaste)的孩子。[①] 哈德良的统治是从公元 117 至 138 年,因此这一文本应该是那段时期或之后写就。

在第 5 节的开头部分,编纂者直接转入到了实际的“竞赛”:

> 但是,有一些人却说两人[荷马与赫西俄德]都生活在同一个年代,并且确实曾在波俄提亚(Boeotia)的奥利斯(Aulis)相遇。因为伽尼克托耳(Ganyktor),安菲达玛斯(Amphidamas)的儿子,尤卑亚岛的国王,提供了巨额的奖品,在他刚去世不久的父亲的葬礼竞技会上,他召集当时最杰出的人,让他们不仅要比试“力量”和“速度”的项目,而且还要在“Sophia[智慧]”的领域里展开竞赛,于是大家都从奥利斯港乘船前往卡尔基斯(Chalcis)。

这则故事据赫西俄德的《劳作与时日》(*Erga kai Hemerai*)中杜撰而成,赫西俄德在此诗中诙谐地提到了他自己生命中唯一一次航海经历,从奥利斯到卡尔基斯(这一段海路如今被一座架于

① 尼采准确地将这一名字更正为“波吕卡斯特”(Polycaste),即涅斯托尔的女儿,他的依据参《奥德赛》,卷三,行 464—465。

海上的小桥所联通，跨度约 213 英尺），他在那里的 hymn-agōn[诗歌竞赛]中赢得了一尊三脚鼎。① 有人立刻注意到了其中存在编造的可能性，因为赫西俄德只字未提“智慧”的“竞赛”，更不用说与荷马的“竞赛”了。

作者继续说道：裁判员都是在卡尔基斯广受尊敬之人，由死者的兄弟潘埃德斯(Panedes)主持（尼采顺道给出了该名字的正确翻译“全-知”[All-Weiß]）。然后，赫西俄德走在人群中间，质问荷马——荷马则作了答。这一问答的角色分配之后便一直这样保持下去，并几乎贯穿了整个“竞赛”（请注意，我们在这里看见的准确说来并不像一场竞赛，更像是一次口试）。这场考试始于第 6 节：问题和答案正好适合两位史诗诗人，如六音步诗歌的形式。此处一共有三“道”或三个“回合”。[14]起初，赫西俄德问，对凡人而言什么是最好的，而人们最渴望得到的又是什么东西。荷马回答了这个问题，这让赫西俄德十分不满，之后，赫西俄德向他发起了第二轮挑战，问了一道看似无解的谜语，但是，这个ἄπορον[难题]又被荷马巧妙而优雅地解决了，赫西俄德随后转向了一个新的问题类型，这种类型被韦斯特(Martin West)称之为“聚会游戏”(party game，West 1967，440)：他唱了一段完全杂乱无章的六音步诗歌，而荷马则毫不客气地立刻将之改编成能够被理解的诗句，于是便出现了一段如下的即兴创作（在第 14 节中，“σχεδιάζειν[毫无准备的]”这个术语对理解文本整体的意图至关重要）：“所以他们尽情享受眼前，从早到晚，一无所有。”荷马将这段矛盾的诗歌补充完整，使之成为意义深远的诗句：“[……]在他们的家中：因为有众人之王阿伽门农给他们的馈赠。”

在荷马漂亮地解决了 14 节的悖论问题后，赫西俄德转而采用了更为激进的手段：有多少阿凯亚人(Achaeans)跟随阿特柔斯的

① 参赫西俄德，《劳作与时日》(Ἔργα καὶ ἡμέραι)，行 646—660。

后裔(Atrides)去到伊利昂(Ilios)？荷马解决这个“adynaton[不可能回答的问题]”的方式同样令人印象深刻，他用了一连串复杂的计算。赫西俄德变得有点嫉妒，在第三回合中，他提出了伦理学的问题，一共有7道；最后一道这样问道：“对于眼前的命运——人应该如何来看待？”荷马回答说：“在死之前经历最少的忧伤，体验最大的快乐。”然后文章继续讲述，因此，所有的希腊人(Hellenes)迫不及待地要将胜利归于荷马。但是裁判“全-知”要求他们从各自的作品中背诵一段他们认为最美的诗文。于是赫西俄德吟诵了《劳作与时日》中赞美田功农时的诗句。而荷马则唱了一段《伊利亚特》卷十三中描写的惊心动魄的华丽战斗，他歌颂了战事的刚毅、勇气和荣耀。希腊人又一次欢呼荷马的胜利。但潘埃德斯这位“全-知”宣布，获胜的是赫西俄德，因为他代表的是对劳作与和平的歌颂，而不是战争和杀戮。因此这场agōn[竞赛]，即实际的《竞赛》，有了最终的结论。下面紧接着的段落叙述了两位竞赛者的死亡——赫西俄德死得卑微且黯然，而荷马得到了所有希腊人的尊崇。对这一竞赛及奖项颁授的悖论性问题还可以展开无穷的讨论，但此处就必须先略过了。

尼采(对于一位22岁的学生而言)以异常精确、清晰、系统的形式陈述了这个文本，之后，他开始了实际的工作：材料来源的分析。他不管文本中呈现出的众多内容上的问题，严密地专攻材料来源的分析，就如他论忒奥格尼斯和拉尔修的作品那样。他所作的分析使用的是传统方法，因为这些方法适合当时的语文学家。尼采正在进行纯文本的语文学研究——我们必须牢记这一点。然而，在这条路上，他会有一个全新的、影响深远的发现：他盯上了当时还被人们普遍忽视的第14节中所涉及的材料，对这段内容有如此仔细的关注尚属首次。帝国时期的编纂者们在此处谈到，两个罗克里斯(Lokris)青年杀害了赫西俄德，于是他们决定乘渔船逃到克里特岛，结果渔船途中被宙斯的闪电击碎，两人淹死在海中。

接着，文本说道："ὥς φησιν Ἀλκιδάμας ἐν Μουσείωι［正如阿尔基达马斯（Alkidamas）在他的《缪斯宫》（*Mouseion*）中所言］"（《竞赛》，节14）。尼采将这个问题与他察觉的另一个问题联系了起来：赫西俄德向荷马提出的第一个问题，在《竞赛》原文中是这样写的："对凡人而言什么是ἄριστον［最好的］东西？"荷马这样回答：

> ἀρχὴν μὲν μὴ φῦναι ἐπιχθονίοισιν ἄριστον,
> φύντα δ' ὅπως ὤκιστα πύλας Ἀΐδαο περῆσαι.
> 不要出生，是对尘世之人而言最好的事；
> 然而，一旦出生，就踏入哈德斯的大门，越快越好。（《竞赛》，节7）

［15］此处，尼采记得之前在别处也读到过这两节诗文：即斯托拜俄斯（Stobaeus），一位公元5世纪的作家，为了增进自己儿子在文学和哲学方面的知识而写的四卷本辑录。在卷四，章52，节22，斯托拜俄斯逐字逐句地引用了完全相同的两节诗文，将之置于"Περὶ τοῦ θανάτου［论死亡］"这个标题下——不过，他附加了一条信息：Ἐκ τοῦ Ἀλκιδάμαντος Μουσείου［引自阿尔基达马斯的《缪斯宫》］。在尼采之前，还没有人将它与《竞赛》联系在一起。现在尼采拥有了两份对应的材料参考——一份帝国晚期的文本，另一份是斯托拜俄斯的著作，但参考了帝国文本的中心部分，即实际的《竞赛》。尼采总结道，帝国时期的编纂者的主要材料来源至少有修辞学家阿尔基达马斯的《缪斯宫》，此人在柏拉图与亚里士多德的作品中曾被多次提及和引用（尼采列出了相应的材料），据说是智术师高尔吉亚的学生，并且，他有一份文本保存了下来：《论演说辞的作者或智术师》（"On the Authors of Written Speeches or on Sophists"）。对我们而言，1867年的这篇论文值得关注的就是这些内容（我们可以忽略尼采在论文中得出的进一步结论，后来被他自己否定）。

这篇论文发表于1867年7月,在尼采进入大学的第4个学期,它一定受到了热烈的欢迎,因为尼采在接下来的几个月里依然继续关注这一主题。他在第6个学期,于1868年11月9日,建议与波恩的洛德一起合作一本书,其中也将包含他论《竞赛》的文章。[①] 可惜没能实现。然而,仅一个月后,1868年12月9日,他告诉洛德,他正计划重新编辑"关于荷马与赫西俄德、其家系以及彼此间的竞赛"(因为当时他已知道了原标题),这其中将包括一篇论"荷马接受史的问题"的论文(致洛德,1868年12月9日;KSB 2,349)。截至那时为止,他还(从莱顿)收到了斯特法努斯从佛罗伦萨的《洛伦佐抄本》中找到的那篇文稿的抄件。所以他非常努力地致力于该文本的编校工作。从下述事实中可以看出他精湛的语文学功底:他希望对佛罗伦萨的原始抄本和斯特法努斯的编本进行文本校勘。他的几次尝试都失败了,不过他没有放弃。最终,洛德当时正巧在意大利,他于1869年9月24日从佛罗伦萨给他寄了一份用于校勘(KSB 2,49)。现在,他在巴塞尔的第二个学期,尼采可以完成他所计划的校注版了。这个版本最终于1871年发表,刊于里奇尔主编的《莱比锡语文学杂志》(*Acta Societatis Philologae Lipsiensis*)的第一期。

任何一位彻底仔细地看过这一版本的人——该版本大部分在莱比锡写就,但在巴塞尔完稿——都会发现,尼采是一位极为专业和敏锐的26岁年轻编辑。尼采纠正了斯特法努斯的好几处问题,解明了难懂或根本无法阅读的段落,将之重新编排,并提出了相关的推测,等等。对一部文本的编辑,堪称古典语文学中最困难的训练。这不仅需要杰出的古文字学、语言学、文体学,甚至还有(正如我们在这里看到的)诗韵方面的理解力,而且还要求对作者的背

① "[我]们一起出一本书,取名为《希腊文学论集》(*Beiträge zur griechischen Litteraturgeschichte*),我们在里面收入几篇较长的论文(例如:我论德谟克里特的作者身份,论荷马-赫西俄德的ἀγών[竞赛],论犬儒派的默尼普斯[Menippus])的文章,再收入一些杂记。你意下如何?"参致洛德,1968年11月9日;KSB 2,342。

景、他的措辞、他的材料来源和他如何使用这些材料方法等等都有渊博的知识,更不用说还需了解整个文学类型的发展历史,作者是这个历史的一部分,甚至还可能占据更多的内容。[17]尼采很好地满足了所有这些先决条件,他的编本证明了这点。

Homeri et Hesiodi.　19

πάντες ἐπὶ τὸν αἰγιαλὸν ἔδραμον καὶ τὸ cῶμα γνωρίcαντες ἐκεῖνο μὲν πενθήcαντες ἔθαψαν, τοὺc δὲ φονεῖc ἀνεζήτουν. οἱ δὲ φοβηθέντες τὴν τῶν πολιτῶν ὀργήν, καταcπάcαντες ἁλιευτικὸν cκάφος διέπλευcαν εἰc Κρήτην· οὓc κατὰ μέcον τὸν πλοῦν ὁ Ζεὺc κεραυνώcαc κατεπόντωcεν, ὥc φηcιν Ἀλκιδάμαc ἐν Μουcείῳ. Ἐρατοcθένηc δέ φηcιν ἐν Ἡcιόδῳ Κτίμενον καὶ Ἄντιφον τοὺc Γανύκτοροc ἐπὶ τῇ προειρημένῃ αἰτίᾳ ἀνελόνταc cφαγιαcθῆναι θεοῖc τοῖc ξενίοιc ὑπ' Εὐρυκλέουc τοῦ μάντεωc. τὴν μέντοι παρθένον, τὴν ἀδελφὴν τῶν προειρημένων, μετὰ τὴν φθορὰν ἑαυτὴν ἀναρτῆcαι, φθαρῆναι δ' ὑπό τινοc ξένου cυνόδου τοῦ Ἡcιόδου, Δημώδουc ὄνομα, ὃν καὶ αὐτὸν ἀναιρεθῆναι ὑπὸ τῶν αὐτῶν φηcιν. ὕcτερον δ' Ὀρχομένιοι κατὰ χρηcμὸν μετενέγκαντεc αὐτὸν παρ' αὑτοῖc ἔθαψαν καὶ ἐπέγραψαν ἐπὶ τῷ τάφῳ·

Ἄcκρη μὲν πατρὶc πολυλήιοc, ἀλλὰ θανόντοc
　ὀcτέα πληξίππων γῆ Μινυῶν κατέχει
Ἡcιόδου, τοῦ πλεῖcτον ἐν ἀνθρώποιc κλέοc ἐcτίν
　ἀνδρῶν κρινομένων ἐν βαcάνῳ cοφίηc.

καὶ περὶ μὲν Ἡcιόδου τοcαῦτα. ὁ δ' Ὅμηροc ἀποτυχὼν τῆc νίκηc περιερχόμενοc ἔλεγε τὰ ποιήματα, πρῶτον μὲν τὴν Θηβαΐδα, ἔπη ͵Ζ, ἧc ἡ ἀρχή·

232 Ἀλκιδάμαc ἐν Μουcείῳ] Goettlingius temere coniecit aut Καλλίμαχοc ἐν Μουcείῳ aut Ἀλκιδάμαc ἐν Μεccηνιακῷ. Hefferus in Diariis antiqu. a. 1839 p. 860 nihil mutandum esse dicit: quem Osannus sequitur. Cf. Bergkius in Anal. Alexandr. part. I p. 26 et Val. Roseus Aristot. pseudepigr. p. 508　233 ἐν Ἡcιόδῳ] *F* ἐν ἐνηπόδω, *S* ἐνηπόδῳ, Barnesius ἐν Ἀνδραπόδῳ: cf. Bernhardyus Eratosth. p. 241. Ἡcιόδῳ Goettlingius et Bergkius Anal. Alex. I p. 26　232 in *F* fol. 18ª κεραυνώcαc vocabulo incipit　234 Γανύκτοροc] *S* γαννύκτοροc | ἀνελόνταc] sic ego cum *F*: vulgo ἀνελθόνταc　235 θεοῖc] restitui: quod *F* praebet. *S* θ μοῖc (θεοι), *S* θεcμοῖc et sic omnes editiones | τοῖc] addidit Bernhardyus: om. *FSE* 237 φθορὰν] sic ego cum *F*: vulgo φωράν　239 αὐτῶν] sic *FSE*: Bernhardyi coniectura ἀcτῶν, quam Westermannus recepit, prorsus est reicienda　242 Ἄcκρη] *S* Ἄcηρη, rubr. ἄcκρη　243 Μινυῶν] Barnesius ex Pausania IX, 38: *FSE* μινυάc, Tzetzes ex eodem fonte (Westerm. p. 49) μινύηc vel μινύαc vel tale aliquid; apud eundem in codd. V P M πληξίππου. Fortasse igitur communi fonti πληξίπποι γῆ Μινυάc lectio vindicanda est　245 βαcάνῳ] Tzetzes βαcάνοιc, ubi Westermannus p. 49 mavult βαcάνῳ　248 ἔπη ͵Ζ] sic G. Hermannus p. 286. *F* ἔπη Ζ̄. Welckerus ep. Cycl. p. 204 auctorem voluisse βιβλία Ζ̄ censuit. [Cf. Opusc. phil. I p. 82 sq. F.R.]

2*

图 1.1

[16]取自尼采校勘的《竞赛》版本,1871 年,尼采私人副本的传真件(承蒙魏玛的安娜·阿玛莉亚公爵夫人图书馆[Herzogin Anna Amalia Bibliothek,Weimar]的慷慨许可,电话:C4527)

我们在文本的下方看到一份评注，这份评注采用的形式只在今天的编本中才可能出现：尼采不仅注意到了原始的抄件（简写为F，指佛罗伦萨本[“Florentinus”]），斯特法努斯抄写的版本（简写为S）以及最后由斯特法努斯刊印的“初版”（简写为E，编本[“Editio”]），还注意到了此前学者们的修正和猜想——甚至还经常记下这些猜想的位置。他进一步提出了自己的更正和猜想，而且，即使只是一个26岁的青年，他也毫无畏惧地指正已颇有声望的前辈学者此前的观点：“戈特林（Goettling）轻率地 temere [随意]推测要么是‘卡里马科斯（Callimachus）在缪斯神殿’要么是‘阿尔基达马斯在[他的演讲]《致美塞尼亚同胞》（Messeniakós）’”（对行232的评论）。或还有下述看法：“伯恩哈迪（Bernhardy）对‘ἀστῶν[同胞]’的猜想，韦斯特曼也采纳了，但是 prorsus est reicienda[完全无法接受]，必须予以彻底的抛弃。”这是他对行239的评论（伯恩哈迪是哈雷大学教授，是当时该领域一位71岁高龄的伟大权威，尤其是他1836年发表的《希腊文学大纲》[*Grundriss der griechischen Litteratur*]，此书至1875年已有第5版）。但最重要的是：尼采是对的！

我们还可以列出这个版本的更多优点。两年后，在《莱茵博物馆语文学专刊》（1873）上，尼采自信地评价了自己的作品，但却十分正确：“在新版中[……]我不仅旨在提出对今后具有决定性意义的评注，同时还旨在提出文本的历史。”[楷体强调为笔者所加]并且，他成功了。

在这里，我短暂地回到了本文最初的问题：“尼采何以能在24岁的时候就接到巴塞尔大学的聘书？”我认为，我们现在可以看到一颗优秀的语文学的心灵已在莱比锡形成。当时巴塞尔大学的拉丁语教授基斯林（Adolph Kiessling）已向巴塞尔提交了辞呈，因为他正准备赴任汉堡约翰纽姆大学（Johanneum）的职位，他让里奇尔推荐一位接替他的人选，时值1868年12月9日，里奇尔在他给基斯林的推荐信中写道：

> [……]我以前从未见过哪个青年，这么早，在这样年轻的年纪，就能像尼采那样成熟。他在学校的三年时间里，在第二和第三年就交出了他博学的论文！[……]所以我预言，将来他总有一天会站在德国语文学领域的最前沿[……]

几乎与此同时，巴塞尔大学的希腊语教授维舍(Wilhelm Vischer-Bilfinger)，兼当时的教育部主任，要求接任基斯林的人选同样要由里奇尔来推荐。里奇尔只是简短地在答复维舍时附上这封他刚写好的给基斯林的回信，并要求维舍之后转交基斯林。维舍随后抄下了对尼采评论的文字，并用在了他给巴塞尔大学行政机构的推荐书中。① 维舍还询问了里奇尔在波恩大学的继任者乌瑟纳尔(Hermann Usener)的推荐建议，后者在 1868 年 12 月 19 日回信中写道：

> 在年轻的一辈中，尼采脱颖而出，他在《莱茵博物馆语文学专刊》(卷 22 和 23)上的作品的蓬勃朝气和真知灼见令我惊叹不已。(Stroux 1925，33—34)

这些关于尼采受聘过程的评价，充分说明巴塞尔大学确实做出了一个十分幸运的选择。

[18]在谈论尼采对语文学领域的影响和贡献之前，让我们先对尼采"竞赛-研究"的结论作一个简短的结语：1870 年和 1873 年在《莱茵博物馆语文学专刊》上发表的两篇论文中，尼采兑现了此前早些时候在给洛德的信中所说的"接下来准备处理荷马接受史

① 参 Stroux 1925，29 以下。斯特鲁克斯(Stroux)所记的信件中有些日期并不十分准确，不过，此处的 1868 年 12 月/1869 年 1 月确切日期。

的问题"这一承诺。其中第一篇文章以最精准的论据提出了他当时在《尤卑亚的歌唱比赛》中提到的发现:该文主要的材料来源是阿尔基达马斯。① 然而,在第二篇论文中,他加入了两个极为重要的想法:第一,阿尔基达马斯之所以拥有《竞赛》作者的身份,源于他的修辞学概论,如我们所知出自他的文本《论智术师》:作为高尔吉亚的一位门徒,阿尔基达马斯始终敬仰他的老师,因为无论何时,高尔吉亚只要向公众大喊*Προβάλλετε*[扔给我](意思是说,向他抛出一个话题),自己就能接着即兴发挥,自由而巧妙地对这个话题侃侃而谈。作为这样一个即兴演讲者的学生,阿尔基达马斯对即兴的"自由"演讲的偏爱超过了记忆背诵书写好的文稿,是完全合乎逻辑的(从今天的角度来看,我们应该加上这点:阿尔基达马斯,可能还有高尔吉亚,在这方面几乎不可避免地把自己置于荷马的传统中,荷马在《奥德赛》中把自己描述成类似费埃克斯的歌人德莫多克斯[Phaeacian singer Demodocus]那样的角色,在接到挑战的叫嚣时,他同样能歌唱一个主题来应对[《奥德赛》,卷八,行487—498];这就说明,荷马对于阿尔基达马斯而言是一位即兴演说的大师)。尼采的第二个新想法涉及阿尔基达马斯著作的标题,"竞赛"在这部著作中被置于其余内容的中间,而它的标题为:*Museion*(字面意思是"缪斯所在的地方")。尼采提出了许多不同的类比,他将标题解释为"学校-"或"文本-书籍",换言之,就是修辞术。这很可能也是正确的推断:博物馆(museum)曾是一个集会和教学的场所,正如后来亚历山大里亚的*μουσεῖον*[缪斯神殿]。②

最后一点还得到了一个事实的补充:即尼采论阿尔基达马斯的文章被他去世后所发现的两份纸草的内容所证实。1891 年发

---

① 因此,尼采已经得出结论:"*ἀγών*[竞赛]的整个故事皆源自阿尔基达马斯的《缪斯宫》。"参 BAW 5,170—171。

② 而且,就像《莱茵博物馆语文学专刊》那样,他在其中提出的这些洞见——这些小巧精彩的点睛之笔,甚至很可能连他自己都没注意到。

现并公布的一份公元前 3 世纪的埃及纸草中，明确地包含了《竞赛》涉及的材料：编者玛哈斐(Mahaffy)在他的编辑本的末尾写了下述言论：

> 这里恢复的文字证明了这场竞赛不是哈德良时代的编造和发明，而是在 400 年前就已经以同样的形式存在了。埃及法尤姆(Fayyum)的纸草中并没有很多经典作品的残篇，但其中出现了这些内容，这表明了它传播广泛，颇为流行。**然后，到目前为止，尼采的理论得到了最辉煌的确证。**(Mahaffy 1891；楷体强调为笔者所加)

第一份纸草的发现接着证明了，《竞赛》流传于公元前 3 世纪时，其措辞与我们所看到的帝国时期编纂者的措辞非常相似。因此，编纂者的"竞赛"一定有至少一个希腊化(Hellenistic)的来源。到了 1925 年，第二份纸草被人们发现了；[①]编辑在此得出了这样的结论：

> 第一位讨论《竞赛》的材料及其来源之间关系的学者，是尼采，他提出的理论认为，哈德良时代某位作者所编纂的《竞赛》，其材料来源是修辞学家阿尔基达马斯的《缪斯宫》，后者是高尔吉亚的学生，也是伊索克拉底的对手[……现在]我们可以确信阿尔基达马斯曾写过一篇文章，题为《论荷马》(*Περὶ Ὁμήρου*)，这是[19]《竞赛》末尾最直接的材料来源。**现在对此已有了足够的事实，不再是一个推测。**(Winter 1925)

有了这份材料，尼采的发现最终得到了确证。

---

① 关于这份纸草的讨论，参 West 1967，434—438。

四、青年尼采的成就对古典语文学的影响

作为总结，我将简要谈谈尼采青年作品中的语文学作品对古典语文学的影响。我从《日晷》(*Gnomon*)的长期编辑沃格特(Ernst Vogt)提出的主张开始，该主张出自 1962 年他那篇为人称赞的文章《尼采与荷马的竞赛》(Nietzsche und der Wettkampf Homers)，他说：

> [……]一种无法越过的质疑无情地环绕着他，尤其与他最精辟的见解和令人眼花缭乱的构想如影随形。另一方面，语文学[……]欣然地将尼采归为她最伟大的代表之一，她有一种天真的骄傲[……]，认为这位学者属于她自己。(Vogt 1962，103)

随后，沃格特说，在尼采的形象和作为一门科学性的学科的语文学之间，两个不可调和的世界相遇了。

> [这一点]无法隐瞒如下事实，即尼采曾经相信，他可以带着他那逐渐形成的思想和认知，藏在专业的语文学领域从事多年的研究——但正如很快就已证明的，这是对实际情况的完全误解。(Vogt 1962，103)

我不想加入持此观点的行列。首先，关于所谓的“无法克服的质疑”，这种观点在这方面完全站不住脚。让我们继续观察“竞赛”的例子。在尼采自己所处的那个年代，他的相关研究只存在零星的争议；而且尼采也在 1873 年的《莱茵博物馆语文学专刊》上，以富有耐心的语文学的谨慎态度反驳了这些少数批评。从那时起，他的方法和结论大体上都已经获得了认可。举一个例子：语文学

及考古学专家布尔西安(Conrad Bursian)在他那本至今仍颇有价值的著作《从发端至今日的德意志古典语文学史》(*Geschichte der classischen Philologie in Deutschland von den Anfängen bis zur Gegenwart*)中说道:"在研究拉尔修著作的复杂材料来源上,一位年轻的语文学家,[……]弗里德里希·威廉·尼采,取得了辉煌的成就"(Bursian 1883,929)。他随后又增加了一个评论,说道,还是这同一位学者,他取得了"显著的研究成果",即1870年和1873年的"关于荷马与赫西俄德、其家系以及彼此间的竞赛的佛罗伦萨抄本"。布尔西安不仅如此主张,还在同一段文字里特别表达了遗憾之情(他使用了"不幸地"这个表达),因为1879年,尼采由于健康问题,不得不停止了他在巴塞尔大学的教职。在一位如此德高望重的学者所撰写的关于学科史的通识指南中,这样的赞扬算得上是掷地有声。

基本上,够格的语文学家中,只有一位在论及尼采关于《竞赛》的著作时,表达了自己的反对之意,他就是乌尔里希·冯·维拉莫维茨-默伦多夫。在他著名的《〈伊利亚特〉与荷马》(*Die Ilias und Homer*,1916)中,他试图将《竞赛》描写成一本"民间故事的古老册子",并且,正如能预计到的,他之后也没有忘记借此机会[20]对已经去世16年的尼采进行落井下石的攻击——他怀着一种特殊但也正因如此昭显了他的险恶用心,因为他甚至不愿提及尼采的名字。他声称,(尼采的)阿尔基达马斯发现是一个"吹牛的假说",而且"简直不值得在这样一个虚构的问题上浪费更多话语"(Wilamowitz 1916,401)。我们应该如何断定这个评判是否具有客观性,这个问题必须以如下事实为据进行衡量:即在他自己的《竞赛》编本(也于1916年发表)中,维拉莫维茨至少采纳了尼采的四个假设,并在这里提到了他的名字。这些假设以及尼采那些深远而敏锐的观点健在至今,甚至出现于最近韦斯特所编辑的《竞赛》版本中(2003)。

至于那些维拉莫维茨所说的“不允许”[浪费]的话语:其他学者确实把它们“浪费”在了尼采语文学的“虚构”上。事实上,自从开始对《竞赛》有所争论以来,其间历经各种波折,发展至今天,对尼采的引用无论如何都绝不罕见。对口传诗歌和即兴创作问题的研究也已经有了很大的发展,因此,在此枚举几例,我们发现《古典学与基督教百科全书》(*Reallexikon für Antike und Christentum*)引用了尼采的成果(页1246),并且在1989年的《古代哲学家辞典》(*Dictionnaire des Philosophes antiques*)中,条目“埃利亚的阿尔基达马斯”(Alcidamas d' Élée)下这样写着整个研究历史的概述:“1967年韦斯特继1959年沃格特之后[……]确认了[……]尼采的论文”(Goulet 1989,105—106)。施勒曼(Johan Schloemann,现任《南德意志报》[*Süddeutsche Zeitung*]主编)在他论即兴创作理论的专题论文中宣称:“能够正确地看到这份被编纂出来的文本可以回溯到阿尔基达马斯,这点始于尼采”(Schloemann2001,150)。对尼采作为一位专业的语文学家的赞赏也因此持续至今(参Latacz 2011,17—18)。

关于尼采对古典语文学特定领域的影响,我们就谈这么多,他在其中拥有稳固的地位。最后,我们来解决一个更重要的问题:作为一位语文学家,尼采是如何简短地影响了古典语文学?《肃剧的诞生》是否真的导致了尼采遭到这一学科的完全排斥,如通常所认为的那样?我所看到的恰恰相反。维拉莫维茨当然无法代表整个古典语文学。我曾于1998年在巴塞尔大学的演讲中指出,只要维拉莫维茨还健在(† 1931),尼采就会一直受到该领域的排斥——常常伴着难堪和尴尬——但他后来(而且并非是在第一次世界大战的冲击后才偶然)引起了越来越多的严肃的沉思,甚至最终连维拉莫维茨自己的学生也对他产生了狂热的崇敬(参Latacz 1998)。人们厌倦了对维拉莫维茨显微研究的盲目崇拜,不再想要成为那种由维拉莫维茨在他1872年对尼采进行闪电般的攻击时提出的“德国语文学的青年才俊”，不再想以“一种自我否定的苦行主义的苦修来学习，到每一个地方都只寻求真理”（Wilamowitz 1969[1872]，55）。就这样，维拉莫维茨的学生波伦茨（Max Pohlenz）写下了令人惊讶的反常的言论，这些言论显然直接针对维拉莫维茨对古希腊肃剧的“女佣”定义（格奥尔格[Stefan George]紧随其后）：

> 相反，尼采所指明的希腊化的**狄俄尼索斯精神的**特质将我们引向了肃剧的品质。因为肃剧在本质上，**而非偶然地**，连接着对狄俄尼索斯的祭仪和狄俄尼索斯的狂喜。（Pohlenz 1930，8；楷体强调为笔者所加）

对于另一个拥有最高学术级别的维拉莫维茨的学生莱因哈特（Karl Reinhardt）而言，尼采几乎就是对希腊精神的新型学术研究的典范，这种新型研究希望超越文本批评和材料研究等等的实证主义，走向一种崭新的“人文主义的自决”，力图能够深入透彻。[21] 根据莱因哈特在 1942 年的一次演讲中的说法，语文学在 20 世纪前后成为一种“辛劳”的工作，像一台“过度死板的，空转的机器”——苦行主义、履行使命、坚忍的英雄精神。莱因哈特声称，是尼采终结了这一切。他第一个诊断出古典语文学患有呆滞僵直症，而且最终让所有的一切开始运转，呼吸崭新的生命气息，发现了今天进入希腊文化研究的路径。① 在这一点上，我们可能会想起年轻的尼采曾作出的区分，一方面是“研究小青蛙血液的显微学家，他们认为科学啥都不是，就是书本上的灰尘”——以及另一方面，“语文学家们[……]自由宽阔的视野和充满活力的干劲”（BAW 5，254）。

---

① 因此，莱因哈特证明了尼采毕生所努力的“崭新的”语文学终于迎来了迟到的成功。莱因哈特对尼采的评价甚或崇拜需要置于当时的背景中进行分析，参 Latacz 1995，50—53；亦参 Schwinge 2011，287。

对尼采的再发现,在莱因哈特之后一直在持续,具体的细节我在别处已有专门的讨论。① 今天,无论如何,绝对不能说古典语文学遗忘了尼采,虽然这个领域内已经不再像莱因哈特在格奥尔格时代那样高调地提到他。她变成了一门科学,一方面,她将自己严谨的方法论、精准的细节以及系统分类结合在一起,另一方面,她与古典作品的精髓产生了生动的共鸣,并试图由此使人的生命力更为蓬勃。维拉莫维茨与尼采在这里得到了统一。② 这点之所以成为可能,唯因尼采未能在巴塞尔按照他规划好的道路走下去。当他在巴塞尔发表了《肃剧的诞生》后,他就不可能再成为一个"青蛙血液的显微学家",即使他曾希望如此。因为这本书给他带来了关乎人类存在的失望。在给出版商恩勒曼(Engelmann)的一封信件的稿件中,尼采声称要寻求"一种全新的方式来解释希腊的肃剧",其中他"要暂时[!]避免在这一问题上使用任何语文学的方法,而只专注于美学的问题"(Engelmann,1871 年 4 月 20 日;KSB 3,193—194)。直到后来,他显然一直都很想提供语文学的依据,这是他极其了解的东西。③ 但是,那时对他而言似乎更迫切的是——

① 我想起了一些要点,可参 Latacz 1998,29—31。关于尼采在古典学界内外的影响(以及关于对尼采的崇拜),参 Cancik 1995,381—402。

② 更全面的叙述参 Hölscher 1995,尤参 85。

③ 参 Latacz 1998,16—21。这几页对具体证据展开了讨论(此处甚至还讨论了看上去完全是形式[external]问题的"卷章的标题"和边上的"标题-页-题词"的发展),但这些证据显然到目前为止都没有被纳入尼采研究的领域。莱布尼茨(Barbara von Reibnitz)曾多次指出,尼采在为最后一本书所作的前期准备工作中,已经"确定了参考哪些其他作者[……]或将他们标记下来以备引用——此处还有一些显著的特例,即他还参考了前辈的科学著作"。参 Reibnitz 1992,38;楷体强调为笔者所加。莱布尼茨的例子是 Müller 1857,它的的确确是尼采长期使用的文本。人们本应首先查阅尼采在《肃剧的诞生》前从图书馆搜索出的一大批学术文献清单,尤其是巴塞尔大学的图书馆。参 Reibnitz 1992,353—357。如果再想想他写给出版商恩勒曼的那封著名信稿,那么,显而易见,尼采在此故意隐瞒了他手上来自当时古典语文学的二手文献的资料([24]从他在巴塞尔大学第一年为他讲课作准备起,这种做法对他而言已司空见惯):"我希望文本可以被看作是一本 (转下页注)

他当时正处在压力下，要为自己进行专业的辩护——迅速发表一部引起轰动的著作（即“一种全新的方式”）。① 他也确信通过一个

（接上页注）文字漂亮的小册子［……］考虑到这点，我赞成使用德文字体［他的意思是使用“哥特字体”（Fraktur）。——JL］即大型的德文字体，大开本的格式，每页不超过 28—32 行，以及，最重要的是要使用——漂亮的纸张。”参致恩勒曼，1871 年 4 月 20 日；KSB 3，194；只有楷体是笔者所加的重点。某种“全新的”的东西（如他对恩勒曼所说的），由于它象征了标题页上的题词，即“普罗米修斯挣脱了他的枷锁”，因而这种全新的事物理所当然地就不允许有前辈（参 Reinhardt 1942，435）。学术研究可能会原谅尼采自己所深为自豪的“聪明”（见上文），但这点不应该被忽视。

① 在 1871 年 1 月给维舍的一封长信中，尼采申请了巴塞尔大学空缺的哲学教席。因此，可以从战略上理解他强调他的“哲学倾向”是迄今为止他所有作品的核心志趣的这一举动：“我没有由于长时间从事语文学研究，而厌倦了向哲学的亲密靠拢；事实上我主要关注的总是与哲学相关的问题。”参致维舍，1871 年 1 月；KSB 3，176。然而，这个说法与事实无法吻合，这封信中附带“资格证书”中写道：“我将很快能够公开展示，证明自己具有充分的能力，适合作为一名哲学老师：我那些已出版的论拉尔修的著作无论如何都可以为我的哲学的-历史的抱负［！］作宣言。”参致维舍，1871 年 1 月；KSB 3，177。我们在上文已经表明了，这些研究拉尔修的作品仅仅是纯粹的语文学的文献研究和评注。至于“公开展示自己具有充分的能力”（他指的是《肃剧的诞生》），是指在一封给洛德的信中的一句评论：“我也不得不揭示并证明自己在此之外，还在某种程度上适合从事哲学研究，为了这个目的，一项论‘肃剧起源与目的’的小小的研究已经完成，只需一些润色。”参致洛德，1871 年 3 月 29 日；KSB 3，189。所以，《肃剧的诞生》首先应解释为一部职业写作，具有语文学的核心和“哲学”的“润色”。Cancik 做了仔细的评估和判断，并在相同的方向上指出了这一点；参 Cancik 2000，尤其参 20—21，15，33。这本书之后——除了在学科之外的具有崇拜性质的著作地位——将会促成该领域在自我理解上的重要转变，在这一点上，本书的作者却没有认真地予以关注和考察（尽管他确实持有这样的愿望）。在他后来的《尝试自我批判》（Attempt at Self-Criticism，1886）中，尼采称这本书“写的事不可能发生”、“写得糟糕、冗长繁琐、令人难堪、愤怒和困惑、到处充满伤感的形象、甚至糖化得具有女性气质、节奏混乱、缺乏清晰的逻辑的意志、因盲目的确信而冒昧地举证”（参 BT“尝试自我批判”，3；KSA 1，14；参 Landfester 1994，100）。亦参 Cancik 2000，50：“这些全都属实”（“全都”对我而言，是夸大的说法。这是典型的愤怒的自我惩罚，因为错误发现得太晚。除此之外，这是一位 42 岁的人在谈一本自己 27 岁时写的作品时的“自我批评”［！］——对于这一本书，他显然已经不再真正了解自己：这是一种经常遇到的情况，即客观和理性的判断只能从外部获得）。

全新的表述形式能够达到这一目标。尼采用一种新的神话活力论(mythical-vitalistic)的言说方式替代了通常的科学措辞。但是没有人能理解这一点,这太超前了。至于一个一开始就没能严肃地对待这本书的人,他会觉得不堪重负,可能也就会有受困的感觉,并予以彻头彻尾的否认。23 岁的维拉莫维茨带着他那近乎残酷的容克式的攻击,①甚至对这个事实毫无明确认识,他实际上也没有对该著作予以严肃认真的对待。② 更糟糕的是,像里奇尔这样深为尼采所崇拜的人也表示出深深的忧虑和不安。③ 而专家们则普遍地——把自己隐藏在沉默中。④ 在这一刻,认为尼采实际并不属于学院派语文学的陈旧质疑就几乎确定了下来。在《扎拉图

---

① 参 Wilamowitz-Moellendorff 1969[1872]。维拉莫维茨后来称这种行为"幼稚得要命"和"孩子气"。参 Wilamowitz-Moellendorff 1929,129—130。

② 沃格特正确地强调了维拉莫维茨在回顾中"过分地高估了他在论战中的直接影响",其实那篇文章"*对于尼采在该领域内受到的谴责而言根本无关紧要*"。参 Vogt 1962,111 注 36;楷体强调为笔者所加。

③ 尼采写信给里奇尔说:

> 我最尊敬的私人顾问先生,您不会因我的惊愕而对我不满,我至今没有从您那里收到只字关于我[25]最近出版的书的评论,也但愿您[不会责怪]我直率地对您表达我的惊讶。(致里奇尔,1872 年 1 月 30 日;KSB 3,281)

据称,里奇尔可能一生中都从未遇到任何能比这本书更令他满怀希望的古典研究——诸如此类的传言。里奇尔曾在他的日记中提到了这件事:"一封难以置信的信(l[etter]),它来自尼采(N[ietzsche])(=狂妄自大)。"参 Vogt 1962,111 n. 34。尼采也向洛德承认,1872/1873 年的冬季学期,作为"诽谤"引起的回应,巴塞尔学生对他课程展开联合抵制,这令他十分难过。参致洛德,1872 年 11 月;KSB 4,85。

④ "我亲爱的同事们对我的书的问题很安静:他们甚至不出一声。"参致洛德,1872 年 5 月 12 日;KSB 3,323。尼采在信中继续诉说道:"有一半的人甚至认为我疯了。"从后来的信中,人们可以得知乌瑟纳尔(他也是当时向巴塞尔大学推荐尼采的人,见上文)公开传播这样的观点,声称由于他那本论肃剧的书,尼采"的学术生涯已经完了"。参致洛德,1872 年 10 月 25 日;KSB 4,70—71;参 Cancik 1995,384,尤参 n. 12;更详细的材料可参 Schwinge 2011,269 以下。

斯特拉如是说》中曾这样论述“学者”：

> 当我和他们生活在一起的时候，我确实住在他们的上面。因此他们嫉恨我。他们不愿听见有人在他们头顶上行走，因此他们把木头、泥土和灰尘放在我和他们的脑袋之间。他们如此便消减了我脚步的声响：到目前为止，那些最有学问的人也听不到我的声音了。(Z“论学者”;KSA 4,162)

破裂发生了。于是，巴塞尔成了尼采经历了自我关键转折的地方。这座城市曾经聘用了一位伟大的语文学家，也目睹了一位伟大语文学家的[22]失败。但是，这次失败中诞生了一位伟大的思想家，一位深刻思考着语文学的思想家。就这样，巴塞尔最终成为了语文学领域的一个幸运案例。

参 考 文 献

Bursian, Corad (1883): *Geschichte der classischen Philologie in Deutschland von den Anfängen bis zur Gegenwart*. Munich(Oldenbourg).

Cancik, Hubert (1995): “Der Einfluss Friedrich Nietzsche auf Klassische Philologen in Deutschland bis 1945. Philologen am Nietzsche-Archiv(I).” In H. Flashar (ed.): *Altertumswissenschaft in den 20er Jahren. Neue Fragen und Impulse*. Stuttgart(Steiner), 381—402.

Dronke, Gustav: Die religiösen und sittlichen Vorstellungen des Aeschylos und Sophokles. Leipzig (Teubner).

Goulet, Richard (ed.) (1989): *Dictionnaire des Philosophes Antiques*. Paris (Edn. du Centre national de la recherche scientifique). Vol. I.

Hölscher, Uvo (1995): “Strömungen der deutschen Gräzistik in den zwanziger Jahren.” In H. Flashar (ed.): *Altertumswissenschaft in den 20er Jahren. Neue Fragen und Impulse*. Stuttgart(Steiner), 65—85.

Hoppem, Wilhelm and Karl Schlechta (1939—1942): *Friedrich Nietzshce. Werke und Briefe. Historisch-Kritische Gesamtausgabe. Briefe bis* 1877. Munich (Beck).

Humboldt, Wilhelm von ([1792]1960—1981): "Wie weit darf sich die Sorgfalt des Staats um das Wohl Seiner Bürger erstrecken?" In A. Flitner and K. Giel (eds): *Werke in fünf Bänden*. Darmstadt (Cotta), Vol. I.

——([1793] 1960—1981): "Über das Studium des Alterthumus, und des griechischen insbesondere". In A. Flitner and K. Giel (eds): *Werke in fünf Bänden*. Darmstadt (Cotta), Vol. II.

Kirk, Geoffrey Stephen (1985): *The Iliad: A Commentary*. Cambridge (Cambridge University Press). Vol. I: Books 1—4.

Koechly, Hermann (1874): *Gottfried Hermann*. Heidelberg (C. Winter).

Lachmann, Karl (1851): *Nibelungen*. Berlin (G. Reimer).

Landfester, Manfred (1988): *Humanismus und Gesellschaft im* 19. *Jahrhundert. Untersuchungen zur politischen und gesellschaftlichen Bedeutung der humanistischen Bildung in Deustschland*. Darmstadt (Wissenschaftliche Buchgeellschaft).

Latacz, Joachim (1995): "Reflexionen Klassischer Philologen auf die Altertumswissenschaft der Jahre 1900—1930." In H. Flashar (ed.): *Altertumswissenschaft in den 20er Jahren. Neue Fragen und Impulse*. Stuttgart(Steiner), 41—64.

——(1998): "Fruchtbares Ärgernis: Nietzsches 'Geburt der Tragödie' und die gräzistische Tragödienforschung." In *Basler Universitätsreden* 94. Basel (Schwabe).

——(2002): "Philologie. Moderne Philologie (ab 1800)." In H. Cancik and H. Schneider (eds.): Der Neue Pauly. Enzyklopädie der Antike. Stuttgart (Matzler). Vol. 15/2, col. 255—278.

——(2011): "Zu Homers Person." In A. Rengakos and B. Zimmerman (eds): *Homer-Handbuch. Leben-Werk-Wirkung*. Stuttgart(Metzler), 1—25.

Lesky, Albin (1971): *Geschichte der griechischen Literatur*. Bern and Munich (Francke). 3rd edn.

Mahaffy, John Pentland (1891): "Papyrus No. XXV." In his*The Flinders Petrie Papyri*. Dublin (Acadamy House). Vol. 1.

Müller, Karl Otfried (1857): *Geschichte der griechischen Literatur*. Breslau (J. Max). 2nd edn.

Pfeiffer, Rudolf (1982): *Die Klassische Philologie con Petrarca bis Mommsen*. Munich (Beck).

Reibnitz Barbara v. (1992): *Ein Kommentar zu Friedrich Nietzsche, 'Die Geburt der Tragödie aus dem geiste der Musik' (chpt.* 1—12). Stuttgart and Weimar (Metzler).

Reinhardt, Karl (1942): "Die Klassische Philologie und das Klassische." In his*Von Werken und Formen. Vortäge und Aufsätze*. Godesberg (Küpper), 419—457.

Schlechta, Karl (1940): "Nachbericht." In BAW. Vol. 5, 427—442.

Schliemann, Heinrich (1892): *Selbstibiographie: Bis zu seinem Tode vervollständigt*. Sophie Schliemann (ed.). Leipzig (Brockhaus).

Schiloemann, Johan (2001): *Freie Rede: Rhetorik im demokratischen Athen zwischen Schriftlichkeit und Improvisation*. Berlin (dissertation).

Schwinge, Ernst-Richard (2011): "Zwischen Philologie und Philosophie: Zu Nietzsches Frühzeit." In his*Uralte Gegenwart: Studien zu Antikerezeptionen in Deutschaland*. Freiburg (Rombach), 241—290.

Stroux, Johannes (1925): *Nietzsches Professur in Basel*. Jena (Fromannn).

Vogt, Ernst (1959): "Die Schrift vom Wettkampf Homers und Hesiods." In-*Rheinisches Museum für Philologir*. Vol. 102, 193—221.

——(1962): "Nietzsche und der Wettkampf Homers." In *Antike und Abendland*. Vol, 11, 102—113.

——(1991): "Homer-ein großer Schatten?" In Joachim Latacz (ed.): *Zweihundert Jahre Homer-Forschung, Rückblick und Ausblick*. Stuttgart and Leipizg (Teubner), 365—377.

West, Martin L. (1967): "The Contest of Homer and Hesiod." In *The Classi-*

cal Quarterly. Vol. 17，433—450.

——(ed. and trans.)(2003)：*Homeric Hymns-Homeric Apocrypha-Lives of Homer*. Cambridge，MA and London (Harvard University Press).

Wilamowitz-Moellendorff，Ulrich von (1919)：*Die Ilias und Homer*. Berlin (Weidmann).

——(1929)：Erinnerungen. Leipzig (Weidmann). 2nd edn.

——(1969[1872])："Zukunftsphilologie! Eine Erwidrung auf Fridrich Nietzsches，ord. Professors der classischen Philologie zu Basel，'Geburt der Tragödie'." In Karl Gründer (ed.)：*Der Streit um Nietzshces 'Geburt der Tragödie'. Die Schriften von E. Rohde，R. Wagner，U. v. Wilamowitz-Möllendorff*. Hildesheim (G. Olms).

Winter，John G. (1925)："A New Fragment on the Life of Homer[The Papyrus Michigan Inv. 2574]." In*Transactions of the American Philological Association*. Vol. 56，120—129.

尼采的激进语文学

波特(James I. Porter) 撰

[27]尼采因推翻古典语文学而广为人知,在某些地方,他也因此受人鄙夷。而不那么广为人知的是,他这样做时并非站在语文学领域的圈外,而是完全在其内部,通过使其内部的种种假设激进化[来实现他的目标]。确实,那部被认为是他与传统语文学破裂的标志性著作《肃剧诞生于音乐精神》(*The Birth of Tragedy out of the Spirit of Music*,1872)的确如此,从当时和后续来看,它似乎封印了他作为语文学家的命运。这一点还同样适用于他在这本危险的书之前和之后所作的古典学学术研究。① 然而,对尼采语文学造诣的记载却如此稀少,在知道了尼采作为一名古典学者十足的野心以及他努力的程度之后,这些记载就显得更少,甚至比一个人能够怀疑的还要少得多。

人们都在猜测,如果尼采坚持成为一名学者,他还能实现怎样的潜能,但他至少应该被语文学史铭记,他曾是一位天赋异禀和前途无量的古典学者——当然,始终是一位前途大于实现的古典学者。单单就他学术成果的发表情况就已证明了这一点。② 他的笔

① 详参 Porter 2000c;Porter 2000b。关于尼采语文学的新近研究,参 Cancik 2000;Müller 2005;Benne 2005。

② 参尼采研究拉尔修的作品(Laertiana),可见于本文集重刊的 Barnes 于 1986 发表的文章。

记则进一步证实了这一说法，因为这些笔记虽然没能实现，但却是他想象的种种计划的宝藏。一段古典学术史授予一位古典学者褒奖时，为其打分的标准总是基于他的想象力——在某种程度上，可以说这是想象的古典学术史——那么，尼采本应位列古典学术史的银河众星之中。但正像现在发生的情况那样，你会发现，在该领域的权威学术史上几乎没有提到过他的名字，即使他的一些研究成果为后来的学者开辟了前进的道路，他也常常被默默无闻地融进古典学术史的主流当中。因此，尼采必然得到了一个最终充满矛盾的荣誉：他成了一位古典学术史上最不为人们所记住的——或最受压抑的——学者。但是，让我们回到我们已有的记载中。由于我已经在别处讨论过关于尼采作为一名语文学家的生涯的方方面面及其后续影响，我在这里想更贴近他笔记中展现的语文学，而不是他公开发表的作品（不管怎么说，这些作品毕竟数量偏少）。

虽然尼采最早期发表的作品常常令人感到惊讶，但与他的笔记相比，它们就只是写给大多数人的，他的笔记真实地反映了尼采对其思想和授课内容的扬弃。确实，尼采在课堂上的讲授和他在笔记中所记的内容是否能够表现他最激进的语文学，这个问题还有待商榷。然而，要了解尼采课程中所涉及的各类主题，就要考虑到[28]考利-蒙蒂纳里(Colli-Montinari)统筹出版的校勘本中收录的内容。这4套书（到目前为止）呈现了尼采为授课作的笔记，代表了尼采整个教学生涯的跨度。① 其内容所涉及和谈论的问题范围之广令人印象深刻，但也只是部分地展现了尼采全方位的研究旨趣、他渊博的知识或他所教授的学识：② 这些笔记的内容贯穿

① 关于笔记，新的校勘本取代了早期出版的版本，那些版本缺少可信度，且内容经常不全。

② 最新出版他的笔记中没有展现他为自己的课程所定下的一系列令人印象深刻的研究主题，主要是希腊文学方面，如，论荷马的《伊利亚特》，卷九、十二、十三（该卷的部分内容）、十八；赫西俄德的《劳作与时日》，埃斯库罗斯的《复仇女神》（转下页注）

了整个古典学研究,从叙述连贯的誊本到复杂程度堪比古代典籍残篇的混乱无序的片段,但各自的质量也都大不相同。这些都无一例外地揭示了尼采在古典学术史上不断发展的广阔前景。有时,它们也提供了宝贵的信息,能让人窥探他如何在课堂上向活生生的听众试验他那些思想理念。

一、课堂上的尼采

有一个恰当的例子,是关于埃斯库罗斯的《奠酒人》(*Choephori*)的课程,前后共讲了 7 节课:1869 年和 1872 年之间有四次,1874 年一次,然后又在一个学年内上了两次(1877—1878)。① 尼采的笔记以一个简短的绪论开始,其中总结了 7 个部分的概要。

(接上页注)和《普罗米修斯》,索福克勒斯的《俄狄浦斯王》和《厄莱克特拉》,欧里庇德斯的《阿尔刻提斯》《美狄亚》《酒神的伴侣》,修昔底德,柏拉图的《申辩》《高尔吉亚》《普罗塔戈拉》《会饮》《治邦者》《斐多》,色诺芬、伊索克拉底、德摩斯忒涅、路吉阿诺斯、普鲁塔克,柏拉图与苏格拉底的"生平",索福克勒斯的"传记",西塞罗的《论学院派哲学》(*Academica*),昆体良等等(更为详细的介绍参 Janz 1974)。这些笔记很可能已经轶失。

① 参 KGW II/2,1—104。在 KGW 里的标题是"埃斯库罗斯《奠酒人》导论"(Prolegomena zu den Choephoren des Aeschylus)。这可能源自尼采的笔记(此处和其他地方一样,我对归档的材料的了解仅限于少数情况,这并非其中之一);这个标题无论怎么看,都可从笔记开头的句子中获得准确认(quasi-confirmed)。但是,1869 年巴塞尔大学官方的记录(参 Janz 1974)中,该课程的名称为"暂定,埃斯库罗斯的《奠酒人》"(Vorl. Aeschylos *Choephoren*),而公开课(Pädagogium)的名称(1870 冬季)则是"从文本实例看希腊戏剧史:埃斯库罗斯的《阿伽门农》、索福克勒斯的《厄莱克特拉》、欧里庇德斯的《酒神的伴侣》和《美狄亚》"(Literarhistorische Übersicht zum griechischen Drama an Beispielen: Aeschylos *Agamemnon* und *Choephoren*; Sophokles *Elektra*; Euripides *Bacchen* und *Medea*)。据 1874 夏季学期大学授课的版本来看,可能用于研讨班或讲座(seminar or lecture)(记录中未作区分);1877/1878 年(冬季)和 1878 年(夏季)的课程用了与 1869 年的讲座课程(lecture course)相同的名字,但现在公布的情况[46]是它们均以"研讨班"的形式授课。同一套笔记如何能用于这些不同的语境,这点尚不清楚,但这也以某种方式让我们了解到为什么尼采的课程笔记往往如此混乱,就像编辑们所评论的那样(KGW II/1, vii),但这并不能让我们了解这些材料的成因。

与其他课程一样(例如那些论节奏与韵律的课程),尼采原创的、具有核心地位的课程都是其中最有条理和表达最清晰的内容,而后来增添和累加的东西就不见了这些最初的轮廓。按照目前的情况来看,这份讲稿提纲往下数应有 30 页,但之后顺序被编辑博恩曼(Bornmann)的"增补"(Zusätze)所打乱,被分入"1872/1874"中(KGW II/2,30—32)。复原出来的顺序,或者不如说是靠循迹检索而重新排列出的顺序为:"三部曲"(同上,32—34),然后是一部分相对较短的内容"通往《奠酒人》"(Zu den Choephoren,同上,34—44),其中包含几个副标题("通往《奠酒人》"、"《奠酒人》:对埃斯库罗斯艺术风格的思考"[Die Choephoren. Betrachtungen über den Künstlerischen Stil des Aischylos]、"关于埃斯库罗斯的《奠酒人》与宏大的戏剧效果"[Ueber die Choephoren des Äschylus. mit der größten Theaterwirkung]),最后以"《奠酒人》评注"(Kommentar zu den Choephoren,1869—1874)结束(同上,45—104),这是一个关于该戏剧的(概括的)词条性评注,按顺序排列,涉及面广。从这一在某种程度上颇具代表性的典型案例中,我们对尼采针对多数人的讲课内容有了一个粗浅的把握:他对主要的问题会展开普遍的学术性和语文学探讨,遵循清晰的划分、描述及有条不紊的顺序(有一个十分有趣的现象,此处的导引顺序是亚历山大学派的讨论中典型的话题排序,但这种排序却从未在这部戏剧的诸多抄本中出现过;尼采的方法因此体现了对某种希腊化时期的语文学及其阅读习惯的推理性重构,以及他对此的探究),①中间加上尼采自创的美学问题上的一个短暂插曲,之后是一个以最佳的

① [原文注 6]"对我们而言,目标就是建立亚历山大的制高点(Für uns muß das Ziel sein, den Standpunkt der Alcxandriner wieder zu gewinnen, KGW II/2,29)"——这与他对沃尔夫的语文学的复兴相符,正如他在论荷马的就职演说(1869)上所宣称的,而且他显然将之应用在了别处。不过,尼采将在区区数页间就与这一顺序决裂(见下文)。

现代文本语文学传统写成的极其详尽的评论。而且,如果尼采的笔记中有任何迹象,那么,他已经在一个方面偏离了他那宏伟的日耳曼风格的权威课程:他跳过了戏剧的序幕,但确实讨论了整部戏剧!当然,问题是尼采的讲义笔记(或者说笔记本)到底透露了何种迹象,这些迹象又是如何紧密地映射到他的实际授课当中。

《奠酒人》的讲义笔记是尼采课程笔记中的另一方面的典型。当他偏离了他的提纲时,他的思想变得多了些雄心壮志,少了些清晰的条理。上文提到的关于美学问题的题外话就是一个恰切的例子。正是在这一时刻,尼采展露了自己的另一面,与其说他[29]是教师,不如说是作家,或者也许只是一位梦想家。在论"影响"(Wirkung)这部分的中间位置的某处,纸上突然出现了一系列用断音符号隔开的竖着排列的题目:

> 肃剧的结构关系/四联剧/歌队的意义/埃斯库罗斯的宗教/角色的分配/舞台/埃斯库罗斯传记(Die Gliederung der Tragödie. /Die Tetralogie/Die Bedeutung des Chors. /Religion des Aeschylus. /Die Rollenverteilung. /Das Theater. /Leben des Aeschylus)。(KGW II/2,38)

所有假装与之前的游戏规划(game-plan)保持一致的伪装在此处消失了。如果我们看起来像是找到了一个新的提纲,那么,我们确实如此——只是目前看来,我们似乎像是在读一本正在成型之书的内容目录,正如下一个条目所进一步表明的那样:"导论:尝试通过与索福克勒斯和欧里庇德斯的对比来阐明埃斯库罗斯的艺术风格"(Einleitung: Versuch, den äschyleischen Kunststil, im Vergleich mit Soph. u. Eurip. nachzuweisen)

刚刚翻过去的几页中所呈现的内容,就像是一首引人入胜的插曲的一些段落小标题,可以从中感受到尼采正在为书本寻找合适的题目，这既是为了醒目，也有其他因素（“对埃斯库罗斯艺术风格的思考”[Betrachtungen uber den Künstlerischen Stil des Aischylos]，KGW II/2，35；“论埃斯库罗斯的《奠酒人》”[Ueber die Choephoren des Äschylus]，KGW II/2，36）。这样的处理方式同样也是尼采笔记典型的作风。① 这些用于试验的标题可能还包括对埃斯库罗斯这个名字进行充分想象的意图，埃斯库罗斯（Aeschylus）名字的正字拼写到处游移不定，虽然这在某种程度上也是那个时期德国学术界的典型现象。然后，突然间，我们想起来了，我们（大概）正处于1869年到1872年之间的那段时期，那时的尼采正在熬制和酝酿一种营养基，且最终从中培养出了《肃剧的诞生》，该书同时也封印了他作为一名古典学家的命运。在这个插曲中，尼采显然是在探索艺术家埃斯库罗斯的各种情感，并在脑海中将之与另两位伟大的肃剧诗人的情感进行对比。他琢磨着某些诸如埃斯库罗斯的“诡异”之类的东西，那是一种阴郁和恐怖的戏剧手法——一种显然不古典的手法（这一切都与《肃剧的诞生》相一致，至少表面看来如此）。② 比较下面的笔记：

---

① 参 KGW II/3，323，331，在一本筹备中的名为“尼采的韵律研究”（Rhythmische Untersuchungen von Friedrich Nietzsche）的书中，我们找到了一些替代方案和拟定的标题。这种对标题和大纲的痴迷持续贯穿了他的一生，这个课题值得深入研究。

② “诡异”（Das Unheimliche），参 KGW II/2，36；强调为原文既有。参 KGW II/2，38（论埃斯库罗斯的“生平”与“风格”）：“所有的色调（Gesamtcolorit）：诡异”，同上，35；也参 BT 9—10，这两节论隐藏在埃斯库罗斯戏剧背景中的更深层更黑暗的形而上学的魅惑力，“令人震惊的深层[……]恐惧”（这是提坦的、反奥林波斯的、名副其实的地府：塔尔塔罗斯的[Tartarean]），即使是埃斯库罗斯对希腊神话的解释也无法对这种魅惑力做到充分“彻底地探讨”（BT 9；KSA 1，68）。细读《肃剧的诞生》会让人想质疑这部作品以及其他作品中体现的所谓的尼采的“反古典主义”，首先质疑这种说法的前提——即其简化了“古典主义”这一现象本身。论古典的观念，参 Porter 2006b。

论埃斯库罗斯的《奠酒人》.

拥有极好的戏剧效果。

1. 在[三部曲的]中间位置的艺术问题。其天真烂漫(Naïveté)的解决方式。不存在道德良心的痛苦折磨。丝毫没有哈姆雷特式的迹象。

2. 人物形象和戏剧画面。并非个体的人,而是各种类型,各种属性的场景。

3. 场景的顺序。诡异[被]稳定地维持着,阴郁可怕的坟墓、身着黑衣的挽歌队、夜间、对死亡的预感以及复仇、梦、*φοβεῖται δέ τις*[对某人的恐惧]、徒劳无益的事、阴谋和奸情。这部戏剧与地府的 *ὦ Ἑρμῆ χθ⟨όνιε⟩*[冥府神赫耳墨斯]有关。场景严格对称。这部戏剧缺乏透视效果。场景一幕接着一幕,处理方式完全相同。所有的场景都一样地严密细致。[……]奥瑞斯忒斯(Orestes)发疯,作为背景的可怕[诡异的]巨大的幕布。而且幕布很可能要用火把照亮。①

(索福[克勒斯]的《厄莱克特拉》[Electra]则充满了黎明的气息[matutinal])[……](KGW II/2,36)

[30]从那时起,尼采的课程就充满了如此紧张的屏息凝神的时刻,这让人们想回到他课程的其余部分,在哪怕毫无扩展前景可言的文本中寻找这些时刻存在的线索。而且,通常来说,尼采的职业生涯可以通过他的讲义笔记展现的轮廓来追溯。他的笔记一开始具有冷静清醒的语文学风格,但当它变得更有想象力,有些地方可谓近似幻想时,他的笔记就迅速

① 注意,尼采正试图用形象的描述将该剧的舞台配景视觉化,简直就是一位舞台导演。

变调为他那些充满想象的出版作品[的风格]。相比之下,实际发表和出版的著作往往都倾向于模仿最初的课程的基调:它们可能提出了挑衅的命题,但相对而言还算克制,而且完全遵照了传统的形式。所以尼采的大多数思想未见天日也不足为奇。他的思想远远超出了当时研究格局的类型约束。他的笔记,也包括讲义的笔记在内,是他把玩崭新的充满想象力的可能性的场所。这些笔记展现了他那不停运转的头脑,他一直在玩味学术活动可接受的边界,而不只是局限其中。若仅凭借尼采已出版的学术作品来评判他,将会产生这样的印象,认为他当时的思想极为匮乏。但反过来讲,也确实属实:虽然他发表的作品中确实存在激进的元素,但都被抑制了,这些元素只有在其笔记实验的方法背景下才能清晰地显露出来。简单地说,问题就在于他的笔记中是否包含了课堂讲义笔记以及其他类型的笔记(例如,创造性思维的日记)。什么答案都有可能,但都十分简单。

笔记的内容还没有为另一个更深入的问题给出答案,这个问题就是,这些笔记的内容将如何被实际地运用在课堂上。由于刚才提到的原因,试图从他的笔记中去过多地推演尼采的教学风格,这个做法十分危险。但另一方面,否认其中存在任何联系又将大错特错。尼采经常以夸张且富有想象力的对听众的邀请作为他课程的开场白。他的笔记有时会继续这些视角(如《奠酒人》的案例)。很难相信尼采会拒绝让自己或他的学生们在课堂上享受追求知识的乐趣。但绝不止这些。尼采那极富想象力的思想绝大部分并未翱翔飞升至古典学领域的苍穹顶端。他在各方面都是一个反古典学的思想家,或者,更简单地说,是一个反对的思想家(counter-thinker),一位异端爱好者。他鄙视那些专业学者的机械化假设,他渴望一种完全不同的语文学,早在维拉莫维茨(Wilamowitz)扔给他那个带有侮辱性的形容之前,他就曾如此称呼,这是

“未来的语文学”。[①] 在还没有摸索清这一庞大计划的轮廓前，此处我们可以注意到其中一个元素，事实上，也就是注意到尼采处置这个问题时的一项技术手段，他借此打开对那至今仍不可见的未来或那可能的未来的展望，这个手段就是使他的听众们感到愤慨和羞耻，扰乱他们的预期，并以这样的方式让他们能更具批判性地思考他们所知道的东西以及他们被设想如何去知道这些东西的方式——一言以蔽之，即关于他们学科的形成。尼采这一魔鬼的一面偶尔会从《遗稿》(*Nachlaß*)或当时的信件里流露出来，但是一旦你穿透他作品的表面，你就会发现，这一面貌遍布他作品各处。

于是，他可以自豪地写信给洛德(Erwin Rohde)这位他最亲密的朋友和知己，1869年的春天，他在巴塞尔大学的第一个学期，他用自己的“哲学”“影响”了他的学生们(他当时正在讲授柏拉图的《斐多》[*Phaedo*])。另一封信中也明显地表露出了同样的阴谋者的喜悦之情，这封信写于1871年6月7日，其中他透露说：

> 我现在正在讲授我的《导论与通识教育》(*Einleitung und Encyclopädie*)[他的[31]《古典语文学通识》的导论]，让我的听众感到惊奇的是，他们几乎无法在我所勾勒的理想的语文学图景中识别出自己。(KSB 3,197)

---

① 参1868年6月2日寄给多伊森(Paul Deussen)的信，其中这段话指的是博奈斯(Jacob Bernays)，“语文学未来[einer Philologie der Zukunft]最杰出的代表人物(即继里奇尔[Ritschl]、豪普特[Haupt]、勒霍[Lehrs]、贝尔克[Bergk]、莫姆森[Mommsen]等人之后的下一辈)”(KSB 2,284)。此处暗示的肯定是博奈斯关于希腊肃剧具有情感宣泄作用(catharsis)的观点(参 Bernays[1857]1970)，而不是针对这个人，尼采大约就在此时开始对他产生鄙夷(同上，287,322)。看一看博奈斯的研究，你会发现尼采为什么会这样，就像他在《肃剧的诞生》中所做的那样，并如博奈斯后来所抱怨的那样(参致洛德，1872年12月7日；KSB 4,97)。参 Porter 2000b，章十五翻译了这封信的相关部分；对博奈斯论文的分析参 Porter 2014(其中翻译了一部分的内容，即该论文最具有初期尼采特征[most proto-Nietzschean]的部分)。

尼采显然很乐于让他的学生们感到震惊，让他们不再自鸣得意，无论是将语文学习以为常的边界延伸至哲学的领域（他的习惯性本能）；还是在同一系列的课程中告诫他的学生，为了成为完全的古典学者，他们首先必须成为一个完全的“现代人”；为了理解古代，他们首先要熟悉现代文化的“伟大思想家”（“真正地与现代联通并与之相符”[wahrhaft mit den modernen Größen verbunden]）；又或是令他们大剂量地服用温克尔曼、莱辛、席勒、歌德和康德等人的思想（KGW II/3，368），并以这种方式发展他们兼听善学和审美的能力（他们的“审美引擎”[Schönheitstrieb]，同上，345）；换言之，在他们能够浸入古代洞察古典精神之前，让他们不得不培养自己的不合时宜，以彻底地熟悉“古典”（das Klassische）的典型现代观念（古典主义[Klassicität]是“古典语文学的哲学前提”，同上）。只有这样，一旦他们学会了去“感知过去与现在之间的差异”（即对古典的过去形成了一种充分的现代和感伤的“怀旧”之情），才可能着手他们的研究，才可能展开他们那投入了充分想象力的构思，沉浸于（“走进生活”[Hineinleben]）古代世界（同上，368；亦参 345：“训练一个人让他能享受，就是说，去感性地享受古典，这是一个多么艰难的任务啊！”）。一个期望做完上述所有这些事的人，如何能够避免跌跌撞撞地陷入痛苦的行为矛盾，这个问题还尚不清楚。① 但显而易见的是，这些悖论是尼采思想的精神食粮，而这种思想必定不止一次地出现在他的教学当中。

他的《奠酒人》课程再次佐证了这一点，也让我们能够推断出尼采在“通识教育”课程中的一些步骤本来可能是什么样的。在这些早期的笔记中有一小段文字，实际上是尼采写的戏剧线索的笔

---

① 参 NF 14[26]，1871/1872 年；KSA 7，385：“新教学法[走进古代]的基础不是历史地走进，而是[通过]使人沉浸于[其]中”（*Die Grundlagen der neuen Bildung.* [：]Nicht historisch，sondern hineinleben）。

记，还有一些似乎是课程的开场白部分。这个段落值得全文引用，它如此罕见和特殊，包含了丰富的信息，且与众不同，能一窥尼采课堂上的教学风格，无论这一风格是真实的还是他想象的，该文如下：①

> 我们中没有人观看过《奥瑞斯忒斯三部曲》(*Oresteia*)；也没有人聆听过：需要一种详细和艰苦繁重的猜测去弄明白那些在表演中本来(从事)起来很容易的事情。在此，我将尝试在事物的现状中如其本身地去看待他们：我会告诉你我在那里看到了什么。不用说，这大部分都是纯粹的幻想，我们就可以形成一个关于这位艺术家的观点。我并不想像一个古人那样坐在剧场里，而是作为一个现代人：我的观察可能会过于学究；但首先我要怀疑一切，以便之后能领悟这一切。
>
> 我想描述我对《奠酒人》所抱有的那种特定具体的感觉。不过，你可能会问，你的感觉与我们有什么关系？我的感觉又是什么？为什么我不反过来求诸于你的感觉？或直接求诸作品？——感觉是某种稀有之物。要获得它你必须有更多的积累——这不是每个人都能够并且愿意去做的事。
>
> 一个人不应该谈论诗歌，正如苏格拉底在《普罗塔戈拉》(*Protagoras*)中所言。但就这一次我想深入探讨一下这种**冲动**[欲望(Trieb)，即谈论诗歌，尤其是希腊的诗歌]所具有的**真正价值**。通过一个例子[就是这部《奠酒人》]。
>
> [32]结果：你的学生在具体细节方面将被证明是正确的[如果你遵循标准的做法，而不是按照我的方法]：但总体而

---

① 可以肯定的是，关于这点有他以前的学生们的说辞为证(参 Gutzwiller 1951 及 Gilman 编 1981)，但是这些都是回顾性的文字，且通常是在尼采精神崩溃后才出现的，所以必须谨慎地使用。

言，这[即标准的做法]是一种傲慢无礼的行为。在这一点上，明白知识首先从何处开始变得有价值之人是多么的少啊！这不可能是科学的目标！以上是对凭空臆测的校勘的批判(Critique of conjectural criticism)。(KGW II/2,34—35)①

这一课程不仅让我们看到了尼采讲课的风格，也表明了他所提出的“未来的语文学”与任何他所想要付诸实践的行动完全相符。② 无论我们对它作出怎样的其他的描述，尼采的未来语文学都是一项自我怀疑的实践；它提出要检验语文学传统中那些确定无疑的东西，并恶化了，甚至是利用了这个传统天生的不确定性。从历史的角度看，语文学首先且最主要的是一次皮浪主义(Pyrrhonian)的运动，这项运动依靠对文本及其传播途径的真实性、阅读的有效性进行第一和第二阶段的怀疑而得以存续(即怀疑，然后怀疑之前的怀疑)——它的怀疑如此之多，以至于语文学毫不夸张地说是一种“灾难”中的灾难(a crisis in“krisis”，关于这一点，尼采回以他的“校勘的批判”[critique of criticism])。

二、论节奏与韵律(1870—1871)

论节奏与韵律的课程和笔记(1870—1871)就建立在这样一种

① 方括号表示我对尼采用意的最佳猜测。另外也可说成(“[如果你遵循我的方法]……[我的方式]”)，但这种说法后面似乎不太可能跟着(“明白[……]之人是多么的少啊！”之类)，而若将其独立出来看，似乎也同样说得通。

② 注意尼采如何违背了自己所宣称的目标，即以亚历山大主义者的视角来重构肃剧这一目标(见原文注6)。但是，去接近肃剧的第一批观众，这从一开始就被写入了文本批评的问题中。同上，30，这里推测性批评的目标，按[47]尼采的说法，就是“去建立那错误百出、无法理解、不合语法、不按韵律、毫无逻辑、缺乏美感的东西”，并且去“矫治这些损伤”。所有这一切必然会牵涉一个“主观因素”：“要看见可能性，这是一桩关于想象力的问题，它以诗人的直觉这种方式渗透到他的语言和用法当中。”

批判之上。这些论希腊语节奏的笔记极少被分析，它们的前提与推论是古代与现代对时间快慢的感知程度没有可比性。关于节奏的笔记内容旨在给出一种“知觉的历史”，尤其是对时间的感知的历史。尼采发现，这段历史之所以难以恢复，是由于现代人对动态节奏的感知是基于抑扬重音和节拍强音的运用（intensio vocis[音量的强度]），因而从本质上讲，已经不再适合去把握源自古人时间感的产物，他认为后者在结构上是定量的和成比例的（因而完全缺乏作为节奏标记的强音）。尼采再次探索了古典语文学中的悖论，他的理论因此也就成了一种元批判（meta-critical），也是对古代世界某个领域的历史的一项积极贡献（即使是怀疑）。这些论文的背景，事关时间性、历史、知觉，还有力与其极限之间的关系的理论性思考。这些探究直接汇入了《肃剧的诞生》中，进入了尼采对史学编纂与复原写作的总体概念之中（最明显地突出这一点的文本是著名的第二篇《不合时宜的沉思》[*Untimely Meditations*]，《论史学对生活的利与弊》[On the Uses and Disadvantages of History]），并最终融入到其后期的“权力意志”学说中。但是，这一切都是以种种意想不到的方式实现的。①

尼采的初衷是想在《肃剧的诞生》中专辟一节谈论节奏（NF 1870，6[18]；KSA 7，136，此处被归入《希腊人的欢笑》[Griechische Heiterkeit]；NF 1870/71，7[176]—[178]；KSA 7，209）；在其原定位置，我们发现了一些关于节奏的零星评论（主要与阿波罗有关），但也毫无疑问还有对尼采讲义笔记中的论点的大规模隐蔽修改，这使得任何对其后来著作的直接解读都很成问题（例如，任何这样的解读：它们希望将狄俄尼索斯崇拜视作一种定值[valorized]的生理学或形而上学的[33]情况，而不是从当今社会抛回给古代的一则关于可疑的唯心主义的寓言）。关于尼采的早期笔

① 完整的阐述参 Porter 2000b，第二章（“准点”[Being on Time]）。

记破坏了《肃剧的诞生》的叙事前提，这并不是唯一的例子。举一个例子，在笔记中明确提出了一个问题，但《肃剧的诞生》对此却 sub rosa［缄默不语］，这个问题与时间阶段划分有关，即关于希腊的狄俄尼索斯节日（Dionysian）节奏的历史特征。虽然尼采在笔记中并没有给出狄俄尼索斯节的节奏发端（incipit）的确切日期，但他以一个相对的方式给出了这些年份，而这一点颇具启发意义。在第一本笔记中，他将其与早期祭祀仪式的实践联系在一起（KGW II/2，112—113）。在最后一本笔记本中，这种节奏出现的日期离现在更近，值得注意的是，这些节奏利用了合拍的变化（rhythmic changes），以及“时间测量中的不协调音”（KGW II/2，329）。无论如何，它们似乎都是音乐情感上一个晚近的、后定量的（post-quantitative）发展：

> 必须重构古代音乐的本质：模仿性的舞蹈，*ἁρμονία*［和谐］［即音阶］，*ῥυθμός*［风格］。在所谓的旋律、节奏，还有舞蹈中，对现代人而言，存在着本质上的差异。**最初**（在基特拉琴［citharodic］的音乐里），**音符被用来衡量时间**。需要发现其音阶的本质（对音高［即音乐调性的区域间隔］的比例要有最敏锐的感知）。[①] 希腊人为什么能有效运用四分音符？和谐并没有因这些音符而被画入符号领域。经典（古老）符号的建立。**狄俄尼索斯节革新了音乐的调性**（Tonart）、**节奏**（*ἀλογία*?）。（KGW II/2，322；所有的楷体强调，除了“音阶”均为笔者所加）

---

① 即“音高”（Tonhöhe，音高［pitch］和音阶［scale］相对位置的差异），亦即，“音调的高度比”（die Höhenverhältnisse der Töne），它被设想为一种（垂直纵向/空间）的“空间差”（Raumdifferenzen）（KGW II/2，321），并最终作为一种声音中（水平、直线的）“时间间隔”（Zeiträume）。关于此问题的许多观察结果后来都变成了令人费解的关于时间-原子（time-atoms）的写作，对此的讨论参 Porter 2000a。

狄俄尼索斯节是一种"革新"(Neuerung)？其年代时间已难以理清，然而，更好的说法或许是，这是一种象征意义的时间。据推测，前面提到的祭祀仪式属于古风和后荷马时代，而狄俄尼索斯节的"革新"行为所反对的那个审美体系，显然是定量的和古典时期的审美体系。出于同样的原因，狄俄尼索斯节的革新，虽然据说是"在音调上"(in tonality)，但很可能完全只是音调的革新(just *of* tonality)，与本质上是用来表示时间的古典时期的音符特征及其相应的音阶(Tonleitern)相比，后者由于其特殊的限制，并不具有现代意义上的，或相对而言较为现代的意义上的"音调"(tonal)以及"狄俄尼索斯的"这个词的感觉。狄俄尼索斯节的现象在古典事物秩序腐化的大背景下出现了。

它的确代表了这个深刻的变化，或是那个发端的时刻，这一点被《肃剧的诞生》中的一段文字所证实，尼采在其中再次提出了这个问题。其出乎意料的一致性着实令人吃惊。在那里，尼采重在突出狄俄尼索斯节的遐思幻想状态的革新特征，其中有一处让人不禁想起"疼痛产生喜悦，狂喜从我们身上可能会挤出痛苦之声"：

> 这类双重思想的狂热者的歌声与姿态，是一项崭新的事物，在荷马时代的希腊世界闻所未闻；而且，狄俄尼索斯节的音乐尤其激发了敬畏和恐惧。如果说音乐以前似乎曾被称为阿波罗的技艺，那么，严格地说，它也只是节奏的波浪拍打，其造型的力量是为了表现阿波罗的状态。阿波罗的音乐是音调上的多利斯式(Doric)建筑，但也仅仅是**那些只有提示作用的音调**，如基特拉琴的音调。那些形成**狄俄尼索斯的音乐本质**的最根本的元素(因此也就是一般音乐的构成元素)——即音调的情感力量、**旋律**的均衡流畅、**和声**的无与伦比的境界，被仔细谨慎地排除了，因为这被视为[34]非阿波罗的。(BT 2；KSA 1,33；考夫曼[Kaufmann]译，所有楷体强调均为考夫曼

所加,唯第一个除外)

这两个关于变化的描述具有非常接近的相似性。此处再一次提出,革新似乎发生在后荷马时代,但仍属于希腊古风时期,而那被推翻的审美的规则是阿波罗的、古典的,而且(显然)在节奏比例上具有定量体系。并且,此处再次指明,是其音调或声乐为改变铺平了道路。① 庄严雄伟的比例屈服于充满动感的、"病态的"(pathological)乐章(movements)。以时间表征为定义的节奏让步于"音乐",让步于"音乐"一词所产生的崭新而前所未闻的感觉,并从此刻起连接起了旋律与和声的结构。这是一种完全熟悉的感觉,至少对于尼采当时的世界而言是这样。②

从音乐学的角度来看,狄俄尼索斯节显然是*后古典时期*的现象,若说不是发生在确切的历史时间,那么也无疑是一种趋势。狄俄尼索斯节是否可能与古典情感的衰退有关?换言之,这个现象是否与现代情感的出现有关,无论是现代情感的前奏曲还是预兆?谈论节奏的笔记和《肃剧的诞生》本身暗示了这一可能。两者所描述的进展都朝向一种完全彻底而又确凿无误的现代感觉上的音乐。它抓住了当"其他象征性的力量突然急速地向前奋力冲刺,尤其是音乐的,即在*节奏、力态以及和声*上的力量向前冲刺"的这一

① 参 KGW II/3,11("索福克勒斯肃剧导论"[Einleitung in die Tragödie des Sophocles],1870 夏季学期),对比"合乎建筑法则的音乐特征"("阿波罗的")对"乐音"(tone)或"音符"(note)的"纯粹的音乐性,实际上也就是那病态的特质"("狄俄尼索斯的")。

② 亦参 KGW II/2,157—159 n. 16("希腊抒情诗人"[The Greek Lyric Poets]的讲义笔记),这一节讨论了希腊创作酒神赞美诗的诗人们(dithyrambists)。这一后来的历史记载确立了任何此类创新,即将酒神赞美诗引入到了狂喜感觉中的"失语"("非理性的")的领域(新的音乐;"新酒神赞美诗"[Neuerer Dithyramb]),这种创新指的只能是酒神赞美诗的退化阶段(参 KGW II/2,159 n. 16;与之类似的另可参 BT 17;KSA 1,111—112)。并且也只有在这一阶段,狄俄尼索斯精神才变得可以识别和感知。

瞬间("Sodann wachsen die anderen symbolischen Kräfte, die der Musik, in Rhythmik, Dynamik und Harmonie, plötzlich ungestüm";BT 2;KSA 1,34;考夫曼译,楷体强调为笔者所加,译文有修改)。这些东西最终成为了现代人时间感的主要因素,对尼采而言,它们完全不适合于任何针对希腊定量节奏的记述,而后者正代表了古典时期的时间感。尼采深知"希腊音乐与我们所知道和熟悉的无限丰富的音乐"之间的差异(BT 17;KSA 1,110),也就是说,"彻底的无与伦比的和声[和谐]的世界"(BT 2;KSA 1,33)。因此,"我们越是诉诸于现代音乐来理解[希腊]韵律学,我们就越使自己疏远了真实的古代韵律学"(致里奇尔,1870 年 12 月 30 日,KSB 3,173;参 KGW II/3,399)。尼采在《肃剧的诞生》中对狄俄尼索斯节音乐的描述的确不合时宜,而且是如此自我标榜(self-advertisingly)。当然,这部作品中所表现出的对 ad fontes[回到本源]以及回归音乐精神的期望,为尼采曾在他论节奏的课程中所阐明的种种不可能性所遮蔽而变得黯然失色,也正是在那个时候,他在创作自己的第一部著作,这个期望如今已成为了我们的口号。在《古典语文学通识》(Encyclopedia of Philology)中也有类似的观点,其中包含了与《肃剧的诞生》的表面叙述更进一步的相似之处,以及更进一步的戏剧性反转,我们现在可以转入对此的讨论。

三、《古典语文学通识》(1871/1873 1874[?])

虽然公布了 1873/1874 年冬季学期的课程,但是能够证明第二个课程曾实际开课的官方记录却已遗失。我们这里仅有一封 1873 年 11 月 7 日尼采寄给格里斯多夫(Gersdorff)的信件,其中尼采稍显神秘地写道:

> 我正在阅读我关于柏拉图的课程,而且已经忘记了另一

个[ich wälze das andere ab]，这就好像找到了赞成我的眼光的接受者[《肃剧的诞生》惨败后的一个敏感点]。

可见这些事已经开始让他失望了。当我们求助于詹兹(Janz)来寻求另一个意见时，我们会发现他的结论有点模棱两可且前后矛盾。在一份汇总表中，[①]他以尼采的证词为基础得出了结论，在一封1874年5月29日来自格里斯多夫的信中，詹兹确认了第二个课程从未开过课："从未举行(尽管有人参加)(nicht abgehalten [trotz Teilnehmern])。"但在另一份表格中(KGW II/3，203)，他写道："1871 夏季学期；evtl. [或许]1873/1874 年的冬季学期。"KGW II/3 的编辑遵循了后一个表述，且未加评论(KGW II/3，339)。令人怀疑的是，单就寄给格里斯多夫的信来看，尼采准备修订他的1873/1874学年的课程，即使他不太可能再重讲一次。我认为，我们所掌握的笔记展现的是原来的讲稿，该笔记附有注释，而且日期也从同一个学期开始。

尽管如此，《古典语文学通识》是一份埋藏在地下的知识宝藏，也是如今那些似乎已经成为尼采式异端的东西的源泉。事实上，尼采所提出的大部分内容都是当代语文学的再现或推断。他只是抓住了它自己内部的异端——其内在的种种怪癖、不合逻辑、缺乏协调、循环影响，诸如此类——并痛苦而费力地让这些问题得以显现。另一个例子将有助于进一步使这个要点变得清晰，这将成为我们本章剩余部分的主要内容。

在《古典语文学通识》笔记的两张夹入页中，尼采详细地描述了从古风时期以降至希腊化时期以及再稍微往后一段时间里希腊诸神的起源及其转变。这篇文稿以前从未被翻译成英文，值得完整引用，然后再进行详细地评论。该文本在 KGW II/3 中被刊印为有编

---

① 参 Janz 1974，199。

号的脚注(KGW II/3,414—416 n. 37),但这样的编排存在严重的误导。事实上,讲义的手稿中并没有编号,也没有脚注。反而是写在笔记空白处的附注,具体为何还有待讨论(不是页边注,“在边缘”[auf dem Rand]是 GA 编辑的说法;参 GA 19,410—411)。这些附注本来应该是什么状况,以及它们是何时添加的,这些尚不清楚:可能是后来增补的内容,或是以类似注解的形式对一些问题进行的澄清说明,或是口头授课的提示线索,或确实是事后写的夹页。在少数情况下,它们确实也具有一种脚注的功能,即提供参考文献(但这样的参考也可以出现在文本的“正文”部分)。从对文字的笔迹和字体的墨水等情况的判断来看,这些附注可能与讲义是同一个时期的产物,但还需要一双比我更有经验的慧眼来证实这一点。KGW 的编辑考订过于单薄,没能指明此处任何可能存在的问题。而这显然算是一个问题。但这个问题对我们接下来所要讨论的内容影响不大,我将把附注作为尼采讲义这一文本整体的组成部分,作为对其讲义内在逻辑的补充或解释,而不是对它的改变。

另一方面,这两份附加内容中的第二份也值得引起我们的注意。该文本是这份讲义最长也是最复杂的附录(一个结构紧凑的微型讲义),出乎意料地被写在一张空白夹入页的正反两面,以及第三面略微偏下一点的位置,尼采把这里空出来,原是打算把他的正文写进笔记里。第三面从一张列有 5 项内容的表格末尾下开始。尼采如何成功估算出要插入内容的篇幅并提前留好合适的空间,而且没有[36]丝毫硬塞或缩减的迹象,这一点令人非常费解!所有的补充文本,正如我前面所说,可能都是授课那时写就的,但这个文本与其他不同,看上去是由一只不太利索的手写成的,似乎写得十分仓促,或者是写的时候正处于兴奋状态。尽管如此,相对而言,其中还是没有多少修改之处,就这一点来说,甚至比讲义笔记中其他许多页还要好,就好像是从另一组草稿中誊写出来,然后夹入到笔记的空白处。无论何种解释,这份二又三分之一的手稿页包含了尼采的语文学笔记中一些最令人着迷的推理和叙事，而且在内容上也极具开创性。

让我们先从这个叙事的一些较大的轮廓开始，然后再以我们的方式进入到其更精妙的细节中。尼采所绘制的总体框架在 19 世纪十分常见，主要（而且令人惊讶地）是黑格尔式的（Hegelian），因为迅速地对比一下黑格尔的《美学讲演录》(*Lectures on Aesthetics*)就可以确认，在逻辑、语言、结构上，尼采可以说是全盘皆收。神话经历了三个观念化阶段："这条路径从庄严到美好再到象征。"也就是说，到了寓言阶段（KGW II/3，415 n. 37）。如此看来，这是一幅逐步衰败的图景。同时，在希腊的肃剧时代，这一过程伴生出一个情况，即正义演化成了一个抽象的道德典范，与此同时，对神话的信仰变得苍白，人们戒掉先前黑暗的宗教（"精灵盲目的毁灭性力量，对提坦神信仰的残留"，同上）并从中康复。古典时期的黯然褪色，希腊化时代后古典时期的最终确立，这些同样是我们熟悉的范畴，也同样是一种有其前人传统的比喻性修辞。这一不变的老套说法支配着《肃剧的诞生》的叙事模式。这份神话学的讲义加深了我们对尼采的印象，让我们认识到他在这一有其传统的老套说法中汲取了多少思想。确实，这份讲义一个最大的惊喜之处，也是我自己之前在对待这份同样的材料时所忽视的一个要点，就是尼采对古代世界的构想很大程度上受到德罗伊森（J. G. Droysen）的启发，这位研究希腊化时期历史的杰出的普鲁士历史学家（1808—1884）曾是基尔大学（Kiel）的老师，后执教于耶拿（Jena）大学和柏林大学。德罗伊森不仅是一位杰出的研究希腊化时期的历史学家，他也是第一位将这一时代分门独立、使之成为具有完整特征的历史实体的学者（他称之为"希腊化"[Hellenismus，或 Hellenism]）；通过他的三卷本鸿篇巨著《希腊化史》(*Geschichte des Hellenismus*，1836—1843)，他第一个将之纳入现代意识中。德罗伊森的概念席卷了整个学界：没有任何竞争对手，矗立在其他所有人之上，即使此时距古典学最终惠予希腊化时代一点点认可,承认它是有意义的研究(但也没能完全取代古典时期),还有足足约半个世纪的时间,甚或更久。① 唯有一点显而易见,即尼采必定早已知晓德罗伊森。事实上,在《古典语文学通识》的课程中以及在《肃剧的诞生》中,都能感觉到德罗伊森存在的印记,但据我所知,直到目前为止,还没有研究文献在尼采的文本中发现他的身影。② 所以,接下来有必要对德罗伊森所理解的"希腊化"进行简单的论述。③

四、德罗伊森的《希腊化史》(1836—1843)

[37]德罗伊森的基础概念是黑格尔哲学与基督教义化。德罗伊森将希腊精神映射到一种继承自赫尔德(Herder)及其他人

① 具有讽刺意味的是,维拉莫维茨为扩大"希腊化"的影响力做了很多工作,但却对他一生所忠于的理想的古典时代充满了深深的矛盾——也对"希腊化"充满矛盾(参 Porter 2000b,269—271,383 n. 184)。德罗伊森的希腊化在该领域内制造了一个症候性的压力点(当然,只是众多压力点之一)。

② 以下是为了弥补 Porter 2000b 以及 Porter 2000c 中的巨大疏忽。

③ 从那时起,尼采的任何作品都没有明确提到过德罗伊森的名字,但他的踪迹却随处可见,比如尼采对德罗伊森标志性术语及其自我创造的概念的说法,他将"希腊化"(Hellenismus)用于"人们所具有的泛罗马希腊化概念,亚历山大主义"(Man hatte das Bild des römisch-universellen Hellenismus, den Alexandrinismus),参 NF 1869,3[76];KSA 7,81;"希腊化"是对"那个希腊"[das Hellenische]的一次"更新",在同一份笔记中,这与温克尔曼的古典主义联系在了一起,"亚历山大,粗糙的复制品和缩写的希腊史,如今发明的普世-希腊也就是所谓的'希腊化'(Alexander, die vergröbernde Copie und Abbreviatur der griechischen Geschichte, erfindet nun den Allerwelts-Hellenen und den sogenannten 'Hellenismus')",参"荷马的竞赛"(Homers Wettkampf,1872;KSA 1,792);"亚历山大主义的知识运动直达印度。爆发了疯狂的狄俄尼索斯崇拜"(Alexandrinismus der Erkenntniß, Zug nach Indien. Wildes Hervorbrechen des Dionysischen),参 NF 6[14]"4",1870;KSA 7,134,最后一条预示了狄俄尼索斯精神突然闯入"现代"(后古典)阶段,正如他接下来很快讨论的那样。很难知晓尼采是自己得知了德罗伊森(他的名字在古典学界家喻户晓)还是经由瓦格纳的介绍才得知,后者于 1869—1870 年深入研读了德罗伊森的著作(参 Foster 2010,285—289)。

的关于普遍历史的概念中，他发现，希腊化时代存在着一种古代“异教”信仰（pagan）矛盾的自我克服。古典时期的希腊为亚历山大时代的到来做好了准备，亚历山大统一了完全不同的各个希腊族群，使他们像过去那样（as they were）沉溺于自己的特殊主义，他建立了一个处在同一种语言、文化和政治制度下的普世的帝国政权（Macht），宛如一位古代的拿破仑。从此，希腊“超出了本土和熟悉的（der Heimatlichkeit）界线，成为了一个范围覆盖世界的普世政权”（Droysen[1836—1843]1998，III，20）。[①] 东方与西方的融合发生了，尽管是在西方希腊的主导下；不同宗教的合并与文化和种族间的融合齐头并进，预示着一个崭新的时代即将到来：“亚力山大的名字标志着一个世界纪元的结束，也是一个新世界纪元的开始”（同上，I，1）。这个崭新的世界，一个“新时代”（neue Zeit），不仅仅是“古代异教文化的现代”（同上，III，xvii；III，xxii）。这是现代世界，即眼前这个新时代的黎明。[②] 德罗伊森的最后一个观点与后古典时期古代社会的现代性有关，从尼采到1895年的希腊历史学家迈耶（Eduard Meyer，希腊化时代“其本质完全是现代的”），[③]再到1942/1943年的海德格尔（“[那被]我们称之为现代的[……]建立在希腊的泛罗马化运动的基础上”，也就是说，这一变化超越了希腊的“古典”时代），[④]这一观点都显示了深远的影响。但是，这一类比从一开

① 列有德罗伊森参考书的那几页在1998年的版本中。不幸的是，英译本中没有译出德罗伊森的参考书目，虽然那很有必要。

② 德罗伊森曾多次指出这个时代与他所处时代的类比关系。参 Droysen 1998 [1836—1843]，III，xx；III，416—417；Droysen 1893—1894，II，70；Koselleck 1985，3—5；231—266。

③ 参 Meyer 1924[1895]，I，89；亦参同上，I，140—142。

④ 参 Heidegger 1992，43。海德格尔使用泛罗马化（Romanization）的方式十分特殊：这让他[48]损毁了“尼采的形而上学，我视他为重新发现古希腊的现代人”，因为这种方式的基础在于“唯独只以罗马的方式观察希腊‘世界’，即以一种既现代又非希腊的方式观察”（同上）。

始就是现代语文学的基础。例如，沃尔夫(F. A. Wolf，1759—1824)就承认，研究希腊化时期的学者与现代语文学家，包括他自己，有着直系的亲缘关系。而且类似的类比还可见于沃尔夫的老师赫伊涅(C. G. Heyne 1785[1763])研究托勒密王朝的著作中。①

从史学史的观点来看(historiographically)，德罗伊森通常被认为"发明"了这个明确地非古典的、经常被拒绝的希腊化的时期，②他实际上重新定义了古典学理想的使命。亚历山大时代是一个凭借其他方式的雅典革命是一种延续，这便是希腊化的开始：

> 新[即现代]时期(der neuen Zeit)的思想开始四处蔓延，[从雅典]散发出不可抗拒的光芒，民主、启蒙和批判教条，所有的这一切开始支配希腊人的生活。

就如同法国大革命，二者出于同样的原因蚕食了传统生活的根基(同上，I，9)。基于城邦的公民身份让位于世界公民论(cosmopolitanism)和种族融合(volkermischung)。宗教信仰被削弱了，接着一个更高级、更抽象、更普遍化的认知被建立起来。就像种族之间发生的情况那样，诸神中也出现了同样的情况：

> 在这一系列的变化中出现了奇妙的诸神混同的现象(Gottermischung)，在这方面没有比这更伟大的影响了，诸神融合(theocrasy)，希腊化时代所有的人民将把这个成果

① 参 Heyne[1763]1785；亦参同上，117。

② 参 Droysen 1998[1836—1843]：III，xiii—xxii；III，413—415；参 Kassel 1987。

分享给未来数个世纪的人们。(同上,I,443;亦参 I,444—445)

政治结构也经历了相同的发展,它们如今汇聚在一个单一的希腊化的异族(barbarian)君主之下。其结果不可避免:

> 如果摧毁异教信仰是古代世界的最高任务,那么,这样做了之后,希腊文化[或:"古代希腊"](Griechentum)就会被最先挖去自己脚下的泥土,而这正是其扎根之地,接下来,按顺序,就是通过启蒙、骚动和破坏等行为对[38]异族进行殖民,在那里实现同样的事情。(同上,III,18)

希腊化是希腊的灵魂,它服务于一个崭新的世界性任务。

德罗伊森复兴希腊化的结果之一,就是使此概念对于历史进程来说成为了一个密码,包括希腊性(Greekness)及其"扬弃"(毁灭与升华),并直指基督教和当时的普鲁士(同上,III,424)。在德罗伊森之后,学者们甚至直到现在都还在争论希腊化这个词,其确切的涵义、一致性、在空间和时间上的范围等都还无法确定。[①] 但是,德罗伊森视希腊化为一面"现实之镜",[②]以及他之将现实(普鲁士)投射到古老的过去,这些做法都仍然有其重要意义,有助于他将一种旨趣整编并合法化,这种旨趣在他之前已十分引人注目,而如今基本上已无需如此隐讳。也许,过去完全不可能用其他的

---

① 参格尔克(Gehrke)的《后记》(*Nachwort*),Droysen 1998[1836—1843],III,473;Bichler 1983;Momigliano 1994,147。

② 参 Droysen 1833,472;Bravo 1988,349 转引。完整的类比这样写道:"完全相同的启蒙、完全相同的为文化而努力奋斗(教化[Bildung])、人与人之间完全相同的交通,其结果是空间的距离的缩短、种族的特性的削弱以及,世界文学(Weltliteratur)的肇始,因此有足够的理由将那个时代视为现在的真实写照。"

方式去理解。然而,这种鉴定就其程度上来说可能是无意识的,或者只是简单的拒斥。

五、尼采与德罗伊森:不合时宜的逻辑

经过盘点,我们可以看到德罗伊森与尼采的观点之间存在的几个交点。虽然尼采在《古典语文学通识》的课程中或《肃剧的诞生》里都没有像在其他地方那样援用"希腊化"一词,但德罗伊森笔下所描绘的希腊的所有复杂的方方面面,他都毫无疑问牢记于心。从早期的多样性到后来的统一,这一趋势在两人的陈述中都有反映,尤其是在政治和神学中。两人所捕捉到的政治和宗教氛围也完全一致,比如他们都讲到了其中存在的那种因果联系:公元前5世纪的辉煌成就匆匆地离去,一个被击溃并屈服的希腊迅速下降——简直就是直线骤降——到一种极度的统一状态中,被一种更高的,本质上超验的需求所驱使,或者不如说是被一种对超验的统一的需求所驱使。

> 这就是希腊化几百年的工作,即带来更高、更真的[宗教]元素的统一,并发展出有限感和无力感,发展出对忏悔和安慰的需求,发展出最深邃的谦卑的力量以及在神(God)之中发现自由感和成为神的孩子的那一刻最深刻的喜悦之情。这是这个世界缺失了敬神之心的几百年,是人的内心极度失落与悲怆绝望的几百年,是呼喊拯救之声越发响彻天际的几百年。(同上,I,444—445)

对于德罗伊森而言,这个跨入"希腊化"并离开古典时期的阶段,是进入到现代世界的过渡。因此也相应地充满了矛盾的心理。首先,这种对古典时期的观念有其自身的问题,它是一个投射了现

代热望的乌托邦,也因此是对古代真实历史的背叛(下文将对此展开讨论)。另一方面,希腊化时期,即亚历山大的时代,是早期各种趋势成熟的时期,并且,这些趋势此时在更高的层次上得到了巩固与合并——其显著标志是拥有更高的概念化和组织化的抽象形式——希腊化时期的这些情况是进步的标志,而非衰落的迹象(且先不管当代学术的古典历史模型[39]对此的评论),同时也是现当代的一个粗略估计,而从来都不是一个确切肯定的前景。尽管如此,从洪堡(Humboldt)到尼采,再到后来的学者,他们都只看到一个比失去理想的古代更为糟糕的前景:这个前景过于近似复原,过于直接地认同充满焦虑不安的当代。进步同时伴随着衰败的幽灵:承认这两种现代性之间的相似,就要冒重新承认当代现代性自身衰落的风险(Verfall;同上,III,xvii)。对德罗伊森而言,一个改良的因素在于,基督教就是古代现代化趋势的自然产物。事实上,基督教完全就是古典时期的自然成果,是其隐藏的"终极目的"的结果。从启蒙时代以来,任何对古代的描述中,这种观点一直都是一种支配性的叙述,福柯(Foucault)的《性史》(*History of Sexuality*)仅仅呈现了该观点的最新表达方式。①

尼采的叙述拥有所有这些特性,同时还添加了其他的特性,我们接下来将要看到这点。他欣然地接受了德罗伊森的说法,其原因十分明显:德罗伊森的《希腊化史》实乃一剂解药,能消减那些对有着高度古典的公元前5世纪的希腊所表现出的拒斥一切的顶礼膜拜。德罗伊森没有掩饰他对理想化古典时期的蔑视。他在自己的研究中遗憾地写道:

> 我也已经准备好接受骂名,因我的观点而针对我的那些

① 参 Porter 2000b,220—221 及 275;Porter 2005;Porter 2006a;Porter 2012。亦参 Long 2001,33—34,其中顺便得出了完全相同的观察。

语文学家——我指的是那些真正的狂热分子,那些永不厌倦地去粉饰古典时期的人,他们把古典时期设想为一个所有最美妙又最高贵的东西的失乐园,怀着他们最具魅力的想象的图景,还有那假想出来的奇迹的乌托邦式理想。在之前的场合,这些人中已经有相当多的人因我而恼羞成怒,如果我未能盲目而爱国地加入德摩斯忒涅,与他一道仇恨,或者,如果我在阿里斯托芬那里看到的不是训诫者的德性,而是无赖汉的痞性,那么他们就会如此对我。我绝对没有轻视古典时期的辉煌!但在这里,和往常一样,利希滕贝格(Lichtenberg)关于千足虫的言论不失为一个恰当的比喻,即它仅有14条腿。(同上,卷III,xiii="私人序言"[Privatvorrede][=第1版的前言])①

嗣后,在同一部著作中,德罗伊森对打着教学法的大旗去理想化古典时期,而无视历史研究的准确性的做法采取了坚决反对的立场:

古希腊艺术的辉煌理所当然地成为令人惊奇的对象。但美学乃至教育学的立场却将史学基础驱离了古代研究(die Al-

① "我无法否认我对我们时代品味的怀疑已经上升到了一个应受谴责的高度。我看到人们怎样日复一日地被灌输着天才的名字——以一种不变的方式,那就像是某些昆虫[字面意义上的土鳖虫(woodlouse)]被冠以千足虫之名,这并非因为它们确实有很多腿,而是由于多数人不愿意去数一数那仅有的14条腿。结果是,我不再相信任何未经考察之人(Ich kann nicht leugnen, mein Mißtrauen gegen den Geschmack unserer Zeit ist bei mir vielleicht zu einer tadelnswürdigen Höhe gestiegen. Täglich zu sehen wie Leute zum Namen Genie kommen, wie die Keller-Esel zum Namen Tausendfuß, nicht weil sie so viele Füße haben, sondern weil die meisten nicht bis auf 14 zählen wollen, hat gemacht, daß ich keinem mehr ohne Prüfung glaube)。"利希滕贝格,《格言集》(*Sudelbuch*),F 962(参 Lichtenberg 1902 [1776—1780],III,297)。

tertumswissenschaft)。人们习惯于只在太阳光线充足的清晰明朗的情况下以最理想化的视角去观看古典时期,而不是在客观的现实中去设想它。在高贵的索福克勒斯的英雄们以及那美丽的完美的诸神,被人们视为是生活在古希腊的人的各种原型。一切最高贵和最美好的事物都被投影和嫁接(übertragt man)到这一"人类的黄金时代";对其所使用的每一个崇拜之词,不管真实或虚假的,都过于慷慨和夸大。怀疑和冷静的检阅不被鼓励,都被认为是一种亵渎的行为而面临道德义愤的指责:任何扰乱自己,使自己无法沉迷于自身想象力的迷人诡计的事情都要遭到唾弃。[……]所以,乌托邦与非历史是某一类人对于古代[即古典时期]希腊[……]的观点,这类人完全无法掌握它与希腊化之间的联系。(同上,III,414—415)

[40]德罗伊森说得没错,但只有部分正确。尼采也由衷同意德罗伊森对德国古典自由人文主义的抨击,但他也会在德罗伊森的基础上稍作颠转。在尼采看来,古典主义其实不是现代思想的产物,而是传承自亚历山大时代,那时的人们以盲目的怀旧之情回首古典时期的雅典,如下面出自 1869—1870 年的笔记本条目所写的那样,尼采以自己独有的谩骂风格非常清楚地写道:

"希腊的"(Hellenic)自温克尔曼以来就是一种强烈的表面化[或"扁平化"(Verflachung)]。然后[出现的是]基督教德国的自负,自以为完全超越了它[即古典形式下的古代风俗]。连赫拉克利特和恩培多克勒等人的年龄都不知道。有人就看到了一幅[穿过]盛行于罗马的希腊化和亚历山大主义(Alexandrianism)[而得以看见的希腊的]图景。美妙和肤浅(Flachheit)的狼狈为奸,势必如此!可耻的理论!犹大!(NF 1869/70,3[76];KSA 7,81)

尼采笔记本中的条目时间要比他的"通识教育"课程早几年，它暗示了他如何彻底吸收了德罗伊森的希腊化的概念，以及他如何学习并使之适应自己的目的。

在他们两人的见解之间存在着明显的差异。其中德罗伊森似乎是以古典主义切入当时的现代性，尼采则坚持德罗伊森的两种现代性——即古代（希腊化）和现代（歌德以及他人之后）这两种现代性——的逻辑识别，并承认，德罗伊森肯定也知道但并没有对此详细展开，即古典主义很大程度上是古代亚历山大主义的产物：古典主义很大程度上是"一幅[穿过]盛行于罗马的希腊化和亚历山大主义[而得以看见的希腊的]图景"。德罗伊森在此战略性地验证了希腊化时代，以便取代理想化的古典时期，尼采则通常习惯走另一条路，他以同样的意思去证实（至少看起来）前古典时期，即前苏格拉底哲人与抒情诗人们，比如赫拉克利特、品达和埃斯库罗斯生活的年代——那就是，祛除"那个古典时期"的景象的神秘感与神话色彩，并使之再历史化（"在其客观的现实中"进行重构）。但在实际的论神话的课程中，尼采讲授的又是一门完全不同的课。在这里，他没有指出在希腊文化中可以找到一种早期的救赎元素。相反，他所描绘的模式在统一、巩固、抽象那冷酷而不可阻挡的行程上前后移动，它强化和深化灵性（密仪与崇拜），但也同样是衰落。更重要的是，这是尼采所有关于古代问题的叙事的典型，这些倾向的真正的种子已经可以在希腊文化的早期阶段中被发现。诸神融合深深地植根于希腊宗教中：

> 所有单独的诸神只不过是那个独一（One）的如此繁多的转瞬即逝的显圣，只是那个独一弥散在自然（Nature）中的神圣力量[……]。祭仪崇拜之间的相互和解与融合与历史的进程一样古老。（KGW II/2，414—415）

而且，值得注意的是，所有在课程中略述的这些神圣的变化全都发生在狄俄尼索斯和狄俄尼索斯精神（Dionysianism）的庇护之下。一切皆始于斯（“在狄俄尼索斯的所有神话中，诸神都是有死的”，同上，414），而这一链条也在此处达到顶峰：“随着亚力山大的到来，这一脉搏再次跳动：其特点就是狄俄尼索斯崇拜的膨胀”（同上，416—417）。最后，为了冠冕一切，狄俄尼索斯最终成了一位[41]预言基督者，他是那位希腊神（the Greek God）的最新变化，这是他接受仪式崇拜的最后身份：

> 因此，不仅是异教信仰的普遍破裂为基督教创造了有利的条件；人们还可以发现其中有不胜枚举的近似之处，道路就这样被铺平了[即，通往基督教的大道]。（同上，417—418，亦参 NF 1870，6[14]；KSA 7，134：“亚历山大主义的知识运动直达印度。爆发了疯狂的狄俄尼索斯崇拜。”亚力山大可以说带领希腊人进入了印度地区，而狄俄尼索斯的起源就在东方，这一点我们早已知悉，参 BT 1；KSA 1，29。）①

考虑到课程的时间，尼采在此聚焦于狄俄尼索斯就不足为奇了，其首次讲课的时间恰巧是《肃剧的诞生》完稿之时。然而，令人惊奇的是，他将此角色赋予了一个狂喜得自我融化和陶醉得自我遗忘的神灵。换言之，直到那时，人们才意识到，甚至在《肃剧的诞

① 此处提到了“圣约翰与圣维特（St. John and St. Vitus）之舞”（同上），我们在其中发现了另一处隐藏的线索，该线索暗示出尼采间接认为狄俄尼索斯崇拜中所具有基督教色彩。参 NF 1869，1[34]；KSA 1，19；NF 1870/1871，7[13]；KSA 1，139：“《约翰福音》[曾]诞生自希腊文化的氛围中，成长于狄俄尼索斯崇拜的泥土上；狄俄尼索斯崇拜对基督教的影响可与犹太教对观。”参 NF 1870/1871，7[166]及[174]；KSA 1，203 及 207 等。[译注]圣约翰之舞与圣维特之舞，指中世纪欧洲频发的集体疯舞现象，德国地区尤甚。对起因的解释颇多，一说为施洗约翰的诅咒，或是民间对殉教者维特的纪念，故得名。其他相关解释，如格林的《花衣魔笛手》。

生》中的狄俄尼索斯，也与德罗伊森的《希腊化史》以及尼采当时的课程中那个神，享有完全一致的特征。在《肃剧的诞生》中，狄俄尼索斯与“对形而上世界的极度热望”有关（BT 10；KSA 1，74），也与一个“超越”（Jenseits）（BT 7；KSA 1，57）有关。“狄俄尼索斯艺术的永恒现象[……]表达了其全能的意志，那种意志可以说支撑着个体化原则（principium individuationis），那超越了所有现象的永不湮没的永恒生命”（BT 16；KSA 1，108）。这个语风可能源自叔本华或康德，但我们不应该被误导。在第 12 节结尾处，我们读到，在苏格拉底“把强大无比的神灵赶跑”之后，狄俄尼索斯如何“寻求隐匿于大海的深处的庇护，那场逐渐席卷大地的秘仪崇拜的神秘洪水”（KSA 1，88）。这里所称的“秘仪崇拜”，正是基督教本身。尼采几乎无法赞同这一前景。其他笔记的类似内容确证了这个方向无疑正是他所预见到的方向：

> 逻辑的发展掀起了这个冲动[即，“对真理和智慧的冲动”，两者已经“和解”，并因此在肃剧的世界观中被扑灭]，并迫使**神秘的**世界观诞生。伟大的制度衰败了，邦国与宗教等等[……]亦然。绝对的音乐与绝对的神秘主义一前一后地发展出来。随着希腊启蒙变得愈加普遍，古老的诸神呈现出了**幽灵般的**特征。（NF 1870/71，5[110]；KSA 7，123）

之后我们看到两个条目：“诞生的延续”（“*Continuation of the Birth*”，参 NF 5[112]；KSA 1，123）。同样，

> 伴随着东方基督教运动[的崛起]，**古老的狄俄尼索斯崇拜**淹没了这个世界，所有希腊化的事业似乎都成了徒劳的追求。一个**更深奥**的世界观，一种缺乏艺术的东西确立了自身。（NF 5[94]；KSA 7，184；楷体强调为笔者所加）

在这里，尼采用德罗伊森的术语*希腊化*来指希腊特性的衰败本质，而不是亚力山大及其继业者托勒密的历史时期。如果这是一幅已变得扭曲的现代性的图画，它也的确如此（在《肃剧的诞生》中，亚历山大主义与现代性被当作一组同义词使用），那么，它无疑也是对历史进程的一幅绝望的画像。尼采也不会改变这一肖像。在他最后的作品之一《敌基督者》（*Antichrist*）中，我们读到了这样的话：

> 基督教［曾是］一套代价远高于所有活跃于地下的（subterranean）祭仪活动的方案，例如那些奥希里斯崇拜（Osiris）、大母神信仰（the Great Mother）、密特拉教（Mithras）——并且，这套方案还将他们囊括在了一起。（A 58；KSA 6，247，一条同一时期添加在列表“狄俄尼索斯”下的注释；参 NF 1887/88，11［295］；KSA 13，116）

《敌基督者》这一段落之前还有几句话，尼采为我们一直在探索的问题做了［42］准确无误的确认：“［伊壁鸠鲁（Epicurus）］反对地下的祭仪活动，反对所有一切*潜在的基督教*。”（同上；楷体强调为笔者所加）

维拉莫维茨同样也发现了《肃剧的诞生》的涵义，用他自己的体会来讲就是一种“暧昧的悲观”。[①] 他试图削弱尼采关于神秘的狄俄尼索斯密仪的观点，认为这不合时宜且过于浪漫：他们过于强调希腊化时代及其后的晚期的退化性发展，用语“尽是些关于神秘幻想的胡言乱语，各种观点的粗糙大杂烩”，更不用说这些观点十分类似于“*克罗伊策*”（Creuzer）和“叔本华”那些玻璃般的视角（glazed visions）。[②]

---

① 载于 Gründer 1969，134；参同上，32 及 35—36。

② 同上，42；参同上，41。维拉莫维茨对这些相似点的看法十分正确，这个巧妙的构思中不存在独创之处。参 Creuzer 1973［1836—1843（第一版，1810—1812）］，IV，664—669；Lange 1866，20。

当然，这并没有削弱尼采此番评论的威力，因为现在直接延续自后古典时期的过去。换言之，尼采用他的手指戳中了古典主义的一根异常疼痛的神经。而且，维拉莫维茨的观点也早已在《肃剧的诞生》中得到了间接的承认。上面，我们已经看到尼采怎样用“退化的”（degenerate）这一特征形容地下狄俄尼索斯密仪崇拜。不久，他补充道：

> 狄俄尼索斯崇拜的世界观[……]活在秘仪之中，活在其最为奇特的变形和退化的过程中，永不停息地吸引着严肃的天性。它难道不会有朝一日再次从神秘的深渊中升腾崛起吗[……]？（BT 17；KSA 1，110—111）

倡导尼采的狄俄尼索斯精神的人们忽视了这些讽刺的危险。虽然与讲义笔记的关联显而易见，但我们仍不应被最后一个虚假承诺所迷惑，这也是整个《肃剧的诞生》的特征。并且，尼采自己在这部著作中没有援用希腊化这个术语，他在后面的章节中经常使用的是它的同义词（BT 17—23）：亚历山大的（Alexandrian）。因此接下来有必要对其意义进行简要的考察。

尼采在《肃剧的诞生》中使用“亚历山大主义”来贯彻德罗伊森对两种现代性的逻辑识别，即古代（希腊化）与现代，只有他贯彻了这个识别，他彻底而激进地完成那个逻辑，并将两个独立存在的实体折叠成一个实体，或不如说折叠成一个单独的历史连续体：“亚历山大文化”（Alexandrian culture）正是现代性，而且就是“我们的”现代性（“我们的亚历山大文化”；BT 18；KSA 1，116）。在古代，它一直延伸到罗马，再到因文艺复兴古典主义思潮而“在15世纪时重新觉醒的古代亚历山大-罗马”（BT 23；KSA 1，148）。它继续延伸至当代的现代性，而且没有破裂（因此，“歌剧与亚历山大文化一样以相同的原理为基础”；BT 19；KSA 1，123）。到这里，尼采对德罗伊森逻辑的变形还没有结束,或者说是他对德罗伊森希腊化的内在逻辑还差最后的加工。尼采将亚历山大主义追溯至希腊文化中苏格拉底以及苏格拉底哲学(Socratism)首次出现的时刻。“亚历山大式的人”被附加了这样的特征,如“极乐”(blissfulness)或“快活”(cheerfulness,欢笑[Heiterkeit]——“亚历山大主义的快乐”,BT 17;KSA 1,115;19;KSA 1,125—128),还有理性、理论学说、书卷气、非狄俄尼索斯精神,“亚历山大式的人”(BT 18;KSA 1,120)就是“苏格拉底式的人”(BT 20;KSA 1,132),或者说是一种以字符连接的复合型生物(hyphenated creature):“苏格拉底-亚历山大式”(参 BT 18;KSA 1,116),他是彻底现代的,不再是古代的,甚至不再是真正的*希腊的*,而只是希腊性的一种畸变和劣化。

尼采将自己关于现代性的逻辑嫁接到了德罗伊森的逻辑上,他因此提出了一个令人不安的悖论,这一悖论毁掉了当代语文学的基础,其前提基于这样的假设,即这是一门现代科学,其研究对象是一个明显可知的“古代”。他正确地强调道,*如果*现代性始于[43]理想的古典时期的衰落,那么,它就肯定早于德罗伊森定义的狭义的希腊化:亚历山大主义因而被设想为始于历史上苏格拉底生活的年代和欧里庇德斯的时代。但是,若果真如此,即如果*苏格拉底-亚历山大式*意味着这种衰败的开始,那么,尼采也知道这种衰落从未真实发生,只是想象的虚构,他也知道希腊从其伊始就陷入了衰落的神话之中。[①] 在这种情况下,乍看起来,似乎亚历山大主义的出现是古代不可避免的状况,也就是说,希腊始终处在现代形成的边缘。随着历史时期的那个边界在此处正变得岌岌可危,无论是德罗伊森还是尼采,他们都在争论那条一切事物的最基本的边界:即这条边界当划在古代与现代之间的何处,以及如何划分。处理这一问题的另一种方式不是去追溯某种未受腐蚀的原始

① 参 Porter 2000b,155—156,209—224,229—249,284—285;亦参 Porter 2000c。

状态的古代(可能是古风或古典时期)的衰落,而是追溯它如何遭受压力而被迫如此。可以通过提出这样一个问题来处理这一点:希腊(或古代)何时变成了一个清晰可辨的现代神话,无论是以古典理想的形式,还是作为前者的另一种替代选择,即浪漫化(反古典)的狄俄尼索斯?无论是哪种方式,这两种现代性的逻辑都揭示了一些更令人不安的问题,即历史认知的时序逻辑问题,还有历史的角色的问题,以及——或者不如说作为——文化的神话的历史角色问题("因为这是每一个神话的命运,即慢慢地蠕动,爬进某些所谓的历史现实的狭窄的界限中",并且"没有神话,每一个文化都会失去其健康的自然创造力:只有经由神话定义的界限才能完成和统一整个文化的运动",BT 10;KSA 1,74;BT 23;KSA 1,145),以及所有这一切中的不合时宜能在什么地方看出的问题。

对于德罗伊森而言,这种不合时宜表现在何处仅能从两种现代性之间的相似中看得出来(自德国语文学第一代以来,这一直是这门学科得以运作的前提,比如沃尔夫),而在尼采的情况中,这一不合时宜被充分地摆在最突出的位置。因此,在"通识教育"课程中他听起来十分荒唐地命令他的学生,说他们应该要学习温克尔曼、莱辛、席勒、歌德以及康德,应该逐渐形成这种不合时宜,换言之,也就是应该成为完全的现代的,以便能以任何程度的熟悉感接近古代:他的观点很简单,要在其自身的现代性中接近古代,人们首先必须要采取古代的现代视角。因此,尼采才会在《奠酒人》研讨班上不加掩饰地向参加课程的学生们宣称:"我并不想像一个古人那样坐在剧场里,而是作为一个现代人"(KGW II/2,34)。他的研究也持同样的观点,它们包含在他的笔记和推测性的校勘中,他对语文学方法的思考,甚至是他对自然科学的更综合的思考,基础都是"唯物主义"——尼采在此的主题,但可以是任何自然的假设——这两种思考都"是一种有利于自然科学的观念,后者所有的结果仍为我们保留了真理,虽然不是绝对的真理。这毕竟是我们的世界，我们始终积极地被牵涉进这个世界的生产当中”（“前柏拉图哲学家”[The Pre-platonic Philosophers]，KGW II/4，339—340；楷体强调为笔者所加）。

这些例子都是所谓的方法论上的不合时宜。他们的逻辑在那种重生的叙事逻辑和那种欲望结构——即渴望恢复失去的古代——之中更易察觉，它支配着《肃剧的诞生》的目的论，就如下文将看到的，在该书第19节末尾处，尼采骄傲地宣布，他的计划据说具有这样目的，他的依据又是德罗伊森的分析。回望那遥远的时光浅滩，

> [44]我们，在某种程度上可以说，是以近似于顺序颠倒的方式经历了希腊天才们的主要时代，比如，现在看来，就是从亚历山大时代往回推到肃剧时代。同时我们也感觉到，一个肃剧时代的诞生仅仅意味着**回到日耳曼精神本身**，一次讨厌的（a blessed）重新发现自我。（KSA 1，128；第二个楷体强调为笔者所加）

最后一句话明显可作两种解释，并不是指向一个充满希望的“狄俄尼索斯”的解决方案，即日耳曼与希腊精神能在“狄俄尼索斯精神”中合并统一，相反，他们发出了一个具有灾难性结局的信号——即把日耳曼的价值观念不合时宜且（按照德罗伊森的术语而言）“非历史”地强制安到了未经置疑的希腊神话的底基上，换言之，这是一种日耳曼对希腊的僭政。同样危险的音符在之后的另一段文字中响起：

> 然而还是有一些令人欣慰的迹象：尽管处在人迹罕至的深渊，但日耳曼精神尚存，它仍在梦想，未遭破坏，保持着雄伟的体魄、渊博而深邃，具有狄俄尼索斯的力量，像一个沉睡的

骑士；从这个深渊中，狄俄尼索斯的歌声升腾并飘荡在我们的耳边，让我们知道**这名日耳曼骑士还在做他那原始的狄俄尼索斯神话之梦，沉浸在幸福庄重的美景中**。没有人会相信日耳曼精神已经永远地失去了他神话的家园，因为他仍能清楚地听懂鸟儿的啼鸣在诉说家乡的讯息。终有一天，他将从睡梦中醒来，发现自己身处充满朝气的清晨，接着他将弑杀巨龙、击溃恶毒的侏儒、唤醒布伦希尔德（Brunnhilde）——即使是奥丁（Wotan）的长枪都无法阻止这一切！（BT 24；KSA 1，154；楷体强调为笔者所加）

人们应该会想起在《善恶的彼岸》中对形而上学诱惑的警告：

人要还原到自然的状态；成为主人，凌驾于那些在自然人（homo natura）这个永恒的基础文本之上被草草涂画的众多徒劳无益且过分狂热的解释与含义之上；从今往后，使人要像今天一样站在人的面前，在接受科学的训练后变得强硬，他站**在其余的**自然前，拥有刚毅的俄狄浦斯之眼和密封的奥德修斯之耳，对老朽的形而上学捕鸟人所唱的塞壬之歌充耳不闻，他们的哨声已经对他响了很久了："你是更多，你是更高，你是一个出身不凡的人！"——这可能是一个古怪而疯狂的任务，但这是一个**任务**——谁能拒绝？（BGE 230；KSA 5，169；考夫曼译）

这个关于回归自然起源的神话和梦想是希望重获一个人命中注定的"更高的起源"，但这是一个形而上学的陷阱——这也是《肃剧的诞生》的教训。唉，希腊形而上学和希腊自身的神话的诱惑已经在很大程度上证明了其过于强大和迷人，尼采的复归神话不是回到古代，而是回到一种现代性的产物，那是诞生于现代幻象中的古代,这种复归神话却一直持续地赢得信徒而不是挑剔的观众。

最后的警告来自“通识教育”课程,其中他惊人地承认:

> 美好的神圣世界产生[或“造成”(erzeugt)]了地府的(chthonic)神灵[即“哈德斯、珀耳塞福涅、德墨忒尔、赫耳墨斯、赫卡忒,以及厄里尼俄斯”当然“还有狄俄尼索斯”的那个“可怕的”世界],使他们成为自己的补充(Ergänzung)。(KGW II/3,415 n. 37)

[45]在这里,我们发现黑暗的地府诸神是光明的奥林波斯世界的发明(被当作审美的产物而被创造出来),我们发现那些密仪、神秘和超越(Jenseits)的领域,更不用说那极乐的纵欲狂欢(它最初在这个场景中缺席)——总之,即狄俄尼索斯的神性——这一切都是从阿波罗的构架体系中发明出来的。乍一看,这似乎颠倒了《肃剧的诞生》中的叙述,其实仔细阅读就会发现并非如此:狄俄尼索斯是一种审美的造物,出自阿波罗、表象显现、古典主义,出自温克尔曼和歌德的美学,它是现代德国对古代希腊的幻想。对狄俄尼索斯精神的浪漫主义的自负无非就是现代日耳曼思想的荒诞宫殿(或神话),而尼采则向世人公开了这一事实。① 当然,说到底,无论是阿波罗和狄俄尼索斯,两者在尼采所描绘的古代世界中都是不合时宜的触碰,其中阿波罗(据说)是一种不受干扰的瞬时性幻觉,而狄俄尼索斯则是一个伪装的痕迹,掩盖了现代幽灵已经触摸到的古代场景。不过,就这一点而言,尼采留给我们的是一个未被不合时宜的探视所触及的希腊的前景,这个希腊没有被关于无论这两个神的哪一个的现代化概念注意到——即未经阿波罗或狄俄尼索斯装饰的古代的前景,因而某种程度上也就相当于是一个

---

① 参 Porter 2000c。

“自然人永恒的基本文本”。而这有可能被证明是所有前景中最寂寞孤独和无法忍受的前景。

参 考 文 献

Barnes, Jonathan (1986): "Nietzsche and Diogenes Laertius." In *Nietzsche-Studien*. Vol. 15, 16—40.

Benne, Christian (2005): *Nietzsche und die historisch-kritische Philologie*. Berlin and New York (Walter de Gruyter).

Bernays, Jacob ([1857]1970): *Grundzüge der verlorenen Abhandlung des Aristoteles über Wirkung der Tragödie*. Hildesheim and New York (G. Olms).

Bichler, Reinhold (1983): "*Hellenismus*": *Geschichte und Problematik eines Epochenbergriffs*. Darmstadt (Wissenschaftliche Buchgesellschaft).

Cancik, Hubert (2000[1995]): *Nietzsche Antike*: *Vorlesung*. 2nd edn. Stuttgart (Metzler).

Creuzer, Georg Friedrich (1973[1836—1843]): *Symbolik und Mythologie der alten Völker*, Rpt. of 3rd edn. 6 vols. New York (G. Olms).

Droysen, Johann Gustav (1883): "Rev. of P[ieter]O[tto]van der Chys[Chijs] (1828): *Commentarius geographicus in Arrianum de expeditione Alexandri Lugduni Batvorum*. Leiden (J. C. Cyfveer)." In *Jahrbücher für wissenschaftliche Kritik*. Vol. 59—60, 471—480.

——(1893—1894): *Kleine Schriften zur alten Geschichte*. In Ernst Hübner (ed.): 2 vols. Leipzig (Veit & Comp).

——(1998 [1836—1843]): *Geschichte des Hellenismus*. In Erich Bayer (ed.): 3 vols. Darmstadt (Primus Verlag).

Foster, Daniel H. (2010): *Wagner's Ring Cycle and the Greeks*. Cambridge (Cambridge University Press).

Gründer, Karlfried (1969): *Der Streit um Nietzsche* Geburt der Tragödie. Hildesheim (G. Olms).

Gutzwiller, Hans (1951): "Friedrich Nietzsche Lehrtätigkeit am Basler Pädagogium 1869—1876." In*Basler Zeitschrift für Geschichte und Altertumskunde*. Vol. 50, 148—224.

Heidegger, Martin (1992): *Parmenides*. In André Schuwer and Richard Rojcewicz (trans). Bloomington (Indiana University Press).

Heyne, Christian Gottlob ([1763]1785): "Disputantur nonulla de genio saeculi Ptolemaeorum." In*Opvscvla academica collecta et animadversionibvs locvpletata*. 6 vols. Göttingen (I. C. Dietrich), Vol. I, 76—134.

Janz, Curt Paul (1974): "Friedrich Nietzsches Akademische Lehrtätigkeit in Basel 1869—1879." In*Nietzsche-Studien*. Vol. 3, 192—203.

Kassel, Rudolf (1987): *Die Abgrenzung des Hellenismus in der griechischen Literaturgeschichte*. Berlin and New York (Walter de Gruyter).

Koselleck, Reinhart (1985): *Futures Past: On the Semantics of Historical Time*. In Keith Tribe (trans.). Cambridge, MA (MIT Press).

Lange, Friedrich Albert (1866): *Geschichte des Materialismus und Kritik seiner Bedeutung in der Gegenwart*. Iserlohn (Verlag von J. Baedeker).

Lichtenberg, Georg Christoph (1902): *Georg Christoph Lichtenbergs Aphorismen: Nach den Handschriften*. In Albert Leitzmann (trans.). 5 vols. Berlin (B. Behr).

Long, Anthony A. (2001): "Ancient Philosophy's Hardest Question: What to Make of Oneself?" *Representations*. Vol. 74(1), 19—36.

Meyer, Eduard (1924): *Kleine Schriften*. 2 vols. Halle (M. Niemeyer).

Momigliano, Arnaldo (1994[1970]): "J. G. Droysen between Greeks and Jews." In G. W. Bowersock and T. J. Cornell (eds): *A. D. Momigliano: Studies on Modern Scholarship*. Berkeley (University of California Press), 147—161.

Müller, Enrico (2005): *Die Griechen im Denken Nietzsches*. Berlin and New York (Walter de Gruyter).

Porter, James I. (2000a): "Unimely Meditations: Nietzsche's *Zeitatomistik* in

Context." In *Journal of Nietzsche Studies*. Vol. 20, 58—81.

——(2000b): *Nietzsche and the Philology of the Future*. Stanford(Stanford University Press).

——(2000c): *The Invention of Dionysus: An Essay on "The Birth of Tragedy."*. Stanford (Stanford University Press).

——(2005): "Foucault's Ascetic Ancients." In *Phoenix*. Vol. 59 (2), 121—132.

——(2006a): "Foucault's Antiquity." In Charles Martindale and Richard Thomas (eds): *Classics and the Use of Reception*. London (Blackwell), 168—179.

——(ed.) (2006b): *Classical Pasts: The Classical Traditions of Greece and Rome*. Princeton (Princeton University Press).

——(2012): "Discipline and Punish: Some Corrections to Boyle." In*Foucault Studies*. Vol. 14, 179—195.

——(2014): "Jacob Bernays and the Catharsis of Modernity." In Joshua Billings and Miriam Leonard (eds): *Tragedy and Modernity*. Oxford (Oxford University Press).

Welcker, Friedrich Gottlieb (1857—1863): *Griechische Götterlehre*. 3 vols. Göttingen (Dieterich).

第二部分
学术历程

尼采修辞学课程的文献材料①

莫斯特(Glenn W. Most)、弗里斯(Thomas Fries) 撰
弗莱什曼(Ian Thomas Fleishman) 英译

一

[53]修辞学是1869年至1879年尼采在巴塞尔大学十年教学历程中的重中之重。尼采宣称要为古典修辞学一共开设9门课,②既讲授eloquentia[演说]史,也介绍特定的作者(亚里士多德、

① 本文是1992年2月13日于柯尼希施泰因(Königstein)所做演讲的缩减版。此处对演讲的不同部分都做了缩略与简化(比如去掉了有关尼采如何进行考据和引证的部分)。[编者注]该论文出版时原为Most,Glenn W. & Thomas Fries,《尼采修辞学课程的文献材料》("Die Quellen von Nietzsches Rhetorik Vorlesung")载于Tilman Borsche等编,《肯陶洛斯-降生:青年尼采的科学、艺术与哲学》(*Centauren-Geburten:Wissenschaft,Kunst,und Philosophie beim jungen Nietzsche*),Berlin:Walter de Gruyter,17—46。我们十分感谢作者、编辑和出版商的授权,允许我们翻译并重刊这篇论文。

② [67]根据Curt Paul Jan的调查结果,他列出了如下课程:(1)冬季学期,1870/1871年,研讨班,"昆体良·卷一"(Quintilian Book I,已公布,但从未举行);(2)夏季学期,1871年,课程,"昆体良·卷一"(已公布,尚不清楚是否举行);(3)冬季学期,1871/1872年,课程,"论演说的对话"(Dialogus de oratoribus,[68]已公布,尚不清楚是否举行);(4)冬季学期,1872/1873年,课程,"希腊和罗马修辞学"(Greek and Roman Rhetoric,公布时为"希腊人和罗马人的修辞学"[Rhetoric of the Greeks and Romans],增补"演说术史纲要"[Outline of the History of Eloquence],参NF, (转下页注)

西塞罗、昆体良);然而,其中有两门课从未开讲,而且也并不清楚其他原定的课程最终是否举行。尽管如此,还是有四份尼采的讲义被保存了下来,还有他手写的亚里士多德《修辞学》(*Rhetoric*)译稿。[①] 与这些课程有关的笔记已收录在 KGW II/2—5 中,但相关的校勘记还有待填补。出于这个原因,合理的做法似乎应该是先对这些修辞学课程的背景进行一番梳理(这样同时也能对尼采的方法有一定程度的认识),然后再简要地评价一下现有的版本。

在此,我们将集中讨论 1872/1873 年冬季学期的修辞学课程,并牢记尼采对修辞学倾情投入的大背景。我们有充分的理由来关注这些笔记,不仅因为时间上的优先,还因为事实上尼采在其中既系统地论述了修辞学——值得注意的是,他在此明确提到了语言哲学——还通过史学的维度考察了修辞学,以至于:人们必须将这一课程理解为修辞学研究的基础文本。

该课程开设于 1872/1873 年冬季学期(稍后将具体讨论这一时间上的问题)。该学期其余两门计划课程全都告吹,因为[54]学生们对此缺乏兴趣。而且,就是在这门课上,尼采也仅存两名学生:一位研究日耳曼文学和另一位修习法律专业的学生,没有古典语文学专业的学生。尼采把这一彻底的惨败解释为一种有意识的

(接上页注) P II 12a,2—101);(5)夏季学期,1874 年,课程,"古典修辞学引述"(Presentation of Classical Rhetoric,已公布,尚不清楚是否举行;据推测可能与"古希腊演说术史"[History of Greek Eloquence]时间相同,参 NF,P II 13c,230—148);(6)冬季学期,1874/1875 年,课程,"亚里士多德《修辞学》阐述"(Exposition of Aristotle's *Rhetoric*,已公布,并举行,参 NF,P II 12a,102—107,219—146,第一部分);(7)夏季学期,1875 年,课程,"亚里士多德的〈修辞学〉(续)"(Aristotle's Rhetoric[Continuation],已公布,并举行,参 NF,P II 12a,102—107,219—146,第二部分;P II 12b,51—38,未完);(8)冬季学期,1877/1878,课程,"亚里士多德《修辞学》"(The *Rhetoric* of Aristotle,已公布,尚不清楚是否举行);(9)季学期,1879 年,课程"希腊演说术导论"(Introduction to Greek Eloquence,已公布,但从未举行);参 Janz 1974,192—203。关于尼采在巴塞尔大学的教职活动,亦参 Stroux 1925;Meister 1948,103—121 及 Gutzwiller 1951,148—224。

① 与佛罗伦萨的博恩曼(Fritz Bornmann)教授的私人交流。

抵制行为，其根源是1872年《肃剧的诞生》在语文学圈内遭到的大规模排斥。① 这两位参与听课的学生中有一位名叫克尔特博恩(Louis[Ludwig]Kelterborn)，②他早在尼采于巴塞尔大学开设公开课(Pädagogium)时就已是尼采的学生，并且，尼采生活在这座城市的那段时期，他始终与尼采保持着密切的关系。1875年夏季，他向尼采赠送了他誊写的布克哈特(Jacob Burckhardt)讲授的希腊文化史(参KSB 5,58)课程的笔记，尼采常集中使用该笔记的内容。③ 克尔特博恩也十分用心地记录了尼采修辞学的讲课笔记。1901年他将自己写的关于尼采的回忆录赠予了尼采档案馆(Nietzsche Archive)，30年后这些内容被发表在贝克(Beck)版的尼采书信集第三卷(BAB 3,379—399；参Gutzwiller 1951,203—

---

① 1872年11月7—8日，他写信给瓦格纳：

> 但是现在有一件事情让我非常不安：我们的冬季学期已经开始了，但我完全没有学生！我们的语文学家都保持回避！简直就像那什么私处(pudendum)一样可怕，以至于得对每一个人都隐藏起来。我向您讲述，我亲爱的主人，因为您应该知道这一切。原因很容易解释，我在我的同事中间突然就为人所不齿，以至我们这所小小的大学正在为之而苦恼！这对我造成了很大的折磨[……]。直到上个学期，语文学学生的数量还在增长——现在突然就像瘪了气一样。不过，我听闻其他城市的大学情况也一样。莱比锡，当然了，又一次充斥着嫉妒和黑暗，所有的一切都在指责我[……]。(KSB 4,89)

还有在同一天里寄给迈森堡(Malwida von Meysenburg)的信："由于我的《肃剧的诞生》，我成功地让自己成了当今语文学家中最可耻的人，若有人妄图为维护我而大胆发声，那简直就是真正的奇迹了，我遭到了全体一致的谴责。"(KSB 4,81)

② 克尔特博恩于1853年9月24日生于巴塞尔，是巴塞尔的一位法理学家(地方预审法官)兼音乐家，自1884年起，作为一名作家和音乐家活跃于波士顿。1910年12月17日，克尔特博恩在马萨诸塞州的沃尔瑟姆(Waltham)去世。他的儿子路易斯·克尔特博恩(Louis Kelterborn,1891—1933)后来回到了巴塞尔，他与作曲家鲁道夫·克尔特博恩(Rudolf Kelterborn)有亲属关系。

③ 欧勒(Max Oehler)指出，该课堂笔记是在尼采的藏书中被发现的(参Oehler[1942]1975,31)。

206)。在他记载的内容中,克尔特博恩详细地写明了精确的学期日程以及修辞学课程的各章节标题。凭借这些信息,我们得出了该课程开设在1872/1873年冬季学期这一结论,当然我们还有其他可以证实这一结论的线索。① 克尔特博恩介绍了尼采的讲课风格,同时还提到了这位教授的手稿以及他自己的誊正本:

> 在1872—1873年冬季学期参加每周三个小时的希腊和罗马修辞学的课程时,我再次有幸体验了他在大学里的讲课。作为巴塞尔的公民,我仍然为这门课程的遭遇感到羞愧,一位大学中如此重要的教员所教授的课程,却只有那两个学生,而且,更过分的是,一个是研究日耳曼文学的,另一位[克尔特博恩]是学法律的。这是他公布的课程中唯一一门实际开课的课程。难怪我们这位尊敬的教授不久就要求我们去他家里听他后面的课,他的身体状况已经很成问题了。因此,我们每周有三次能因这门课集中在他那舒适优雅的住所,每晚一小时,在灯光下聆听他的课程,记下他从柔软的红色皮革面的笔记簿中念出的话语。在课堂上,他会经常停顿,不知道是为了整理自己的思路,还是为了给我们一点时间来思考材料。他还友好地向我们提供酒水——柯璐娜啤酒(Culmbacher)——作为提神的茶点,他习惯用自己的银制酒杯。从我所抄录的手稿中——84页四开本——人们可以感受到,这门课程有着多么丰富的内容,从以下各独立小节的标题中还能了解更多(BAB 3,386—387)。②

---

① 虽然写作时间在二手文献中仍有争议。

② 克尔特博恩从课程第一章中逐字引用的那些句子也见于尼采的手稿,二者间只存在很细微的差异。

当然,如果要更全面地掌握和了解尼采的课程,那么拥有克尔特博恩完整的誊正本将会非常具有启发性——尼采有一种众所周知的倾向,就是以一种即兴的方式展开和文饰他的材料——这也有助于了解尼采如何在课上使用他的讲稿。不幸的是,我们至今仍没能找到这份档案,显然一直被克尔特博恩自己所珍藏着。①

尼采自己的手稿在其《遗稿》(*Nachlaß*)的四开本笔记本中,即手稿 P II 12a,和 1874/1875 年关于亚里士多德《修辞学》的课程讲义放在一起(该讲义从笔记簿的后面往前面写),此外还有一些论阅读和写作的残篇,这些残篇放在 1874 年的遗作残篇中的倒数第二组(NF 1874,37[2—5];KSA 7,828—830)。[55]该手稿一直写到 101 页,但由于尼采只将笔记写在单数页上——他通常的习惯,为了给以后的增补和修订留有足够的空间——这一文本其实只占了大约 50 页左右。这份清晰易辨的手稿——与其他手稿相比——几乎没有任何修改之处,这也排除了存在更大规模修订的可能性。在《大全集》(*Großoktavausgabe*)中,尼采的附注有一部分被添加在偶数页,还有一部分则被整合进了讲义的段落;然而,有些添加在偶数页的附注又被插入到了讲义的正文中,且未进行标明。此外,出于某些未知的原因,一些尼采使用的文献典籍和引文也被省略了。②

该课程讲义于 1912 年被刊印在克鲁修斯(Otto Crusius)组织编译的《大全集》中的《语文学编》(*philologica*)第二卷(GA XVIII,237—268),虽然刊印存在很多额外添加的错误,但至今仍然不失为一份最重要且可引用的材料。③ 这份材料只收入了前 7 章的内

① 似乎并不在巴塞尔。

② 例如,第一章末尾的参考文献书目(GA XVIII,245)。

③ [编者注]自 1994 年以来,KGW II 的问世确实在几个方面都改进了 GA 本存在的问题。然而,该版本也并不完善,并非没有争议,因此也无法替代 GA 本。因此,对作者来说,GA 本中的文本仍然至关重要。

容——直到手稿的37页，或者说收入了完整课程的前三分之一。克鲁修斯暗示说，布拉斯(Friedrich Blass)与弗尔克曼(Volkmann)曾“指引了”尼采，他以如下说辞为自己的删减寻找理由：“从第七章往后，记载的内容就变得较为粗略和不连贯，被刊印在这里的内容即是一例”(GA XVIII，333)。除了穆萨里昂(Musarion)版第五卷未经改正校订再版了克鲁修斯版(MusA V，287—319)笔记，以及詹斯(Walter Jens)对此的间接叙述外(Jens 1967，13)，据我们所知，在相当长的一段时间里，都没有任何对尼采修辞学课程的讨论——直到1971年，几乎是尼采在巴塞尔教授该课程整整100年后，勒库-勒巴尔特(Philippe Lacoue-Labarthe)和南茜(Jean-Luc Nancy)才将克鲁修斯的版本译成法语，并补充了大量的评注，还增添了更多关于尼采语言与修辞的材料(Nancy & Lacoue-Labarthe 1971，99—142)。[①] 他们早在一本被称为“哲学家之书”(Philosopher's Book)的文本(该书材料取自1872—1875年期间的遗稿残篇)出版前两年，就以双语版的形式发行了自己的资料，并收入了《论道德感之外的真理与谎言》(“On Truth and Lies in an Extra-moral Sense”，Marietti 1969)一文。勒库-勒巴尔特和南茜最早认识到尼采的讲义具有“拼贴画”的特点，尽管他们没有对此详细说明。他们发现尼采将弗尔克曼、斯宾格尔(Leonhard Spengel)、布拉斯，和格伯(Gerber)作为其(潜在的)来源，尽管他们只给出了孤立且某种程度上不甚精确的猜测。[②] 我们猜测，他们两位——由于不满足于克鲁修斯那模糊不清的暗示——追寻着尼采自己留下的讯息，从而发现了这些学者的踪迹，但可能没有更多的时间去做更精确的核实。先

---

① 他们的文献包括了勒库-勒巴尔特的论文，《迂回(尼采与修辞学)》(“Le detour [Nietzsche et la rhétorique]”)，该文同被收入书中(Lacoue-Labarthe 1971，53—76)。

② 他们的注释中经常提到某些文本，尼采只可能通过自己的材料来源才能获悉这些文本(因为只有在这些材料中才能看到)。

不管对课程具有拼贴画特征的这一洞察，他们打包出售的《尼采：修辞学与语言》（“Friedrich Nietzsche：Rhetoric and Language”）也已产生了极大的效益，这个掷地有声的标题大大促进了上世纪 70 年代轰动一时的修辞学解构运动。众所周知，这也迅速引发了人们对尼采课程以及相关文本的密集研究和讨论。

自勒库-勒巴尔特和南茜之后，相当一段时期里，尼采的文献材料来源并没能得到更明确与清晰的说明；只有梅耶斯（Anthonie Meijers，参 Meijers 1988，369—390）和斯汀格林（Martin Stingelin，参 Stingelin 1988，336—349）对尼采与格伯（Gustav Gerber）的相关课题（包括论文《论道德感之外的真理与谎言》）进行了详细的研究，从而揭示了该问题的整体范围，并指出了一种令人印象深刻的一致性，我们当然也受惠于他们的研究（Meijers & Stingelin 1988，350—368）。不过，最好不要提那个由牛津大学出版社于 1989 年出版的所谓“首部完整版”[56]修辞学讲义（Oilman 等 1989）。①

尼采关于修辞学的其他课程似乎没有引起学者们足够的兴趣。克鲁修斯推测现存关于《希腊演说术史》（“History of Greek Eloquence”）的第二部分课程（GA XVIII，199—236[同样不完整]）的时间是在 1872 年与 1873 年的冬季学期，从上文的信息来看，这个推定明显有误。那么，课程到底于何时举行？当然不可能在 1874 年之前，因为尼采在 1872 年和 1873 年开始修改了他简短的“纲要”，他的修改参考了布拉斯论伊索克拉底与伊塞俄斯（Isaeus）的《阿提卡的演说》（*Attic Eloquence*）第二卷（Blass 1874），该著作

① 无论是德语本还是翻译本都存在太多的疏漏与谬误，让人们忍不住怀疑怎么如此著名的一个出版社会容忍如此草率的事。[69]由比尔（Anton Bierl）和考尔德（William M. Calder III）在《尼采研究》（*Nietzsche-Studien*）卷 21 共同以激烈的言辞批评了这一版本（Bierl & Calder 1992，363—366），他们还付上了该课程的附录“演说术史纲要”——在某种程度上这是一个反例，也是真正的“首版”（Bierl & Calder 1992，367—389）。

于1874年首次发表(在此之前,尼采使用的是韦斯特曼[Westermann]的材料[1833—1835])。另一方面,手稿肯定写于1875/1876年的冬季学期之前,因为它出现在那本从后往前写满的笔记里(P II 13L[c]),这份笔记是论希腊文学史课程的第三部分(GA XVIII,129—198),而且手稿实际上就位于这份讲义之前。一个合理的假设是,该文本的内容是为"古典修辞学引述"(Presentation of Classical Rhetoric)的课程做的准备,原计划开设于1874夏季学期,虽然还无法确定是否实际开过课。该课程是对修辞学课程的补充和延伸,但基本上仅局限于谈论演说史,也就是勾勒出一类关于公共演说的典型历史。"拼贴画"的方法显然是异曲同工(我们将在本文的第四部分回到这个有关修辞学与文学史关系的讨论)。

论及课程所涉及的更大的社会背景,有一个同样重要的问题,即修辞学在讲德语的大学中的教授情况究竟如何,尤其是1870年左右的巴塞尔大学。通过粗略地询查,我们发现,修辞学在所有可供选择的课程主题中压根不是领跑者——考虑到19世纪修辞学的水平,这一点并不令人惊讶——但是,修辞学课程的数量却惊人的庞大,无论是古典学还是德语语文学都如此。在巴塞尔,德国学者瓦克纳格尔(Wilhelm Wackernagel,他逝世于1869年)曾开设了常规的定期课程,包括诗学、修辞学和文体学,这些内容在其身后也得以出版(Wackernagel[1873]2003);此外,尼采的一位不太知名的同事梅利(Jacob Mähly)教授也讲授过修辞学。① 当时大学课程的名称揭示了这样一种显而易见的趋势,即把修辞学作为一种理论归入到诗学或美学的范畴,而作为一种实践的修辞学则整合到了"文体学"研究中——该领域因大学培养教师的需求而变得更受重视。简而言之,尼采以修辞学为他的课程,可以说是选定

① 例如,"实用修辞学"(Applied Rhetoric,1866/1867年冬季学期)以及"修辞学练习"(Rhetorical Exercises,1870年夏季学期)。该信息由魏玛(Klaus Weimar)提供。.

了一项发展成熟而颇具实践性的主题。

尼采清楚地认识到，他有责任跟上当前的学术进展。当我们仔细检查他的材料来源时，就能很明显地发现这一点。[①] 这些材料可分为两组：分别属于古典语文学的传统（韦斯特曼 1833—1835；斯宾格尔 1842；1862，604—646；1863，481—526；弗尔克曼 1865；1862；西泽尔[Rudolf Hirzel]1871；以及布拉斯 1865；1868；1874）和语言哲学的传统（格伯 1871—1873，以及他通过格伯了解的 19 世纪语言学与语言哲学）。这两种传统的结合也许是尼采课程中最为重要的事实。在古典哲学领域内，当首推斯宾格尔，他是一位杰出的研究亚里士多德的专家，撰写了一系列论修辞学的著作，并且发表了许多重要的文本汇编。斯宾格尔并没有使自己仅限于描述、分类和总结，他还解释了修辞学作品所对应的历史和逻辑[57]背景。毋庸置疑，尼采从斯宾格尔那里获取了谈论修辞学的才智，并且在重要问题的规划上也遵循了他的方式。关于历史方面的问题，尼采以韦斯特曼的《演说的历史》（*History of Eloquence*）作为他的参考指南，但他很快就清楚地发现书中的内容陈旧且过时，于是尼采寻找了替代者，只要有可能，他就会用与他同时代的布拉斯的作品，后者当时分成几卷依次出版，一次一卷。尼采还使用了弗尔克曼的两本修辞学指南，专门用以构建自己文本中系统性的部分。在讲义第一章论柏拉图的部分，尼采有选择地引用了西泽尔的大学任教资格论文（Habilitationsschrift），他的引

---

① 通常来说，他在巴塞尔期间确实如此，尼采所引用的版本（亚里士多德、西塞罗、哈利卡那索斯的狄俄尼希俄斯[Dionysius of Halicarnassus]、科尼费希乌斯[Cornificius]、昆体良、塞涅卡的作品，还有哈尔姆[Halm]、斯宾格尔、瓦尔兹[Walz]等人的）没能证明他曾对自己的原始资料有过考察。在最好的情况下，他偶尔也会去核实某句引文，有时会将之翻译成德文，或用原文替代译文，有时也会插入一段自己无意识的评论。不过，这些情况只会发生在那些尼采熟悉的文本上：例如，亚里士多德的《修辞学》或西塞罗的《论学院派哲学》（*Academica*）。否则他对文本段落的评价一定与早期的版本和注家绑在一起。

用几乎等于这篇论文的一个总结，尼采可能在莱比锡时就已获知此人。总的来说，尼采自己显然并不打算对他的材料来源进行自己的研究和解读，但无论如何，他都一丝不苟地设法与学生们分享最新的学术状况。

格伯的《作为艺术的语言》(*Language as Art*)情况稍微不同，尼采于 1872 年从巴塞尔大学图书馆(Oehler[1942]1975，51)借阅了此书，他的《论道德感之外的真理与谎言》所传达的尖锐的语言哲学观点表明，格伯的著作对他产生了直接影响。和弗尔克曼一样，格伯也是大学预科的辅导员，而且在发表他《作为艺术的语言》第一卷时已年过 50。第二卷分作两部，分别于 1873 年和 1874 年出版，后于 1885 年重印。格伯还有另外两部论语言哲学的著作(Gerber[1884]1976；1893)，还有一些小部头的著作被当作教科书使用。虽然他在 19 世纪末期显然还广为人之，但如今早已被人们淡忘；施密特(Siegfried J. Schmidt)曾将他与格鲁普(Otto Gruppe)、麦克斯·缪勒(Friedrich Max Müller)和伦策(Georg Runze)等人并称为“19 世纪被遗忘的语言哲学家”，再加上那些更被人认可的运动——比较语法学、新语法学派(Neo-grammarians)以及莱比锡学派(Leipzig School)——他们共同固守洪堡(Wilhelm von Humboldt)语文学教育的哲学基础，通过格伯，他们不只对尼采，也对 20 世纪的语言哲学起到了重要的影响(尤其是维特根斯坦)。① 格伯对尼采的重要意义首先是基于这样的事实：正是通过格伯，尼采获知的不仅是 19 世纪语文学的传统(洪堡、波普[Franz Bopp]、施泰因塔尔[Haymann Steinthal]、海泽[Karl Wilhelm Heyse])，还有具体的学术状况和成果(例如，比较语法学和语义学领域，语言史和词源学的历史——格林[Jakob Grimm]或

① 更多有关格伯当时声望的信息(包括评论和当时的批评)参 Meijers 1988，372—376。关于格伯，亦参 Bettelheim 1901 以及 Schmidt 1968，80—147。

波特[August Friedrich Pott]——以及语音学和韵律学),格伯将这些都仔细地纳入到他偏哲学倾向的研究中。此外,格伯还拥有非常丰富的多语种的文学和哲学学养(洛克、康德、哈曼、赫尔德、施莱尔马赫、黑格尔、叔本华、让·保罗、格里帕泽[Grillparzer]以及其他人)。这让他能够集中引用一群独特的杰出人物,用他们的著作作为文本论据来强有力地支持自己的论点——从各种不同角度的考量(进化论-历史学、语义学、语法学、语音学、韵律学)——他的论点认为,语言本质上具有比喻和借喻(figural)的特征。这组杰出的人物构成了真正的诗学财富,尼采也常常引用,还将之(不仅用在他的修辞学课程中)用于自己的诗歌创作。① 同时,尼采自己也与格伯保持了一定的距离,后者始终坚持两种教学法之间的区别:一方面是"语言的艺术"(Saprachkunst)及其[58](审美的)思考,另一方面则是语言理论(Sprachlchre,因此也就是修辞学)。②

① 比如,斯汀格林以尼采的一个文字游戏为例说明了这点(Stingelin 1988,336—349)。

② [原文注 18]

> 那么,如果他(洛克)只是认为公共演说(die Redekunst)的艺术是通过演讲才能为群众所容许,就谴责其在学术中的运用,并抱怨人们聘请教授演说术的教授是为了学习如何互相欺骗,但却从未更多思考过演说术的魅力就对其口诛笔伐,那这样就太过鲁莽了("演说术就像守旧的女性[fair sex],其本身的美丽太过突出,以至于必须为此承受指责之苦;对那些骗人的艺术吹毛求疵简直就是徒劳的,因为人们乐于被它蒙骗。"[洛克,《人类理解论》(*An Essay Concerning Human Understanding*),卷三,章 10,节 34])——人们首先必须记住,学术不可避免地立志要保护自己免于被意象和具象的(imagistic and figurative)论述话语所蒙骗,但除了这些语言的形象和具象,它就没有任何别的手段和方式能表达自身了,而这却正是其自身想要克服的[……]因此在修辞学或文体学中教授演说术的时候,很少能讲到语言艺术(Sprachkunst),而是更多地注重整个演讲或某个特殊表达方式对于这篇处于特定情况、特定环境及特定边界等等内的演讲所试图达到的目标而言是否适合。由于这一原因,修辞学本质上就是处方(prescription):就如同文体学,它是语法-历史知识的产物:两个领域均从各自的模范典型中提取出规则,来 (转下页注)

但是，很难确定格伯的《作为艺术的语言》在语言学和哲学之间究竟处于哪个确切的位置。确切地说，坚持语言的艺术的特征——这就是他那唯一的、经常再三反复的、貌似可信的论点，这是对学术分类的一种反抗，这一点在该书混杂而缺乏系统性的结构中更加显而易见——这种坚持肯定也为保罗（Hermann Paul）新语言学范式的著作赋予了一种异质实体的外观。另一方面，对哲学家而言，格伯的"语言批判"就如同在哈曼与赫尔德的传统中的"不纯粹理性批判"，①包含了过多的语言学-诗学的材料，而几乎很少有严谨的方法论，以至于无法满足这样的高标准。

事实上，尼采的课程唯一的创新，是将一个古老的（古典）语文学传统与格伯的相对较新的语言理论并列放在了一起，这一理论的基础是哈曼与赫尔德对康德的批判，还有洪堡的理论。虽然尼采直接采用了这种哲学的思考，但却是以一种相当简化和缩略的形式，他只稍微动了几下，便使格伯那组令人印象深刻的杰出人物和观察变得激进起来，格伯正是靠这些论证了语言普遍性的比喻

（接上页注）指导人们如何准备一篇要在公众面前演说的作品，而且——要是两者都试图检查那些早已自然融入语言的语言艺术的作品（in der Sprache bcreits eingebürgerten Werken der Sprachkunst）——它们就只能将这些视为整体的效果的一种从属的伴生物。然而，美学，尤其是语言艺术，却没有任何处方；它无法给出模仿而只能给出观察，也别指望能获得它的指导，它仅能指出美的愉悦。（Gerber 1871—1873，I，77—78）

为了支撑这一论点，格伯随后又引用了赫尔德和歌德，但最主要是黑格尔的《美学》（*Aesthetics*）。

①

出于这个原因，如果今天的科学研究因为仅仅基于概念与纯粹抽象而丧失名誉，受到质疑，如果经验主义的（empirical）研究被要求作为一切的基础，那么很显然，康德开创的"纯粹理性批判"[70]必定会变为非纯粹理性批判——语言批判。（Gerber 1871—1873，I，262）

格伯随后又引用了洪堡、莱布尼茨与赫尔德。

和借喻的本质。这个动作相当于一次综合化的过程:尼采引用了格伯的话("但是,所有的文字,在其自身之中且对于其自身而言,与他们的意义之间的关系,最初就是比喻"),但他增加了一句话:"这是最先要考虑的问题:语言即修辞"(GA XVIII,249)。[①] 这么一句简单的话,将所有对格伯的引用都转向了一个完全不同的方向;由于这一补充显然已不再是格伯的文本。确实,修辞的普遍的重要性被建立了起来,每一个语言的表达现在都可以根据其内在固有的修辞结构被解构,一切皆修辞,万事可语言,但也在那一刻,格伯的著作失去了其学术的基础:即他始终假定语言艺术(Sprachkunst)、语言的智识思考(Sprachbetrachtung)及语言理论(Sprachlehre)之间存在着区分,认为语言研究(语法学、语义学、语音学等等)的不同领域之间有着严格的区别。[②] "语言即修辞"这句话确实具体化了语言的最根本的比喻和借喻的本质,但同时

---

① 格伯已经在他的目录中写下了"所有的文字起初都是比喻"(Gerber 1871,I,viii),并且随后详述道:

> 所有的文字都是听觉的图像,并且,它们与其意义的关系,起初都是比喻。既然文字的起源是一个人造的行为,那么其意义仅能通过审美的直觉发生本质变化。"真实的文字"意味着单调平凡,它不存在于语言之中。(Gerber 1871,I,333,楷体强调为原作者所加)

然后,他又进一步详细说明:

> 尽管如此,听觉图像所诉诸的感觉针对的是特定的东西,但没有必要以这种方式去理解它,而其他方式则诉诸于另一种感觉来理解它,甚至到了将意义的差异上升为为反义词这种程度。正是在这样一个战场上,人们嬉戏玩耍。每一个孤独的个体都渴望与人类整体和自然联系在一起——并且,他为此而行动,为此而发声,但是言说始终将自己保持为一种 tropus[借喻],即使是行动也无法克服这一点,而只能将自己保持为 parádeigma[比喻]。(Gerber 1871,I,333,楷体强调为原作者所加)。

② 参原文注 18。

也失去了自我，无论是隐喻（metaphor）、转喻（metonymy）还是提喻（synecdoche）——这些从来都不可能用作学术-语文学活动的基础，这显然会破坏这一活动。因此，很容易理解，古典语文学的修辞学与语言理论之间如闪电般的结合势必无法持续：无论在尼采后来的研究，还是在古典语文学，或者是在语言理论中。很容易想见，对修辞学整个传统宝库（比喻、借喻等等）的汇编从此将完全成为尼采必须去执行的任务，这也可以解释为何他文本中的这部分内容会有点"借来"的特征。

要说明尼采关于修辞学的课程及其材料来源的大致情况，这些已经足够。当然，我们不能说已经发现了所有的材料来源——毕竟，一颗侦探般的好奇心更倾向于为任何事都找到其源头，但必须记住尼采那句重要的话，于 1874 年出版的他的遗稿残篇曾这样写道："即使对语文学来说也是如此：材料的完整性在许多情况下也并非一定必要"（KSA 7,450）。从这个意义上讲，对手头资料的解释[59]比进一步推测其可能的来源更为重要。

二

本文第一部分介绍了尼采修辞学课程的材料来源。他会使用这些资料并不令人惊讶——也许，要是他没有使用任何资料，那才会令人感到吃惊。这里的问题是，就算想知道古典理论的学术性陈述，也只有通过书面记录式的表达才能获知。没有那些材料，尼采能作的将只是空想，或是创作一部历史小说。

关于尼采曾借鉴使用过某些材料的这件事，如此一来，就变得平淡无奇了；不过，有趣的事情变成了他使用的都有哪些材料，尤其是他如何使用这些材料。在语文学中，材料（source）的概念只是指某些事物被获取了，被吸收了（drunk），但完全忽视了各种获取和吸收的方法。关于这一点大致可以列出以下几种类型（此处所列的各种类型当然无法穷尽所有的可能性)：

1. 引用(Quotation)：有意识地或明显地以(几乎)完全不改动的措辞复制已读过的内容，无论有或没有明确的参考来源。

2. 改述(Paraphrase)：同样是有意识地或明显地复制一段内容，但对已读过的内容有或多或少的改动，但使用的措辞仍可辨认出是已读过的材料，无论有或没有明确的参考来源。

3. 抄袭(Plagiarism)：有意识但不公开承认地复制已读的文字内容，无论是否改动，仿佛是自己思想的产物，隐瞒了有关原作者的任何信息。

4. 摘录(Excerpt)：有意识且公开承认是复制已读过的内容，出于自己研究的目的以(几乎)完全不变的措辞进行复制，无意照原样去发表此内容，也无意将之作为自己思想的产物，无论有或没有明确的参考来源。

5. 注释(Note)：有意识且公开承认复制一段内容，出于自己研究的目的对已读过的内容有或多或少的改变，但使用的措辞可辨认出是已读过的材料，无意去发表此内容，或将之作为自己思想的产物，无论有或没有明确的参考来源。

6. 启发(Inspiration)：有意识地使用已阅读过的内容中具有概念性的材料，放弃材料原有的措辞，将之作为背离或支持自己文本的观点，通常不会明确地提到原材料。

7. 回忆(Reminiscence)：有些迟缓或不自觉地想起曾经在某人的作品中读到过某些内容，不明确提及来源。

8. 暗示(Allusion)：通过对原始文字的简短复制，有意识且明确地指向某个材料来源，但通常不会给出材料的确切名称。

很明显，这样的分类存在根本问题，而且由于种种原因，单独抽出来看，每个都很难落实。(1)它把两种属于完全不同的表达方式的标准放在一起，就是说，一方面是作者的意识，[60]另一方面则是明确出现的文本标识(名称、引用、引号等)。[①] (2)此外，材料的概念假定原文本与衍生文本之间存在差别，就像水源与河流之间存在差别：然而，这一区别正是在上述这些情况下濒临灭绝，在抄袭中甚至会消失殆尽。如果一个文本完全由一个对单一材料来源的拷贝组成，那么将第一位作品创造者(composer)判定为作者应该没有什么困难：但是如果一个文本完全是对六个不同来材料源的拷贝该怎么办？最后，(3)这种分类打开了一个无限回溯的概念之门，由于没有不涉及其他文本的文本，也没有不以其他材料为来源的来源。那么，[这种回溯]何时才能停止？这些都是理论的悖论，不仅让我们感兴趣，也是作为一名古典语文学者的尼采同样面临的问题，这些问题与他学术研究的具体的方法论问题相关，他一直对此进行复杂而精微的概念分析。事实上，他学术研究的重要贡献之一，就是分析古代作者著作的材料来源，如拉尔修(Diogenes Laertius)的著作，在这方面，他的成果至今未被完全超越。

对材料来源的分析是19世纪后半期学术界在古代文史研究领域最为关注的课题之一。从本质上讲，其历史可以追溯到沃尔夫(Friedrich August Wolf)，他凭直觉认识到荷马史诗是由早期较小篇幅的诗歌拼凑而成；[②]19世纪的语文学投入了大量的精力和智慧去识别荷马诗歌可能的来源，他们通过流传下来的文本中所谓的矛盾和分歧进行研究。在19世纪中叶，雷尔斯(Karl

---

① 这一问题有一个著名的文学处理，即博格斯(Borges)的短篇故事《皮埃尔·梅纳德，〈唐·吉诃德〉的作者》("Pierre Menard, autor del *Quijote*")。

② 参Grafton、Most、Zetzel各自所译的沃尔夫著作的导论(Wolf[1795]1985，26以下)。

Lehrs)明确遵循并提炼了沃尔夫的研究方式，将这些方法运用到古典学问(classical erudition)中，后来又越来越多地运用于古典哲学史的研究(Lehrs 1837；1873；1875；1882)。在尼采学习和研究古典语文学的那些年里，对后亚里士多德的哲学文本材料来源的考据和分析是当时一条高度时兴的进入学界的门路——对此，人们只需要想一想乌瑟纳尔(Usener，1834—1905；参 Usener 1912)以及第尔斯(Diels，1848—1922；参 Diels 1870；[1879]1969)。

1866年至1868年，尼采曾为了一项征文比赛，全神贯注地研究了拉尔修的材料来源(De Laertii Diogineis fontibus)，①期间他不仅研究了拉尔修的材料来源，还研究了那些古代晚期以及拜占庭时期的学者(尤其是苏达，同时还有阿波罗多洛斯[Apollodorus]、阿忒奈俄斯[Athenaeus]、普鲁塔克、格里乌斯[Aulus Gellius]，尤斯塔提俄斯[Eustathius]、《词汇大全》[*Etymologicum Magnum*]以及斯托拜俄斯[Stobaeus])，还有古典时期与希腊化时期的希腊作家的材料来源(希罗多德、亚里士多德，还有赫西俄德的生平)。在拉尔修的研究案例中，尼采的结论是，他的作品主要抄(copied)自一部单一的文献，即马格尼西亚的狄奥克勒斯(Diocles of Magnesia)的著作，但拉尔修还有选择地借用了阿尔勒的法沃里努斯(Favorinus of Arles)以及其他人的材料，比如关于怀疑论者皮浪(Pyrrho)的材料，也许是取自忒奥多希俄斯(Theodosius)的文章。② 虽

---

① 在这一问题上，尼采从1869到1870年陆续发表了三篇长长的研究论文(均收入KGW II/1以及BAW 4及BAW 5)：《拉尔修的材料来源》(*De Laertii Diogenis fontibus*)、《拉尔修拾遗》(*Analecta Laertiana*)、《论拉尔修的文本来源与校勘》(*Contributions to the Study of the Sources and to the Interpretation of Laertius Diogenes*，[译注]为求统一，此处译名遵循德文原标题)。

② 巴恩斯(Jonathan Barnes)在他的文章中对此有很好的概述，参《尼采与拉尔修》("Nietzsche and Diogenes Laertius")(Barnes 1986，16—40)。[编者注]此处所提到的是巴恩斯文章的初版，并非本书重刊的版本。

然,此处比起尼采在他的分析工作中得出的具体结果,[①]我们更感兴趣的是他的研究方法,以及他对研究方法的批判性反思,这种反思始终伴随着他的研究工作。尼采的文献考据研究依据了以下三项原则:

1. 惰性原则(The principle of laziness):[②]倾向于假定作者只有较少的来源,而非较多的来源;作者被想象成一个懒惰的人,他尽可能长时间地在一个来源处取材,只有在绝对必要的时候才会换到另一处。尼采这样分析拉尔修:

[61][……]拉尔修会打算突然放弃这一份他已经运用得十分满意且得心应手的材料吗?或者他会只打算从用一份一致连贯的教材(a coherent doctrine)中撷取其中的三分之一,然后就突然跳到别的地方,四处寻找其他的材料?(BAW 4, 255)

2. 二手学识原则(The principle of secondhand erudition):一位作家表现得越是阅读广泛,就越有可能不是亲自阅读了那些著作;尼采再次这样论述拉尔修:

他分享了这样一种几乎所有学者都坚持的信念,即大量的引用能证明自己的博学,他相信人们有理由去复制他与众人分享的语录。令他高兴的是,他的博学能令他的读者感到震惊:这就是他为什么如此肆意地沉迷于大量的引用之中。

---

① 巴恩斯认为,尼采的假说既未得到证明,也不应排除其可能性(Barnes 1986,尤参34—35)。

② 在这一语境下,巴恩斯也提到了"懒惰原则"(Principle of Indolence)(Barnes 1986,尤参27)。

(BAW 4,219)

3. 误导参考原则(The principle of misleading reference):作者在某个地方提到他所抄的那个作者,以免自己被指责为剽窃,但他只在捎带提及的琐事上才提到他们,而且大多数时候都极为狡猾且善辩,目的就是为了误导读者。例如,尼采这样写道:

> 虽然总体而言,我们可以肯定节 38—167 的大部分内容都取自同一个来源:只有极少数的例外,甚至还不是很确定。但拉[尔修]却故意不打算清楚地告诉我们这一点:相反,这位如此狡猾的编纂者只偶尔在那些地方才提及狄奥克勒斯的名字。"一个人不太可能会怀疑,"他很可能是在对自己说,"我的这些学识只归功于他一人。"没有什么比一点点的诚实更能保护一个小偷的了。出于这个原因,如果我们看到拉[尔修]在其著作中的每一节都会有那么几处引用狄奥克勒斯的作品,我们绝不能天真地认为,只有他自己明说的段落才出自他掠夺的狄奥克勒斯的财富。(BAW 4,229—230)

那么,如果我们采用尼采在文献考据上使用的方法原则来分析尼采自己的修辞学课程,会发生什么情况?比起尼采在他自己的研究中所处的位置,我们的位置绝对更佳,因为我们仍然拥有他曾取材的文本和材料,而不是只能通过他的文本来接近和重建那些材料。即便我们无法接触到他的材料来源,也没有人会怀疑尼采确实曾借用了这些材料。

对尼采的课程及其手稿之间关系的详细分析表明,就课程的结构而言,尼采从 1872 年起就在借鉴弗尔克曼的《希腊人与罗马人的修辞学》(*Rhetoric of the Greeks and Romans*)。但他在材料的安排上则独立于该书，并且还为之补充了全新而与众不同的内容，即第三章“修辞对语言的关系”(GA XVIII，248—251)，以及上文提及的“演说史纲要”。在这份史纲中他依靠的是韦斯特曼的材料，还在已可使用的范围内借用了布拉斯的材料。

该文本的主要部分使用了弗尔克曼的《修辞学》(Volkmann 1872)，这本书为该课程的传统部分提供了相关的材料(演说技巧，“部署”[dispositio]等)。为了作区分，第1章还使用了斯宾格尔(1863)的材料(“修辞学的概念”)，特别是涉及亚里士多德和一般修辞学的分类时。在这部分内容中，尼采还精简了西泽尔的[62]大学任教资格论文(Hirzel 1871)，该文在此前一年公布，尼采以一页半的篇幅总结了西泽尔讨论的问题。第1节包含了对言说和书写进行的总结和反思，这些反思也出现在后来的残篇中，还被搬到了论“希腊文学史”课程的第三部分。① 在第2节中，尼采总结了他对格伯的《作为艺术的语言》的理解，并反驳了其关于亚里士多德的修辞学概念的看法。②

在本文的附录中，③可以直观地观察到这一总体的取材情况，

① 参 KSA 7，828—830(37，2—5)以及 GA XVIII，129—198。

②

> 虽然不难证明，人们所说的“修辞”作为一种有意识的艺术的手段，在语言中早已属于无意识的艺术了，实际上，通过才智闪亮的光芒，修辞成为了对语言艺术品质的认可(参 Gerber 1871—1873，I，74 以下，112，332，356，365，387—388)。人们可以使用的语言不存在非修辞的“自然属性”：语言本身是完整的修辞艺术的结果(参 Gerber)。亚里士多德称之为“修辞”的力量，那种能在一切事物中发现和利用其能产生影响或留下印象的东西的能力，同时也是语言的本质：语言，就像修辞，不指向真实，不指向万物的本质，也不试图去传授，而是去激发他人身上的主观反应[……]这就是首要的观点：语言即修辞，因为语言只想传达 dóxa[意见]，而非 epistéme[知识](GA XVIII，248 以下)。

③ [编者注]本文的初版附有一份长篇附录，其中有计划性地重刊了修辞学课程第二和第七章的内容。我们在此未收入这份附录，原文的附录可参《肯陶洛斯-降生》，41—46。

我们从尼采的课程中摘录了两章(第二章和第七章)作为例子,并确定了这些段落取自多个来源,且对每个来源所侧重的地方也各不相同。通过后来对尼采的《论史学对生活的利与弊》(*Vom Nutzen und Nachteil der Historie für das Leben*)的研究,我们得以发现尼采对各种材料的运用如何发展成一种可以重复引用与注释(overwrting quotations and notes)的技术(Most & Fries 2008,133—156)。

从我们的附录中可以清楚地看到,弗尔克曼为尼采文本的第二章提供了整体的框架,而斯宾格尔则被补充在各处;在第七章中,尼采则从格伯处取来了他的引论,从弗尔克曼处借来了他的目录(并有选择地加入了格伯的内容)。尼采依赖其材料来源(请注意,附录中有些地方没有加重点,也就是说,这些要么是尼采的原创,要么就是还没有被确证的来自其他人的材料),就这一点而言,他似乎主要使用了两种基本方法:

1. 辑要(Epitomacy):尼采通常以缩写摘录的形式复现他的材料。他倾向于省略原文中具有以下特点的内容:文体上的赘述(比如原文使用两个同义词,他只使用一个)、复杂之处、问题、某些例子、希腊文。

2. 汇编(Compilation):尼采尽可能地从多个来源取材,一般每章两个或三个,通常一个来源用于结构框架,并有选择地填入其他人的文本材料。

然而,这两个方法恰恰就是尼采分析和指摘的古代晚期写摘录纪要的作家所使用的方法。他这样评论拉尔修:“如果我们严格点,我们就必须将这称之为作者这种角色身上的虚伪掩饰和不可靠,并把这种角色特征牢记在心”(BAW 4,219)。我们是否也应该用尼采自己的这一判断来指责他自己?当然不是:他通过两个小小的方法论上的差别和一个本质上的类型区别,把自己与那种轻率的编纂者区分开,当然更不会是剽窃者。方法上的差异是:(1)尼采不只是摘录,还会组织他正思考着的文本中所提到的材料,并添加一些内容(例如,在第二章结尾处,他照自己的认知引用了西塞罗,而在第七章对提喻法的讨论结束前,他加入了《奥瑞斯忒斯三部曲》中的第二部)。(2)尼采确实对材料进行了汇编,但他并不是机械地把较长的文本段落一个接一个地拼接在一起。相反,他创造了一种将较小的文本片段镶嵌在一起的马赛克式拼接法(例如,在第七章开头,他显然是将弗尔克曼和格伯的材料在他面前完全打散,然后在两者之间交替使用)。① 更重要的是前面提到的那个类型上的区别:尼采从未发表他的讲义或有意将之出版。当然,尼采[63]的其他著作也存在这种依赖材料的问题,不只是《论道德感之外的真理与谎言》一文如此(此文也从未有出版的打算);最近的学术研究已经越来越意识到,这个问题对于尼采的文本书写而言是一个真正的问题。② 但就这份讲义的案例而言,由于这一文本体裁的类型,这种对少数材料的极度依赖在程度上有所削弱。不管怎样,它可以被认定为是一个素材的汇集,是尼采为了自己使用之便以及为了用于他的听众所做的储备:根据上面列出的分类,这并不属于抄袭,而是摘录汇总。甚至可以说,只有到编辑们决定在尼采身后将之出版时,这一文本究竟属于什么类型才会成为一个问题。此外,应该指出的是,我们无法确切地知道尼

① [71]参 mutatis mutandis[已作了必要的修改]的尼采的说法,他在《偶像的黄昏》"我感谢古人什么"(What I Owe the Ancients)的这一章讨论了贺拉斯(Horaces)的文风:"这种文字马赛克,其中每个字都迸发出一股力量——作为声音、位置、概念——向左、向右,贯穿整体,这些范围最小和数量最少的符号旨在最大限度地发挥符号的能量"(KSA 6,155)。

② 例如,参斯汀格林的著作(Stingelin 1991,400—432),其中摘录并讨论了波斯特(Albert Hermann Post)所引用的尼采《善恶的彼岸》和《道德的谱系》早期手稿的内容,这些手稿可见于尼采的遗稿残篇。

采在讲课的时候，当谈到这些笔记的内容时，他如何在这些笔记的基础上进行扩展和延伸——他可能会在讲课的时候公布他的材料来源，虽然不太可能，但不能排除这种可能性。

但是，最后的结论仍然是，至少在他讲义的这一章里，尼采自己构思的句子很少。大多数句子要么逐字逐句地从特定来源摘录，要么最多稍加修改。这就产生了一个问题，即在何种程度上应该把课程的讲义看作尼采自己的文本。我们在读这份文稿的时候听到的是谁的声音？换成编辑对这个问题的说法，那就是：在对这样一篇文章进行编辑的时候，是否应该在每句引用前都加上前引号（“），然后在结尾加上后引号（”）？

三

该文本的地位是一个问题，这早已得到公认（至少在某些圈内），但从来没有人对其进行充分地研究，最重要的是，人们甚至从未用类似的方式考虑过这个问题。即使是克鲁修斯，他首先将该文本发表在 1912 年《大全集》的《语文学编》中，并发现尼采的文本有其依赖的材料来源，尤其是弗尔克曼和布拉斯的材料（GA XVIII,333），他也没有对此进行证明，也没有对此作解释。1970 年，南茜和勒库-勒巴尔特首先认识到，整篇文稿是尼采对其所引材料的马赛克式汇集和拼接：

> 人们应该注明[……]，尼采的修辞学讲义并不是“尼采著”，从这个意义上讲，学界应该将之理解为知识产权的问题，通过搜索“材料来源”来构建作者的权利[……]该文本几乎全部的内容都是简单地再复制其他人的作品（在那个时期，大都是新近的材料），从这些作品中尼采完成了一件十分有见地的混合品，我们称之为“拼贴画”。（Nancy & Lacoue-Labarthe

1971,100)

虽然南茜和勒库-勒巴尔特指的是弗尔克曼和格伯(他们甚至暗示了斯宾格尔和布拉斯)并且偶尔会以注释的形式给出具体的例子,但他们并没有对这一洞见系统地展开研究,而且,勒库-勒巴尔特同时附上的论文《迂回》(“Le detour”)对该文本的解读也没有得到足够的重视(Lacoue-Labarthe 1971,53—76)。事实上,这部法语译本的标题若非误导也容易被人误解,“尼采:修辞学与语言”可能会给许多读者留下深刻的印象,而不是对这个问题某种程度的隐藏暗示。然后,在 1988 年,[64]梅耶斯研究了尼采对格伯的依赖程度(Meijers 1988,369—390),但他一方面只把自己的研究限制在借喻与比喻的修辞学范围内,①另一方面则局限于一份单一的材料来源——这会导致尼采本身所具有的影响被歪曲。②

总体而言,学者们对这一问题的处理有四种不同的对策:

1. 干脆置之不理;③

2. 纯粹在口头上提及其存在的事实,然后争论其重要性:他们承认尼采的文本有其取材的来源,但还是把已经在材料中出现过的内容归于尼采,就好像那是他自己的原创成就那样;④

---

① 最有可能的原因是克鲁修斯只刊印了手稿的前 7 章,没有收入第 8—16 章以及附在后面的有关历史的附录。

② 正是出于这个原因,克罗馥(Claudia Crawford)在她的《尼采语言理论的发端》(*The Beginnings of Nietzsche's Theory of Language*)中提出了颇具争议的主张,她认为对于尼采而言,兰格(Lange)远比格伯重要。(Crawford 1988,198 右栏)。

③ 例如,参 Goth 1970 以及 Löw 1984。

④ 例如,参 Schrift 1985,371—395(通过修辞学对哲学的谬误进行解构),另外,尤其可参 Gilman 等,1989(修辞是语言的中心)。

3. 通过一句“确实……但是”的用词策略：尼采的课程确实是依赖于以往的材料，但是对尼采并未给予很大的启发，要么通过一种隔离的措施（承认一些内容是尼采借用的材料，其余的则都属于尼采本人），①要么通过一种汇编的形式（所有部分确实都是偷来的内容，但都被尼采以个人原创的处理方式而重新整合），②或通过强调的方式（事实上，尼采自己说的内容和他材料的内容一样，但只有他更大声地说了出来）；③等等。

4. 承认这个问题，但认为这只是（另一个）用来谴责尼采的理由。④

但知识产权的问题不应过于简单化，尤其是在修辞学的语境里。因为对原作者的文字财产的概念进行质疑，是修辞学的定义性特征。例如，这个问题就有条不紊地发生在“inventio[发觉]”一词所包含的概念中，这个概念没有发明（invents）什么新东西，而是在某个 topoi and loci[场所和地方]重新发现（rediscovers）某个已经在手边的东西。修辞学不会教我们如何去表达小说和那些迄今尚未被构想的概念，相反，它教我们如何将已知的观念以新的形

① 例如，参 Gilman 等，1989，xi：不过，(1)该文章有些部分几乎没有什么“原创”内容(2)看起来“原创”的内容可能只是尚未查明其材料来源，以及(3)甚至可以说，尼采抄下他在别人的作品中发现的东西，并大声地将之说出来，这样人们就不能简单地下结论说这不是他的观点。

② 例如，参 Gilman 等（Gilman, Blair, Parent 1989，xvii）以及德·曼（Paul de Man）的《比喻的修辞》（“Rhetoric of Tropes”，参 de Man 1979，104—105）。这在宏观的层面上完全属实，尼采在这一层面上一反常态地以语言哲学的耐心视角，将古典修辞学的语文学-历史学两个领域结合在一起，但这肯定不在微观的层面上，微观层面上看，尼采的活动在本质上是一名编纂者。

③ 例如，参 de Man 1979，104—106。但这仅仅是摘录的效果。

④ 例如，参 Bierl & Calder 1992，363—366。但这种判断过于草率，且歪曲了历史：它只是单纯地重复尼采对拉尔修的天真的道德谴责，并没有真正站在学术的立场上。

式与具体的情况相互关联起来。“Locos appello[……]sedes argumentorum, in quibus latent, ex quibus sunt petenda[那些存在争议的地方、他们隐藏的地方、他们正在寻找的地方]”(昆体良,《演说术原理》[*Institutio oratorio*],卷五,章10,节20)。在某种程度上,格伯和弗尔克曼的手册就是属于尼采的那个loci[地方],可以让他发现他的论点和例子。但是,文字财产带来的这个难题贯穿了整个修辞学理论的历史:规则和例子从一个理论家传递到另一个;提西阿斯(Tisias)和克拉科斯(Corax)他们两人,谁的东西属于谁的,这早已无法分清。[1] 许多古代晚期的文章都只是简要地摘录和汇编早期的作品。那些著名的名字总是不断地被引用到外人的作品中。[2] 最终,古典修辞学的实践也发生了同样的情况:因为阿提卡(Attic)的律法要求原告和被告各自为自己发声,他们会大声诵读为他们所写的呈堂证供,通常是那些被称为讼师(logographers)的人所写——多数出自是吕西阿斯(Lysias)的手笔,但也有可能出自几乎所有其他杰出的修辞学家。因此,演讲者有时与作者完全不是一回事(因此才会十分重视“ethopoiia[模仿]”的教学)。[3] 在这个意义上,德·曼(Paul de Man)将尼采对修辞学的理解解释为一种对主体的解构(de Man 1979,103—118),他的说法就十分正当——不只是对尼采的情况而言:更确切的说,这是整个修辞学传统的真相,尼采从这一传统中所受的惠赠有时比人们认为的要更多。当然,令人遗憾的是,德·曼没有意识到,这种对主

① 柏拉图将对似真(probability)的争论归于提西阿斯(《斐德若》[*Phaedrus*],273a6以下),亚里士多德则将之归功于克拉科斯(《修辞学》,1402a18)。[译注]提西阿斯与克拉科斯(公元前5世纪),有徒师或同一人之说,被视为修辞学奠基人。

② 例如,亚里士多德引用阿纳克西墨涅斯(Anaximenes)的作品,而西塞罗则引用无名氏的《为赫壬尼努斯所写的修辞学》(*Rhetorica ad Herennium*)。

③ 有些著名人士同样也会盗用他从其他地方看来的言论:几乎每一位阿提卡修辞学家的文集中都会有一些别人的东西(但是确切地说,到底哪些是别人的东西,这仍是一个有争议的问题)。例如,参 Dover 1986。

体的质疑[65]不仅是通过内容来完成的，还有赖于尼采在组织其文本的过程中所采用的形式。我们可以用如下简短的提示结束我们这篇文章的这一节内容：

1. 关于本文所作的具体陈述：尼采应该被更多看作是一个下断言的读者，而不是一个作者。有必要在具体问题具体分析的基础上，讨论那写下每一句话的人究竟是谁：在解释文本之前，对其材料来源应该进行更为广泛的分析，但这一步尚未开展。在许多情况下，那些具体的观点并不是尼采的原创成果（如果继续质疑这一点，就意味着要被修辞学传统所抛弃），相反，他之前的传统实际上已包含了这些观点。越是仔细地审读尼采的文字，尼采的作者身份就会越发模糊以至消失，修辞学的传统就会取而代之，事实上，读者已经觉察出，这个传统才是那个说话的主体。① 但是，这并没有削弱文本引人入胜的魅力，反而使之更强了——尤其是，这说明我们需要读的不只是尼采，还有格伯和弗尔克曼以及他引用的许多其他人的材料。

2. 尽管如此，尼采仍致力于对这些资料进行详细的研究，博采众取地进行摘录。在某种程度上，这些材料也反映了尼采自己的观点，而不仅仅是他前辈们的意见；而且，至少有一位尼采的修辞学学生，克尔特博恩，能证明这些课程是多么令人印象深刻且富有启发。② 因此，留在最后的问题是：为什么尼采会如此彻底地投入到修辞学的研究中去，这与他自己后来的作品之间存在怎样重要的因果关系？这些问题也向其他的问题敞开：一方面，关于公众演讲所产生的影响的问题

---

① 尼采对拉尔修的论述也是这种情况。

② 见本文第一部分。

(尼采当时对此非常感兴趣,在这个问题上,他还同时集中提出了教育、教育制度以及文化通识的问题)。另一方面,尼采自己在写作实践中如何应用这些修辞学手段的问题。

四

最后一节我们将处理那些刚才提出的结论,并提出关于影响的问题,即修辞学对尼采作品有什么影响——或者不如说,修辞学对其作品的非影响(non-influence)——以及他的修辞学对语言学与哲学有什么影响。

在尼采致力于修辞学研究之初,除了先前就有的教学传统外,他真正的兴趣在于弄清一个人如何能够影响公众,如何能够通过书写和言说来实现某些东西:"对真理的信念必不可少,但也充满了假象,也就是说'真理'通过其效果来证明自己[……]"(NF 1872/73,19[43];KSA 7,433)与此同时,与这种兴趣相伴而生的是《肃剧的诞生》以及课程讲义《论我们教育制度的未来》(*On the Future of our Educational Institutions*),但每一部对此都各有其不同的表达方式。不过,不像希腊肃剧或古典教育,修辞学的问题——除了某些宣称表达天生具有比喻的特征或语言天生具有修辞特征的极权主义判断——仍然是一个过去的现象,一种支离破碎的大杂烩,其中主要包括死去的说话人,还有演说、分类、总结,所有这些显然对当代生活没有任何意义。尼采课程的拼贴画特征[66]反映了他的沮丧,他沮丧于这一萎缩到贫瘠状态的"过时"但又"纪念碑般不朽"的修辞学,这显然不可能是"批判的"修辞学。①

从他的研究中发掘出的真正的宝藏是格伯的《作为艺术的语

① 从《不合时宜的沉思》的第二篇《论史学对生活的利与弊》这个意义上而言(KSA 1, 269)。

言》。此书对尼采的帮助绝非一时半会儿，在整理校勘古典语文学传统的时候，在他洞见到解释与参照[des (Be) deutens]具有比喻特征以及言说具有借喻特征的时候，都对他有系统性的帮助。这一发现——现在实际上已成为一种"批判的"发现——带来了他对格伯那些谨慎仔细且富有经验的观察所进行的尖锐改造，甚至给出了这个判断："语言即修辞"。[①] 但是，格伯自己本来是没有能力去表述这句话的，因为对他而言，正如前文所述，语言有别于对语言进行的运用理智的思考，这是一个不可剥夺的迫切必要（也是为了保证他自己论述话语的安全）。这还因为，即使在他对语言的这一思考中，修辞学也只是众多其他分支中的一支。关于修辞学，越是激进的判断，必然越会产生疑问，质疑其自身的比喻的含义，从而对自己的论述话语重新进行观察。用修辞学进行解构的可能性是这种极权主义判断的结果，它似乎能将自己呈现为一种批判，批判任何领域的任何话语，抹去不同知识领域之间的边界，这一可能性因此也就与其自身的先决条件有关——沦为自己的补偿，积极主动的"诗化"（poeticization）。如果我们试图将尼采创造性的洞见定位在这一点，那么，这种洞见显然无法作为学术、作为传统意义上的修辞学，或作为语文学而发扬光大。这种洞见把一切与一切的其他的东西都关联了起来，但同时也废除了单个学科的根基，尤其是哲学的；通过对研究对象的辨别和专门详述，哲学早已被公开界定并取得了合法的地位。在这个意义上，对古典语文学修辞学和语言-哲学修辞学的整理和汇集，即我们所认为的尼采修辞学课程中的决定性因素，最终只能走向死胡同。

格伯与尼采的洞见已被遗忘得如此彻底又如此一致：两者都（尼采遵循格伯）再三强调压抑的含义与文明进程中对比喻和借喻

① 另参《论道德感之外的真理与谎言》中更广为人知的判断（KSA 1，873—890，尤其是 878—886）。

的遗忘。① 因此，无论修辞学还是语言学都没有注意到两个领域之间的这次相遇，且这一相遇几乎没有在各自领域产生影响，这件事就不足为奇了。很难想象一个学术领域——即使是一个还算得到了些许认可的领域——该如何建立在这些基础上，即使是近来的修辞学解构的经验也无法消除这些疑虑，至少在学术方面是这样。

关于影响，可以从尼采那里画出三条间接的线路，这三个案例都改变了其修辞学课程的取向。第一条线路已经间接提到了很多次，这就是对格伯的延续与完善，还有尼采1873年的论文《论道德感之外的真理与谎言》中展现的洞见。众所周知，尼采没有发表该文章，这可能证明了他后来在《人性，太人性的》中的沉默确实事出有因：估计这超出了他在巴塞尔的研究范围——显然远超他其他的非语文学著作（KSA 2，370）。② 尼采后来的观点必须被这样理解：不仅要考虑到他在《肃剧的诞生》后避免对语文学再次造成新的冲击，也要考虑到他在巴塞尔大学时的作品正是他当时从事的研究，尤其是那些探讨和写给瓦格纳的作品。从尼采后期[67]的作品来看，这篇文章似乎因此成了一次重要的解构和颠覆，即使是出于尼采自己的努力，并且，它可能也没留下什么知识的遗产，至少没能以这样的方式。

第二条线路是放大关于写作的诗意-诗学反思，尤其是尼采自己的书写，这种反思可见于1872年到1874年期间的那些残篇，于他去世后出版；从中可以观察到一个现象，格伯的概念和论述从1872年开始便渗透到尼采的字里行间。所有的解读都同意，这种新式的语言实践对尼采的全部作品都具有十分重要的意义。③

---

① 参KSA 1，878以下，以及1872—1873年的遗稿残篇："每一种文化都是从隐瞒（disguising）成大量东西开始而得以诞生的。人类的进步取决于这种掩饰（dissimulation）"（KSA 7，435）。

② [72]在这个语境下，人们可以理解尼采对叔本华和瓦格纳的疏远。参KSA 11，248以下以及KSA 12，233。

③ 参de Man 1979，119—131及Stingelin 1988，336—349。

第三条线路尚未得到充分的考虑。这是尼采继续推进他学术教学的结果。尼采清楚地看到 1872 年和 1873 年的这种整理汇编式实践不可能持久或有进一步的发展。然而，这并不意味着他放弃将修辞学视作一门学科。相反，他继续以两种非常具体的方式从事他的研究：一方面是演说术的历史，另一方面，他致力于亚里士多德《修辞学》的研究。事实上，尼采精心翻译了亚里士多德的《修辞学》，还准备好了书写工整的誊正本，这件事能显示出这一文本对尼采的重要意义：尤其是，亚里士多德是他最重要的（也许是唯一的）的对手，他的修辞学的方法论基础——语言和对语言的考察的分离——超越了所有早期和后期的叙述。从这个意义上说，人们可以把与亚里士多德的接触看作是《论道德感之外的真理与谎言》的必然结果，或对该文的纠正——此外，也可视之为尼采作为一名教授的工作兴趣所在，在那个时刻，他几乎还不曾认真地总结过这种兴趣。但是，正如人们已经注意到的，这纯粹是猜测。相比之下，1874 年关于希腊演说术史的课程可以被理解为一种撤退——撤退到修辞的历史中——因此，一类具有纯粹叙事程序的公众演说的典型历史再次完全建立在了摘录的基础之上，mutatis mutandis[已作了必要的修改]，与他希腊文学史课程的第一部分的典型作风完全相同。尽管是撤退，他也仍然着眼于修辞学的历史，因为演说术虽然直到 18 世纪仍对修辞学影响甚远，但 19 世纪却已无人关注。不过，这也让人们发现了一个新问题：即关于公共演讲可能性的条件——文化、社会、历史——的问题。尼采在希腊文学史课程的第三部分以一种令人兴奋、充满自信的态度扩展了这种方法。① 一种文学理论产生了——在古代与现代的两极之间——它与肃剧的理论、历史的理论以及古典教育的理论同等重要。但那就是另一个篇章的事了。

---

① 在写有希腊演说术史课程讲义的四开笔记本中同时发现了该课程的手稿（P II 13 c）。

参考文献

Barnes, Jonathan (1986): "Nietzsche and Diogenes Laertius." In *Nietzsche-Studien*. Vol. 15, 16—40.

Battelheim, Anton (ed.) (1901): *Biographisches Jahrbuch und deutscher Nekrolog* VI. Berlin (Georg Reimer).

Bierl, Anton and William M. Calder (1992): "Introduction" to "Friedrich Nietzsche: 'Abriß der Geschichte der Beredsamkeit'." In *Nietzsche-Studien*. Vol. 21, 363—366.

Blass, Friedrich (1865): *Die griechische Beredsamkeit in dem Zeitraum von Alexander bis Augustus*. Berlin (Weidmann).

——(1868): *Die attische Beredsamkeit*. Vol. I: *Von Gorgias bis Lysias*. Leipzig (B. G. Teubner).

——(1874): *Die attische Beredsamkeit*. Vol. II: *Isokrates und Isaios*. Leipzig (B. G. Teubner).

Crawford, Claudia (1988): *The Beginnings of Nietzsche's Theory of Language*. New York (Walter de Gruyter).

de Man, Paul (1979): "Rhetoric of Tropes." In his*Allegories of Reading: Figural Language in Rousseau, Nietzsche, Rilke, and Proust*. New Haven (Yale University Press), 103—118.

——(1979): "Rhetoric of Persuasion." In his*Allegories of Reading: Figural Language in Rousseau, Nietzsche, Rilke, and Proust*. New Haven (Yale University Press), 119—131.

Diels, Hermann (1870): *De Galeni historia philosopha*. Bonn (dissertation).

——([1879]1969): *Kleine Schriften zur Geschichte der antiken Philosophie*. W. Burkert (ed.) Darmstadt (Wissenschaftliche Buchgesellschaft).

Dover, Kenneth James (1968): *Lysias and the Corpus Lysiacum*. Berkerley (University of California Press).

Gerber, Gustav (1871—1873): *Die Sprache als Kunst*. Bromberg (H. Hayfelder).

——([1884]1976): *Die Sprache und das Erkennen*. Berlin(R. Gärtner).

——(1893): *Das Ich als Grundlage unserer Weltanschauung*. Berlin(H. Hayfelder).

Gilman, Sander L., et al. (eds) (1989): *Friedrich Nietzsche on Rhetoric and Language*. New York (Oxford University Press).

Goth, Joachim (1970): *Nietzsche und die Rhetorik*. Tübingen (Max Niemeyer Verlag).

Gutzwiller, Hans (1951): "Friedrich Nietzsches Lehrtätigkeit am Basler Pädagogium." In *Basler Zeitschrift für Geschichte und Altertumskunde*. Vol. 50, 148—224.

Hirzel, Rudolf (1871): *Über das Rhetorische und seine Bedeutung bei Plato*. Leipzig (S. Hirzel).

Janz, Curt Paul (1974): "Friedrich Nietzsches akademische Lehrtätigkeit in Basel." In *Nietzsche-Studien*. Vol. 3, 192—203.

Jen, Walter. "Von deutscher Rede." In Adam Müller: *Zwölf Reden über die Beredsamkeit und deren Verfall in Deutschland. Mit einem Essay und einem Nachwort von Walter Jens*. Frankruft am Main (Insel-Verlag).

Lacoue-Labarthe, Philippe (1971): "Le détour(Nietzsche et la rhérotique)." In *Poétique*. Vol. 5, 53—76.

Lehrs, Karl (1837): *Quaestiones epicae*. Königsberg (Bornträger).

——(1873): *Die Pindarscholien. Eine Kritische Untersuchung zur philologischen Quellenkunde*. Leipzig (S. Hirzel).

——(1875): *Populäre Aufsätze aus dem Alterthum, vorzugsweise zur Ethik und Religion der Griechen*. Leipzig (Teubner).

——(1882): *Aristarchi Studiis Homericis*. Leipzig (S. Hirzel).

Löw, Reinhard (1984): *Nietzsche, Sophist und Erzieher: Philosophische Untersuchungen zum systemastischen Ort von Friedrich Nietzsches*

Denken. Weinheim (Acta humaniora).

Marietti, Angèle (trans. and ed.) (1992): *Friedrich Nietzsche: Le Livre du philosophe: études théorétiques = Das Philosophenbuch: theoretische Studien*. Paris (Aubier-Flammarion).

Meijers, Anthonie and Martin Stingelin (1988): "Konkordanz zu den wörtlichen Abschriftern und Übernahmen von Beispielen und Zitaten aus Gustav Gerber: *Die Sprache als Kunst* (Bromberg 1871) in Nietzsches Rhetorik-Vorlesung und in 'Über Wahrheit und Lüge im aussermoralischen Sinne'." In *Nietzsche-Studien*. Vol. 17, 350—368.

Meister, Richard (1948): "Nietzsches Lehrtätigkeit in Basel 1869—1879." In *Anzeiger der Österreichischen Akademie der Wissenschaften, Phi.-Hist. Klasse*. Vol. 85, 103—121.

Most, Glenn W. and Thomas Fries (2008): "Von der Krise der Historie zum Prozess des Schreibens: Nietzsche zweite *Unzeitgemässe Betrachtung*." In Peter Hughes, Thomas Fries, and Tan Wälchli (eds): *Schreibprozesse*. Munich (Fink), 133—156.

Nancy, Jean-Luc and Philippe Lacoue-Labarthe (1971): "Friedrich Nietzsche, Rhétorique et langage." In *Poétique*. Vol. 5, 99—142.

Oehler, Max ([1942] 1975): *Nietzsches Bibliothek. Vierzehnte Jahresgabe der Gesellschaft der Freunde des Nietzsche-Archivs Weimar*. Nendeln-Lichtenstein (Kraus-Reprint).

Schmidt, Siegfried J. (1968): "Die vergessene Sprachphilosophie des 19. Jahrhunderts." In his *Sprache und Denken als sprachphilosophisches Problem von Locke bis Wittgenstein*. The Hague (Martinus Nijhoff), 80—147.

Schrift, Alan D. (1985): *Language, Metaphor, Rhetoric: Nietzsche's Deconstruction of Epistemology*. In *Journal of the History of Philosophy*. Vol. 23(3), 371—395.

Spengel, Leonhard (1842): *Über das Studium der Rhetorik bei den Alten*. Munich (J. G. Weifs).

——(1851):*Über die Rhetorik des Aristoteles*. In *Abhandlungen der Philosophisch-philologischen Classe der K. Bayerischen Akademie der Wissenschafter*. Munich (Bayrische Akademie der Wissenschaften). Vol. 6.

——(1862):"Die rhetorica(des Anaximenes) ad Alexandrum kein machwerk der spätesten zeit." In *Philologus*. Vol. 18, 604—646.

——(1863):"Die Definition und Eintheilung der Rhetorik bei den Alten." In *Rheinisches Museum für Philologie*. Vol. 18, 481—526.

Stingelin, Martin (1988):"Nietzshce Wortspiel als Reflexion auf poet(olog) ische Verfahren." In *Neitzsche-Studien*. Vol. 17, 336—349.

——(1991):"Beiträge zur Quellenforschung. Konkordanz zu Friedrich Nietzsches Exzerpten aus Albert Hermann Post, *Bausteine für eine allgemeine Rechtswissenschaft auf vergleichend-ethnologischer Basis. Oldenburg* 1881(2 *vols.*) im Nachlaß von Frühjahr-Sommer und Sommer 1883." In *Nietzsche Studien*. Vol. 20, 400—432.

Stroux, Johannes (1925):*Nietzsches Professur in Basel*. Jena (Frommansche Buchhandlung).

Usener, Hermann (1912):*Kleine Schriften*. Vol. 1. *Arbeiten zur griechischen Philosophie und Rhetorik*. *Grammatische und Textkritische Beiträge*. Leipzig (Teubner).

Vokmann, Richard (1865):*Hermagoras oder Elemente der Rhetorik*. Stettin (Th. von der Nahmer).

——(1872):*Die Rhetorik der Griechen und Römer in systematischer Ubersicht*. Berlin (Ebeling).

Wackernagel, Wilhelm ([1873]2003):*Poetik, Rhetorik und Stilistik*. New York (G. Olms).

Westermann, Anton (1833—1835):*Geschichte der Beredsamkeit in Griechenland und Rom*. Leipizig (Verlag von Johann Ambrosius Barth).

Wolf, Friedrich August ([1795]1985):*Prolegomana to Homer*. Anthony Grafton, Glenn W. Most, and James E. G. Zetel (trans. and eds). Princeton (Princeton University Press).

尼采早期思想中的阿波罗与文化统一问题

伯纳姆(Douglas Burnham)　撰

一、引　言

[75]后来成为尼采《肃剧的诞生》中心主题的早期手稿写于1870年。这一系列手稿最初是两门公开课程的讲义,分别是这一年1月的“希腊音乐戏剧”(Greek Musical Drama),和2月的“苏格拉底与肃剧”(Socrates and Tragedy)。此外,尼采还完成了两篇未发表的论文,分别是《狄俄尼索斯崇拜的世界观》(“The Dionysian Worldview”,于当年7月开始写作,至少在9月前很可能还尚未完成)和《肃剧思想的诞生[或发展]》(“The Birth[or Development]of the Tragic Thought”),后者在该年年末被作为礼物赠予了科西瓦·瓦格纳(Cosima Wagner)。《肃剧的诞生》于1871年的春季完稿,其中的一部分曾作为私人发行被刊印,如“苏格拉底与肃剧”,但整部书直到1872年才出版发行。《肃剧的诞生》看起来当然是一部完整且独立自洽(self-contained)的作品,也标志着这一系列短篇作品的巅峰;但事实上,它只是对肃剧、文化、语言、艺术、科学的一系列反思中的一部分。的确,这部肃剧之书虽然完成了,但尼采并没有因其对希腊生活和文化的观点,或者说因其含

义而宣告自己终止战斗。这一结论的证据在他的笔记中随处可见,尼采 1872 年赠予科西瓦的圣诞和生日礼物是 5 篇尚未完成的书稿序言,其中包括了《希腊邦国》("The Greek State")与《荷马的竞赛》("Homer's Contest")——这两篇显然都在继续处理这些经典问题,而且它们在《肃剧的诞生》的手稿完成之前就已经存在于某些草稿中了——还有《论真理的悲怆》("On the Pathos of Truth"),这篇论文是一篇专门以希腊为中心的分析,虽然文章的标题没有很明显地表明这一点。同样是在 1872 年,尼采在巴塞尔大学开设了古代修辞学的课程。此外,他还忙着把他关于前柏拉图时期哲学家的课程编排成书(《希腊肃剧时代的哲学》[Philosophy in the Tragic Age of the Greeks]),书稿于 1873 春季大致完成,尽管迟至 1879 年尼采还在完善这部著作,但从未出版。这本书的框架安排基于这样一种主张:这些"否定的"(refuted)哲学体系具有一种文化上持久的重要性。简而言之,《肃剧的诞生》是某个难题的一部分——只是这一部分碰巧出版了。最明显的是,这个难题的这一部分显然涉及了古希腊文化。然而,正如我们将要看到的,在这一狭隘的主题与尼采其他主要的哲学关注之间存在着极为紧密的联系。正确地理解这部著作,就要考察和反思尼采如何发展了自己的思想,这些思想与他一直努力解决的其他问题之间有什么联系,以及在该书出版后,他又紧接着推进这些思想去了哪里。

[76]除了对希腊文化生活的切实关注之外,这部著作最著名的哲学含义还涉及语言和真理的本质。当然,还有一篇被广泛选编,但从未发表的文章,即《论道德感之外的真理与谎言》("On Truth and Lies in an Extra-moral Sense",1873)。不过,这篇文章的大部分内容都可见于其早期的作品。例如,我们将在下面谈到的尼采在巴塞尔大学开设的古希腊修辞学课程(该课程在 1872 年底首次开设,并计划于 1874 年重讲),这篇 1873 年的文章就包含

了这一课程第三部分中的哲学内容。同样，这篇文章中无比非凡的第一段内容也可见于《论真理的悲怆》的草稿中，我们知道后者曾于一年前(1872)完成。尼采还准备了一系列关于教育问题的课程，共有5堂课，这些课程沿着尼采对当时德国的理解，继续探讨之前已有所展开的与希腊文化有关的主题。在《肃剧的诞生》的后半部分，尼采做了完全相同的工作：他根据当时尚未实现的文化分析了当时德国的可能性。据此，我的主张是——与尼采作为一名古典语文学家的职业生涯相符——这些对语言的本质、真理、教育或当时的文化政策等问题的早期关注实际上讲述的都是同一个洞见，只不过是从不同的路径对此进行探讨，这个洞见别出心裁地建立在古希腊文化那看似十分有限的阵地上。因此，可以毫不夸张地说，尼采对阿波罗信仰(Apollonian)的文化生活方式的理解是他早期所有哲学研究的核心。现在，人们可以想象，有这么一项研究，可以从希腊文化问题逐步推进到尼采职业生涯中更重要的主题。在此，我们将为这项研究做一些初步的工作；但是，必要的准备工作应该是先牢固地确立对希腊文化的理解。因此，我们要追随这些纽带，从尼采那些相对著名的哲学主题中转回来开展这项研究，以阐明这些不太著名的、潜在的关于古代希腊的见解。

下文将首先概述《肃剧的诞生》的核心思想，这一点至关重要。这将使我们能迅速地了解这部著作中"众人皆知"的内容。从而让我们能够更有效地集中精力讨论我对这部著作的解读的新颖之处，找出那个问题是什么，而我希望这篇文章正是对那个问题的解答。新颖之处和相关问题都与阿波罗的形象有关。我想稍微修正一下对尼采早期作品中的阿波罗的理解。这也就产生了相应的问题，即尼采为什么会产生这样的观点，以及这样的观点有什么含义。本文将提出两个观点。首先是一个语文学的观点，即尼采产生阿波罗见解的时间相对较晚，是在形成他的狄俄尼索斯崇拜(Dionysian)与苏格拉底哲学(Socratic)的概念之后才有阿波罗的观点。其次是哲学上的观点，阿波罗是后来者，这一见解告诉我们大量信息，让我们得知这一观念的发展如何使得尼采能够阐明并解决那些更大的问题：即文化统一的本质问题，还有科学的本质与限度的问题。

二、《肃剧的诞生》中的尼采思想概述

《肃剧的诞生》包含了五大主题。第一个主题是对文化发展的论述（书中以希腊文化为例），论述的根据是一组驱动力。两个著名的驱动力分别是阿波罗信仰和狄俄尼索斯崇拜。前者代表了[77]有形式、明晰、个体化、冷静的文化驱动力；后者则是陶醉、迷失自我、普遍的“合一”（oneness）。我对《肃剧的诞生》的研究（很大程度上受益于与杰辛豪森[Martin Jesinghausen]一起完成的研究）认为，这第一个主题必须这样来理解：我们必须考察三个独立的驱动力（阿波罗信仰、狄俄尼索斯崇拜、苏格拉底哲学），换言之，不应将苏格拉底哲学视作阿波罗信仰的退化形式。① 苏格拉底哲学代表了一种对逻辑和科学探索的乐观信念。与其他思想一样古老，但只是从苏格拉底那里才开始主宰文化的全局，并因此而得名。

尼采在这本书中提出的第二个命题是，这些驱动力不仅决定了文化生产，而且还隐含了关于现实以及人类处境的形而上学的观点。尼采的这些观点中有许多来自叔本华，但并非全部。阿波罗信仰相信形式以及个体的价值，这是一种宛如梦幻的状态，但却

① [94]2009年杰辛豪森与我共同发表了一篇《肃剧的诞生》的评注。其中主要的创新之处在于，我们认为在尼采曾以阿波罗信仰、狄俄尼索斯崇拜和苏格拉底哲学指认的那些希腊文化驱动力中有一种原始且持续推进的三个方向的外部动力。之后，我们写了一篇文章，继续分析了尼采是如何在其后来的作品中修正了阿波罗的形象（尤其是在《扎拉图斯特拉如是说》中），尼采将之阐明为某种理想的内在动力，而此动力他当时认同的是狄俄尼索斯（参 Burnham / Jesinghausen 2011）。

确信如此,而不打算去“修正”;狄俄尼索斯崇拜则相信万物潜在的统一(叔本华称为意志[Will]),苏格拉底哲学相信自己思想的对象直接存在,并对这一进程抱有相应的乐观主义精神。在这一方面,阿波罗信仰与苏格拉底哲学之间最重要的区别变得清晰可辨:前者意识到其信仰与产物的虚幻特征,但却将之奉若最高价值。与之相反,苏格拉底哲学,认为这种做法难以理解,因为它将虚幻视作毫无价值的东西,并且认为将价值赋予虚幻的东西是一种道德上的荒谬。苏格拉底哲学认为狄俄尼索斯崇拜的世界观也同样令人费解。

第三,古典时期的希腊肃剧在欧洲文化史上是一个重要的事件,因为这代表了阿波罗信仰与狄俄尼索斯崇拜这两种驱动力的联合——一种独一无二的文化统一。正如我们将要在下面看到的,这种文化统一的概念在尼采的哲学作品中占据了主导地位,无论是《肃剧的诞生》中,还是在其之后几年的作品中。第四,肃剧作为一种文化形式迅速地衰落,是因为苏格拉底哲学的驱动力逐渐增强并占据了主导地位,后者的形而上学观点认为自己绝不可能变成别的驱动力。苏格拉底和欧里庇德斯根本不理解埃斯库罗斯和索福克勒斯肃剧背后的那些文化驱动力,当然也不理解他们所依据的形而上学原则,所以苏格拉底哲学以其科学乐观主义重新定义并重新设计了肃剧的本质。

第五个命题则完全把希腊世界抛在了身后,一举跳跃到尼采当时所处的19世纪晚期的德国(乃至整个欧洲)。尼采在此分析了在什么样的条件下肃剧才有可能在这个现代的世界中“重生”。尼采毫不掩饰地表明,这第五个命题其实就是针对瓦格纳的文化与形而上学意义的探索。

在此,我们将重点聚焦在阿波罗概念的发展上,对这一概念的正确理解在于尽可能深入地理解尼采这一时期的思想。但是,要分离出阿波罗信仰的概念,就等于承认在做恶劣的简化。因为,首先，这个概念必须被理解为上文提到的那种具有三个方向的驱动力的一个组成部分——即作为一组文化的驱动力中的一个，而这组动力投射出彼此截然不同的关于现实的形而上学的观点和互相矛盾的文化行为。其次，将对希腊文化生活的分析[78]从对更为广泛的哲学或各种当代问题的深入研究之中剥离，就会错过在彼此的关系中所具有的至关重要的意义。尼采曾这样写道：

> 希腊人作为中介者——当我们谈论希腊人时，我们会不由自主地论及现在和过去：他们广为人知的历史是一面明亮无瑕的镜子，总是反射回一些不在镜子中的东西。[……]以这种方式，希腊人为现代人传达了许多那些难以交流而又令人好奇之事的信息，缓解了现代人的这种交流之苦。(AOM 218；KSA 2，417)

这段话回应了尼采几年前在《肃剧的诞生》前言《致瓦格纳》("Forward to Richard Wagner")中所说的东西(BT "前言"；KSA 1，23—24)。换言之，这并非是什么幸运的巧合，并不是某个意外让尼采从对古典希腊的研究转入所有这些其他的哲学(以及社会或政治的)问题——这是一次筹划好的行动，即使不是详细地部署，那也早已拟定好了一套基本的纲领。

不过，为了能在有限的篇幅内尽量说清楚问题，我们必须言简意赅。正如我们上面所说，阿波罗象征了几种文化的驱动力之一，尼采至少借阿波罗表示了希腊(Hellenic)人民的一种需要，即他们要以一种形式独特的文化生产来表达自己，这种需要也要求一种相应的解释，即一种"世界观"(Weltanschauung)。正如我们上面提到的，与阿波罗信仰相关的文化产物最重要的特点是明晰的意象和某种确定的平静的意象；其典型的代表是史诗、建筑和雕刻的艺术，以及占核心地位的政治、社会、宗教机构。阿波罗信仰的

“世界观”稍显复杂，且经常被人误解。可以肯定的是，尼采认为其与叔本华的个体化原则一致。这一原则维护了一件事与其他事物之间的原始分离。尼采认为这个概念也存在于阿波罗信仰的“明晰”之中，“明晰”即是对事物轮廓的关注，反对某种潜在的、流变的统一。然而，对于尼采而言，原版的叔本华观点必须被这样理解：即它被某种对幻觉的清醒意识所调节。众所周知，尼采用了诸如“清醒的梦”这样的概念，看起来，他认为这不是一种例外的情况，而更像是梦境状态的本质。我在做梦，但同时我意识到我在做梦，意识到我感觉到的一切都是一种幻觉；然而我觉得幻觉有价值，我别无所图，但求继续做梦（BT 1；KSA 1，25—30）。那么，阿波罗信仰的驱动力所包括的那种形而上学的世界观，就其本质而言，与狄俄尼索斯崇拜没有区别。这两种情况都承认了这条真理：即一切事物具有潜在的统一性并缺乏个体性，这两种情况都对这种统一性抱有相当恰如其分的恐惧和欲望。然而，在阿波罗信仰中，并不是让自身的个体性在狂喜中消解，溶入到世界的统一性中，而是满足于——的确，就是在要求自我，并在这种对自我的要求中保持平静的喜悦——在个体形式的幻觉层面上维持自身。同样重要的是，这个主张关乎整个人类及其存在的本质和整个文化生产的本质，至上而下，而非仅仅事关人类中的哲学家或艺术天才的思想和行为。换言之，这虽然说的是具体的历史，但却是人类根本的本体论特征。

当然，现在有一点可以说的是，古典时期的希腊因其众多的文化产物而具有明晰的意象特征——的确，[79]温克尔曼（Winckelmann）所划分的希腊艺术的四个时期中，“明晰”的各种模式是其中最明显的区别。这在尼采写作的时期已经成为一种陈词滥调。尼采还认为，在希腊雕塑和建筑的视觉价值与柏拉图或亚里士多德的哲学主题之间存在着某种联系，这些主题包括比如大写的形式（the Forms）、种类的区分、辩证法或三段论等等。这种说法或许是其原创,但也可能相当过时,因为这一思想具有某些沃尔夫(Wolf)或鲍姆加特纳(Baumgartner)的美学理论中的理性态度——感性的美是理性理念的完美展现。不过,相比这两个初步的概念,很难说古典时期的希腊人完全认识到了这种看待事物的观点的虚幻本质,但比起尼采通过西勒诺斯(Silenus)所表达的狄俄尼索斯崇拜的那种绝望的悲观主义,他们仍然愿意为了他们的存在、他们的文明以及他们的诸神的审美的合理性而紧紧抓着这些幻想不放,这又是完全不同的一件事。这可能是一个完全新颖的说法,也可能不是,但肯定是一项非凡的主张。

三、阿波罗的诞生

然而,这个概念的完全成型在尼采的头脑中并非一蹴而就。尼采构思了将近有一年的时间,从1869年的秋季一直到1870年的夏季或秋季,这是一个十分具有启发性的过程。这样说并不夸张,一开始,尼采就为他在巴塞尔大学上的第二门公开课所获得的好评特别得意,时值1870年的新年,他在当年2月1日开了一堂题为“苏格拉底与肃剧”的课程。在几封信中(例如,2月或3月致洛德[Erwin Rohde]和多伊森[Paul Deussen]的信,KSB 3),他提到了“恐惧和茫然”在向他的课程致意。[①] 尼采显然相信这种反应意味着他正在做的某件事情具有重大意义。这个课程比第一个更具思辨性,是《肃剧的诞生》中出现的那些思想的真正的初稿。这种恐惧与茫然的反应显然不是因为提到了阿波罗,尼采说苏格拉底占据了希腊文化的一面,即“阿波罗的明晰”(KSA 1,544),这是他唯一提到阿波罗的地方。这当然十分诱人,说明尼采在此将苏

① 参致洛德,1870年1月15和2月15;KSB 3,93—96。致多伊森,1870年2月;KSB 3,97—99。

格拉底哲学与阿波罗信仰的文化驱动力结合在了一起。这种诱惑反过来又加剧了对《肃剧的诞生》意义的巨大的误解。事实上，这段早期文字所谓的意义与《肃剧的诞生》是如此不协调（在后者中，尼采显然在任何意义上都不曾将这两个驱动力混为一谈），这不禁让人对尼采的这一理解产生怀疑。事实上，没有任何证据表明尼采在这里所使用的形容词"apollinische[阿波罗式的]"不是仅仅代表一种光亮与明晰的普遍象征——就好像尼采也会这样写，例如，"如太阳般的"。如此看来，直至1870年，尼采仍没有明确地将阿波罗信仰定为一种特指的、技术性的概念。课程和尼采同一时期的第二本笔记中都没有（NF 1869，2）使用阿波罗信仰的完整概念，甚至连某种示意也没有。仅有的候选项在笔记的条目2[31]处。在那里，可以肯定的是，我们找到了这个名词，但除此之外，只能将这段简短而神秘的残篇看作是在提出一个论点（我们上面已有所讨论），即尼采认为苏格拉底或柏拉图的辩证法属于希腊"明晰"的那个普遍传统："阿波罗信仰向[80]教条[Lehrsatze]发展"（NF 1869，2[31]；KSA 7，56）。可以肯定，这句话十分有趣，但还不是《肃剧的诞生》中所确立的那个阿波罗信仰的概念。

在第三本笔记中（NF 1869，3），对阿波罗的讨论开始变得越来越密集和频繁。尼采常常同时使用几本笔记，因此这些笔记的内容通常会超过6个月或更长时间。虽然第三本笔记似乎始于1869年底，但我们可以十分确定地将这些思想活动的时间定格在1870年春季，否则我们就不得不解释，为何在尼采的两门公开课讲义或是第二本笔记中几乎完全没有这一术语的身影。作为标题的一部分，条目3[12]被标为"阿波罗作为复仇之神[Sühngott]"（NF 1869，3[12]；KSA 7，62）——这也许是一个关于"太阳之神"（sun-god）的双关语。阿波罗在这里被认为是一个独特的概念。这里很难看出《旧约》的复仇神观念如何与尼采后来对这一概念的看法联系在一起，因此，这个笔记条目进一步证明，阿波罗的概念经历了一个漫长而缓慢的发展过程。然而,笔记条目3[35]包含了一个特别重要的新动向:“在索福克勒斯的世界观中,阿波罗就像狄俄尼索斯一样,再次获得了胜利:他们和解了[sie versöhnten sich]”(NF 1869,3[35];KSA 7,67)。和解的概念是最显著的重要进展。但还有一个不那么明显但却同样重要的进展:我们首次在尼采那里看到了阿波罗和狄俄尼索斯被视作是同一个类型的事物——即都被认为是文化形式或驱动力。尼采以这种方式铸造此二者,意味着肃剧可能是二者的和解。事实上,第三本笔记很大程度上是在记述尼采如何逐步地走近那个在《狄俄尼索斯崇拜的世界观》和《肃剧的诞生》中的阿波罗,尽管中间时常失足。这些失足的核心类似上文讨论的那种对《肃剧的诞生》的普遍误解:即认为苏格拉底哲学是阿波罗信仰的进一步发展。所以,他在条目3[33]写道:“着魔(Enchantment):这是遭受痛苦时回荡的声音,作为史诗活动的对立面:人类通过着魔来描绘阿波罗的文化‘形象(images)’”(NF 1869,3[33];KSA 7,69)。而且,我们在条目3[36]会更明确地看到:“辩证法,作为‘表象(appearance)’的技艺,毁灭了肃剧。[……]在柏拉图那里,他为作为原始形象的事物献了至高无上的赞颂;也就是说,世界被完全从视觉(eyes)角度(阿波罗)看待”(NF 1869,3[36];KSA 7,70)。这是一个多么不同寻常的想法!不过,出于我们的目的,需要注意的是,相对于尼采完整的阿波罗信仰的概念,我们在这里所看到的仍然是一个过于简单的雏形。形象和视觉都反对感觉(特别是痛苦),后者主要通过音乐的音调来表达。当狄俄尼索斯的真理导致一切无拘无束时,前者就会直接导向苏格拉底、柏拉图以及科学。据此,尼采之后的一些条目讨论了肃剧平衡的消解:“对美的压倒性的感觉吞并了真理的观念,[然后]将之逐步释放。肃剧的世界观是一个临界点[Grenzpunkt]:美与真在此彼此平衡”(NF 1869,3[45];KSA 7,73)。现在,假设我们确定了狄俄尼索斯等同于真理,那么,该残篇就是对肃剧之死的叙述。换言之,在这种微妙的平衡背后的正是肃剧,阿波罗信仰将狄俄尼索斯的真理纳入自身之中,然后再揭示这一真理,但其中没有任何基本的狄俄尼索斯崇拜的内容。简而言之,阿波罗信仰变成了苏格拉底哲学。可以肯定的是,此处这个肃剧自我毁灭的概念同《肃剧的诞生》中论述的一样深入彻底。然而,在《肃剧的诞生》中,[81]尼采称这种影响为阿波罗信仰的"病态"版本(BT 1;KSA 1,28),但他拒绝将此等同于苏格拉底哲学。苏格拉底哲学是第三个驱动力,而且先于肃剧,早已作为希腊文化的一个深层要素存在了许久。例如,他在"苏格拉底与肃剧"中曾这样写道:"苏格拉底哲学比苏格拉底还古老。"在《肃剧的诞生》中,他也有同样的说法(BT 14;KSA 1,95)。因此,尽管笔记中的阿波罗特征尤为突出,且最终成为了一个类似狄俄尼索斯伙伴的角色,但尚未有任何迹象能说明阿波罗信仰与苏格拉底哲学之间的本质区别。相反,尼采还很显多余地将之与苏格拉底哲学的概念相混淆;他早前为肃剧之死所赋予的明晰感(早在1870年2月)现在暂时性地阴云密布。直到《狄俄尼索斯崇拜的世界观》为止,这些失足之误才被他远远地抛在了身后。

让我们回到尼采在其第二门课程中论及的苏格拉底和他的阿波罗的明晰的段落,即1870年2月初的"苏格拉底与肃剧"。若不是关于阿波罗的思想,那我们还可以从这段文字中获得什么?当然,尼采后来认为,苏格拉底的特征是对早期希腊文化的误解或歪曲,而且苏格拉底对其进行歪曲的方式最终导致了现代意义特指的科学的发展,这种思想在此处已经准备就绪。在第二门课程讨论肃剧之死的时候,我们发现了一处对欧里庇德斯肃剧的分析,该分析基于对健全的竞争性希腊文化的扭曲。尼采声称,腐烂始于对话之中。最初的歌队,或带有一个单独演员的歌队,发展成了两个演员。在这一点上,希腊人根深蒂固的平等竞争意识激发了一种诱惑,即将对话视为言说与理性的较量。苏格拉底深谙这种对话的概念,并将之作为一种哲学实践:辩证法。总之,正是在1870年初,在此处,尼采形成了这个关于苏格拉底和欧里庇德斯导致肃剧之死的故事。这可能让《莱茵博物馆语文学专刊》(*Rheinisches Museum*)的读者们感到惊愕万分。还有其他一些可能对他们造成冲击的价值判断,比如他的狄俄尼索斯崇拜概念受到了强烈的叔本华影响,而这一特征被认为是肃剧的核心,再加上对瓦格纳的狂热暗示。不过,这两个特征在第一门课程中就已显现——甚至第一门课程的题目都提到了瓦格纳——所以,我将主要集中于苏格拉底作为一个惹毛众人者(feather ruffler)的形象上,正是在这个例子中,尼采首次变成了公众眼中的尼采(Nietzsche in public)。

正如我们刚才所看到的,在这一时期之初,比起其中阿波罗信仰的概念,尼采更加接近《肃剧的诞生》中提出的狄俄尼索斯崇拜的概念,以及因苏格拉底和欧里庇德斯的影响而导致的肃剧之死的概念。令人惊讶的是,这也就是说,阿波罗信仰才是这个难题的最后一块拼图。不过,到1870年的晚些时候,即他写下《狄俄尼索斯崇拜的世界观》和《肃剧思想的诞生》(“The Birth of the Tragic Idea”)时,这个难题至少就其轮廓而言已经完整了。所有这一切都不禁让我们产生这样的疑问:是什么样的哲学上的原因或其他方面的原因,才可能让尼采仅在六个月左右的时间里,就发展出阿波罗信仰的完整概念?我并不打算将这个问题视作简单的传记问题或历史事件。我之所以对之产生兴趣,是因为这揭示了以前可能被忽视的哲学观念、分析或是论证,从而可能丰富我们对尼采哲学的理解,尤其是他对希腊古代的看法。这个问题的答案基于我们上面所说过的那种历史的,但根本上是本体论的主张——一个定义了全人类特征的驱动力。尼采的历史本体论最初[82]显得有些片面,而且缺乏内在的动力。而阿波罗信仰的完整概念正好为之提供了动力。

在这一阶段的初期(1869/1870年冬),毫无疑问,尼采领悟到，狄俄尼索斯崇拜是一种普遍内在于希腊人民中的驱动力，存在于他们广泛的文化生活之中，虽然通常不可见，但长期有效，是一种十分重要的存在方式。这里有一个例子，在 1870 年 1 月开设的课程“希腊音乐戏剧”中，尼采说：“然而，那些在狄俄尼索斯盛大的节日期间前来观赏肃剧的雅典人的灵魂中，已经在其自身内包含了一种可以使肃剧诞生的元素”(KSA 1,521)。还有，“这种狄俄尼索斯崇拜的自然生命中的某些东西，在阿提卡戏剧繁荣的时期，依然活在观众的灵魂当中”(KSA 1,522)。这种狄俄尼索斯的影响不是源于剧场，而是观众所带来的某种东西，是某种希腊人本身已有的存在——并且他们事实上仍然拥有，尽管苏格拉底哲学的力量逐渐显现——是某种最好通过肃剧的表演来激活的东西。可以肯定的是，尼采之后就在狄俄尼索斯崇拜的生活模式是希腊原生还是源于亚洲这个问题上摇摆不定。在早期，只有在“希腊音乐戏剧”中讨论到单纯的音乐问题时，尼采才会提到亚洲的影响(KSA 1,529)。而到他完成《狄俄尼索斯崇拜的世界观》时，他却写道，“狄俄尼索斯的风暴从亚洲袭来”(KSA 1,556)。所以，简而言之，尼采把希腊的狄俄尼索斯崇拜的起源赶向了东方；可以合理地推断，这个观点之能产生，是因为它给历史的变化补充了动力学方面的原因，正如我们上面讨论过的，之前的文本没能补充这种动力。然而，将狄俄尼索斯视作一种外来的因素，就意味着它不是内部的动力，不是文化发展中不可避免的内情，只不过是一种文化对另一种文化的偶然影响。然而，直到尼采完成《肃剧的诞生》的全部手稿时，他仍认定狄俄尼索斯崇拜是全人类的根本动力，无论是异族(barbarian)还是希腊人(KSA 1,31—32)。肃剧文化发展的原因现在首次变成了某种关于驱动力的原始兄弟般的概念。

相反，正如我们已经看到的，这一早期作品中并没有尼采关于阿波罗信仰的技术性概念。所以，那个作为希腊人存在特征的阿波罗的概念会不见踪影也就不那么令人惊讶了。当然，形象和幻觉的概念还在，但它们既非形而上学的主张，也不是关于人的普遍主张（如狄俄尼索斯崇拜和苏格拉底哲学那样）——相反，它们是对艺术实践的具体主张。一些笔记条目中，如条目1[49]，蕴含了尼采后期有关诗人具有塑造力的想象以及创造神话等思想的萌芽（NF 1869，1[49]；KSA 7，24）。希腊音乐戏剧具有普遍的情感内容，但诗人们不得不去想象一个过去，而这个过去就是这些普遍情绪的原因。这个原因被称作神话。"它是反映我们最普遍状态的镜像，在里面能看到理想和理想化的过去。"然而，这一论述却非常具体（以绝对音乐的发展脉络为框架），而且这一观念也严格精准地仅仅局限于个别的诗人。这里丝毫没有说这样一个具有塑造力的想象本身就是希腊生活的中心，或是基于一个根本的驱动力。同样，在这段文字中，我们再次看到了关于希腊人颂扬明晰与独特的陈词滥调，但却没有看到有什么证据能表明这被认为像狄俄尼索斯崇拜那样是[83]全人类最基本的文化驱动力。然而，从《肃剧的诞生》的角度回看，这一缺席确实非常令人惊讶，以至于许多尼采笔记和早期讲义的读者都不敢承认自己注意到这一缺失。

因此，在1869/1870年的冬季末到1870年的夏季或秋季的这段时期里，尼采意识到他关于希腊文化巅峰时期的那个故事还不够完整。于是尼采在春季的某个时期创造出了阿波罗信仰的概念，以此作为狄俄尼索斯动力的伙伴，两者的和解就是肃剧诞生这个事件。但这个早期版本的阿波罗信仰自身无法与早已制定好的苏格拉底哲学的概念相匹配，正如我们在上面看到的；事实上，它让已经建立起来的关于苏格拉底哲学的概念陷入了混乱的状态。《狄俄尼索斯崇拜的世界观》提笔于1870年7月，但受到了战争与尼采漫长的伤愈康复期的干扰。在1870年8月和9月，尼采曾短暂地入伍并担任医务兵，几个月后他又受到了伤病的困扰。虽然他声称此文写于夏季，但直到该年11月前，他都不曾在书信中提到过这篇文章，他开始在信中频繁地预告这篇文章的时间决不早于11月。[①] 因此,《狄俄尼索斯崇拜的世界观》似乎直到那一年的晚些时候才最终完成,也许迟至10月份。这篇文章也形成了《肃剧思想的诞生》的基础,后者于这一年的12月作为礼物赠送给了科西瓦。因此,尼采(在前言《致瓦格纳》和《尝试自我批判》["Attempt at Self-Criticism"]中)谈到他是在战争期间铸就了《肃剧的诞生》,这么说并不仅仅是出于装模作样的吹嘘。事实上,这引起了一个十分诱人的推测,即正是这些对政治和战争意义的反思促成了关于阿波罗信仰的全新观念(参第十本笔记中对战争、国家和艺术的反思,还有一些反思也同样惊人,比如:"德国是一个往后推进的[rückwärts schreitende]希腊:我们已走到了希波战争的时期。"NF 1870,5[23];KSA 7,97)。

无论是什么事件促成了它,尼采都意识到,狄俄尼索斯的驱动力需要一个兄弟和相互竞争的搭档,一个同样存在于希腊人民历史本体论特征层面的驱动力,一个不会让苏格拉底哲学的概念失去意义的概念。此外,这一犹如狄俄尼索斯崇拜的兄弟的驱动力不能是苏格拉底哲学驱动力的早期形式,因为它无处不在,而且永远都只能是对狄俄尼索斯的毁灭。他意识到,早期关于肃剧的发展及其衰亡的叙述中有太多的问题至今仍悬而未决。这些问题中最主要的,是需要某些能够解释希腊文化生产动力的东西,从而产生关于文化发展的叙事。在尼采的第一门课程("希腊音乐戏剧")中,我们在歌队中找到了对肃剧发展的熟悉的描述,但没有找到对这种发展的任何解释。在第二门课程("苏格拉底与肃剧")中,可以非常肯定,其中绝不缺少对发展的解释。正如上面所提到的,《肃剧的诞生》中欧里庇德斯的肃剧与苏格拉底的哲学由于不理解肃剧,于是对肃剧进行了导致其"自我毁灭"的决定性的修正,这则

① 致格里斯多夫(Carl von Gersdorff),1870年11月7日;KSB 3,154—156。致洛德,1870年11月23日;KSB 3,158—160。

故事在此处得到了清晰的表述。

关于希腊如太阳般明晰的陈词滥调(在尼采的思想中)开始逐渐演变,并与其本质的区别一起进入了阿波罗信仰之中,这些区别就是:对幻觉的清醒意识以及对幻觉的重视。这是决定性的一步。现在,尼采不仅能够叙述希腊文化形式的发展,正如我们刚才所谈论的[84](例如,《肃剧的诞生》的前三分之一分别处理了荷马与阿尔齐洛科斯[Archilochus]的问题),还能接着完整地叙述许多哲学上的影响。尼采现在能(i)创造一个更为详细的形而上学和情感表达时刻的文化创新模式,即肃剧(《肃剧的诞生》节 7 至 10);以及(ii)解决与悲观主义相对的"希腊式欢笑"(Heiterkeit)的问题,其手段是将后者展现为一个严肃的哲学观念——生存的美学理由——也就是说,展现为一种存在的方式,而不是某些源于纯粹的安逸与舒适的东西;(iii)当苏格拉底哲学的驱动力占据主导地位之时,也就是当这种驱动力误解和压抑了在长达 3 个世纪的时间里始终都是希腊精神本质的东西时,他能说明这个时刻多么具有真正的划时代意义(《肃剧的诞生》节 11 至 15);(iv)能处理当时的"德国问题"——当时德国文化被认为是停滞不前或腐朽颓废的文化,这是他同瓦格纳共同的观点,他从一开始就对这个问题忧心忡忡——他以一种与苏格拉底主义(Socratism)和整个科学史有关的全新的批判眼光来处理这个问题。此外,在这一点上,阿波罗信仰在当时那个时代的图景中重新崛起也为尼采在《肃剧的诞生》后半部分所展望的科学与艺术的和解打开了希望之门。(v)正如上文所指出的,1870 年初的第二门课程("苏格拉底与肃剧")中,尼采曾将"竞赛"(agon)视为古典希腊文化生活的一个特征。然而,由于狄俄尼索斯缺少一个竞争或切磋的对手,所以此处看不出尼采能以什么更基本的方式为基础来使用他提出的"竞赛"的概念。换言之,这里所看到的"竞赛"概念并不是希腊文化发展的一般机制,更不用说是文化的普遍机制。至少可以说,阿波罗信仰概念的发现使得尼采能够在这些方面去归纳出“竞赛”的概念。因此，正如我们已经注意到的，通过1870年夏末或秋初的《狄俄尼索斯崇拜的世界观》，阿波罗与狄俄尼索斯之间的对抗现在能为希腊文化的发展提供动力机制了。此外，可以明显看出，当尼采在1871年写作《肃剧的诞生》的时候，他认为这种分析能说明普遍意义上的文化发展——否则，在当时的背景下提出肃剧重生的观念就毫无意义了。最后，尼采（vi）现在可以解决此处的文化统一到底意味着什么的问题——他甚至没有意识到这个问题，直到他发现阿波罗时他才对此有所意识，而这在很大程度上为他以后的研究提供了动力。

四、真正的文化统一

本文的最终目的是详细探讨上述这些影响，哪怕是最细枝末节之处。不过，这些影响之间存在着紧密的联系，因此从第二个影响入手展开讨论会比较自然（此外，在结束之前我们还将讨论第四个影响）。“快活”（Cheerfulness）在尼采全新的分析中不再是从历史角度被认为是古典希腊偶然产生的情绪状态，而是阿波罗信仰的存在方式。我在这里强调阿波罗信仰，是因为这是希腊存在方式中市民的、富有生产性的以及最可见的一面，而其中所隐含的形而上学和人们实际上假定的那种狄俄尼索斯崇拜的“世界观”没有任何不同。如果希腊人给人一种[85]快活的印象，这是因为他们以阿波罗信仰的形式存在。我们这里所说的是作为一个整体的民族，其存在必须通过附着在幻觉上的需求和价值感去理解，尽管他们对此有清醒的认识，而这种方式反过来又变成这样一种理解：即他们的存在好似悬浮在一个可怕的深渊之上，其中消解了所有的身份，而且，就此意义而言，个体的人，也包括诸神自己，仿佛充其量都只是某种单一而神秘莫测的命运手中的工具。这种快活确实是一个文化问题——此处"文化"对尼采而言意味着一种人的存在方式,是人的动力和价值,使他们的整个文明变成一个机制,该机制能够生产伟大。① 希腊人的"快活"是尼采的一个重要的概念,②不仅因为他视此为自己对该领域的传统智慧和学术最有力的挑战,还因为其中包含着他自己对文化的本质、重要性和可能性的全新理解,无论是希腊文化还是任何其他的文化。希腊文化是统一的,而现代文化则已分裂。

以上我们简要地讨论了《肃剧的诞生》中某些洞见的影响,早在这部著作问世之前,尼采便已经开始积极地探索:在政治哲学方面(《希腊邦国》和《荷马的竞赛》)、教育哲学方面(《论我们教育制度的未来》["On the Future of our Educational Institutions"])和语言哲学方面(古代修辞学的课程和《论道德感之外的真理与谎言》)。《希腊肃剧时代的哲学》也同样反映了所有这些关注。在语言哲学方面让我尤其流连忘返。因为,虽然我认为尼采关于语言的概念说到底其实就是他关于文化的同一个问题,但这一点并不十分明显。因此,尼采的语言哲学也最容易被人误解。再次重申,我的目的不是为了向前追踪其思想发展的脉络;相反,我打算从他的晚期作品往回走,去寻找是什么启发了尼采,让他去关注阿波罗信仰的概念,并最终将之发展为《肃剧的诞生》中的样子。

大约在1872/1873年,尼采提出了语言哲学的概念,但实际上并非关于语言。论文《论道德感之外的真理与谎言》的标题已经告诉了我们这一点。关键是真理的可能性,以及一套谎言(untruths)对任何特定文化而言所具有的必要性,语言仅是解释这些现象的一个元素。此外,在这一阶段,尼采对语言有一种令人惊讶的天真

① 我们在后面会再回来讨论"文化"的概念,尤其是文化统一的概念。

② 参《肃剧的诞生》最初的书名以及前言《致瓦格纳》的第一份手稿,11[1];15年后,尼采在《尝试自我批判》中承认了这一点,参KSA 1,11。

感，他完全通过语义学的思维方式，认为语言是一套表现心理内容的口头能指符号。可以肯定的是，尼采在此所记述的内容极为重要，因为它开创了一个哲学的书写应该是什么的诗意的概念。然而，这项工作中最重要的还是关于文化的本质和统一性的问题，以及关于真理本质的批判问题。让我们先对这些有关语言的记述进行简要地梳理，以便引出这些问题。

那些语词（或许是短语，也可能是整个句子）指的是什么？可以肯定的是，指的不是实体的事物，甚至也没有以任何直接的方式指某种神经性的刺激（即广义上的感觉）。在事物、感觉和语词——隐喻和转喻等等——之间总是存在着某种艺术或诗意的扭曲，以至于语言的整个织体结构都是一种艺术的幻象。在谈到语言的本质问题时，其关键的新意在于，意指关系是通过比喻的方式去理解的（反之，就是心理内容之于神经刺激的关系），概念的发展并非先于言辞的表达，而是在其之后，出于复述[86]和再使用这一语词的需要而产生。在这一幻觉的艺术创造背后的主要驱动力是实用主义：我们之于事物的关系，尤其是快乐或痛苦的关系，因此也就是效用或危险的关系，这些都能在语言中得到表达。确实，关键并不在于那种可能实际上维持其原状的东西，而在于那种被相信应该如此的东西。从严格的意义来讲，决不可能获得真理——即不可能如其所是地获得那种东西，仿佛未经过滤或未遭修改。此外，尼采认为，语言使用者对语言之于事物的关系常常固执于一种天真的观点，他们忘记了一切语言所基于的那种修辞的比喻，因此也就没能注意到实际语言内在隐含的价值功能。尼采写下了那句十分著名的名言："真理即幻觉，对此，人们却早已忘记那就是幻觉"（TL 1；KSA 1，880—881）。所以，伦理、政治、科学以及哲学的真理或多或少都是有用的谎言。然而，语言是一种共同的现象——我们用一种对我们大家而言都共通的语言书写或与他人交流——实用主义的驱动力在这里最首要的作用就是维护共同体。

语言属于一个民族群体，而它独有的“真理”就是群体的主流价值观——对好与坏、正确和错误的判断——正是这些价值观向这个群体提供(或看似提供)了繁衍生息的保障。从个体的言说者到言说者的共同体——也就是到一个“民族群体”——这一关系是语言问题和文化问题之间最明显的联系。现在，我们需要讨论在《论道德感之外的真理与谎言》一文中出现的两件奇怪的事情：第一，尼采通篇都在使用关于幻觉、梦想、艺术的生产、个体化以及形象的语言。自 1870 年末起，这是尼采为阿波罗信仰而搭建的语言。这便提出了一个问题：在阿波罗信仰与尼采关于语言与真理的论述之间，存在着什么样的关系。第二，我们看到尼采使用了关于遗忘的语言。然而，这似乎又涉及到“回想”(remembering)的可能性——但这一可能性又意味着什么?

《论道德感之外的真理与谎言》并未解答这些问题。这篇文章提出的是一组普遍的或非历史的主张，并不局限于某个特定的历史时期或族群。例如，希腊的语言和真理经验可能与普遍规则有很多不同，但文中对此未置一词。然而，尼采关于希腊文化生活两个阶段(前苏格拉底哲学与后苏格拉底哲学)的发现实际上是这些更加普遍分析的基础。为了进一步探究这一点，我们将把目光转向尼采于 1872 年初在巴塞尔大学首次开讲的古代修辞学课程。这门课程的第三堂课显然是《论道德感之外的真理与谎言》的翻版，其中包括许多相同的分析，甚至连例子也相同。尼采在其中所写的内容反映了《论道德感之外的真理与谎言》中的观点：“修辞，就是在清晰理解的基础上，对那些本就植根于语言中的艺术手段进行进一步的培养”(Gilman 等 1989，20)。同样，在追加的论希腊演说术的课中，尼采这样论述修辞学家：“修辞学家掌控着[in der Hand]‘对事物的见解’，因此也就掌控着事物对众人的影响，他们深谙此道”(Gilman 等 1989，213)。可以肯定的是，“清晰”与“深谙此道”，听起来就好像尼采是在这样描述修辞学家：即他们似乎在"回想"语言的根基,进而也就是作为个体的言说者,在一种与他或她的文化生活相隔离的状态中进行回想。但是,回想从根本上来说并不是个体走向真理的旅程,因为冥想追忆那些所遗忘的(前世的记忆),这是苏格拉底哲学/柏拉图哲学对真理的见解。这样一种关于修辞学家的见解[87]与尼采对苏格拉底思想的批判完全不符。事实上,尼采一贯拒绝把个体设置为某种基础性的角色,因为这样做标志着希腊文化的终结和现代性的开始。相反,在这些课程中,我们得到的是一张集体的图像。在课前,尼采说:"以这种方式,所有专属于希腊生活的具体特征都可以如此描画:即好像在游戏般地把握一切关于理解、关于生命的严肃性、关于需求,甚至关于危险的活动"(Gilman 等 1989,2)。这一概括超越了康德美学中的"游戏"概念(就在这句话之前,尼采引用了一大段冗长的康德语录)。同样的思想也出现在《肃剧的诞生》中,这一次是与歌德一起,尼采援引了歌德并提出,强烈的感伤主题只是一种关于古代的"审美游戏"(BT 22;KSA 1,142)。换言之,我们在修辞学的课程中发现的见解和《肃剧的诞生》中对希腊的快活的描述相同——即,希腊文化是人类的一种存在方式,而不是少数人手中的一套概念性的见解或工具。具体而言,只凭特定条件下的个体(例如伟大的诗人)将无法获得阿波罗信仰的存在模式,这种存在模式已经属于某个民族群体。

在这一时期的其他文本中也能发现这张同样的集体图像,不拘于讨论的主题。例如,在《希腊邦国》中(尼采于 1872 年底赠予科西瓦的 5 篇尚未完成的书稿的序言之一),尼采重点论述了劳作的"羞耻",包括艺术的劳作:

> 希腊人不需要这种概念性的幻像体验(hallucinations),这种幻像令人震惊地公开表示,劳作是一种耻辱——另有一种更隐蔽、几乎不被提及但却到处都是的智慧,附和着补充

> 说，人类是可耻的生物、是可怜的东西，他们什么也不是，只是一个“影子的梦”。(KSA 1,765)

而且，并不只是希腊人才有这种不同的概念性幻像——虽然毫无疑问，他们的确有——不如说，这是一种广泛的文化态度，其中所有概念(无论它们多么生动或有价值)都是这种幻像。同样，在《荷马的竞赛》中，尼采认为，希腊人在战争和冲突的需求方面缺乏自我欺骗，他将之与现代人的束手无策相比：

> 为什么整个希腊世界都因《伊利亚特》中的战争形象而感到喜悦？我担心我们没有以充分的‘希腊’方式来理解这一现象，事实上，如果我们拥有了真正的希腊的理解方式，我们就会不寒而栗。(KSA 1,784)

同样，问题不在于希腊人特别凶悍，或是后来的人不再凶悍。相反，问题在于希腊的生存模式严格地将暴力的形象(和任何对暴力的准道德评价的形象)只视为形象——或许是某种总体上象征着更令人沮丧的东西的形象。

跨过所有这些不同的主题，希腊文化的统一性这个主旨便显露了出来：这个群体的统一本身就是世界潜在而动荡的合一性(oneness)的神话象征，这一点通过狄俄尼索斯崇拜被揭示。《希腊肃剧时代的哲学》对此的表达或许最为清晰，该书是尼采在《肃剧的诞生》之后第一个全面彻底的计划。尼采强调，文化的目的就是要达到伟大的顶点(这也是他一些早期作品的主题，包括《论真理的悲怆》)。不过，这个顶点在荷马、泰勒斯、伯里克勒斯，或者柏拉图那里并未脱离常规——不是一个个体，“一个偶然、[88]随意的徘徊者，一会儿分散在这里，一会儿在那里”(KSA 1,809)。偶然和分散的个体是一个现代性的形象，其中个人是“由小碎块俗丽地拼装起来的"(《希腊邦国》;KSA 1,765)。用彩色碎片粘贴而成的现代人的形象是尼采最执着的形象之一。这里只提两个实例:他在第一篇《不合时宜的沉思》中再次直接用到了这一概念(DS 1;KSA 1,163),还用在了十年后的《扎拉图斯特拉如是说》中"论教化的国度"(On the Land of Bildung)那一节。这一节从标题上看已经非常明显,"文化"(Cultur)是一个无法用"教化"(Bildung)解决的问题("教化"即"培养"的意思,而且首先是教育方面的培养)。因此,尼采早期对教育的关注和讨论(例如《论我们教育制度的未来》或《作为教育家的叔本华》["Schopenhauer as Educator"])与我们所讨论的问题有着密切的关联。希腊的"天才"不是这些分散、驳杂、偶然的个体,他们生自"自然淳朴的土地"(KSA 1,806)。因此,尼采才能够这样写道:"如果我们能够正确地解释希腊人的一生,我们会发现,我们看到的始终都只是从那些最杰出的天才那里散发出的无比明亮的倒影"(KSA 1,808)。希腊哲学家和其他"伟大"的个体并非"不合时宜"(这个概念很快就成了尼采的最爱之一),而是深深地植根于他们适当的统一的文化之中,几乎成了其原初的模式,同时也是其最鼎盛的时期。

在理解这种文化的统一及其与天才的出现之间的关系后,我们就不可能不去参考他有关修辞学和语言哲学的作品。尼采认为,在古希腊而不是别的地方,每个人都是修辞学家,这点听起来可能颇为惊人。当然,修辞学家一定在技能、洞察力、创造力上有高低之分,但希腊人普遍认为语言是彻头彻尾的修辞,这一基本的概念广泛存在于他们的文化中。尼采认为,现代性已经不再能回想,而且其实已无法回想这种语言的本质,而这在古代希腊是永远不会被遗忘的。因此,《论道德感之外的真理与谎言》中关于语言是一种被遗忘的向性扭曲(forgotten tropic distortion)的论述就不可能通过个体的回想行为来彻底实现——或者,如果要想实现这种可能,那么这个个体就必须始终不合时宜,最后可能还会自取灭亡,或者最少也必须是个穷破书生(very poor book sales)。相反,语言必须在一次文化变革中被恢复原样,这次变革将使阿波罗信仰破“茧”而出,自从苏格拉底主义兴起以来,它就一直将自己隐藏起来,这次变革还将让狄俄尼索斯崇拜从边缘化祭仪的流亡中回归。修辞学家的文明所提供的关于语言的洞见与真正统一的文化齐头并进。现代性必须以某种方式从希腊人那里学习的,正是这种统一的文化。

五、批评、科学与神话

要完全理解这个关于统一文化的概念,我们需要追溯到一年前的《肃剧的诞生》中后三分之一的内容。尼采早已在书中确立了他关于肃剧的诞生及其消亡的理论。但后面的章节还存在一系列问题:首先,在何种条件下肃剧才有可能再生。由于这些条件不可能简单地抹去存在两千年之久[89]的苏格拉底哲学,因此它们必须以某种方式反过来将之合并吸收。在此,我们只需要审视这个问题的两个方面。第一,科学的批评界限。第二,文化的统一,可以说尼采从未在这本书中明确地指出过这个问题(但正如我们所看到的,尼采在《希腊肃剧时代的哲学》的导言部分实际上已经指出来了)。

《肃剧的诞生》的最后部分始于第17节,以这段话开始:

> 如果古代肃剧被辩证的求知欲和科学的乐观主义挤出了轨道,那么,从这一事实可以推测,在**理论**的世界观与**肃剧**的世界观之间存在着永恒的斗争。只有当科学的精神被引导到达其自身的界限,当其宣称的普遍的确实有效性被这些明显存在的界限所打破时,人们才能指望肃剧的再生:在之前已讨论过的意义上,我们用被**驱向音乐的苏格拉底**来象征这个文

化形式。(BT 17;KSA 1,111)

这种科学的精神在面对其明显存在的内在局限性时,就会发生转型;苏格拉底被驱向音乐。下一节(节18)讲述了转型的第一阶段。他写道:“康德和叔本华巨大的勇气和智慧成功地实现了最艰难的胜利,战胜了隐藏在逻辑本质中作为我们现代文化隐藏之基的乐观主义”(BT 18;KSA 1,118)。因此,批判的哲学就是科学意识到自身的局限性。但这里对“局限性”的表达可能会造成误解。例如,人们可能认为,现代科学——或许还有古代科学——也是从一开始就认识到了自身的局限性,这体现在它们也会认真考虑根据所掌握的证据可以得出何种合理的结论,以及思考证据如何得以成立。这样的思虑反过来促进了收集可靠证据的技术手段的进步——显微镜、钟表、温度计等——以及在证据统计分析方面的数学的进步,例如统计学。科学知道了自己的局限,这件事更促使它想办法能看得再远一点、再深一点、再全面一点。换言之,这种情况与尼采所说的恰恰相反:在这种情况中,局限滋养了乐观主义。然而,正确的对界限的批判概念则不同。科学无法确立在科学知识界限之外的东西,相反,只能通过对科学的可能性条件进行考察来确立。尼采在这里所说的“智慧”是一种洞见,这种洞见发现,那看似“超越”科学的东西,其实并没有超越科学,这不是因为其对象的本质与科学的资源有关——例如,研究对象太小、太远、太复杂或太罕见——而是因为科学的本质就是探究具有结构的表象。在后一段中,我指的是广义的康德哲学观点,即所见非实,或“物自体”,表象只能通过一系列“精神”行为构成。

尼采自己的新康德主义——如果我们可以这么称呼的话——其核心是对语言和真理的各种分析,可见于其修辞学课程和文章《论道德感之外的真理与谎言》。如尼采所见,感性经验能够成为可能的条件本质上属于生理和文化。这些分析实际上大量借助了科学(还有其他哲学家,他们自己都是当时的自然科学的热心读者,比如兰格[Friedrich Albert Lange])。尼采认为[90]语言是"神经刺激"的转换,这一观点依据的是赫尔姆霍茨(Hermann von Helmholtz)的生理学和声学研究。不过,我在这里并不是想仔细检索尼采的科学签收单,相反,我试图考察这个批判科学的概念,这种批判科学正表现为尼采在其研究工作中借助的这些科学。重要的是,赫尔姆霍茨认为,他的研究,以及其他人比如他的老师穆勒(Johannes Müller)的研究,是对广义的康德论点的实际示范,这个论点认为,经验受制于人类的感性官能。因此,赫尔姆霍茨在他著名的课程"论普遍意义上的自然科学与科学的关系"(On the relation between natural science and science in general)中说道:"康德的批判哲学只打算考察我们知识的来源与合法性,并在其他科学方面为自己的智力劳动建立一套标准"(Helmholtz 1862,3)。这意味着两件事:首先,批判哲学不是科学的女王,无法为其他科学制定原则,只能为自己制定原则。另一方面,在这一点上,这意味着赫尔姆霍茨认为应该将康德准确地理解为物理学家和心理学家——他在讲完前面的话后,紧接着就这么说了——更重要的是,这种康德模式的批判性思考正是自然科学本身必须去履行的。这种批判不是我们在上面讨论的那种评估其迹象的微不足道的"批判",而是在正确的康德意义上的研究其自身之所以成为可能的条件。

尼采早期的语言哲学还在很大程度上受到了格伯(Gustav Gerber)的影响。无意识刺激所经历的那种转变,形成了第一个语词,进而形成概念的转变,需要被理解为一种无意识的艺术创作过程。格伯也位于一系列对尼采产生影响的(新)康德主义思想之中——他让我们根据历史和生理的条件去思考,而不是纯粹以先验条件,事实上,尼采也很乐意如此思考。在一段语出惊人的话中,格伯提出,康德开创的纯粹理性批判现在显然已经变成了"非纯粹理性批判”,也就是变成了“语言批判”(Gerber 1871,262)。

另一个例子是尼采对佐尔纳(Johann Zöllner)的一本论彗星的奇妙著作的研究,该书于 1872 年出版,其中包含了一篇论作为自然科学家的康德的长文。佐尔纳对那篇文章的概述如下:“对理解活动的机制的敏锐感发展得越完全,在对自然界的因果关系做出正确的推论和结论时对观测资料的需要就会越来越少”(Zöllner 1872,XCV)。这明确地显示了佐尔纳的特点,即他拒绝将单纯的证据积累和重复地实验视作科学探索的恰当方式。尼采也持相同观点,并经常提及(如 NF 1873,29[24];KSA 7,635)。佐尔纳因此也是一位合理实验设计的支持者。然而,尽管佐尔纳的研究主要关注康德的前批判作品,但刚才提到的他的那个观点也反映了《纯粹理性批判》(*Critique of Pure Reason*)中重点描述的科学方法。康德认为,只有当科学工作者认识到自然只会回答科学理性安到它头上的问题时,科学才开始发展和进步,因为正是通过这种迂回的本质,理性才能发现自己对自然的构成所做的贡献。康德写道:“接近自然的理性必须这样做,一只手抓住它的原则,仅仅根据这种原则,对表象的安排就可以被视作法律,另一只手则要抓住遵照这些原则来制定的实验计划”(Kant 1968,Bxiii)。同样,许多影响了尼采的新康德主义者的普遍[91]观点中都渗透了这一点。佐尔纳(和尼采)关注科学方法,不仅是因为他同时代的人在浪费宝贵的时间和贵重的设备,还因为那些人极其荒诞地误解了科学探究的本质与知识的本质。

最后,让我们来谈谈尼采借鉴的最著名的科学观点,即博斯科维奇(Ruggero Boscovich)的观点。尼采在 19 世纪 70 年代早期阅读了这位 18 世纪物理学家的著作,但我们要审视的是一份写于在此十几年后的《善恶的彼岸》中的书面讨论。可以肯定的是,虽然尼采在这一点上一直是一位不同寻常的哲学家,但他有许多思想都在关注当时的科学,而且这些思想显示出了相当大的连续性。

他写道：

> 因为，哥白尼使我们确信，与感官所感觉到的相反，地球并非静止不动，与此同时，博斯科维奇教导我们，要摒弃关于地球的最后一条"固定和确定"的信仰，即对"材料"、对"物质"、对地球的残渣，即那个叫原子的小东西（an das Erdenresi- und Klümpchen-Atom）的信仰：这是迄今为止在地球上对感官所取得的最伟大的胜利。（BGE 12；KSA 5，26）

现在，有必要再次重申，如果尼采所说的"对感官的胜利"的意思，是对我们的感觉而言显而易见的东西其实是一种错误，那么这就不那么有趣了。怀疑这些感觉，或寻找感官迹象背后的真实，这些都是十分普遍的哲学和科学的举动——事实上，这也可以说是苏格拉底主义和柏拉图主义的核心，尼采在《希腊肃剧时代的哲学》中证明了前苏格拉底思想中已有此先例。在现代科学领域，区分温度或颜色的相对和绝对的量度是一个很好的例子，因为这种区分需要涉及那种常被运用的怀疑论证法。[1] 然而，不管这种发展最终变得多么令人窒息与革命性，它们始终都是科学探究的重要部分。那么，尼采的观点究竟是什么？他选择哥白尼作为例子，这一点十分重要，因为这显然也是康德在讨论科学革命时所选择的例子。康德以两种方式使用了哥白尼，我认为尼采也一样。第一种，通过类比的方式：康德的先验唯心主义同样是一种令人目眩的观点的置换（参 Kant 1968，Bxxiin，他在那里更加明确地表明了这一点，与尼采一样，他认为哥白尼的假设是"反对感官"）。然而，

① 例如，在《谈谈方法》（*Discourse on the Method*）的第四部分，笛卡尔遵循着古代的怀疑论者恩皮里柯（Sextus Empiricus）的路径，谈论了关于黄疸病和颜色知觉的问题（Descartes 1964，39—40）。

第二种方式则不只是类比。为了使第一种使用能对于我们来说有点意义,我们必须明白,对于康德而言,哥白尼是一位批判的科学家,他领会了科学方法的本质,因此成为了那些把物理学带到"科学的高速公路"上的人之一(Kant 1968,Bxii)。尼采对博斯科维奇的运用与此相同。在不遵循物质或实体的概念(甚至是空间的延展)的基础上重新思考原子,这是一个具有革命性的想法,这一点可以肯定。然而,尼采的观点必定不止于此。尼采的主张是,物质唯物主义直到最近才成为思考之得以可能的历史条件之一,但这种条件仍处于僵化的状态,但它一直在运作,即使在我们身上的思考的生理学基础也是如此,它构成了我们对于世界的最基本的经验。感谢像博斯科维奇这样的物理学家,还有与他们志同道合的哲学家,如康德和叔本华,由于他们的努力,科学才能开始对自身的条件进行审视,还拽上了文化,让后者也开始审视自己。

[92]以上简要考察了这一时期尼采所受的影响以及这些影响中或多或少关于科学的真正使命的康德式观点,这为本文最后一部分研究奠定了基础。《肃剧的诞生》的最后三分之一探讨了肃剧再生的可能性,这就转而要求克服苏格拉底哲学的优势地位(不仅是简单地让其失效)。更具体地说,这就要求尼采的手上必须掌握狄俄尼索斯崇拜和苏格拉底哲学之间的区别——正如我们所看到的,他在 1870 年 2 月已经找到了这种区别——以及阿波罗和狄俄尼索斯之间兄弟般的关系——这一观点的推进至少花了 5 个月以上的时间。如果缺少了这些最后的东西,那么肃剧的重生看起来就不过是在天真地要求复原希腊的生活方式。由于阿波罗信仰的参入,尼采现在可以描述必须用怎样的方式从头到尾地彻底思考苏格拉底的现代性。在此期间,尼采对科学的兴趣正是源于他对苏格拉底现代性的分析。尼采对科学本质的观点所表现出的模糊的新康德主义在这里十分关键。作为文化革新的一部分,科学必须承认其作为修辞或技艺的崭新的和恰当的地位。

可是，阿波罗信仰的概念又是如何能在《肃剧的诞生》的最后几节展现出其自身的重要性？答案是，通过神话的概念。以上，我们已经展示了文化统一的概念如何驱使着尼采在《肃剧的诞生》之后的大部分研究。同样，我们也研究了希腊文化的统一造成的一些影响：例如，它如何影响了希腊人的语言经验。但又是什么使得真正的文化统一得以实现？为了解决这个问题，尼采在《肃剧的诞生》中使用了"神话"的概念，该概念最先出现在第9和第10节，但直到全书的结尾处才得到最充分的阐述。尼采用广义的神话指一种文化的价值观、信仰、驱动力的理想规划，它既具有其高度完满的美丽，也包含其底下或背后的恐怖。这大致就是他在《肃剧的诞生》开篇处所叙述的内容(BT 3；KSA 1，34—36)。如此一来，神话的统一就，或应该，与文化的统一性相关。在现代社会，在苏格拉底哲学占主导地位的时代，我们没有"原生神话"。他继而道出了这样的结论："想想看，有这么一种文化，它没有牢固的、神圣的、原生的席位，而只能是被诅咒地耗尽一切可能性，在一种贫瘠的状态中，贪婪地汲取一切文化的营养"(BT 23；KSA 1，146)。五颜六色的拼凑物这一隐喻已扩展出去，不再局限于个体：这是一种彻头彻尾的由边角废料组成的"文化"。

然而，这种分析是与尼采关于肃剧整体效果的最后讨论并置的。尼采似乎认为，对于那个在后苏格拉底时代如何才能使肃剧成为可能这个难题而言，神话是最后一块拼图。于是，他又回到了古代的肃剧中，以便最后一次重铸关于肃剧诞生的理论，现在，他的理论依据就是神话。肃剧揭示出一种希腊文明与之有关的状态——这种状态反过来成为了赐予肃剧的回礼——其中，阿波罗信仰"否定自己"，并通过"狄俄尼索斯的声音"说话(BT 21；KSA 1，139—140)。尼采称这种条件为"神话"。然而，我们还不清楚这意味着什么，因此，我们必须停下来询问：对于一种存在的状态而言，把形象仅仅视为"否定自我"的形象，并且因此赋予其价值，这意味着什么？首先，像这样地否定形象，就意味着溶入狄俄尼索斯崇拜之中——甚至其伪装的个体性也被击败了，只有狄俄尼索斯的狂喜得以留存。所以，这不可能是尼采的本意。然而，另一方，对图像价值的否定会取消[93]阿波罗信仰的治愈能力。换言之，悲惨的状态会持续，因而，就会变成苏格拉底哲学关于幻觉的概念，即认为这纯粹是一种欺骗。还有第三种可能，但这也是最不可能的那一个：我们知道，否定对幻觉的清醒意识，这会导致病态的后果。此外，这种模式的否定会进一步让我们远离狄俄尼索斯的着魔，因为它固执地阻拦形象。

那么，阿波罗信仰否定自己，并因此以狄俄尼索斯的声音说话，这到底意味着什么？这里的否定，尼采的意思只能是在某种程度上否定个体化的要求。我们已经知道，这两个驱动力最基本的形而上学观点实际上并无差异——因为阿波罗的艺术家或观众清楚地意识到他或她自己只是在制作形象，阿波罗信仰作为一种世界观，可以归于狄俄尼索斯崇拜。然而，他们似乎又各不相同，因为阿波罗信仰自身呈现形象，并且十分重视这种形象。不过，我们可以分两个阶段分析这一阿波罗"形象"的概念。第一个阶段是个体事物的形象的生成，仿佛是真实的事物；第二个阶段是这些事物的生成，这些作为个体的实体的形象仿佛是真实(the real)的基础。在这两种情况下，正如我们讨论的，对"仿佛"(as if)的清醒意识其实就是阿波罗信仰的本质。后者是叔本华论再现(representation)顺序的概念的尼采版本：现实被理解为由许多个体实体组成，从这种个体实体中，真实的结构就被构造出来了。因此，《肃剧的诞生》的最后几节所讨论的问题就是，在其作为狄俄尼索斯的搭档的情况下，阿波罗的那个"仿佛"的形而上学以什么样的方式发生了改变。这很符合那个新兴的神话概念。肃剧的神话就是对形象进行阿波罗式的呈现，而且呈现为一种潜在的狄俄尼索斯式的万物合一性的象征。

因此，阿波罗以狄俄尼索斯的声音说话也就意味着神话的“可见”文化“被拯救了，得以免于恣意的蔓延”(BT 23；KSA 1,145)。否则艺术的想象力——实际上，更广泛地说，任何文化的生产——将由个体的形象组成，这些形象处在一场永无止境的游行当中，但与任何事物都毫无关联，它们没有整体的命运。在论及欧里庇德斯的肃剧三部曲之间实际并无任何关联时，这可能就是尼采心中的想法，与之相反，在早期的肃剧实践中，三部曲都会讲述一个连续的神话叙事(显然，此时他的头脑中还有现代性那分散和拼贴的形象)。用象征性的话来说，狄俄尼索斯崇拜将自身原始的合一性借给了阿波罗信仰，而这就是阿波罗信仰的自我否定。通过这种否定，神话找到了一种能象征性地“再次遁入真相(the truth)与唯一现实(one reality)的子宫”的方式(BT 22；KSA 1,141)。这一定只能是象征性的，因为实际这样去做的话就会再次发生狄俄尼索斯崇拜中的那种个体的溶解。另一方面，对于符号系统来说，要维持一组个体的形象——这种形象不只被认为仿佛是真实的，还被认为仿佛是真实的基础——就无法揭露“唯一且真正的现实”。作为整体的肃剧效果有对阿波罗信仰的否定，还有始终维持着个体性的神话的形象，但作为一个整体，它们统一了。换言之，作为一个整体，它们变成了世界潜在合一性的神话象征。这样一种效果超越了阿波罗艺术的可能性——这种艺术只能呈现出对美的重复的个体创造，而不能呈现出整体性。这表明，狄俄尼索斯崇拜才是更基本的驱动力。但是，当然，倘若没有这两个驱动力之间的“兄弟关系”，这样的产物根本不可能产生，而这个针对肃剧的本质和神话的本质[94]的共同答案因而就不得不直到尼采发现阿波罗信仰的概念时才会出现。此外，如果神话是文化的一种投射，那么，统一的神话就需要统一的文化。批判的科学被重新设想为修辞学或技艺，它为我们提供了所谓文人神话学(intellectual mythology)。因此，尼采在《希腊肃剧时代的哲学》中描绘的前苏格拉底时期的速写——现在读者就明白为什么他不得不在题目中提到肃剧二字了——就是这个“文人神话学”的草图。哲学-科学最深刻的分歧只是充当了一种以意志进行的竞赛的象征，它代表了形式整体性中的多样性。这个文化的整体性是肃剧所揭示出来的，也是它关于希腊人所揭示的东西，更是其进一步寻求的某种文化生产。

本文提出了两个假设，并为之进行了辩护。第一个假设是，阿波罗信仰的概念，其发展的时间上要相对晚于肃剧理论的第一稿。具体而言，当狄俄尼索斯崇拜与苏格拉底哲学这两个概念已经被完整地构思好时，阿波罗信仰的完整概念还没有问世，晚于苏格拉底哲学导致肃剧之死这个论述。这个延迟揭示了一个关于阿波罗在《肃剧的诞生》中所扮演角色的内情，即尼采如何能首次对文化发展的动态作出概括性的叙述。第二，阿波罗信仰在完整的肃剧理论中的角色打开了一个最重要的全新的哲学视野，这就是关于希腊文化之真正统一的这个概念。这第二个假设更为复杂，要充实完善它，就需要探讨尼采在 1870 到 1873 年这段时期里的诸多研究的各种阶段。我们在此特别探讨了尼采关于语言与真理、关于批判科学的本质的哲学，最后，还探讨了他关于神话的哲学——这些全都与文化统一的问题结合在了一起。

参 考 文 献

Burnham, Douglas and Martin Jesinghausen (2009): *Nietzsche's The Birth of Tragedy*. London (Continuum/Bloomsbury).

——(2011): "Of Butterflies and Masks." In Andrea Rehberg (ed.): *Nietzsche and Phenomenology*. Cambridge (Cambridge Scholars).

Descartes, René (1964): *Oeuvres de Descartes*. Paris (Vrin). 2nd edn. Vol. 6.

Gerber, Gustav (1871): *Die Sprache als Kunst*. *Bromberg* (Mittler'sche

Buchhandlung / H. Hayfelder). Vol. 1.

Gilman, Sander, et al. (eds) (1989): *Friedrich Nietzsche on Rhetoric and Language*. Oxford (Oxford University Press).

Helmholtz, Hermann Ludwig von (1862): *Über das Verhältnis der Naturwissenschaften zur Gesammtheit der Wissenschaft*. Heidelberg (Georg Mohr).

——(1863): *Die Lehre von den Tonempfindungen als physiologische Grundlage für die Therie der Musik*. Brunswick (F. Vieweg).

Kant, Immanuel (1968): *Werke: Akademie-Textausgabe*. Berlin (Walter de Gruyter). Vol. 3.

Zöllner, Johann Carl Friedrich (1872): *Über die Natur de Kometen: Beiträge zur Geschichte und Theorie der Erkenntnis*. Leipzig (Wilhelm Englemann).

第三部分
学术成就

尼采的毕业论文与他的首部作品：《忒奥格尼斯研究》

詹森（Anthony K. Jensen）　撰

[99]尼采的《忒奥格尼斯研究》（*Theognidea*）是一组研究主题，在他所有早期的研究课题中占据了特殊的地位。[①]《忒奥格尼斯研究》是尼采的第一个重要的学术课题。这既是他的"毕业论文"（*Valediktionsarbeit*），也是他发表的第一份作品。这课题从1863年一直持续到了1869年，因此，也让尼采在普福塔中学广受好评，令他在波恩过得相对舒坦，使他成为他在莱比锡的导师里奇尔的得意门生，并助他受聘为巴塞尔大学的教授。可以说，这是他进行得最"学术"的一项研究，他处理了数百年来的抄件、册子本、系谱和其他19世纪语文学的官方工具书。要是尼采从没有写过那些别的作品，这项研究也足以确立他在德国语文学史上的地位，尽管只是一个很小的位置。

然而，尽管如此，尼采的《忒奥格尼斯研究》在英语国家乃至欧洲地区的尼采研究中一直无人问津，只有一个独特的例外。[②] 填

---

① [110]关于本文修改的部分，参 Jensen 2008 及 2013a。文中所有译文均出自笔者。

② 这个例外是内格里（Antimo Negri），他做了令人钦佩的工作，将尼采的德语和希腊语文本译成意大利语，并写了很有价值的引论和评注。参 Negri 1985。他还详细分析了尼采1864年的这篇论文，参 Negri 199，15—85。如果没有他的开创性研究，在本文中所讲的大部分内容恐怕都将无法实现。为了纪念他在尼采（转下页注）

补相关文献的空白，就是我来到这里的目的，首先，我要研究他的忒奥格尼斯(Theognis)课题的成因，尤其是从传记角度考察尼采写作其论文时所处的环境，考察他所阅读过的语文学家，以及那些后来依赖和借鉴他的研究成果的学者。其次，我将阐述尼采对所谓"忒奥格尼斯问题"做出的贡献、他身处的语文学领域的问题、他提出的解决方案，以及学者们对此的反应。最后，我将评价作为他早期语文学研究方法典型案例的忒奥格尼斯研究的价值所在。①

一、尼采的普福塔中学"毕业论文"

在瓦格纳之前，也在叔本华之前，更在布克哈特(Burckhardt)、里奇尔、雅恩(Jahn)、洛德(Erwin Rohde)和奥弗贝克(Overbeck)之前，换言之，在波恩、莱比锡和巴塞尔之前，早在尼采于 1858 年至 1864 年就读于备受推崇的普福塔中学期间，就已经展现出自己在语文学领域中真正的才华和兴趣。② 这在当时并不罕见：那些在今天会被认为是高中生和大学低年级学生的孩子，常被要求写一

(接上页注)学术研究上所做的工作，我想将此文献给他。当然，还有许多作品也对忒奥格尼斯的问题有所论及。然而，通常来说，这些作品都把他和尼采作品中其他的主题联系起来，那些作者希望通过显示其与忒奥格尼斯的关系来说明这些主题。其中比较新近的作品参 Collins 1997，276—299 及 Porter 2000。对尼采 1864 年这篇论文简短到位的总结，参 Cancik 1995，9—11。

① [111]这一研究的缺席同时清晰地表明，学界尚未充分评估过忒奥格尼斯研究对尼采后期哲学思想的影响。尤其当考虑到尼采的政治思想和"Agon[竞赛]"概念时，忒奥格尼斯的形象就尤为突出。关于对这一主题的彻底探讨，参 Jensen 2008，281—307。

② 尼采在较早时期有一个关于语文学主题的专题性质的汇编(虽然并未出版)，其主题是东哥特王厄尔曼纳里克(Ermanarich)的传奇。尼采简要地使用了各种具有创造力的形式，以表达他对这一主题的思考——从歌剧到音乐，再到学术论文——虽然这些并不是任何向公众传播的东西。对这篇文章的语文学特征分析，参 Jensen 2013a，7—12。

篇全面的原创研究(通常是用拉丁语)[100]作为其离校论文或毕业论文。但罕见的是尼采在他的文章《墨伽拉的忒奥格尼斯》("De Theognide Megarensi")中所展现出的学术才能,虽然并非只有他一人有此才华(BAW 3,21—64)。时值1864年的夏季,经过一番疯狂的日程安排,尼采已经完成了三节内容(致多伊森[Deussen],1864年7月8日;KSB 1,290;亦参Janz 1993,123)。他在为9月份的毕业仓促赶稿,尼采有点尴尬地对他的朋友宾德(Wilhelm Pinder)写道:"这个下午我开始了我的忒奥格尼斯研究工作,已经完成了五栏;这拉丁语的文风真是可笑[scherzhaft];今天我已经颇有一些机会能嘲笑那些小问题了"(致宾德,1864年7月4日;KSB 1,287—288)。

尽管这一时期仍然具有他在整个职业生涯中都存在的那种标志性的私下存疑的特征,但该作品确实广受好评,他在普福塔中学的老师科尔森(Wilhelm Corssen)和弗尔克曼(Dietrich Volkmann)也对此赞赏有加。尼采一再地写信给家人和他的朋友,谈论他获得的意想不到的慷慨殊荣:两位老师都对他的文章作了修正并提了建议,还利用他们职业上的关系帮助他寻获极为难觅的材料。并且,尼采之所以能被波恩大学录取,弗尔克曼与他以前的老师里奇尔之间的情义可能是其中一个因素。甚至在尼采离开普福塔两年后,两位学者还在继续帮助尼采为该文的出版作修订。

> 我被环绕在书籍的高墙之下——感谢科尔森所给予的意想不到的慷慨协助。我还必须提到弗尔克曼,他无偿地帮助了我,尤其是帮我厘清所有关于《苏达辞书》(Suidas)[尼采原文如此]的文献,他是该领域研究的领头人。(致格里斯多夫[Carl von Gersdorff],1866年4月7日;KSB 2,120)

还有,"科尔森[也]陷入了谜团[;]他一直非常热心,也十分积极;我们一起在图书馆里胡乱摸索了数个小时"(致穆夏克[Hermann Mushacke],1866 年 3 月 14 日;KSB 2,115)。

1864 年的《墨伽拉的忒奥格尼斯》的第一部分交待了忒奥格尼斯在他的家乡墨伽拉(Megara)时期的事迹,处理了相关的历史问题。忒奥格尼斯是一个因循守旧的保守派,他身处那样一个激烈动荡的时期:此时,城邦刚刚从柯林斯的控制下赢得独立,随后又遭到了僭主忒阿戈涅斯(Theagenes)的奴役,他最初创作的诉歌(elegiac poetry)——虽然这首诉歌具体说的是什么,还需要大量的语文学分析,我们将在下一节对之进行讨论——因此也就掺杂着对过去时代的称颂和对物是人非的悲叹,并规劝他的男性知己——一位名叫居尔诺斯(Kyrnos)的男青年——保持坚强,经受住这些动乱(Davies 1873,130)。[①] 在诗节的行 53—60,我们读到:

城邦依然健在,居尔诺斯,但已物是人非,
那些不知律法与正义为何物之徒,
以及那些在腰间披着破羊皮之辈,
还有那些如野鹿般居于城外之众,
如今被认为都是贤身贵体之人,波吕帕俄斯(Polypaos)之子啊,
而那些曾经的高贵之士,如今变得卑微而低贱。
问谁能目睹并承受这一切?
他们尔虞我诈互相嘲弄,
完全不懂善与恶的原则。[②]

---

① 从整体上对忒奥格尼斯的总结,参戴维斯(Davies)那公认为标准的著作。同时还参 Hudson-Williams 1910 及 Negri 1993。

② 此处使用的整个希腊文本,参 Young 1961。

1864年的《墨伽拉的忒奥格尼斯》的第二部分处理了忒奥格尼斯著作在形式上和上下文的观点问题,并关注了其抄本流传的问题。① 在第三节中,尼采将忒奥格尼斯的作品分成政治、道德、宗教三个方面。在他的描述中,忒奥格尼斯被说成是一个[101]公元前6世纪的多利斯贵族狂热拥护者,一名"古风"智慧的坚定捍卫者,和一位贵族价值观的楷模。尼采甚至将忒奥格尼斯比作席勒的戏剧《唐·卡洛斯》(*Don Carlos*)中的波萨的侯爵(Marquis of Posa)——忒奥格尼斯与居尔诺斯之间的关系与波萨侯爵和唐·卡洛斯之间的关系类似(BAW 3,41)。② 总之,对于20岁的尼采而言,忒奥格尼斯的诗歌象征了"贵族的信条"(Glaubensbekenntniß des Adels)(BAW 3,18;参 Cancik 1995,10),或,像他用拉丁语说的那样:"Habemus igitur illam superbam Doriensis nobilitatis persuasionem[我们因此具有那骄傲且高贵的多利斯信仰]"(BAW 3,60)。

就所有这些热情而言,这里有些东西显得稍微有些不太对劲。在他为1864年的这部作品进行研究的过程中,尼采意识到,这种描述并不总是能在其他权威那里得到印证。在忒奥格尼斯的作品中似乎存在着某些矛盾之处,这些内容在后来的希腊化时期作家

① 这个时间年表的问题在1867年的《论忒奥格尼斯诗句蒐集史》中有更详细的论述。所以此处我暂缓对此的讨论。

② 内格里的见解十分正确,即尼采对此做了相当的引申。参 Negri 1993,20。尼采认为二者之间具有相似之处,他的依据是,唐·卡洛斯的父亲,西班牙国王腓力,也轻视唐·卡洛斯。这大概与下层民众蔑视居尔诺斯差不多。忒奥格尼斯/波萨的侯爵的角色则是这两人的道德导师和朋友,不过,话虽如此,但相同点也就仅限于此。第一,侯爵与唐·卡洛斯是童年的玩伴,年龄相仿,而忒奥格尼斯则要年长居尔诺斯很多。第二,唐·卡洛斯是西班牙王位的继承人,而居尔诺斯与贵族只有很少的联系。第三,唐·卡洛斯爱上了他的继母,王后伊丽莎白,而居尔诺斯则没有提到任何这类情况。第四,这也是最明显的,波萨的侯爵为唐·卡洛斯献出了自己的生命,而忒奥格尼斯显然并没有为他年轻的学生这样做。因此,二者的相似性只是尼采的一个十分有趣的见解,可以说是他的幻想。

和当时的学者那里都有着各种古怪的解释。在那些认为忒奥格尼斯是贵族德性价值楷模的人中，最具权威的是柏拉图。在《法义》630a2—b1 处，柏拉图写道：

> 我们有一位诗人见证了它[即战争中的勇气]：忒奥格尼斯，一位来自西西里墨伽拉[①]的公民，他说："居尔诺斯，你当在致命的内乱中找一位你能信赖的人：他的分量堪比金银。"（柏拉图引用了忒奥格尼斯行 77—78 的诗句）

伊索克拉底称他为 ἄριστος σύμβουλος [最好的顾问][②]（BAW 3, 71；伊索克拉底，《致尼科克勒斯》[*Ad Nicoclem*]，节 12）。[③] 但是，另一方面，某些作者却对他不屑一顾，颇为轻视。百科全书派的托伊费尔（Wilhelm Teuffel）认为他"被社会激怒"和"渴望报复平民"。尼采援引了他的话：

> 因为那凄惨的经历，他的语气中带着对人民的怨恨；并且他越是坚信其原则，他在行动上就越是节节败退——他独自抢救那种生存的荣耀，对抗并力图恢复遭到贬低的人生，通过他的诗歌，他想为自己复仇。（BAW 3,52）[④]

歌德则写道："他对我们来说似乎是一个悲哀的来自希腊的忧

---

① [译注]此为希腊墨伽拉的殖民城邦 Megara Hyblaea。

② 一位 *σύμβουλον* [顾问]，在伊索克拉底写作的年代，这个词还不具有从语源上衍生出的"象征"（symbol）一义，该词当被视作"量尺"意义上的"测量"。

③ [译注]此处的"12 节"似有误，"最好的顾问"一词见于该文献的节 43（或 42，编排的差异），本文作者后文有提及（见本文原注 28）。故此处未改正。

④ 尼采的引用来自托伊费尔在《事实百科辞书》（*Real-Encyclopedia*）中关于忒奥格尼斯的文章。

郁症患者”(BAW 3,36)。[①] 如何解释这种分歧？此外，如何解释这种情况，即忒奥格尼斯似乎能拥有完全发生在自己在世时间范围之外的历史事件的一手资料？例如，忒奥格尼斯的“在世期”被十分肯定地推定为公元前6世纪，然而某些诗句的内容却反映出，他曾亲眼目睹了公元前479年波斯人对墨伽拉地区(Megarid)的侵略(忒奥格尼斯，行757—764)。[②] 到目前为止，虽然尼采甚至已经开始怀疑在抄本的传统中某些地方出了差错，但要彻底解开这个谜团，还得等到他的第一篇论文面世的时候。

二、撰写《论忒奥格尼斯诗句蒐集史》

1867年，尼采在他的导师里奇尔主编的著名杂志《莱茵博物馆语文学专刊》(*Das Rheinisches Museum für Philologie*)上发表了一篇《墨伽拉的忒奥格尼斯》的修订版，内容更为丰富：即《论忒奥格尼斯诗句蒐集史》(“Zur Geschichte der Theognideischen Spruchsammlung”)。[③] 在离开波恩来到莱比锡后，尼采在1865年夏季重新开始他的忒奥格尼斯研究。他现在集中于忒奥格尼斯传世的早期作品抄本流传的问题，他在8月份给穆夏克的信中说：“人们对忒奥格尼斯抱有极为严重的偏见。我被一根有条不紊的长长的字符串拴着，我每天都要用批评校勘的剪子咔嚓掉一些[102]充满争议的华而不实的内容”(致穆夏克，1865年8月30日；KSB 2,81)。1866年1月，尼采在莱比锡语文学俱乐部为他的作品做了报告，后

① 尼采援引了《歌德全集(五)》,549(“Goethe: Werke. V, 549”)。不过，这不太可能是歌德自己的观点。歌德只在对 Weber 1826年的著作的评论中提到过忒奥格尼斯。这里歌德应该只是在复述韦伯(Weber)的观点。参 Goethe 1887—1919,212—213。

② 对个别插入的独立诗句可能在什么年代的推定，参 West 1974,67—68 及 Oost 1973,188—196。

③ 该文刊于《莱茵博物馆语文学专刊》，卷22,1867,161—200。

来他又为该作品添加了旁注，其中加入了对会议上提出的问题和评论的思考，在里奇尔的某次课后，尼采向他提交了自己的文章。不到一个星期，这位著名的教授便将尼采叫到他的书房，并这样和他说："从来没有在一个第三学期的学生身上看到过这样准确恰当的方法，竟如此熟练地掌握了分析的技术"（Cate 2002，69）。到1866年7月，里奇尔将经过进一步修订的版本正式交付并刊登在他主编的杂志上。作为《莱茵博物馆语文学专刊》刊登的第一篇学生论文，这一事件标志着里奇尔与尼采关系的一个转折点，在波恩时，他们的关系其实相对冷淡。然而，就尼采的身份而言，他对这件事的反应颇有些矛盾。一方面，尼采因受到里奇尔的鼓励而欢欣鼓舞。"自从那一天里奇尔颇具善意地评价了我的忒奥格尼斯，我已经和他很亲近了。我几乎每周都会在中午固定时间去找他，而且总能发现他已经准备好了，我们常会进行一番严肃而活泼的谈话"（BAW 3，304）。另一方面，尼采也被大师的信任所淹没，他对此有些不知所措，可以在一封信中觉察到这一点："作为一个新人，我无法谴责；但我没有做过这样的事情。我像个小喽啰（Handlanger）一样从黎明到黄昏不停地工作；我离真正的作品还远着呢！"（致穆夏克，1866年3月14日；KSB 2，116）。

通过他的朋友穆夏克，尼采从柏林大学图书馆要来了下列抄本的辑本：《古诗箴言集》（*γνωμολογίαι παλαιοτάτων ποιητῶν*），滕纳柏斯（Turnebus）编本（1553）；以及《忒奥格尼斯诗集抄本》（*Theognis Codex*），其中包括卡梅拉留斯（Camerarius，1559）、西弗勒斯（Seberus，第二版，1620）、维涅特斯（Vinetus，1543），以及斯特法努斯（Stephanus，1566和1588）等人的版本（致穆夏克，1866年3月14日；KSB，115—116）。[①] 在那些现

① 尼采在他给穆夏克的信中没有给出卡梅拉留斯、维涅特斯、斯特法努斯版本的确切时间，这些是笔者自己的查证。尼采提到，他还需要另外几个版本，但不知道柏林图书馆是否能够提供。

代的抄本和册子本中,尼采对其中关键的作品驾轻就熟:如贝克尔(Immanuel Bekker,1815 及 1827)的作品,施奈德温(Schneidewin,1838)的作品,以及贝尔克(Theodor Bergk)发表的三篇短文(1843、1853 及 1866)。他也十分了解伯恩哈迪(Gottfried Bernhardy)重要的批评著作(1867),以及狄尔泰(Carl Dilthey)的作品(1863),①还有林特伦(Karl Rintelen)的大学任教资格论文(Habilitationßchrift,1858)。尼采甚至还为齐格勒(Christopher Ziegler)最新发现的《摩德纳抄本》(*Mutinensis*)的编本写了评论(Ziegler 1868;BAW 5,242—243)。尼采自己对忒奥格尼斯形象的描述有一部分是对穆勒(Karl Otfried Müller)的《希腊文学史》(*Geschichte der griechischen Literatur*,1841)的回应,穆勒的这本书在当时也遭到了来自贝尔克的严厉批评(Bergk 1843,225—259)。②

在这些学者的著作中,威尔克(Friedrich Gottlieb Welcker)的《忒奥格尼斯残篇》(*Theognidis Reliquiae*,参 Welcker 1926)和贝尔克的《古希腊抒情诗人》(*Poetae Lyrici Graeci*,参 Bergk 1843,117—236)令尼采最为关注,③他能获取这些材料,要感谢他的老师弗尔克曼的帮助。④ 威尔克是里奇尔《莱茵博物馆语文学专刊》的联合编辑,在由杰出的语文学家博厄克赫(August Boeckh)提出的

---

① 这位狄尔泰是哲学家威廉·狄尔泰(Wilhelm Dilthey)的兄弟,后者曾一度是巴塞尔大学的教授。弗尔克曼曾建议尼采写信给狄尔泰,咨询有关忒奥格尼斯问题的意见,尤其是《苏达辞书》中的论述。参致卡尔·狄尔泰,1866 年 4 月 2 日;KSB 2,117。

② 波特(Porter)正确地指出,穆勒的著作对尼采描述的忒奥格尼斯形象具有重要影响。参 Porter 2000,233。

③ [112]尼采在世的时候,该著作有这样几个版本:1843 年、1853 年、1866 年和 1882 年。最后一个版本还引用了尼采的文章,马上就会讨论到。尼采曾有机会实地聆听贝尔克的课,尽管他似乎对这位老学者的说教没有多少兴趣。参致洛德,1868 年 8 月 6 日;KSB 2,305。

④ 虽然是弗尔克曼亲笔写的请求信,但却是由尼采寄送的。参致克里钦科(Hermann Kletschke),1864 年 4 月 5 日;KSB 1,277。

解释学方法方面也是一位一流的大师。贝尔克是博厄克赫的竞争对手赫尔曼(Gottfried Hermann)的学生,他和里奇尔在莱比锡大学学习期间都曾接受过赫尔曼的指导。贝尔克的一篇分为两部分的系列文章《论忒奥格尼斯的校勘》("Ueber die Kritik im Theognis")也被刊登在《莱茵博物馆语文学专刊》上(Bergk 1845,206—233,396—433),尼采曾在他自己的论文中批判地提到了这篇文章。

这真可谓是"环绕在书籍的高墙之下",尼采在普福塔中学的老师给他的书本中,在穆夏克忠实地从柏林大学搬来的资料里,还有洛德和里奇尔所给予的指正和建议下,孜孜不倦地为他的忒奥格尼斯著作的出版工作忙碌着。由于"里奇尔认为有必要发表我的研究成果[……],我的小房间基本上铺满了各种书卷"[103](致弗兰琪斯卡·尼采[Franziska]和伊丽莎白·尼采[Elisabeth Nietzsche],1866 年 3 月 3 日;KSB 2,113)。为了不辜负里奇尔的期望,尼采尽可能多地让自己的研究体现语文学专业的严谨气息。他兴奋地告诉他的朋友克鲁格(Krug)和宾德有关他的这篇毕业论文(Valediktionsarbeit)的事情:

> 我已经酌情增加了一定数量的推测和想象,但还是打算把这项工作进行到底,并以尽可能科学的方式完成它,将其建立在一个真正的语文学的基础上。关于对此人的评论,我已经有了新的看法,在多数情况下,我对他的判断和其他大多数人完全不同。(致克鲁格与宾德,1864 年 6 月 12 日;KSB 1,282;楷体强调为笔者所加)

但是一个专业学者的严肃态度只会使尼采感到尴尬。在他的 1867 年的《论忒奥格尼斯诗句蒐集史》完成后不久,他就写信给他的朋友格里斯多夫,说道:"我再也不想以这么呆板和枯燥的方式写作了,在逻辑上密不透风,我所写的忒奥格尼斯的论文就是这样:沿着这条路行走下去,任何优雅的东西都不会出现"(致格里斯多夫,1867 年 4 月 6 日;KSB 2,209)。在这些年里(1864—1867),随着尼采对这些领域的研究意义的日益关注,他的思想也在逐渐发展,这种发展标志着他从一位语文学的新人转变成一名新兴的哲学家。乍一看,人们甚至难以想象《论忒奥格尼斯诗句蒐集史》的作者与肆无忌惮地妄加推理且高度风格化的《肃剧的诞生》的作者是同一个人。事实上,里奇尔本人就几乎无法接受这一点:《肃剧的诞生》出版后,他就写信给维舍(Wilhelm Vischer),即尼采以前在巴塞尔大学的上司:

> 一个人的身上如何能有两个灵魂住在一起,这确实令人惊异。一方面,是最严谨的学术的科学研究方法……另一方面,天马行空、不自量力、极度狂热,让你不省人事,瓦格纳-叔本华式的艺术-神秘-宗教的胡言乱语(Kunstmysterienreligionsschwärmerei)![……]真正让我愤怒的是他竟不孝地反对他真正的母亲,语文学,她曾用自己的乳房哺育了他。(KSA 15,46—47)

三、 尼采对"忒奥格尼斯问题"的贡献

在 1867 年发表的这篇论文中,尼采为他 1864 年的专题论文中提出的问题给出了一个完整的语文学的阐述。尼采的主要观点是,大部分被普遍认为出自忒奥格尼斯本人之手的完整的诉歌诗节,实际上是某位后来的编修者[对其他诗人的作品]进行整理编排后的产物。流传到我们手中的警句箴言的分组情况反映出这位编修者有意按照一定的"关键词"(Stichwörter)对某些短诗进行编组,这些短诗的作者分别是斯巴达的提尔泰俄斯(Tyrtaeus of Sparta)、士麦那的弥涅尔墨斯(Mimnermus of Smyrna)、雅典的梭

伦(Solon of Athens),以及米利都的福居里德斯(Phokylides of Miletus)等(KGW II/1,16—26)。它们重复出现的频率之高说明这可能不是一个偶然的现象。这些诗句必定是被有意地联系在一起,以形成一条单一的诉歌链,这一链条取自一系列曾经属于同一个主题、但却没有被组合起来的箴言。尼采声称:"我们手中的诗歌集子不是按主题排列的,也不是按字母顺序。但可以肯定它是按照关键词来设置安排的。残篇可以由关键词联系在一起,这样就能看到,每套残篇都共同拥有相同或类似的关键词"(KGW II/1,17)。尼采列出了整首诗中数百个多次[104]重复出现的关键词链。他注明了明确的重复,这些重复可以使之方便地与后面的诗节连接起来:

诗句 73—76:	*πιστὸν*[信赖]
77—78:	*πιστὸς*[相信]
80—86:	*πιστοὺς*[信任]
	γλώσσῃ[灵知]
87—92:	*γλώσσῃ*[灵知]
93—100:	*γλώσσῃ*[灵知]
	ἀνὴρ φίλος[男性之爱]
101—112:	*ἀνὴρ φίλος*[男性之爱]
113—114:	*ἄνδρα φίλον*[爱的勇气]

尼采给诗歌关键词做了一张一目了然的图示,①他认为,包含了这些关键词的诗行被有意地组织在一起,而忒奥格尼斯本人并

① 尼采的示意图从 KGW II/1,20 开始。他的手稿年表与他当时的研究一致。然而,最近的研究表明,存在一个更为复杂的传统。比较尼采在 KGW II/1,11 的谱系学与 Young 1961,xix 的谱系学。

不在这些将之组织起来的编纂者中。后来的抄录者显然把这些主题的相似之处当作是各个不同诗节的标题,并在后续版本的文本中嵌入了这些重复的单词。因此,当编纂者在安排那些含有像γλώσση[灵知]或φίλος[爱]之类单词的诗句时,他会将这些诗句从原来主题的上下文中摘出,然后将之与其他人的箴言绑在一起,而无视其文体风格或原来的语境。如果在忒奥格尼斯那里没有发现合适的关键词,很显然,编纂者就会从其他作者那里借用某些诗句甚至整个诗节,不加署名地将之编织在一起。我们在忒奥格尼斯的作品中发现,有好几处不同的诗句,其作者应当是他同时代的梭伦、弥涅尔墨斯和提尔泰俄斯。我们现在所拥有的被归在"忒奥格尼斯"名下的诗歌并不是他的原创,而是后来者编制的混合物,其中包括多余的诗句、尴尬的主题堆积,甚至还插入了其他诗人的内容。事实上,在公元前5世纪之前,尚没有古代作家注意到这些怪事,这件事表明,这些内容可能是在此后的某个时期被填入的。

为了更清楚地看待这个问题,可以来审视一下包含了上述所引的第一组关键字的诗句:

诗句73—78:

不要谈论任何这样的事情,即使和所有朋友,
因为那些人中没有几个有值得信赖的头脑。

在尝试干一番伟大的事业时绝不可盲目地相信他人,居尔诺斯,
以免你忍受持续的苦难。

一个在致命的内战时值得信任之人,居尔诺斯,

他的分量堪比金银。

很明显,在这些诗句中,字里行间毫无内在的诗意的凝聚,只是被统合在一个缺乏深度的关键词"信任"之下。初步的感觉似乎是,其主题就是"信任",但诗中举出的各个例子中,该主题出现的语境却各不相同:在"这样的事情"中"信赖"朋友,在创建"伟大的事业"时"相信"什么人,以及在动荡的年代里对政治盟友的"信任"。其实这完全可以成为一篇更好的诗歌,只要将这些箴言编排在一个能更好地定义"那样的事"和"伟大的事业"的语境中,编排在一个能说明[105]引起"内战"的原因是什么的语境中。上述这些笨拙而重复的诗句,不过是数百个例子中的一个,这不是一个平庸诗人的作品,而是一个后来的编纂者按照自己的意图编辑出来的产物。对于一个语文学家爱挑剔的眼光来说,这一文本显示出,它后来的改动不是出于诗意上的考虑,而是出于别的原因。

尼采的论点是,我们现在的这个文本不只是别人材料的糟糕的拼凑,①也不是基于一种无知的曲解而做出的编排,②亦非愚蠢笨拙的篡改,③更不是行酒的诗歌集,④甚至不是——这个论点如今占据了主导地位——不同世代的墨伽拉民间诗歌累积综合的产物(参 Nagy 1985,33),而是一篇被扩展了的诉歌,最初出自一位作者,这篇诉歌从某个特定的时间起,就被后来的编纂者有意为之地重新安排并转换了形式。尼采得出了他的结论:"这是一个事实,即很多残篇(将近一半以上)通过关键词被连接到了一起;这也

① 贝尔克的结论。

② 威尔克的结论。

③ 托伊费尔的结论,参 Teuffel 1839—1852 及 1848—1850。

④ 赖岑施泰因(Reitzenstein)的结论,参 Reitzenstein 1893,43 以下及 264 以下;Wendorff 1902 及 1909;以及 Wilamowitz-Moellendortff,U. v. 1913,268 以下。此处以及前面均参 Porter 2000,387 n. 33,37。

是一个猜测,即这篇诗句大集合,其整篇的安排都遵循了这一方式”(KGW II/1,19)。因此,很明显,“信任”就是这个关键词,那位编撰者以此组合起我们现在所看到的这一篇幅较长的文本,这也是为什么这些诗句现在看起来很不自然。在这一点上,于是就出现了两个相互关联的问题:这部被编排收集而成的忒奥格尼斯的诗集具体形成于何时,以及为何会被这样编排?

作为一名优秀的语文学家,尼采本能地转向了抄本的传统,他将之分为三个谱系。尼采所能见到的最古老的抄本(对我们也是)是 10 世纪的《巴黎皮卷抄本》(*Pariser Pergamenthandschrift*)(A),其在 1815 年被贝尔克标为《摩德纳抄本》(*Codex Mutinensis*)。抄本(A)是唯一一份包含了被称作《男童恋之歌》(*Musa Paedica*)的箴言集的抄本,顾名思义,该箴言集由耸人听闻的歌颂男童恋的诗句构成(KGW II/1,4—5)。其二是 13 世纪的《梵蒂冈抄本》(*Codex Vaticanus*)(O)以及 15 世纪的《威尼斯圣马可抄本》(*Codex Venetus Marcianus*)(K),两者都可追溯至一个共同的来源,都包含有一些抄写错误和遗漏,但编纂者额外的增添和篡改没有超出抄本(A)中的内容(KGW II/1,5—7)。尼采的第三组抄本包括了所有其余的中世纪晚期的抄本,这些抄本全都破损严重,但在彼此之间也显示出了一些共同的特征(KGW II/1,7—14)。

《忒奥格尼斯诗集》的抄本从中世纪流传至现代,这个过程中有些奇怪之处。最成问题的是,《摩德纳抄本》中包含了比后来的版本更多的重复关键词(Stichwort),这与人们条件反射般的预期不相符,人们通常认为,更古老的文本总是比那些重复抄写和编辑的版本要更接近其作者的意图。发现语义或句法的变化就已经够糟糕的了。但在忒奥格尼斯的《摩德纳抄本》中,还能明显地发现其中添加的结构、短语,甚至整个句子(KGW II/1,4)。这些明显的重复之处在 5 世纪之前从未被人提及,但在此后却经常被引用。这就让尼采开始怀疑大部分流传下来的抄本的可靠性。这也让他开始怀疑耸人听闻的《男童恋之歌》是否是编纂者加入的内容,因为这只见于最早的版本中,而且与忒奥格尼斯的其他作品的写作风格大相径庭,也与古代世界赋予他的名誉完全不符。

鉴于较老的抄本中总是包含了更多的重复和错误,而且是以一种更为严格缜密和更反复的方式,尼采相信,这样的编排并非后来的抄录者所为,而是最初的文本经过重新编写后的一个特征,不过它比《摩德纳抄本》要早数个世纪。① [106]因为背教者尤里安(Julian Apostate)和斯托拜俄斯(Stobaeus)似乎在各自的作品中都引用了不同的忒奥格尼斯的文本,因此,尼采认为,《摩德纳抄本》的这一较为古老——但现已轶失——的材料来源,时间必定可以追溯到公元 4 世纪晚期至 5 世纪中叶的某段时期。在此之后的中世纪的抄本中出现的重复之处要比《摩德纳抄本》中的少,说明之后的编纂者不仅没有添加新的内如,甚至还试图废除最初编纂的内容,他们倾向于忽视某些越来越多的修正,这些修正由于关键词(Stichworter)的重复而被他们认为多余。

正如尼采告诉他的同行语文学家狄尔泰,自己所作的总结:

> 我已经证明,从最年轻的文本回溯到最古老的文本时,重复之处在不断递增,我也证明了隐藏其中的是编纂者的明确意图。而且我相信我终于找到了这个编纂的原则,这也解释了重复的现象。单独的残篇按关键词排列,对此,威尔克已经在一些地方有所察觉[……]这也说清了附加的《男童恋之歌》。在原始文本与编纂本之间,斯托拜俄斯引用的文本中也使用了关键词原则;我将这一编纂本的发展时期推定在尤里

① 关于编纂者的年代日期,尚没有明确的共识。威尔克认为最初的编纂活动是在拜占庭时期,参 Welcker 1826,cx。贝尔克则犹豫不决,但最终的结论是在公元 1 世纪,参 Bergk 1845,406。依 KGW II/1,26。

安和斯托拜俄斯之间。(致狄尔泰,1866 年 4 月 2 日;KSB 2,117—118,参 Porter 2000,386 n. 23)

尼采以此结论颇为自得地回答了“何时”的问题。至于“为何”,尼采同样充满自信。

> 既然我们现在已经知道,编纂者对忒奥格尼斯抱有敌意的倾向,我们就无法再相信这份文献的[讹误]是一个无关紧要的疏忽。他在寻找伤害[忒奥格尼斯]的武器:他在这里和那里都蓄意地往忒奥格尼斯单纯的人物形象中引入阴影。因此,他拼凑出了忒奥格尼斯的拙劣仿制品,他掺入了**弥涅尔墨斯的诗句**,后者的诗具有伤感的语调,而忒奥格尼斯则坚韧刚强、积极有力,常常预知不祥之事,思想冷酷严峻,两者放在一起,形成了尤为奇怪的对照。(KGW II/1,37;楷体强调为尼采所加)①

但是尼采的论证有一个明显的弱点。正如哈德森-威廉斯(Thomas Hudson-Williams)所做的公正的批评:“首先必须要证明这些诗是有意按照这一原则来编排的”(Hudson-Williams 1910,14)。但是,一个语文学家通常只是假定一个假想的人物,以方便他解释自己发现的问题,那么,关于这个假想的人物,又有什么可以证明的呢?编纂者不是一个可以从历史上证实其确实存在的人,而是尼采的学术性假说。关于自己的意图,尼采能说出来的任何东西都只不过停留在纯粹的猜测上,人们不可能去证实或证伪。而这一点

① 尼采关于弥涅尔墨斯的猜测现在已经被广泛接受。据此,普遍认为忒奥格尼斯行 1019—1022 的诗句借自弥涅尔墨斯。行 935—938,1003—1006 属于提尔泰俄斯,行 153—154、221—226、315—318、585—590 及行 719—728 原本是梭伦的诗。参 Carriere 1948,10。

几乎也立刻就被贝尔克发现了,他在自己1882年版《古希腊抒情诗人》中宣称,尼采在论证时只能用“这样一种推理:通过它,即使是最空洞的评论也不得不与他的看法一致”(Bergk 1843,236)。

四、“真实的”忒奥格尼斯

[107]对忒奥格尼斯特征的描述,就经由编纂的传统流传至我们手中的文本看来,出现了远超想象的矛盾之处。在柏拉图和伊索克拉底举出的那些诗句中,他显得像是一个光荣的贵族传统的继承者。“投身于追求卓越,让正义对你而言弥足珍贵,但不要让可耻的优越感控制你”(忒奥格尼斯,行465—466)。“良好的判断和审慎陪伴在贤人(noble man)左右”(忒奥格尼斯,行635)。然而,在托伊费尔或歌德等人的强调中,他似乎只是一个容克(Junker)而已(BAW 3,74),一个疲倦的老掉牙的说教者,他的影响和他的时代早已成为久远的过去——或者更糟糕,是一个守财奴、一个酒鬼,甚至是一个鸡奸犯。① “我的头因这酒而昏沉[……]它压倒了我;我不再能把控自己的判断力,房间在旋转”(忒奥格尼斯,行503—505)。“我常感到无助,心中充满苦恼,因为我从未摆脱贫穷”(忒奥格尼斯,行1114—1115)。“我会喝足美酒,不去想那什么毁灭灵魂的贫穷境况,也不去想那些说我坏话的敌人。但我会为弃我而去的可爱男孩哀叹,在这凄凉冷酷的晚年里老泪纵横”(忒奥格尼斯,行1129—1132)。“快活,就是呆在家里做情欲训练,一整天都和俊美的男孩睡在一块儿”(忒奥格尼斯,行1335—1336)。对于这个腐朽的世界,忒奥格尼斯显然只能以西勒诺斯(Silenus)的肃剧智慧来回应,对此尼采后来在他的《肃剧的诞生》

① 这一引用也常被人强调,参Janz 1978,124;Negri 1985,9;Porter 2000,232及Jensen 2008,336。

(1872)第三章中也有所借鉴:

> 这世上最好的东西,就是永远不要降生,
> 永远不要看到那永远燃烧着的太阳的灼热光芒。
> 但是,一旦出生,最好就以最快的速度通过哈德斯的大门
> 平静地躺卧在宽广的大地之下。
>
> (忒奥格尼斯,行 425—428)

该如何解释这种不一致的性格?尼采回答道:"我们收集的这些信息显然还不能确定古人对忒奥格尼斯的判断:还算不上道德上的评价。这些被古人所引用的诗句未必就像它此处表现的那样"(BAW 4,200)。就像在处理忒奥格尼斯创作风格上的奇怪特征时那样,要解释忒奥格尼斯诗文看似不一致的问题,就要再次求助于抄本的传统。不过,这一次,尼采认为,从忒奥格尼斯的"在世时期"到斯托拜俄斯的写作时期之间近千年的时间里,有三个主要的时段可能是其关键所在。现在,他无法以一种语文学的方式将他的论证建立在现存的中世纪抄本的证据上,他必须基于古代作家的二手证词展开论述,毫不夸张地说,也就是建立在空想(armchair)的心理学之上。

正如尼采所估计的那样,忒奥格尼斯亲自写就的权威文本应当在他从墨伽拉流亡前不久就已出现。之后不久,就有了第一个加长版,即一个约 2800 条箴言诗的版本,被称为*Γνωμολογία πρὸς Κύρνον*[对居尔诺斯所讲的箴言集](BAW 4,201)。鉴于他对德性与恶习特质的哲学思考在实际传播时的状况,这部箴言集于是便成为了一个战斗的口号,警醒墨伽拉的青年们记住他们的高贵传统,在面对忒阿戈涅斯的僭政时保持自己的德性。他关于善之本质的哲学思考因此就转变成了切实可行的建议,以便能更好地适应那些文学口味已经改变了的受众的需要。[108]在这一文本于

古代流传的第二阶段，忒奥格尼斯的这种“有实际影响且完好”的形象被应用在柏拉图和色诺芬的著作里，[①]也被用于伊索克拉底的演说中。[②] 但这已是在墨伽拉沦陷的几个世纪之后，此时，以忒奥格尼斯的政治观点为参考已经变得无关紧要。这位变革者又发生了一次转变，这一次他变成了德性的教师。古典时期的作家对忒奥格尼斯文本十分熟悉，他的诗就像是一本 chrestomalogical[学生指导手册]，其中大约收集了五千到六千条箴言(BAW 4,206)，[③]还混入了原本由卡利诺斯(Callinus)、提尔泰俄斯、梭论和福居里德斯所创作的诗句(KGW II/1,29)。虽然这新一轮的修改没有做出什么让忒奥格尼斯变得让人“难以容忍”的改变，但是，“[人们]已不再阅读忒奥格尼斯，他成了一本教科书!”(KGW II/1,29)

到了传播的第三阶段，即在西里尔(Cyril)和尤里安所处的年代，尼采认为，忒奥格尼斯的形象变得更加混乱，因为这些外来的出自他人之手的诗句已经成了常规内容(KGW II/1,30—36)。然而，在这一点上，目前还没有证据表明文本采用了关键词的编排方式。[④] 忒奥格尼斯的箴言选集可能在柏拉图与这些后来作家之间的某个时期就已经存在，被称作《忒奥格尼斯箴言集》(Theognideische Gnomensammlung)，尼采认为其中不可能包含突出粗俗

① 关于斯托拜俄斯的引用，参《选集》(*Sermones*)88,499。

② [原注 28]尼采援引的伊索克拉底的内容，参《致尼科克勒斯》，节 12；KGW II/1,30。Cancik 也与他相同，参 Cancik 1995,10。虽然这一引文可能并不正确，尼采指的可能是《致尼科克勒斯》，节 42，此处伊索克拉底提到了忒奥格尼斯，同时提到的还有赫西俄德和福居里德斯，他们被视为“道德实践的最好的顾问”。

③ 尼采从贝尔克那里借用了“文选集”(Chrestomathie)这个术语，贝尔克相信，这就是忒奥格尼斯的文本曾经的全貌。

④ 在这一点上，尼采更接近威尔克，而不是贝尔克。但是，这种论证方式属于默证(*ex silentio*)：对于尼采来说，关键词是如此显而易见，以至于别人也会很自然地注意到这一现象。但因为并没有其他的学者提出这一现象的问题，所以说明那个时期的文本中尚不存在这一现象。

色情的《男童恋之歌》的内容(KGW II/1,42)。[①] 因为这一文本被用于教学,因此也就越发需要将忒奥格尼斯文本中分散添加于各处的忠告劝喻整理汇编起来。这便给了尼采那位邪恶的编纂者机会去光明正大地按照一个方便的分类原则——关键词原则——来重新排列和归类这些文本,并在他认为合适的地方增删诗句。因此,到了斯托拜俄斯的时期,我们在《摩德纳抄本》中发现的诗歌版本本质上与《忒奥格尼斯诗集》(*Theognideischen Spruchsammlung*)相同,其中已经建立起了关键词原则,也包括了男童恋和酗酒的话题,而忒奥格尼斯的初衷则早已消失得无影无踪。

最后,我们来总结一下这一抄本的历史。

> 因此,如果阿忒奈俄斯(Athenaeus)、尤里安、西里尔——最晚到公元 433 年——不知道我们手中的编纂本,但如果该编纂本又被斯托拜俄斯所使用,**那么这一文本的出现必定介于公元 433 年与斯托拜俄斯[写作的时期]之间,即公元 5 世纪**。(KGW II/1,35—36;楷体强调为尼采所加)

后来的抄录者忽略了当时的文本修改和增删,随着数个世纪的岁月流转,错误变得越来越根深蒂固。因此,出自《摩德纳抄本》的忒奥格尼斯的文本实际上源自公元 5 世纪的这个版本。并且,

---

① 尼采的证据大多是基于《苏达辞书》。参 KGW II/1,42—50。当代的学者与尼采相反,他们倾向于认为,《男童恋之歌》的文风和主题与忒奥格尼斯诗集是一致的,因此,他们觉得缺乏足够的证据能表明这是公元 5 世纪时加入的内容。例如,参 West 1974,43 以及 Vetta 1980,xi。尼采通常的假设是,男童恋与希腊贵族形象格格不入,这反映了 19 世纪学人对古希腊人性爱问题的保守的学术态度。现在通常认为,酗酒和男童恋的倾向在当时完全是习以为常,其程度之甚远超尼采和他的同事们所倾向于相信的实情。正如尼采之所以认为编纂者具有讽刺性的模仿倾向,也是因为他觉得这些品质与贵族形象格格不入,[113]这一现代的发现为尼采的复原工作带来了大量负面影响。

尼采指出，在那个时期，基督教编纂者的道德意图距离忒奥格尼斯本人最初的动机已经差得不能再远了（KGW II/1,38）。因为那个时期的人们无法用一种正直的道德原则来信任古老异教（Pagan）文化的文献材料，除非其内容与早期教会的教义相符。然而，即使是后期版本的忒奥格尼斯的箴言手册也远非如此，因此当时的一项杰作便是诋毁他的名声，而与此同时却将柏拉图与伊索克拉底视作值得称颂的"异教徒"。真正的忒奥格尼斯，甚至是稍晚时期作为教师的忒奥格尼斯，就被拼凑成了一个嗜酒如命的醉汉、一个酷爱男童的鸡奸者、一个骗子。

> 人们可能会认为，是他[编纂者]到处收集起了一切；从那些被归于忒奥格尼斯名下以某种方式流传下来的东西中，从disiectis membris poetae[众多散乱的诗人]中，他创造出了一个全新的忒奥格尼斯。（KGW II/1,29）

通过这种方式，以"忒奥格尼斯"的名义保存下来的作品实际上是对"真正"的忒奥格尼斯的真实意图的拙劣模仿。

> 我越发由衷地坚信，那位编纂者[109]确实对忒奥格尼斯怀有敌意，或准确地说，抱有一种讽刺性的模仿倾向。在这个集子中，教师忒奥格尼斯完全被表现为一个恣意享乐的人、一个醉汉、一个情种，甚至是一个鸡奸者，作为一个道德散漫的代表人物；总之，编纂者从中给他装备了每一项缺陷，而作为教师的他其实并没有这些缺陷。（KGW II/1,29）。

五、反响与影响

对《论忒奥格尼斯诗句蒐集史》的反应多数是积极的。在尼采发表此文的三年后,弗里采(Theodor Fritzsche)为其辩护称,尼采在学术上颇有贡献(Fritzsche 1870,521 以下)。[①] 在 1875 年,意大利学者拉莫里诺(Felice Ramorino)坚决主张修订《苏达辞书》中的一段内容,就是为了使尼采已证明的论点实现,尼采认为,米利都的赫西基俄斯(Hesychius of Miletus)将忒奥格尼斯分为两类独立的文本,一是作为诗人,一是作为哲学家(KGW II/1,45—50)。拉莫里诺认为,对于尼采那个年龄来说,他的成果可谓无比非凡,但他还是站在贝尔克这边反对尼采和威尔克对忒奥格尼斯所处年代的推断(Ramorino 1875,238—249)。齐格勒以十分赞赏的态度在他的《忒奥格尼斯诉歌集》(*Theognidis Elegiac*)的第二版(1880)中引用了尼采的《论忒奥格尼斯诗句蒐集史》,并指出,尼采的作品"praeter editiones consului atque in usum meum converti[不仅是我所查询的文献,更是让我从中获益的作品]"之一(Ziegler 1880,vi)。西茨勒(Jacob Sitzler)宣称,所有新近的注疏者中,尼采最为精准地对文本中的重复之处做了图示(Sitzler 1880,6)。西茨勒也同意那位最初的编纂者大约处在公元 433 年(Sitzler 1880,24)。尽管对关键词的原则有所批评,科森(Arthur Corsenn)还是在他的《忒奥格尼斯问题》(*Quaestiones Theognidiae*)的参考文献中列出了尼采的《论忒奥格尼斯诗句蒐集史》(Corssen 1887,26—30)。而一般来说都会对尼采的学术予以批评的哈德森-威廉斯,也同样认可他的忒奥格尼斯研究能与其他更权威的语文学家的作品平起平坐。他证实了弗里采所捍卫的尼采的解释,他认为,即使尼采的解释存在一些问题,但在当代研究领域中仍然具有一定的影响力(Hudson-Williams 1910,14 n. 1)。在这些语文学家眼中,最突兀的地方——且至今仍十分突兀——是尼采对忒奥格尼斯和那位编纂者两人的行为动机

① 弗里采的主要立场是,尼采为推进威尔克和贝尔克做了认真严肃的积极贡献,但弗里采对某几组关键词存疑。

所进行的心理学重构，他们觉得这个重构不太可能是真实状况。

关于尼采与忒奥格尼斯的关系，最后必须再说几句。毋庸置疑，对忒奥格尼斯的那些研究，由于其时间上的优先，是尼采对普遍意义上的古代概念的一个基本来源，特别是他关于古风时期贵族的社会-政治思想的概念。此外，尼采在整个职业生涯中始终同情于这样一种思想，他认为在犹太-基督教的道德观背后存在一组从根本上来说更加健康的价值观，但它们长久以来一直被像这样的编纂篡改所掩盖。尼采在这里所采用的批评方法对他后来的谱系学研究有一定的影响，至少在表面上如此。① 这些事实本身就证明了忒奥格尼斯对尼采研究的重要性。

但我们也必须承认这种影响的局限性。在尼采出版的哲学论文集中，总共只有一段话提到了忒奥格尼斯的名字，即《道德的谱系》第一章第5节，尼采在那里将关键术语“忒奥格尼斯的”(Th-cognidean)用于他自己对“高贵”价值观的说明。② 忒奥格尼斯在尼采晚期的文集其他地方的缺席十分明显，尤其是[110]《偶像的黄昏》中“我感谢古人什么”(What I Owe the Ancients)的那一章。即使是在他19世纪70年代的笔记中，他也只是在他曾计划于巴塞尔大学开设的课程的计划表或某个有可能开展的研究项目里才零星地提及忒奥格尼斯的名字。1869年5月10日，忒奥格尼斯的名字最后一次出现在尼采的书信里。③ 他在19世纪80年代的

① 许多学者都持这一立场。尤其参Porter 2000，4以及Benne 2005，101。与之相反，我认为尼采的谱系学的方法实际上与他早期的语文学研究成果并不一致，参Jsensen 2013b。

② 对这一段内容的分析，参Jensen 2008，321—324。

③ 见于给里奇尔的一封信，其中他宣布，他对忒奥格尼斯的研究工作终于结束了。参致里奇尔，1869年5月10日；KSB 3，7。在给洛德的一封信中，尼采对勒茨(Ernst von Leutsch)的《忒奥格尼斯研究报告》(“Theognisberichte”)作了一笔带过的评论，然后顺带评论了《语文学家》(*Philologus*)杂志的编辑。参致洛德，1872年10月25日，KSB 4，71。这寥寥几处提及只能说明，他对忒奥格尼斯的兴趣已降至谷底。

《遗稿》(*Nachlaß*)中只被提及了两次(KGW VII/1,304 及 KGW VII/3,293),这两次中没有哪次能表明他重新恢复了对忒奥格尼斯的兴趣。因此,虽然尼采晚期思想中的许多主题与忒奥格尼斯的主题之间有一种诱人的相似性,但公正地讲,后者对那些成熟时期的文集的影响力已经十分有限。不过,我们希望,对于那些研究尼采的学者们来说,准确判断出这一影响的有限性,要比那种夸大其影响的判断更有价值。

对于尼采作为古代文史学者的价值的更确切的评价,恰恰是在我们对其忒奥格尼斯论文的研究之中展现了出来。据我们所见,必须承认,这部作品出自一位才华横溢、极富创造力并且勤奋刻苦的学者之手,他的研究成果理应让任何一位导师感到自豪,并值得在任何极具影响力的专业学刊上发表。在讨论忒奥格尼斯和那位编纂者的性格时,我们还看到,尼采早期倾向于将批判的语言学分析——他揭露出文本必然遭到了破坏性的篡改,以及这些篡改何时发生、发生于哪些阶段——与高度推理性的动机解释相结合,如果不说完全是异想天开的解释的话。我们看到了尼采对古风时期,对于诗歌,以及对于在社会政治的背景下解释思想的历史发展有一种不言而喻的偏爱。而且,我们还看到了一种不言而喻的信念,即相信历史学家具有修复历史记录中的空白的能力,相信他们能以一种普遍的自然主义(诉诸于人类心理的动机而不是精神[Geist]或其他某种推动历史的看不见的手)重新呈现一个真实且独立存在的历史。我们所遇见的不是叔本华的弟子、瓦格纳的朋友和旗手,或是写下了《肃剧的诞生》的那位哲学家。要说尼采还没有"成为那个他",这并不恰当,抱有这种情绪意味着在用倒退的方式解读这段故事,同时希望能在一个还没有交待真相的故事中找到伏笔。尼采确实是他人生中这个时期的这个他——不然,还能是谁?——他是谁,他是一位古典语文学家。

参 考 文 献

Benne, Christian (2005): *Nietzsche und die historisch-kritische Philologie*. Berlin (Walter de Gruyter).

Bergk, Theodor (1843): *Poetae Lyrici Graeci*. Leipzig (Teubner).

——(1845): "Uber die Kritik in Theognis." In *Das Rheinische Museum für Philologie*. Vol. 3, 206—233, 396—433.

Bernhardy, Gottfried (1867): *Grundriss der griechischen Literatur*. Halle (Eduard Anton). Vol. 2, Part 1.

Cancik, Hubert (1995): *Nietzsche Antike*: *Vorlesung*. Stuttgart (J. B. Metzler).

Carrière, Jean (1948): *Théognis de Mégare*: *Etude sur le recueil élégaque attribué à ce poète*. Paris (Bordas).

Cate, Curtis (2002): *Friedrich Nietzsche*. London (Hutchinson).

Collins, Derek (1997): "On the Aesthetics of the Deceiving Self in Nietzsche, Pindar, and Theognis." In *Nietzsche-Studien*. Vol. 26, 276—299.

Corsenn, Arthur (1887): *Quaestiones Theognideae*. Leipzig (Klinkhardt).

Davis, James (1873): *Hesiod and Theognis*. Philadelphia (J. B. Lippincott & Company).

Dilthey, Carl (1863): "Theognis bei Suidas." In *Das Rheinisches Museum für Philologie*. Vol. 18, 150—152.

Goethe, Johann Wolfgang von (1887—1919): *Werke*. Weimar (Weimar Ausgabe). Div. 1, Vol. 41, Part 2.

Hudson-Williams, T. (1910): *The Elegies of Theognis*. London (G. Bell & Sons).

Janz, Curt Paul (1993): *Friedrich Nietzsche*: *Biographie*. Munich (Carl Hanser Verlag). Vol. 1.

Jensen, Anthony (2008): "Anti-Politicality and Agon in Nietzsche's Philology." In Herman Siemens and Vasti Roodt (eds): *Nietzsche, Power and*

Politics. Berlin (Walter de Gruyter), 281—307.

——(2013a): *Nietzsche's Philosophy of History*. Cambridge (Cambridge University Press).

——(2013b): "Meta-Historical Transitions from Philology to Genealogy." In-*Journal of Nietzsche Studies*. Vol. 44(2), 195—211.

Nagy, Gregory (1985): "Theognis and Megara: A Poet's Vision of his City." In T. Figueira and G. Nagy (eds): *Theognis of Megara: Poetry and the Polis*. Baltimore (Johns Hopkins University Press), 22—81.

Negri, Antimo (1985): *Friedrich Nietzsche: Teognide di Megara*. Rome and Bari (Biblioteca Universale).

——(1993): "Il destino della Polis: Nietzsche legge Teognide. "In Negri (ed.): *Nietzsche nella pianura: gli uomini e la città*. Milano (Spirali), 15—85.

Oost, Stewart I. (1973): "The Megara of Theagenes and Theognis." In Classical Philology. Vol. 68, 188—196.

Porter, James I. (2000): *Nietzsche and the Philology of the Future*. Stanford (Stanford University Press).

Ramorino, Felice (1876): "Theognide di Megara." In*Rivista di Filologia*. Vol. 4, 1—49.

Reitzenstein, Richard (1893): *Epigramm und Skolion: ein Beitrag zur Geschichte der Alexandrinischen Dichtung*. Giessen (J. Ricker).

Sirzler, Jacob (1880): *Theognidis Reliquiae*. Heidelberg (Carol Winter).

Teuffel, Wilhelm S. (1839—1952): "Theognis." In *Pauly's Real-Encycopädie der classischen Alterthumswissenschaft*. Stuttgart (J. B. Metzler). Div. VI, Vol. 2, 1848—1850.

Vetta, Massimo (ed.) (1980): *Theognis: Elegiarum Liber Secundus*. Rome (Edizioni dell' Ateneo).

Weber, Wilhelm E. (1826): *Die elegischen Dichter der Hellenen*. Frankfurt (Hermann).

Welcker, Frederick G. (ed.) (1826): *Theognidis Reliquiae*. Frankfurt (Broenner).

Wendorff, Franz (1902): *Ex usu convivali Theognideam syllogen fluxisse demonstratur*. Berlin (University Dissertation).

——(1909): *Die aristokratischen Sprecher der Theognis Sammlung*. Göttingen (Vandenhoeck & Ruprecht).

West, Martin L. (1974): *Studies in Greek Elegy and Iambus*. Berlin (Walter de Gruyter).

Wilamowitz-Moellendorff, Ulrich von (1913): *Sappho und Simonides*. Berlin (Weidmann).

Young, Douglas (1961): *Theognis: Bibliotheca Scriptorum Graecorum et Romanorum*. Liepzig (Teubner).

Ziegler, Christopher (ed.) (1868): *Theognidis Elegiae: Ex codicibus Mutinensi Veneto* 522, *Vaticano* 915. Tübingen (Laupp).

尼采与拉尔修[①]

巴恩斯(Jonathan Barnes) 撰

于 璐 译

几处严重的错误产生了不可估量的影响。

一

[115]1869至1870年间,尼采发表了三篇研究拉尔修的长文:《拉尔修的材料来源》("de Laertii Diogenis fontibus")、《拉尔修拾遗》("analecta Laertiana")和《论拉尔修的文本来源与校勘》("Beiträge zur Quellenkunde und Kritik des Laertius Diogenes")。[②]后者包括一个对所有三篇论文的简短索引,尼采显然把它当作一部作品的组成部分;实际上,严格说来,第二、三篇论文可看作第一篇论文的一系列附属研究。甚至在论文付印后,他仍写信表示,打算以单行本形式修订并出版三篇论文(致里奇尔,1869年10月16日;KSB 3,65;致里奇尔,1870年3月28日;KSB 3,109)。尼采笔记簿

---

① [编者注]本文首刊于《尼采研究》(*Nietzsche Studien*,第15期[1986]),16—40。衷心感谢作者与出版社允许我们在此重刊这篇文章。此次重刊将初版中的一些脚注整合进文中。为保证本书的连贯性,引文和参考文献体系也有所改动。

② [131]所有内容均参见KGW II/1。尼采的遗了大量关于拉尔修的注释、论文及初步构思:原文刊行于BAW卷4及卷5,附有注解。所有翻译均出自笔者。

上的简短记载表明，很可能直至 1874 年他仍有此打算。[①] 1869 年夏一封致洛德的信揭示出，尼采计划进一步研究拉尔修："乌瑟纳尔(Usener)与我打算编写一部哲学史文集，我论述拉尔修，他论述斯托拜俄斯(Stobaeus)及托名普鲁塔克(pseudo-Plutarch)的作品等"(致洛德，1869 年 6 月 16 日；KSB 3，18)。他将它定位为这部希腊文本的精校版文集。同年，尼采致信瓦赫斯穆特(Curt Wachsmuth)，请求获得后者对拉尔修部分抄本的校勘稿(致瓦赫斯穆特，1869 年 10 月 14 日；KSB 3，64)。然而，这些计划和项目从未付诸实施，1870 年后，尼采再未发表过关于拉尔修的研究文章。[②]

这三篇研究拉尔修的论文占尼采发表过的语文学作品的一半。(因为《肃剧的诞生》无论其功过如何，严格说来，都不是一部真正意义上的语文学或古典学作品，尼采自己也这么认为。)而未发表的研究拉尔修的笔记[116]占他未发表的语文学作品的一半以上。此外，研究拉尔修的作品体现了尼采在学术领域的最持久的努力。因此，他的学术地位主要由他精心撰写的研究拉尔修的文章决定。[③]

二

拉尔修的创作时间大概在公元 3 世纪末，生平及环境不详。

---

① 参 KGW III/3，40、45、54、61(均写于 1869/1870 年冬)及 328(1871)；KGW III/4，369 及 445(1874)。尼采在笔记中记载道，拉尔修在 1871 年秋时"应当备好"，参 KGW III/3，45；其他笔记记载仅将拉尔修的名字列于其他几项语文学计划中。直至 1875/1876 年，尼采在巴塞尔开设了关于拉尔修的《德谟克利特》("Diogenes Laertius *Democrit*")的研讨班。参 Janz 1974，200。

② 尼采从未忘记他的拉尔修：他在后来的很多作品中都偶尔暗示或回忆过。(参 Janz 1978/1979，索引部分)。

③ 对作为古典学者的尼采的描述和评价，参 Svoboda 1919，657—673；Howald 1920；Cervi 1960，199—235；Vogt 1962，103—113；Adrados 1970，87—105；Gigante 1974，196—224；Lloyd-Jones 1976，1—15；Pöschl 1979，141—155 及 Figl 1984，111—128。

他唯一的现存作品《名哲言行录》(*Lives of the Philosophers*),相当于现代约500页书的作品,是对早期希腊哲人生平、轶事、论说(doxographical)的汇编。历史变迁已经奠定了拉尔修在古代哲学史上举足轻重的地位,因为他使大量有关哲人生平要事或学说精髓的仅存证据得以传世。①

这部作品并非全书都引人入胜。它的文风往往平淡无奇,思路常常不连贯,有时还杂乱无章,其主张也常常受到质疑。此外,这部希腊文本仅有很小一部分传世,而且每页都有佚失或损坏。②不过,这些将外行拒斥在外的东西却会引起学界的注意。而在与拉尔修文本有关的诸多学术问题中,其文本直接或间接的来源问题向来是重中之重。因为,作为一名哲学史家,他的价值正取决于此:他使用的早期权威典籍有哪些和有多少?他对哲人观点的记述有多准确?他筛选哲人的种种轶事时有多仔细?他挑选并综合哲人箴言(testimonies)时态度有多审慎?《名哲言行录》呈现出这样一种学术研究的方法:拉尔修频繁参考或大量引用原始资料,或者用来支持他本人信奉的学说,或者用来表述他无法恰切解除的分歧。通过对文本内容的进一步检审,这个问题呈现出了另一面:很明显,拉尔修的研究中,至少有一部分是二手材料——他引用了一些自己并未亲自审读过的文本,并从早期编纂者那里摘抄了他们的参考文献。而且,这种怀疑不久便扩大成这样:即拉尔修作品的很多内容抄袭和概括自他的诸前辈,其程度之甚,甚至让他那据说是哲学史家的身份本身都成了问题。这些论点很重要,并仍具争议:因为一个多世纪以来,在对拉尔修的研究中,文本来源研究

---

① 对此的综述及附加的参考文献,例如,可参 Gigante 1983,引言;Meier 1994,824—833。

② 这点值得强调:在尼采之前,尚无一个正式的(decent)拉尔修校勘本(他的校勘本出版计划可谓合乎时宜)。就《名哲言行录》的大部分内容来说,我们的情况也不比尼采好到哪去;因为该希腊文本唯一完整的现代版也不能令人满意。

(Quellenforschung)已占据了首要地位。

三

在普福塔中学读书时,尼采就痴迷于古典研究(尼采,“我的生平”,参 BAW 3,66—68),并且,那儿的老师与“除学术垃圾之外对学问一无所知却心胸狭隘的冷血的书呆子”不同,他们以自己的学识激励了他(尼采,1868—1869 年自传残篇,参 BAW 5,253)。后来,在波恩读书时,尼采听过雅恩(Otto Jahn)和里奇尔的课,并继续钻研他的古典学问。但直到 1865 年移居莱比锡时,他才下定决心,要终其一生从事语文学的职业。

在莱比锡,曾任古希腊语教授的里奇尔成了尼采的[117]朋友、资助人和“学者良心”(scholarly conscience,致多伊森[Deussen],1867 年 4 月 4 日;KSB 2,205)。① 在里奇尔的力劝下,尼采参与创立了一个语文学学会。此前,1866 年 1 月 18 日,他发表了一篇关于忒奥格尼斯的文章。② 里奇尔阅读了这篇文章的手稿,并对它很感兴趣:尼采备受鼓舞,进而感到自己是天生的语文学家(参《重温我的两年莱比锡生活》[“Rückblick auf meine zwei Leipziger Jahre”];BAW 3,291—315;关于此处这一想法,参 300)。在语文学学会创立前,尼采又进一步发表了三篇文章,而他从事语文学的志向也由此确立并更加坚定。③

---

① 这封信包含了许多对里奇尔的感人赞扬,例如,参 Howald 1920,3—5。

② 《忒奥格尼斯集的最后编定》(“Die letzte Redaction der Theognidea”),参 BAW 3,150—173。就读于普福塔中学时,尼采曾写过关于忒奥格尼斯的文章。他的种种研究最后变成了他第一篇公开发表的文章:即《论忒奥格尼斯诗句蒐集史》(“Zur Geschichte der Theognideischen Spruchsammlung”,1867),载《莱茵博物馆语文学专刊》(*Rheinisches Museum.*),卷 22,161—200(收入 KGW II/1)。[编者注]对此文的详述,参本书中詹森的文章。

③ 详述参 Janz 1978/1979;亦参 Schlechta 1948。

尼采的第三篇文章论述了现存的亚里士多德著作的古代编目(BAW 3,212—226):

> 作为这篇文章的背景材料,我详查了拉尔修文本的资料来源。从一开始,我就被他的作品吸引,还在莱比锡的第一个学期,我已经收集了大量相关资料,也同里奇尔详细谈过这个问题。于是,就在[1866 年 11 月]某一天,里奇尔暗示着问我:如果能够从某个团体处获得某些鼓励,我是否愿意从事关于拉尔修文本来源的研究。我对这些话的用意困惑了很久,直到某刻灵机一动,我才豁然开朗:下一届高校奖(University Prize)定会以此问题作为主题。主题预定发布的当天,一大早,我就跑去金西(Kintschy)那儿,急切地拿起《莱比锡新闻报》(Leipzig News)。我是正确的:我的视线落到了我渴望看到的那几个字上——"拉尔修的材料来源"(de fontibus Diogenis Laertii)。(BAW 3,311)①

尼采立即投入研究。他日夜都在思考拉尔修的文本来源问题,直到 1 月,这项研究的主线大纲已经完成(致穆夏克[Mushacke],1867 年 1 月 4 日;KSB 2,193)。4 月,他开始撰写文章定稿(致多伊森,1867 年 4 月 4 日;KSB 2,205;致格里斯多夫[Gersdorff],1867 年 4 月 6 日;KSB 2,208)。但是困难出现了,②他精力有限,其他的语文学塞壬在向他召唤,此外,1867 年的春天气候反常(balmy)。

---

① 这段引文是尼采向穆夏克讲述的具体细节。参致穆夏克,1866 年 11 月;KSB 2,182—183。

② 意外的是,他的难题在于文章的文体风格上。尼采决定用德语撰写这篇文章(原因不明),然后再翻译成该有奖征文所要求的学术拉丁语(scholarly Latin)——"而用德语写作时,我完全找不到风格"(致穆夏克,1867 年 4 月 20 日;KSB 2,214)。这篇文章的德文底稿收入在 BAW 4,217—268。

最后，当期限已迫在眉睫，没法再浪费时间时，我终于开始专注于拉尔修研究，并尽可能简明又清晰地把我的成果综合起来。7月的最后一天注定要到来。我调动起自己所有的力量，鞭策自己继续，到了晚上十点，我终于可以带着已经完成的手稿，穿过黑暗的雨夜，奔至洛德那里。我的朋友正在等候我，并准备好了酒和杯子，使我回到正常的生活中来。(BAW 3,311—312)

文章投稿后，10月的最后一天，尼采获得了高校奖(致洛德，1867年11月3日；KSB 2,230)。据他自己讲，他"与无人先生(Mr. Nobody)竞争"而赢得了比赛(同上)。而且，他对自己能够获胜一直满怀信心——毕竟，里奇尔已有意把征文题目布置给了他(致格里斯多夫，1867年1月16日；KSB 2,196)。可是，尽管他自称已不再关心比赛结果——"煎蛋的吵声真大"(tant de bruit pour une omelette，致洛德，1868年2月1—3日；KSB 2,248)——他还是备受鼓舞。

《拉尔修的材料来源》的第一部分最终于1868年秋发表。由于这篇文章，再加上里奇尔满溢赞美之词的介绍信，尼采取得了巴塞尔大学古典语文学编外教授(extraordinary Professorship)的任职资格。《拉尔修的材料来源》的第二部分于1869年3月出版，①1870年3月又以《拉尔修拾遗》为名出版。②《论拉尔修的文本来源与校勘》于同年5月付印。③

---

① 《莱茵博物馆语文学专刊》(*Rheinisches Museum*)，卷23，1868，632—53；卷24，1869，181—228。

② 《莱茵博物馆语文学专刊》(*Rheinisches Museum*)，卷25，1870，217—231。

③ 该文于1870年在巴塞尔发表，为格拉赫(F. D. Gerlach)致贺而作，Gerlach自1820年起就在巴塞尔拥有拉丁语教席，他是里奇尔的对手，曾强烈反对学校任命尼采，参Janz 197819/79，I，309—311。

四

[118]尼采专注于拉尔修研究,但却并不喜欢这位作者。他的文章中包含一系列对后者的贬抑之词:拉尔修是个懒汉(KGW II/1,80),他很愚蠢(同上,89),是个无耻又鲁莽的窃贼(同上),是"微不足道的小人物拉尔修"(同上,131),莽撞又马虎(同上,197),虚荣又自负(同上,189)。

然而,对拉尔修在历史上的重要地位,尼采也作了明确评价,其评价甚至稍嫌夸大:

> 对我们而言,拉尔修谓何?倘若他不是碰巧成了一位护宝人(虽然他没有意识到这些东西的价值),没有人会对这位作家的庸俗特点浪费一言。事实上,拉尔修是希腊哲学史的守夜人(night-porter):除非他给你钥匙,否则没有谁能进入希腊哲学史。(BAW 5,126)

再说,还有很多远不如拉尔修的学者。尼采严厉斥责里特尔(Ritter)、布兰迪斯(Brandis)和策勒尔(Zeller)的学术作品,他慨叹道:"无论如何,我宁可读拉尔修的作品,也不读策勒尔;因为,在拉尔修的作品中,至少古代哲人的精神得以留存,而在策勒尔的作品中,你既发现不了那种精神,也发现不了任何其他价值"(SE 8;KSA 1,417;亦参 KGW III/4,396)。

至少从某种程度上而言,尼采对拉尔修的贬抑合乎传统模式:它关于学者如何写作。在莱比锡的征文比赛中获奖后,尼采依然进行他的拉尔修研究,这表明,他认为《名哲言行录》不仅重要,也多少令人乐在其中。

尼采在《希腊肃剧时代的哲学》这本小册子的"序言"的结尾处

说道：

> 在已遭批驳的诸哲学体系中，唯一还能引起我们兴趣的就是个人因素（the personal element），因为它是永远无法被批驳的。知道三则轶事，我们就可以刻画出一个人的形象：我尽力从每一体系选取三则轶事，而忽略其余内容。（PTAG P；KSA 1，803）

这段奇谈怪论暴露出一种对哲学史（也包括哲学本身）的曲解，它可追溯至拉尔修。当然，正是在《名哲言行录》的轶事这方面，尼采发现了“古代哲人的精神”，这也正是他从中获得乐趣、觉得意气相投的方面。终究，虽然尼采的小册子中那些激动人心而反复无常的曲解与拉尔修乏味的报道没有多少共同之处；但可以理所当然推测，《名哲言行录》在尼采构思希腊思想史的写法时为他提供了帮助。

五

尼采研究拉尔修的这三篇作品细致入微：其中包括大量文本联想（textual suggestions）、历史假设（historical conjectures）、编年勾陈（chronological proposals）及评注论释（exegetical essays）。细节中的许多要点也使相关研究得以互补。[1] 然而，这些细节都是为了支撑一个唯一的[119]论题，尼采将之称为他的基本假设（Grundhypothese，KGW II/1，203）：“这个有力而鲜明的论题将各篇文章联系在一起，并使它们的论证具有一以贯之的完整性。在此，我会把精力集中于这个基本假设，首先阐明它的内容，再简要

---

① 《遗稿》中也包含大量激动人心的内容。

论述其主要及最具挑战性的论点。”

该论题通常被归纳为一句话：“拉尔修的作品是马格尼西亚的狄奥克勒斯(Diocles of Magnesia)作品的摘要。”尼采本人承认这一归纳，也会如此使用它。但实际上，这一系列研究的核心论题总要比上述归纳略为复杂；此外，它还遭遇了一项重大改变。尼采认为，拉尔修并非只采用唯一的文本来源。最初，他认为，拉尔修依靠两个文本来源：狄奥克勒斯和法沃里诺斯(Favorinus)。① 他的依赖程度很高——的确，拉尔修往往只是一个缺乏创见的抄袭者。在这些偷来的材料中，拉尔修偶尔会加入自己的观点，比如他有名的醒世隽语诗(frightful epigrams)。后来，尼采又逐渐觉得，《名哲言行录》卷九记叙皮浪怀疑主义(pyrrhonian skepticism)的内容既不可能引自狄奥克勒斯，也不可能引自法沃里诺斯，他提出了第三个文本来源，即认为这些内容来自怀疑论者，他初步认定是忒奥多希俄斯(Theodosius，KGW II/1，207)。②

但是，尽管严格说来狄奥克勒斯只是这三个文本来源之一，但他却是目前为止最重要的一个：

> 若我们把拉尔修书中属于狄奥克勒斯的内容全部去掉，那这书就只有这些内容能剩下来了：拉尔修从他自己创作的《杂诗》(*Pammetros*)中选取并增添进来的内容，在阅读法沃里诺斯时插在各处的一些注释，最后……他对怀疑主义及其διαδοχή[传人]的记述。(KGW II/1，206)

---

① 然而，他至少有一次这么问过自己：“为何不这么假定：他引用的狄奥克勒斯的文本其实是抄自法沃里诺斯呢？”参 BAW 4，416。

② [132]关于“怀疑论者的文本来源”亦参 BAW 5，41—43，130—131。

狄奥克勒斯在唯一一篇尼采完整分析过的"传记"中占据统治地位。"德谟克利特(Democritus)传记"(卷九,节 34—49)在牛津版(the Oxford Text)中占 9 页半。除了 5 行引自法沃里诺斯(节 34—35)的诗句和拉尔修自己的四行隽语诗(节 43),其余内容据他的说法,都出自狄奥克勒斯(KGW II/1,218—221)。①

这个核心论题还有两个补充论点。首先,尼采对拉尔修所依赖的那些文本来源所使用的原始资料作了深入研究。尤其是,尼采在狄奥克勒斯的文本上花费了大量时间,希望能揭示拉尔修参考过哪些作者,他忠信他们的程度有多深,以及他如何把各种材料编辑在一起。其次,尼采对拉尔修的编辑方式(modus operandi)作了简要说明:拉尔修是一位诗人;他想让自己的诗作流芳百世;所以,他创作了《名哲言行录》,以此为载体来传布他精选的自己创作的隽语诗(KGW II/1,193—201)。

因此,在尼采对拉尔修的研究中,他的主要论点可以概括如下:拉尔修是一位诗人。为了保存传布他的作品,他偶然想出了将其穿插在一系列哲人传记中这个方法。《名哲言行录》的大多数内容选抄自一部作品:即马格尼西亚的狄奥克勒斯的《哲学家纵览》(*Summary of the Philosophers*);由于狄奥克勒斯是一位饱学之士,常常广征博引他的诸多文本来源,拉尔修的作品也就展现出一种似是而非的博学感。但拉尔修也阅读过法沃里诺斯的杂集,并偶尔从中选抄一些内容(KGW II/1,23)。此外,尼采还发现了一个完全不同的文本来源,他认为,拉尔修的"皮浪(Pyrrho)传记"

---

① 尼采认定狄奥克勒斯的生活年代为公元 1 世纪末(参 KGW II/1,85—88 及 204—205),而这一相对较晚的生活年代对他的基本假设十分重要。实际上,几乎可以确定,狄奥克勒斯生活于公元前 1 世纪,关于这个问题的细致论证,参 Maass (1880),15—19。然而马斯(Maass)的论证受到了古利特(Richard Goulet)的严厉批评,参 Goulet 1994,775—777。

很可能引自忒奥多希俄斯。①

六

[120]多数学者都会赞成，拉尔修把狄奥克勒斯的作品作为一手材料来使用(参 Meier 1978，42)：②他有大约 20 次提及他，而且至少三次声称要引用他(《名哲言行录》，卷六，节 12 及 36；卷七，节 48)。严格说来，这些例证无法证明拉尔修亲自读过狄奥克勒斯的作品；因为他可能从另外一些更晚的作品中找到其中引用的狄奥克勒斯的内容——正如尼采个人的观点，拉尔修"使用"甚至"引述"的其他文本来源也同样都是抄自狄奥克勒斯或法沃里诺斯。然而，此处权且略过这项吹毛求疵的警告，让我们先赞同尼采的论点：即拉尔修手边就放着狄奥克勒斯的著作。那么，关键问题就在于：他借用这本著作的频率有多高？范围有多广？

---

① 有趣的是，可以比较一下马斯提出的基本假设：

> 若除去怀疑主义传人(Skeptical διαδοχή)的记述和论集，就会发现，拉尔修尤其利用了法沃里诺斯和狄奥克勒斯。我们应把人物传记中的一些段落和详述的论集归于狄奥克勒斯；把概括性的论集和大部分人物生平传记归于法沃里诺斯。拉尔修节选了一些他在《杂史》(*Miscellaneous History*)中找到的内容，并引入了几个从《纪事》(*Commentaries*)中搜集的小故事；从这些资源中，他获得了丰富的参考文献集、书本目录和同名人(homonyms)列表。(Maass 1880，103)

尽管总体说来，马斯对尼采持批判的态度，但这两位学者间的相似之处远胜于他们的分歧，且马斯惯常使用的方法和途径也与尼采一致。下面我会确切讲到这个问题。

② 在下文中，我将仅论述关于狄奥克勒斯的问题，尤其是拉尔修与狄奥克勒斯的关系：关于法沃里诺斯，我无言可述(参 Meier 1978，30—32)。关于忒奥多希俄斯，参 Barnes 1992，4282—4289。关于拉尔修的诗人志向，尼采显然借用的是帕特里奇(Francesco Patrizzi)的观点。尼采本人并未提出支持此论题的论证——而且也无人提出。[译注]帕特里奇，16 世纪威尼斯共和国的哲学家和科学家。

拉尔修从未暗示过狄奥克勒斯是他主要的文本来源——实际上,另外一些作者被提及的频率要远高于狄奥克勒斯。[①] 但如下观点本身并不存在异议:拉尔修引用狄奥克勒斯,但他始终不曾坦白承认这个事实:古代作者从不谨小慎微地标注他们的文本来源。而且,尼采也陈述了他的论证,他指出,尽管拉尔修不注明他的文本来源,但事实上,他却经常抄袭狄奥克勒斯。

首先,他认定狄奥克勒斯是《名哲言行录》卷七"廊下派传记"的文本来源。接着,他对卷十"伊壁鸠鲁传记"也作出了相同结论。然后是一项复杂的论证:拉尔修常常引用马格尼西亚的德墨特里俄斯(Demetrius of Magnesia)的作品;但可以证明,他只能通过狄奥克勒斯获悉德墨特里俄斯:因此,《名哲言行录》中直接源于狄奥克勒斯的内容数量进一步增加。在这项论证中,尼采插入了一项论据,证明了"犬儒派(Cynicism)传记"也源于狄奥克勒斯;之后,他又论证出,卷一"序言"是狄奥克勒斯的作品。在《论拉尔修的文本来源与校勘》中,尼采又补充了新内容,其中专门论证了"德谟克利特传记"与"默尼普斯(Menippus)传记"都源于狄奥克勒斯。[②]

由于《名哲言行录》半数以上的内容都未得论述,即使以上这些专门论证都正确,也不足以证明尼采的基本假设。不过,上述论证大大提高了尼采的基本假设的准确性:若拉尔修如此频繁地抄袭狄奥克勒斯,那么,从最便利的角度考虑,《名哲言行录》其余大部分内容也应出自同一个文本来源。因为,当拉尔修的坐骑如此舒适时,他为何要费力换马呢?

逐一检审尼采论证的所有细节,将是一项冗长的任务。但考查以下三项论证的要点也已足矣。为使论证更加清晰,我将以逆

---

① 事实上,提及法沃里诺斯的频率比狄奥克勒斯高一倍多。

② 他两次指出,他已经证明了柏拉图传记也源自狄奥克勒斯(KGW II/1,203 及 221);但在他的文本中并未发现相关论证。

序论述，我的顺序为：德墨特里俄斯、伊壁鸠鲁派、廊下派。

七

当然，拉尔修多次直接或间接地引用过德墨特里俄斯的作品。在此，我不打算辨析尼采尚存争议的论点，该论点即：除德谟克利特和柏拉图外，《名哲言行录》所有的著作目录[121]均出自德墨特里俄斯的作品《同名人汇》(*On Homonyms*)。① 对尼采来讲，根本问题在于，拉尔修是否直接引用了德墨特里俄斯的作品？或者相反，他只在狄奥克勒斯的作品中读过他？

尼采提出了两项论证来支持他的观点：即拉尔修通过狄奥克勒斯获悉德墨特里俄斯的著作目录。首先，他恰如其分地注意到，拉尔修常把某一哲人的论说(doxography)与他的著作目录紧密结合在一起。尼采评论道："拉尔修采取的这种结合方式，很可能源于狄奥克勒斯"(KGW II/1，130)。这是尼采最缺乏说服力的论证。为何它是"很可能"的？任何作者，无论如何缺乏天赋，都会以一定的方式把一位哲人的著作目录与对他思想内容的描述结合起来。拉尔修的这种结合很常见且乏味："这些就是他的作品，其中他认为……"或者"他认为如此。这些就是他的作品……"毫无理由把上述"结合"归于狄奥克勒斯。尼采的论证无法反驳这一推测：该推测即拉尔修只从一个文本来源抄袭著作目录——如果你愿意这么说的话，就是说，只抄自德墨特里俄斯——而在哲学论述方面，他又转向其他文本来源。上述推测可能会被证明是错误的，但尼采所说的那种可能性也并非十分可能。

无论第一项论证如何，尼采还提出了第二项论证，他断然称，这第二项论证"不可置否"(KGW II/1，130)。这项论证专门讨论

① 关于这一难点，尤参 Maass 1880，23—36；Meier 1978，38—39。

“伊壁鸠鲁传记”中著作目录与哲学论说的结合。按照拉尔修的说法，伊壁鸠鲁比其他任何哲人都更多产，但卷十节27—28所列的伊壁鸠鲁著作目录却是经过精选的：其中罗列了41部伊壁鸠鲁“最好的”作品。[①] 尼采认为，以上编目至少是间接引自德墨特里俄斯。紧随该著作目录之后的是对伊壁鸠鲁的论说。当中明确辑录了伊壁鸠鲁的20部著作；而且，所有这20部作品，尼采称其“高度一致”地（KGW II/1，130）包含在德墨特里俄斯精选过的著作目录中。该论述为何没有提到伊壁鸠鲁其余250部著作中的任何一部？显然，这是因为该论述的集述者（doxographer）利用的是德墨特里俄斯编制的著作目录，并转抄了其内容。然而，这位集述者正是狄奥克勒斯。从而，狄奥克勒斯转抄了德墨特里俄斯精选的伊壁鸠鲁的著作目录。因此，拉尔修只有通过狄奥克勒斯，才能获悉伊壁鸠鲁的著作目录（如果按照某些粗暴的概括归纳，那也可以说，他还获得了所有德墨特里俄斯精选的其他的著作目录）。

第二项论证很简练，但无论尼采如何自信该论证不可推翻，它仍然很容易被推翻。首先，《名哲言行录》对伊壁鸠鲁的论说中所辑录的作品，并没有全部都出现在德墨特里俄斯精选的著作目录中。该论述——此处使用这一名称不太恰当——主要转抄了伊壁鸠鲁的三封书信（《致希罗多德》，《致皮托克勒斯》，《致美诺凯乌斯》）和《格言集》（*Kuriai Doxai*）。拉尔修给这些转抄的内容补充了一些真正的论述性材料。德墨特里俄斯精选的著作目录中提列了《书信集》（*Letters*），但也就仅此而已：它并未单独提到后来转录的这三封书信，也未特意提及卷十节136述及的《致米蒂利尼友人》（*Letter to Friends in Mytilene*）。德墨特里俄斯的目录还包含《驳自然哲人辑要》（*Epitome of the Books against the Physicists*）。对伊壁鸠鲁的论述三次述及《长篇辑要》（*Large*

① 尼采统计出44部（KGW II/1，130）；我不对这个错误作解释。

Epitome),两次述及《〈致希罗多德〉短篇辑要》(*Small Epitome to Herodotus*)。即使《长篇辑要》相当于德墨特里俄斯所编制的著作目录中的《驳自然哲人辑要》,《〈致希罗多德〉短篇辑要》相当于《致希罗多德》,德墨特里俄斯所编制的目录也仍然没有列出标题地提到它们,而伊壁鸠鲁论集正是在这些标题下展开对它们的认识的。而且,无论如何,伊壁鸠鲁论集卷十节 44 述及了《十二元素》(*Twelve Elements*),而在德墨特里俄斯所编制的著作目录中并未出现任何这样的标题。

[122]我认为,上述事实为反对尼采结论的学者提供了证据:它们表明,《名哲言行录》对伊壁鸠鲁的论说与德墨特里俄斯精选的著作目录并非来自同一个文本。

其次,我们会心生疑惑:尼采的"高度一致"的程度究竟有多高?卷十节 27 的著作目录旨在列出伊壁鸠鲁"最好的"著作,集述者似乎也十分依赖目录中的著作。然而,这能说明什么问题?难道一位集述者十分依赖一位作者最好的著作这件事很令人意外?难道这些著作不是就该出现在任何关于该作者作品的精选目录中吗?

第三,即使伊壁鸠鲁论集的集述者的确参阅了德墨特里俄斯精选的著作目录,但何以认为他亦转抄了它?为论证需要,我们暂且假设德墨特里俄斯编制了伊壁鸠鲁的著作目录,而狄奥克勒斯在编写论集时利用了它,但这不能证明——至少这样的推断不能说是显而易见,理所应当——狄奥克勒斯亦亲手转抄了该著作目录。可是,尼采的论证需要上述不甚合理的推断的支持。

八

关于德墨特里俄斯的论证预先假定,狄奥克勒斯是"伊壁鸠鲁传记"的文本来源。该论证依靠的是尼采第二项主要论证的结论。

在卷十节 3—4 中,拉尔修列举了很多抨击伊壁鸠鲁的作家。

其中有一个名为索提翁(Sotion)的人,他把自己的书定名为《驳狄奥克勒斯》(*Refutations of Diocles*)。因此,狄奥克勒斯写下了一篇为伊壁鸠鲁辩护的文章。稍后,拉尔修在卷十节11引述了该辩护其中一段内容。尼采辨析如下:

> 我们已经证实,狄奥克勒斯以渊博的学识详细地阐述了廊下派的学说,虽然他自己对其并不尊崇。那么,既然如此,他以渊博的学识和更勤恳的态度阐释伊壁鸠鲁观点,这种可能性岂不更大吗?——因为他的灵魂宁愿安歇于伊壁鸠鲁的花园中,也不愿在冷冰冰的廊柱下。(KGW II/1,89)

以上论证缺乏说服力,但它的结论无可置疑。狄奥克勒斯的作品名为《哲学家纵览》,正如我们看到的,其中包含了对廊下派哲学的合理详细的记述:那么,它当然亦会包含对伊壁鸠鲁哲学的合理详述——无论狄奥克勒斯本人的哲学偏好如何。

但是,尼采为何会认为拉尔修的"伊壁鸠鲁传记"引用了上述的记述?据我所知,直到目前,关于狄奥克勒斯是"伊壁鸠鲁传记"的文本来源,尼采有两个理由。第一,他提出,假使如此,我们就能够理解卷十节9中一处令人困惑的阐述:在论述为伊壁鸠鲁辩护以反驳其诽谤者时,拉尔修记述道,伊壁鸠鲁学派是古希腊诸多伟大的哲学学派中唯一保持兴盛的,它的掌门人也从伊壁鸠鲁本人开始就一直薪火相传,从未间断。但这一说法对公元3世纪来说是不成立的:尼采由是声称,它一定由公元1世纪的某位作家写成,而拉尔修则不假思索地引述了它。这位作家就是狄奥克勒斯。

[123]第二,卷十节29引起了尼采的注意。拉尔修说道,他将转录伊壁鸠鲁的三封书信和《格言集》:"由此,你就能够获得此人的完整形象,而且,也会知道该如何评判我[κἀμὲ κρίνειν εἰδέναι]。"据尼采所言,这并没有给我们提供什么理由,让我们可以认为拉尔修

是一位伊壁鸠鲁主义者，或者，认为他请他的读者“评判我”。反而，他又在转述某个伊壁鸠鲁主义的文本，他未加思考地抄袭而来的那个“我”，实际上属于他抄的这个文本来源。当然，此来源就是狄奥克勒斯。

卷十节28有一个地方存在争议：乌瑟纳尔提出，应以*κἄν*[而且也]来代替*κἀμέ*[而且我]，他的观点被广为采纳（比尼奥内[Bignone]偏向于'*καὶ ἅμα*[和一起]，马科维奇[Marcovich]声称应为*καί*[与]）。照此说法，若该处文本获得如此的修订，它就不再明显地指向某个伊壁鸠鲁主义者的作者，而尼采的论证便会被推翻。

然而，尽管这一修订看似很有理据，但无论从句法还是意义出发，实际上都不必做出如此修改：我认为，尼采对文本的解读获得了一致的认可。另外，如尼采所言，此处并非拉尔修本人的叙述，这个推断并非不合理。除卷十节29外，尚无证据表明拉尔修是一位伊壁鸠鲁主义者——或表明他持任何其他哲学观点。《名哲言行录》并未背离它的作者。书中几乎全部的内容都是非个人性质的作品。① 此处这个突兀且极其随意的自指（self-reference）与拉尔修书中的其余内容完全不同：鉴于此，认为拉尔修也许不假思索地抄录了其他人作品中能吸引其读者的内容，这种推测就不是毫无根据。

但为何这位其他人会是狄奥克勒斯？除所谓“懒惰原则”（Principle of Indolence）以外，尼采并未提出其他理由来证明此人是狄奥克勒斯：懒惰原则就是说，狄奥克勒斯阐述了伊壁鸠鲁的学说，拉尔修知道这一点，并利用了他的著述——身为一个偷懒的抄袭者，*若无必要*（praeter necessitatem），他不会愿意增加劳动，他会在卷十节29中继续利用他。很难对以上论证做出评价。当然，狄奥克勒斯确实有可能是卷十节29的作者，不能把他排除在外。

---

① 要了解拉尔修的个性特征，参Meier 1978，46—59。

但同样地，很多另外的作者也很有可能。我看不出“懒惰原则”如何能使狄奥克勒斯比其竞争对手更有优势；因为，在这项普遍原则中，我看不到一点特殊的合理性（大体上讲，也许“懒惰原则”比“乏味原则”[Principle of Boredom]更合理？乏味原则：“截至卷十，拉尔修已抄了大量狄奥克勒斯的著述，而且抄得格外冗长乏味：如果他还是个正常人，那他就会在卷十节 29 利用除狄奥克勒斯外的任何文本来源”）。

卷十节 9 的文段亦然。尼采的论证有一半不无道理：此处，拉尔修很可能在转述某位早于他的著作者对伊壁鸠鲁学派一直传承不息的评价。① 然而，问题又来了，为何是狄奥克勒斯？除“惰性原则”外，尚无理由认为他就是那位早期著者。

九

尼采关于德墨特里俄斯的论证很大程度上取决于他关于伊壁鸠鲁的论证：若后者被推翻，那前者亦然。尼采关于伊壁鸠鲁的论证反过来还与他关于廊下派的论证有关；可在这个情况中，二者相关性很小——原则上，即使后者被推翻，前者也可能独自成立。然而，[124]狄奥克勒斯是拉尔修《名哲言行录》卷七廊下派哲学论集的文本来源的这一论点，是尼采整个设计的缘起，而且，他也用了最大的篇幅和最细致的分析来证明它。②

尼采从卷七节 48 的一段开始论证，拉尔修在此明确指出，狄奥克勒斯是他记述廊下派逻辑学时的文本来源。据尼采所言，这段文本已表明拉尔修是逐字引用狄奥克勒斯。尼采自认辨识出了

---

① 关于对这点的含蓄论述，参 Glucker 1978，342（他在页 336 明确提到了尼采，我认为他对尼采持赞扬态度）。

② 在《论拉尔修的文本来源与校勘》中，尼采重申了这一论点，但并未给出什么重要补充（KGW II/1，201—203）。

两处较早的引用。接着，他又提出，狄奥克勒斯必然撰述讨论过廊下派伦理学和物理学，拉尔修的廊下派哲学的所有三部分中都利用了狄奥克勒斯，而不仅限于廊下派逻辑学。最后，尼采在卷七节160找到了支持他论点的证据。

在卷七节48有一段至关重要，但此处的文本存在争议。我们先引述尼采的文章，以此为开端最好不过：

> 接着，[拉尔修]解释了芝诺和廊下派辩证法的观点，而且他并不满足于这种总结性的说明：
>
> *ἐν οὖν τοῖς λογικοῖς ταῦτά τε αὐτοῖς δοκεῖν κεφαλαιωδῶς. καὶ ἵνα καὶ κατὰ μέρος εἴπωμεν, καὶ τάδε ἅπερ αὐτῶν εἰς τὴν εἰσαγωγικὴν τείνει τέχνην καὶ αὐτὰ ἐπὶ λέξεως τίθησι Διοκλῆς ὁ Μάγνης ἐν τῇ Ἐπιδρομῇ τῶν φιλοσόφων, λέγων οὕτως· ἀρέσκει τοῖς Στωϊκοῖς*[……]
>
> 以上那些看来就是他们对于逻辑学的主要观点。并且为了较为详细地给予讨论，我们将在这里详细介绍一下他们称之为具有导论性学说的东西，狄奥克勒斯在《哲学家纵览》一书中提到了它，我们将逐字引用，内容如下：廊下派同意……(卷七，节48)
>
> 若拉尔修承认，他把*καὶ τάδε*[而这些]归于狄奥克勒斯，那他就已经从同一文本来源中汲取了其他东西：如何更加清晰地阐明这一点？我们可能会询问*καὶ αὐτά*[且它们]的含义。你如果认为后者与*καὶ τάδε*[而这些]具有相同的影响，我是不会同意的。相反，*καὶ αὐτά*[且它们]应当与之后的*ἐπὶ λέξεως*[逐字]密切相关，所以，应当这样理解："如果我们要较为详细地讨论那些狄奥克勒斯在《哲学家纵览》一书中提到的东西——就其导论性学说的部分——我们将给予逐字引用，内

容如下。"[①]这样,拉尔修已表明,他是逐字转抄了狄奥克勒斯。(KGW II/1,78)

遗憾的是,尼采对他所引希腊文的解释无疑是错误的。第尔斯(Hermann Diels)切中要害地对尼采的拉尔修假设作了简明而有力的批判(Diels 1879,162)。尼采没有翻译或解释*ταῦτα*[那些]之后的*τε*[及]。实际上,他在为该段断句时,在*κεφαλαιωδῶς*[主要观点]之后加上了句号,这使得*τε*[及]的含义变得无法解释。但是,这一断句方式至关重要,它是对于尼采对将该段作为一个整体进行解释时的核心。因此,由于在尼采的解释下,*τε*[及]的含义无法解释。因此,他的解释是错误的。

第尔斯本人的解释获得了普遍赞同。他把*ταῦτα*[那些]之后的*τε*[及]与*ἵνα*[为了]之前的*καὶ*[与]联系在一起。这句话的主干是:"*ταῦτά τε αὐτοῖς δοκεῖν*[……][那些看来就是],*καὶ*[……]*τάδε*[以及……这些]。"因此,*ἅπερ*[正如]之后的从句便隶属于*τάδε*[这些];而*αὐτὰ*[它们]之前的*καὶ*[与]引出该复合关系从句的第二个连词。[②] 所以这句话的含义就是:"关于逻辑学,廊下派既持这些观点(我们已经概括地陈述了它们),又持——若我们也要对此作详述——以下观点,这些观点相关于他们的导论性学说,而狄奥克勒斯也已逐字记述如下。"这一表述太过繁冗(用希腊语与用英语都一样),但它道出的含义明白易懂,还可以这样改述:"关于逻辑学,廊下派既持(1)我们刚刚概括的观点,又持

① 我用英语表述以上文字时,比尼采用拉丁语(或用拉尔修的希腊语)表述得更为繁冗。也可以这样表述:"除了我们刚给出的总结概述,如果我们还要对廊下派逻辑学作详细阐述,那我们就能发现,狄奥克勒斯的书中也有这些内容(仅限于记载逻辑学的导论部分)——并且,它们也被逐字记述如下。"

② 如第尔斯所注意到的,*αὐτός*[他自己]的这一用法在希腊语中很常见,该用法不是循规蹈矩地重复其作为关系代词时的用法;如参柏拉图,《美诺》(*Meno*),标号90E5(据 Bluck 的注解)。

(2)我们将详述的观点——这些详述的观点既相关于[125]其导论性学说,也被狄奥克勒斯详述如下。”然而,此处关键问题在于:第尔斯对上述文本的解释,并未暗示或表明拉尔修曾引用了狄奥克勒斯。

尼采与第尔斯的分歧是句法性的:按照尼采的观点,*τάδε*[这些]是*τίθησι*[写下]的宾语,而按照第尔斯的观点,*τάδε*[这些]是*δοκεῖν*[看来是]的主语。第尔斯的说法是出于解释*ταῦτα*[那些]之后的*τε*[及]的需要。但是,哪怕最委婉地说,也要承认第尔斯断句出来的句子句法太过曲折。问题在于,在这段希腊语文本中有太多“*καὶ*”。尤其是*τάδε*[这些]之前的*καὶ*[及],这个“*καὶ*”十分怪异。在*ἵνα*[为了]之前的“*καὶ*”与*τε*[及]相呼应,它连接的是*τάδε*[这些]与*ταῦτα*[那些];*τάδε*[这些]之前的“*καὶ*”意为“也”。这两个“*καὶ*”被一个插入句分开。若去掉插入句,你就会发现句子是“*ταῦτά τε αὐτοῖς δοκεῖν κεφαλαιωδῶς καὶ καὶ τάδε*”,此句有两个重复的*καὶ*[与],这不符合希腊语的表达规范。*ἵνα*[为了]插入句使这个语法错误消失了——或者说被掩饰住了;因为在我看来,这个语法错误仍潜在地寓于句中,并使这个句子的文体甚至语法都模棱两可,令人疑惑。①

这一点是无可置疑的(cannot be pressed)。拉尔修不是一位笔法娴熟的作家,尽管他的行文习惯和癖好尚未充分可知,但可以肯定的是,他对*καὶ*的使用常常很蹩脚或者说古怪(Freudenthal 1879,309;Barnes 1992,4288 注 246)。但尽管如此,也必须注意到,*ταῦτα*[那些]之后的*τε*[及]在我们目前所有的抄本中都找不到,而这个*τε*[及]正是导致*καὶ*引发难题的原因。拉尔修的文本传统历来错综复杂;但目前,现存抄本可以缩减总结为三个:B 本、P 本和 F 本(参 Egli 1981,1—5;Knoepfler 1991)。B 本印作*ταῦτά τε*

---

① 参 Hulser 1987,248,其中对该处文本的呈现方式非常清楚地体现了这一点。

[那些及]。F 本印作ταῦτα τά[那些这]。P 本起初印作ταῦτ'[这],之后被某个后人改为ταῦτά τε[那些及]。① 或许,拉尔修写的是ταῦτ'[这],而非ταῦτά τε[那些及]?②

假使那样,该句的句法就会容易理解得多。③ 如尼采的做法,将句号置于κεφαλαιωδῶς[主要观点]后。如此,ἵνα[为了]之前的καὶ[与]便是典型的句子连词;ἵνα[为了]从句不再是插入句;而τάδε[这些]之前的καὶ[与]看来就不再是一个语法错误。其次,τάδε[这些]需要一个动词;实际上,按照这种情况,我们就能很容易地把它作为τίθησι[写下]的宾语:"而且,我们可能也会想对此作详述,而狄奥克勒斯也同样对此作了阐述,内容如下。"但这样一来,καὶ αὐτά[且它们]从句就不能像第尔斯解释的那样,是关系从句的第二个分句;因为,αὐτά[它们]一定是倒回去归属于τάδε[这些]的,并应纳入该句的主句当中。那么这就很清楚了,正如尼采所言,καὶ αὐτά[且它们]是紧靠着ἐπὶ λέξεως[逐字]的;那么,无疑,καὶ就应被理解为"也"。因此,我们得出,该句实为:"而且,我们可能也会想对此作详述,而狄奥克勒斯也同样对此作了阐述,内容如下,这些内容相关于廊下派的导论性学说——也逐字如下:……"所以,我们又回到了尼采对卷七节 48 的解释:他的解释并不符合他读到的拉尔修

---

① 至少,这是牛津古典文本(OCT)的校勘附录及托伊布纳(Teubner)版提供的信息。

② 根据古文书学的观点,将之理解为ταῦτά τε[那些及]似乎更准确:在一个传统中,起初的τε[及]被讹用为τά[这],而在另一传统中,τε[及]被遗漏掉。而且,也有人认为,ταῦτά τε[那些及]遵循了宁取较难阅读法则(lectio difficilior)。这些观点每一个都不能被忽略,但每一个也都不具说服力;在我看来,这些观点加起来也比不上由τε[及]引发的语法上的难题。

③ [133]据科贝特(Cobet)(和尼采)的观点,我们应把通行的εἴποιμεν[说]识作εἴποιμεν[说];据 Roeper 的观点,我们应把通行的δοκεῖν[认为]识作δοκεῖ[认为]。这些改动并不影响该段的含义。另外,也有人认为应是"τὴν εἰσαγωγικὴν διαλεκτικὴν[……]τέχνην",参 Egli 1981;但我不知道上文是否为希腊语。马科维奇在他的托伊布纳版中将之印为ταῦτα δή[就那些],而非ταῦτα[那些]或ταῦτά τε[那些及];并用τὰ δή[就这]取代了τάδε[这些](这在希腊语中几乎未出现过)。

的希腊语文本(the Greek text),但却至少符合这样一个希腊语文本,它与他自己解读的文本较为接近,而且看起来也算合理。

然而,即使我们同意上述所有观点,尼采的论据也仍然缺乏明证。① 首先,他对αὐτά[它们]前的καὶ[且]的解读不确切,该词并非必然如他的解释。例如,我们可以把它当作一个表示强调的词语——意为"的确",而非"也"。② 实际上,这一假设启发了我,更恰切地解读也许是:"狄奥克勒斯也记载了下述内容……而且,逐字……"以上解释如果正确,该处文本便无法证明拉尔修逐字转抄了狄奥克勒斯的其他文本。③

---

① 对卷七节48也可另作如下解释:在τέχνην[学说]后加逗号,去掉καὶ τάδε[而这些]前的逗号,而把καὶ[及]当作补语。如此,αὐτά[它们]又倒过来归属于τάδε[这些],换言之,也即归属于τα κατὰ μέρος[详细介绍],而整个句子的含义即为:"而且,如果我们也会想对此作特别论述,换言之,对那些相关于廊下派导论性学说的内容作论述,那么,狄奥克勒斯也逐字记载了它们。"尼采否定了上述解释(KGW II/1,78),但他的理由并不充分。实际上,它的结论与尼采自己的一致,即拉尔修逐字引用了狄奥克勒斯。真正的难点在于对τάδε[这些]的解读:显然,必须把τάδε[这些]和ταῦτα[那些]当作一对对应词,ταῦτα[那些]指的是拉尔修已经给出的内容,而τάδε[这些]指的是他即将给出的内容。但是,根据刚刚所作的解释,τὰ δή[这些]仅仅是ἅπερ[正如]从句的一个无足轻重且可有可无的先行词,在句法上,也不再与ταῦτα[那些]对应。

② 参Freudenthal 1879,309。弗罗伊登塔尔(Freudenthal)在其关于拉尔修的文本来源的研究的附录中对尼采的基本假设作了清晰的阐述和简明有力的批评,参原书页码305—315。

③ [原注36]我们究竟应不应当说拉尔修逐字地转抄? 参Egli 1981,8—9,其中坚称ἐπὶ λέξεως τίθησι[逐字写下]意为狄奥克勒斯逐字转抄了廊下派,而非拉尔修逐字转抄了狄奥克勒斯。这一观点对我们理解拉尔修的写作手法,以及对我们研究廊下派逻辑学来说都至关重要;因为,如果埃利(Egli)的观点正确,那么,我们在"狄奥克勒斯残篇"中获得的文本就是一个逐字传述廊下派逻辑学的文本(实际上,埃利假设,拉尔修在确实逐字地转抄了狄奥克勒斯——因此也就逐字转抄了廊下派的文本。但是,这一假设不取决于ἐπὶ λέξεως[逐字],而取决于οὕτως λέγων[他说];而如果埃利对ἐπὶ λέξεως[逐字]的解读正确,那么,拉尔修是否转抄狄奥克勒斯这件事就变得模棱两可——因为,οὕτως λέγων[他说]可能只是引出一段改述[paraphrase]或摘要,而非引文)。我倾向于认为,严格说来,拉尔修的措辞确实存在歧义;但我认为,尼采的解读方式能比埃利的方式更顺理成章地解释此处的文本。毕竟,如果我说"某人逐字地记载如下",那我当然会被认为是在逐字地传述"某人"的文本,而非评论"某人"的传述方式。以上主观论证也许会在卷七节75中得到支持,参本文原注38。

其次,我们或可质疑尼采对τάδε[这些]之前的καί的解读。当然,此处的καί确实意为“也”;但“也”不必定指狄奥克勒斯[126]也在同一主题上发表了另外的见解。如果你说“关于廊下派逻辑学,拉尔修向我们讲述了‘甲’,而西塞罗也向我们讲述了‘乙’”,你的意思并非是西塞罗向我们讲述了“甲”。“也”的作用是为了表明你给出了补充材料,而非西塞罗提供了两则材料。所以,对我们的文本而言,同样如此——或者说这才是最好的解读。拉尔修意为:“我已作过概述;下面,也可以读读狄奥克勒斯向告诉我们的内容。”

但以上假设都不能说明尼采对卷七节 48 的解释是错误的:我们最多可以由此推论出,对该处文本所能做的解释并不只有尼采这一种。① 但事实上,尼采提出两项补充论证,它们或使他的解释优于其对手的解释。

他提出,在卷七节 39—41 论及哲学的段落,狄奥克勒斯已被引用过了,而在卷七节 41—48 概述逻辑学的部分,他也被引用过。“因为,首先,阐述哲学部分的这位作者所诉诸的文本来源,是狄奥克勒斯在λογικοῖς κατὰ μέρος[下文]中也同样使用过的”(KGW II/1,79)。这并非一项有力的论证。在任何情况下,它的前提都不成立:λογικοῖς κατὰ μέρος[下文]提及的三位权威学者,在卷七节 39—41 中都并未出现;相反,卷七节 39—41 诉诸的七位权威学者,在λογικοῖς κατὰ μέρος[下文]中也都并未出现(参 Maass 1880,12—13)。或许由于意识到自己前提的错误,尼采立即改进了以上论证:卷七节 39—41 中并未提及任何比波希多尼乌斯(Posidonius)的弟子时

① 但在这段希腊语文本中,还有另一处存在争议的地方:αὐτῶν[它们的]的语法成分是什么?它指的是什么?尼采坚称,αὐτῶν[它们的]是表示部分的词(partitive)([译注]如英语中的 some、any、few 等),并意指τάδε[这些],即:“狄奥克勒斯也阐述了这些内容,即这样一些内容,它们相关于廊下派的导论性作品。”另有人把αὐτῶν[它们的]与“τέχνην[学说]”关联起来,并认为它指的是廊下派:“狄奥克勒斯也阐述了这些内容,这些内容相关于廊下派的导论性作品。”在我看来,αὐτῶν[它们的]的位置和该文段的整体含义正支持了尼采的解释。

间更晚的廊下派哲人;因此,拉尔修用的文本来源应当与那些弟子同时代——“至此,可以这么说,指针指向了狄奥克勒斯”(KGW II/1,79)。改进后的论证的前提确实准确无误了;但这一论证本身显然不足凭信。狄奥克勒斯至多是几位可能的候选对象之一。

其次,尼采注意到,“在几个辩证法的例子中,出现了狄奥克勒斯本人的名字,如 *ζῆ Διοκλῆς* 。如果不是转抄狄奥克勒斯,拉尔修又从哪里这样抄来呢?”(KGW II/1,79)在 *λογικοῖς κατὰ μέρος* [下文](卷七,节 75)中,狄奥克勒斯的名字的确出现过一次。该处名字的出现表明,无论拉尔修如何说,狄奥克勒斯都是他在详述廊下派辩证法时的文本来源。① 然而,狄奥克勒斯的名字除此外再未以说明性例证的形式出现于他处。尤有甚者,它甚至并未出现于卷七节 41—48,所以,不能以此作为证明廊下派逻辑学概述也出自狄奥克勒斯的证据。尼采犯下了一个粗心的错误。

因此,尼采未能证明,在卷七节 48 之前,拉尔修的文本中有出自狄奥克勒斯的材料。那该如何解释他的论证,即狄奥克勒斯不仅是廊下派逻辑学部分的文本来源,而且是廊下派论集其他两部分的文本来源?这一论证很简单:尼采认为,毋庸置疑,狄奥克勒斯的《哲学家纵览》包含了廊下派论集的完整内容;他指出,在廊下派伦理学和廊下派物理学的部分,拉尔修再未引用其他文本来源;他夸张地反问道,为何我们竟会认为“拉尔会修无缘无故放弃了他之前一直引用的文本来源”?(KGW II/1,79)

这个夸张的反问句假设了一件尼采无权假设的事情,即拉尔修“无缘无故”放弃了狄奥克勒斯的文本。对狄奥克勒斯的《哲学家纵览》,我们几乎一无所知:也许,拉尔修确实有理由才放弃

---

① [原注 38]此外,此处狄奥克勒斯名字的出现表明,狄奥克勒斯不太可能转抄了廊下派的文本;因为,为何廊下派哲人会利用狄奥克勒斯的名字?在我看来,这一证据似乎支持了尼采对 *ἐπὶ λέξεως* [逐字]的解释,参本文原注 36。

它——对他而言,它太长或太短;它太简易或太晦涩,总之不宜使用;或有更好的文本来源可供他方便地使用;或拉尔修对单纯抄袭狄奥克勒斯感到厌倦,或者[127]由于已掠夺了其太多内容而感到惭愧。可以设想出一百个这样的理由:其中尚无一项足以凭信;但同样地,我们也无权假设他的放弃毫无任何理由。

尼采还在卷七节 160 找到一项确凿的证据。① 在那里,拉尔修以如下评述结束了他的廊下派论集:"这就是他们关于物理学的观点:鉴于我们要保持整部作品的平衡,我们所做的论述已经足够多了。"尼采声称,拉尔修本人不可能写下这些文字,因为,这部分冗长的廊下派论集事实上已经破坏了《名哲言行录》声称要达到的平衡,如果平衡的确曾是拉尔修的目标的话。所以,它们抄自拉尔修的那个文本来源,而由此可知,这一文本来源一定平衡地论述了廊下派哲学的三个部分。既然已知逻辑学来源于狄奥克勒斯,则卷七节 160 的文字,从而也就是整个廊下派论集,皆当源自狄奥克勒斯。

拉尔修是否不可能写下卷七节 160 的那些文字,这一点尚未可知。他说"我的作品的平衡"时,想到的也许仅仅是廊下派论集,事实上,这部分内容的确或多或少保持了平衡:比如说,他不必在廊下派和逍遥学派论集之间保持平衡。不过,卷七节 160 的文本的确令我感到古怪,我也不反对尼采认为它是无意地取自某一单独文本来源这个意见。②

---

① [译注]原文误标为卷五。

② 参 Maass 1880,13,其中认为,如果我们从整体上比较整个[134]传记和论集(biographico-doxographical)的内容,而非单单比较论集,拉尔修的文本就从未出现过尼采声称的不对称的现象。不过,即使马斯的这个限制条件是成立的,他的主张也并不正确:廊下派传记和论集的篇幅比伊壁鸠鲁的长一些,几乎是柏拉图的 2 倍,又是亚里士多德的 2.5 倍。通常,手册(handbooks)都力求 *συμμετρία*[对称性](Diels 1879,242 注 1)。拉尔修在别处都从未说过自己力求达到这一目标。因此,如下情况似乎更为合理:即拉尔修唯一一次提及对称性[*συμμετρία*]之处,是无意间抄自某一手册的。

即便如此，即便我们假设拉尔修使用的廊下派物理学的文本来源也记述廊下派伦理学和廊下派逻辑学，但这也不代表拉尔修始终使用同一文本来源。例如，他也许用狄奥克勒斯的文本写逻辑学部分，用甲的文本写伦理学部分，而用乙的文本写物理学部分，尽管他的三个文本来源中每一个都记述了廊下派学说的所有三个部分。[①]那么，我们就应把卷七节 160 的评述解释为，拉尔修指必须保持乙的廊下派论集部分的平衡(或乙的整部著作，不论那可能是什么)。

此外，尼采没有考虑一处相关文本。卷七节 83 是逻辑学和伦理学部分的过渡段。它以如下惯用语(formula)开头："这就是廊下派的逻辑学说。"并以如下惯用语结尾："他们关于逻辑学说的就是这些。"这两句惯用语之间的文字组织得十分混乱，而且有几处地方的文本多有破损。这两句惯用语应该是一对同义句(doublets)：为何它们会同时出现？以下解释是为一种可能性。第一句惯用语出自狄奥克勒斯：从卷七节 48 至卷七节 83，拉尔修抄写了狄奥克勒斯关于廊下派逻辑学的论述；在节 83，他以狄奥克勒斯本人的结尾结束了他对后者的引用。那么，第二句惯用语就出自拉尔修：它代表他自己的廊下派逻辑学论述的结束(Egli 1981，8)。假使是这样，那么，在卷七节 83，拉尔修就放弃了狄奥克勒斯的文本，并在其廊下派论集的其余部分使用了某一新的文本来源。再次重申，上述论证远非结论性的；它仅仅是为了反驳尼采关于狄奥克勒斯的主张而提出的一些说法。

十

最后，就狄奥克勒斯作为拉尔修的文本来源而言，究竟能说什

---

① 参 Meier 1978，5—7，其中认为，廊下派论集具有统一性，并由拉尔修整体地抄自某个比他更早的文本来源；但他认为，这个更早的文本来源晚于狄奥克勒斯：此文本来源汇编的论集包括狄奥克勒斯论述廊下派逻辑学部分，而伦理学和物理学部分采用的并不是狄奥克勒斯的论述。

么呢？表面上，拉尔修对狄奥克勒斯的引用大多是补充性的：狄奥克勒斯常作为可以证明或证伪某些传记或论集的论点的几位作者之一而被引用。只有在廊下派逻辑学部分，仅此一次，狄奥克勒斯被明确用于[128]更丰富且广泛的意义上。如果直观地解读拉尔修的《名哲言行录》，关于狄奥克勒斯就只能谈这么多。①

尼采的论证无法证明这一直观阅读的视角是谬误的。他的论证构成了一个连贯的链条。尼采从卷七节 48—83 开始——这部分内容明确无疑地出自狄奥克勒斯，他首先转向(1)卷七节 37—48，其次转向(2)卷七节 84—160，最后，通过各种方法，转向(3)整部《名哲言行录》。在环节(3)，他所有的详细论证都不足为据：证明(3)的主要理由仅仅是“懒惰原则”——正如我已论述过的，此原则没有多大价值。在环节(2)，尼采的解释没有那么多漏洞；但他没有考虑到诸多可以替代他观点的观点，遑论将其排除。在环节(1)，尼采的解释是最好的，至少，他对卷七节 48 的解释值得郑重考虑。然而，即使在此处，也不能说他证明了什么真相，或者最多说他提出了一种有趣的可能解释，除此之外，不能说他还做了别的什么事情。

我并不认为尼采的基本假设被驳倒了，而且，在当前的拉尔修研究状况下，我对是否已驳倒了它持保留态度。一方面，它至少优于其他几个后来提出的基本假设。另一方面，它并不比很多已经提出或可能提出的类似假设更合理，这些类似假说既未被驳倒，也未得到证明。

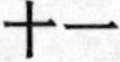

十一

最后，就拉尔修作为一位早期希腊哲学的编史家而言，究竟能说什么呢？从尼采发表他的《拉尔修的材料来源》以来，一些学者

① 参 Freudenthal 1879，312—313；如参 Diels 1879，163 以及 Meier 1994，42—45。

便就拉尔修的文本来源的问题详细撰文,其中相当一部分人都很知名。这些研究尚无哪一个成功超越了尼采的研究:如同尼采那样,这些研究每一项都顺便加深了我们对拉尔修的理解,但也没有哪一个提出过有说服力或哪怕看似合理的证据。

对于一个怀疑性的结论而言,怀疑论者会认为他们已有了足够的证据;而我无法证明他们是错误的。就研究拉尔修而言,我们漂浮在一片充满可能性的海洋上,没有哪种可能性能明显的比它的对手更胜一筹。但最终,如乐天派所希望的那样,有两件事可能会改变这一现状:我们需要一本精当的拉尔修文稿的校勘本;①而且,我们需要对他的语言和文风作一些细致的研究。在卷七节48,最终的解释首先取决于文本中τε[及]存在与否,其次取决于拉尔修可能如何使用καί[与]。由于语文学的基础尚未建立,我们还无法胸有成竹地探讨上述任何问题。当然,我们不能保证,尼采最终没有着手进行的关于拉尔修的语文学研究,是否会为他探讨的文本来源研究的难题提供答案。但据我所知,除非现在出现合适可用的新版本,并对其作了细致的语言学研究,否则这一领域的研究现状不会有任何进展。②

这些枯燥的琐事并非不重要。在一定程度上,我们对廊下派逻辑学的认识要取决于拉尔修的文本。因此,也就部分地取决于τε[及]的存在与否和对καί[与]的解释。

十二

[129]最后,就尼采作为一位古典学者而言,究竟能说什么呢?

---

① 这篇文章初次发表后,马科维奇那令人盼望已久的托伊布纳本便出版了:对此的评论,参 Barnes 2002,8—11。

② 试比较 Freudenthal 1879,结尾部分。今天的人会很遗憾地发现,他在 1879 年所编的迫切需要的缺省之物的条目,在一个多世纪后仍然缺省。

"语文学历史上没有尼采的立足之地:他没有做出足够积极的贡献"(Reinhardt 1966,345)。常常有人会引用莱因哈特(Karl Reinhardt)尖刻的非难。[①] 早在莱因哈特之前二十年,霍华德(Ernst Howald)也同样轻视地认为尼采的古典学研究是"平均水准",并宣称"大体上,他的所有研究成果都已被证伪"(Howald 1920,7)。不断有人附和这一笼统的总体评价;但事实上,这些复述既无关紧要,又无多大价值。[②]

就拉尔修这一特殊情况而言,尼采的声誉不是很高。最近一部关于拉尔修的专著(Meier 1978)几乎没有提到他,而现代最好的研究拉尔修的作品只把他降格到一个脚注(Gigante 1972)中。[③] 我认为,现代这些对尼采的拉尔修研究的态度起源于第尔斯。在他那颇具权威的《希腊论集》的前言中,第尔斯用一些傲慢的语句轻蔑地抨击尼采,还进一步"证明尼采的观点不仅表现出高度的不确定性,比蜘蛛网还要脆弱,而且具有明显的错误"(Diels 1879,162;关于他的证据,参上,17—20)。[④]

第尔斯的观点得到了维拉莫维茨的赞同。[⑤] 维拉莫维茨于1928 年撰写的怒气满满的《回忆录》(*Memoirs*)中有一小段内容,

---

① 1941 年,这篇文章被作为一场演讲发表。

② 参 Vogt 1962;并参 Svoboda 1919 以及 Pöschl 1979,后二者的判断尤为有力。

③ 但要注意,吉甘特(Gigante)在《自维拉莫维茨至法伊弗的古典语文学史》("Dal Wilamowitz")中断言,尼采"已在我们研究的这个主题方面获得了值得尊敬的地位"。参 Gigante 1974,208。

④ 第尔斯在他于 1902 年 1 月 23 日发表的正式演讲(Festrede)中,更全面也更细致地对尼采作了讨论:谨慎的指摘取代了解读。参 Diels 1902,35—39。

⑤ 在他的《致马斯》("Epistula ad Maassium"),维拉莫维茨勉强称赞了尼采对赫西基俄斯(Hesychius)和拉尔修的关系的研究:propter turbas ab hominibus insulsis excitatus praemitto me, ut par est, Nietzschei de Hesychio disputationem summis laudibus dignam habere[我提醒自己谨防由人类的愚蠢引发的混乱,如值得享有最高赞誉的尼采关于赫西基俄斯的论证也是如此](Wilamowitz 1880,148),该信件作为附录被收录于马斯的作品中,参 Maass 1880。但他已指责过尼采不懂希腊文(145—146),并重复了(未得到认可的)第尔斯把尼采的论证比作蜘蛛网的比喻。

它很可能对古典学学界对待尼采作品的态度产生了任何事情都比不了的影响：

> 他追随里奇尔从波恩来到莱比锡（因而他也抨击雅恩），并在后者的帮助下取得在巴塞尔的教席和荣誉博士学位。我不明白，怎么会有人能宽容这一裙带关系。这种对初学者的提拔是空前的，以尼采发表在《莱茵博物馆语文学专刊》的东西，他毫无理由获得这样的提拔——那些东西中没有包含多少真相，却在答辩时被认为是一篇非常优秀的博士论文。那时，我没法评价尼采的作品；因为乌瑟纳尔在他的专题讨论会上对它们评价颇高，另外，我也对自己学校的校友取得这样的成就感到自豪。（Wilamowitz 1928，129）①

维拉莫维茨的嘲笑和暗讽只不过是恶劣的情绪。② 而他谈及乌瑟纳尔赞扬尼采，这才更值得关注。

因为，有另一项证据证明，乌瑟纳尔确实赞赏尼采早期的作品：他认为初版发表在《莱茵博物馆语文学专刊》那部作品具有"一种青年的生气和敏锐的洞察力"（援引于 Vogt 1962，108 注 21）。

---

① 维拉莫维茨在他的初版《语文学史》（*Geschichte der Philologie*，1921）中并未提到尼采。

② 参 Maass 1880，6，其中认为，对尼采的基本假设的最初的抨击首先来自维拉莫维茨、第尔斯和弗罗伊登塔尔。第一，关于维拉莫维茨，马斯谈到一些讲稿和一篇发表在《赫耳墨斯》（*Hermes*）第 11 期（1876）的论文：在那里，维拉莫维茨仅提出法沃里努斯可能是拉尔修主要的文本来源，但并未提及尼采。第二，关于第尔斯，他提到了《希腊哲学论集》（*Doxographi Graec*），其论点我已讨论过了，此外，他还提到《莱茵博物馆语文学专刊》（卷 31，1876）中一篇论文的一个脚注；但在该处，第尔斯（在相对次要的某个点上）支持尼采。第三，弗罗伊登塔尔的作品中的确包含一段很长的对尼采的批评（Freudenthal 1879）。第四，马斯自己（尤参 Maass 1880，9—23）也写过一篇批评尼采假设的文章，但他的批判并非完全冷漠无情（即便如此，他的论证也常常佶屈聱牙，而且他还常常自满于论辩观点[debating-points]）。

乌瑟纳尔并不是唯一对尼采的作品持赞赏态度的人。弗罗伊登塔尔(Jacob Freudenthal)宣称,尼采的基本假设已被广泛采纳,据他观察,它的水平已足以进入于贝韦格(Ueberweg)的希腊哲学标准手册(Freudenthal 1879,305)。马斯(Maass)记述道,尼采的基本假设已被苏塞米尔(Susemihl)、弗尔克曼(Volkmann)、洛德和凯恩(Kern)采纳(Maass 1880,6);除了这些人,我们或还可加上策勒尔的名字(参策勒尔的来信,1870 年 5 月 22 日;KGB II/2,211—212;参致里奇尔,1870 年 6 月;KSB 3,124),当然,还有里奇尔(参致格里斯多夫,1867 年 12 月 1 日;KSB 2,237—238;参莱比锡大学的官方评价,引自一封尼采致洛德的信,1868 年 2 月 3 日;KSB 2,247—248)。

起初,尼采对拉尔修的研究赢得了钦佩和赞同——的确,任何熟悉古典学学术史和[130]古典学学者本性的人,都必然会对其早期所赢得的赞同的热情和广度感到惊讶。但后来,尼采的研究遭到了严厉抨击:它们不仅失实——还愚蠢、无知、浅薄、可鄙。如此 180 度的大转变是十分引人注目的。①

曾于 1869 年赞扬过尼采的乌瑟纳尔,于 1872 年向他的学生宣告:"谁若写出这样的东西,他的学术生命便结束了。"②"这样的东西"指的是《肃剧的诞生》。婴儿出生后总是会又哭又闹,人们对此再熟悉不过。在这场论战中,维拉莫维茨让整个学术界和他站在了一起他,而淹没了尼采作为一名语文学家的职业生涯。③ 后者自己亲口保证,他绝不会重新浮露出水面。他对当代学界的抨

① 以上评价不是普遍现象:1883 年,布尔西安(Conrad Bursian)用了十行左右的篇幅适度地赞美了尼采的拉尔修研究,参 Bursian 1883,929。

② 据传,该说法引自尼采自己,在一封他致洛德的信中(1872 年 10 月 25 日:KSB 4,70—71)。

③ 关于那场争论,如参 Howald 1920,22—30;Groth 1950,179—180;Lloyd-Jones 1982,xi—xiii。

击——被人们简单斥为“狂妄之徒”(Konjekturenwüstlingen)——使学者们相信,《肃剧的诞生》不仅仅是一时失常。尼采继续不断痛斥语文学,他放弃了他的学术研究,并最终否弃了自己早先的语文学研究。① 事实看来完全如此,用霍华德的话来说就是:“无论他们何时相遇,尼采和语文学(除了短暂休战的时候)从根本上来说是敌人。”(Howald 1920,1)②

可以倾向于认为,是尼采的个性而非他的学问,才是他的语文学研究常受蔑视的原因。一个藐视语文学,自身又遭到伟大的维拉莫维茨激烈批评的人,怎么可能对古典学学术界做出任何有价值的贡献?

尼采从不是一位资深的老学者。他的语文学研究全都写就于他的青年时期。《拉尔修的材料来源》由一位23岁的作者在几个月的时间内创作而成。因此,这篇文章显示出草率的迹象,包含很多小错误,常妄加推测,其论证有时用辞令代替逻辑,也就并不奇怪。③ 相反,尼采对拉尔修的研究以其优点著称,而非缺点。

---

① [135]“当然,我的语文学作品还在——但它们不再与我们有关”(致布兰德斯[Brandes],1888年4月10日;KSB 8,288)。

② 但霍华德的判断还是过于粗糙:战争并非存在于尼采与语文学之间,而在于“哲学的”尼采与“语文学的”尼采之间。尼采的书信和遗稿充分证明了这种内在斗争,关于这一点,如参Schlechta 1948;Campbell 1937,251—266。

③ 尼采的遗稿显示出,他常常频繁地改变自己的想法:刚提出计划和设想,又会立即将其否决;拉尔修研究的整体构思经过了好几次变化;大量注释和言辞表明,这项研究并非是一个单独的、教条上已经固定好了的理论,而是一系列处于变动中,并仍可继续发展的假说。思想的变化同样也能在他已出版的作品中找到。这里,我仅提其中两点。第一,第三个“怀疑论者”的文本来源(参上文)是在既无准备也无解说的情况下突然引入的。尼采没有考虑到这对于他的整个基本假设来说意味着什么:如果我们意外地发现,卷九其实出自一个非狄奥克勒斯的文本来源,那么,对于尼采相对较少关注的《名哲言行录》的其他部分,类似的发现不也同样适用吗?假使是那样,关于拉尔修文本来源,不就变成另一副全然不同的样子吗?第二,在《拉尔修的材料来源》(KGW II/1,133—134)中,尼采认为,德墨特里俄斯的文本来源之一是希波博图斯(Hippobotus),亦即,实际上,拉尔修对希波博图斯的“引用”,其实际情况应是,拉尔修引用了狄奥克勒斯,而狄奥克勒斯引(转下页注)

首先，他的研究很出色。尼采的研究主题很隐晦，他被迫在错综复杂和拐弯抹角的曲折变化中作论证，并承受着博学的沉重负担。然而，他的研究却展开得格外清晰而深入。其作品风格十分率真——时而好斗，时而风趣，但从未言过其实或晦涩不明。当中的论证环环相扣，他以超常的才能和精力保持着论证的流畅。① 他的基本假设始终是研究的中心，但其研究也包含了极其丰富的细节论证。无论尼采的基本假设实际情况如何，他对拉尔修的研究都是令人震撼的作品，它们充分解释了里奇尔对他的门生所作的极高评价：19 世纪，德国出现了很多早慧的学者，但其中未有一人在初露头角时锋芒能

(接上页注)用的又是德墨特里俄斯，而德墨特里俄斯引用的又是希波博图斯。简言之，尼采的论证就是：在《名哲言行录》中，希波博图斯经常同德墨特里俄斯一起出现(或与德墨特里俄斯可能的文本来源中的某一个一起出现)。在《拉尔修拾遗》(KGW II/1,181)中，尼采宣布，他放弃了希波博图斯是狄奥克勒斯直接的文本来源这一主张。早先的论证只用了一句话就被否决了。尽管这一变化本身没有造成多大影响，但这种总处在考虑中的论证问题的方式——即先兴致勃勃地提出，而后突然否决——与尼采很多其他的推论方式如出一辙。尼采自己能如此轻松地做出这样 180 度的大转变，这表明，他的很多论证相当无力。

有人也许会做出如下结论：尼采对他的研究不太认真——他以一种不符合学者身份的轻率作风研究拉尔修(如参 Maass 1880,51 注 52,54 注 57)。然而，对此或应做出另一个不同的、更为友善的结论。尼采自己充分意识到他已发表的研究作品的弱点，例如，他在一封 1868 年 10 月 8 日致洛德的信中说："任凭刚刚萌发出的想法这么快就出版，这么做真不明智，它只给我留下了苦恼"(致洛德，1868 年 10 月 8 日；KSB 2,323-324)。那篇获奖征文是尼采研究成果的初步呈现；里奇尔催促他提前出版，故而出版的版本尚未成熟；他未发表的笔记表明，尽管他已发表的文章表现出他对此十分确定，他的想法都始终未能变成一个论证严密的学说。我们不应把尼采研究拉尔修的文章当作已臻完善的学术作品，或当作经过长时间深思熟虑的成熟果实，而应把它当作还在改进中的写作报告。如果这样来看，那它们就是一幅生动的学术想象的图画，展现了一个善于分析的敏锐头脑和他那灵活创新的推理能力。

① 在一封 1867 年 4 月 4 日致多伊森的信中(KSB.2,205—206)，尼采阐明了他希望以哪种方式呈现他的作品：实际上，他的阐明是对他这些已完成的文章之风格的细致描述。

超越尼采。①

其次，他的研究是开创性的。② 尼采为学术研究开拓了新的领域。继他的作品之后，学界对拉尔修的研究开始了新的转变，这就间接为我们理解古代哲学史带来了深刻的影响。学者们纷纷模仿尼采的研究进路和方法；尼采对拉尔修抱持的一般态度也被他们广为采纳；而且，即使他个人的所有观点都遭到了拒斥，但我们仍可以宣称，他曾开创了古代哲学研究的一个新的且极为重要的阶段。

我无意夸大尼采在语文学上的贡献，也无意证明他是一位伟大的学者。在任何情况下，这类评价都显得幼稚且极其无趣。但是，无论是倾向于认为尼采写了一堆[131]关于希腊肃剧的无理疯话的那些古典学者，还是把他看作努力型学者的反面的哲学家，他们都应承认，这些研究拉尔修的作品，是由一个勤奋、渊博、训练有素，且极其杰出的年轻头脑创作而成的。③

参 考 文 献

Adrados，F. A.（1970）："Nietzsche y el concepto de la Filologia Clasica." In-

① 许多研究拉尔修的二级文献都很乏味，而且，其中一些还是最末流的研究：在研究拉尔修的历史上，只有两位学者脱颖而出：梅内杰斯(Menagius)和尼采。现代研究者会发现，梅内杰斯的版本和尼采这些文章的价值，比所有其余的二级文献加起来还多。

② 参[136]Maass 1880，3—4，他从诸多方面抨击尼采，并对他的作品发表了很多苛刻的意见。然而，他一语中的，正确地看到尼采是"de Diogene omnium longe optime meritus[目前为止，所有研究拉尔修的人中最值得赞赏的]"，他也承认，自己被尼采那充满活力又令人愉快的风格吸引，并向尼采致敬，因为他把他的研究作为他自己一切探究的出发点。参 Maass 1880，4—5。

③ 这篇论文能够完成，首当感谢蒙蒂纳里(Mazzino Montinari)友好的鼓励和含蓄中肯的建议。我对《名哲言行录》，卷七节 48 中关键文段的理解，在与布龙施维希(Jacques Brunschwig)、弗雷德(Michael Frede)、帕奇希(Günther Patzig)的讨论中获益良多。我还要感谢柏林高等研究院办公室(Sekretariat of the Wissenschafts-kolleg zu Berlin)，他们对情况糟糕的抄本的保存和管理既妥善有效，又效率极高。

Habis. Vol. 1, 87—105.

Barnes, Jonathan (1992): "Diogenes Laertius IX 61—116: The Philosophy of Pyrrhonism." In *Aufstieg und Niedergang der römischen Welt II*. Vol. 36(6), 4241—4301.

——(2002): "Review of M. Marvovich (ed.) (1999): Diogenes Laertius. *Vitae philosophrum. Vol. 1: Libri I—X. Vol. 2: Excerpta byzantina*. Stuttgart and Leipzig (Teubner)." In *Classical Review*. Vol. 52 (1), 8—11.

Bursian, Conrad (1883): *Geschichte der classischen Philologie in Deutschland*. Munich and Leipzig (R. Oldenbourg).

Campbell, T. M. (1937): "Aspects of Nietzsche's Struggle with Philology to 1871." In *Germanic Review*. Vol. 12, 251—266.

Cervi, A. M. (1960): "La storiografia filosofica di F. Nietzsche." In *Studi in onore di Luigi Castiglioni*. Florence (G. C. Sansoni). Vol. 1, 199—235.

Diels, Hermann (1879): *Doxographi Graeci*. Berlin (Walter de Gruyter).

——(1902): *Sitzungsberichte der königlichen preussischen Akademie der Wissenschaften zu Berlin*. Berlin (Georg Reimer).

Egli, Urs (1981): *Das Dioklesfragment bei Diogenes Laertios*. Konstanz (Sonderforschungsbereich 99 Universität Konstanz).

Figl, J. (1984): "Hermeneutische Voraussetzungen der philologischen Kritik. Zur wissenschaftsphilosophischen Grundproblematik im Denken des jungen Nietzsche." In *Nietzsche-Studien*. Vol. 13, 111—128.

Freudenthal, Jacob (1879): *Hellenistische Studien* III: *Der platoniker Albinos und falsche Alkinoos*. Berlin (S. Calvary & Co.).

Gigante, Marcello (1974): "Dal Wilamowitz al Pfeiffer storici della filologia classica." In *La parola del Passato*. Vol. 29, 196—224.

——(1983): *Diogene Laerzio: Vite dei Filosofi*. Bari (Laterza).

Glucker, J. (1978): *Antiochus and the Late Academy*. Göttingen (Vandenhoeck & Ruprecht).

Goulet, Richard (1994): "Dioclès de Magnésie." In *Dictionnaire des philos-*

ophes antiques. Vol. 2, 775—777.

Groth, J. H. (1950): "Wilamowitz-Moellendorf on Nietzsche's*Birth of Tragedy*." In *Journal for the History of Ideas*. Vol. 11, 179—180.

Howald, Ernst (1920): *Friedrich Nietzsche und die klassische Philologie*. Gotha (F. A. Perthes).

Hulser, Karlheinz (1987): *Die Fragmente zur stoischen Dialektik*. Stuttgart/Bad Cannstatt (Frommann-Holzboog), 4 vols.

Janz, Curt Paul (1974): "Nietzsche Lehrtätigkeit in Basel 1869—1879." In *Nietzsche-Studien*. Vol. 3, 192—203.

——(1978/1979): *Friedrich Nietzsche*: *Biographie*. Munich (Carl Hanser Verlag), 3 vols.

Knoepfler, Denis (1991): *La vie de Ménédème d'Érétrie de Diogène Laërce*: *contribution à l'histoire et la critique du texte des* 'Vies des Philosophes'. Basel (Schweitzerische Betiräge zur Altertumswissenschaft 21).

Lloyd-Jones, Hugh (1976): "Nietzsche and the Study of the Ancient World." In J. C. O'Flaherty, et al. (eds): *Studies in Nietzsche and the Classical Tradition*. Chapel Hill (University of North Carolina Press), 1—15.

——(1982): "Introduction" to U. von Wilamowitz-Mollendorff, *History of Classical Scholarship*. Baltimore (Johns Hopkins University Press).

Maass, Ernst (1880): *Philologische Untersuchungen* 3: *de biographis graecis quaestiones selectae*. Berlin (Weidmann).

Meier, J. (1994): "Diogène Laërce." In *Dictionnaire des philosophes antiques*. Vol. 2, 824—833.

——(1978): *Diogenes Laertius and his Hellenistic Background*: *Hermes Einzelschriften* 40. Wiesbaden (Franz Steiner).

Pöschl, V. (1979): "Nietzsche und die klassische Philologie." In H. Flashar, K. Gründer, and A. Horstmann (eds): *Philologie und Hermeneutik im 19. Jahrhundert*. Göttingen (Vandenhoeck & Ruprecht), 141—155.

Reinhardt, Karl (1966): "Die klassische Philologie und das Klassische Philologie und Klassische." In his *Vermächtnis der Antike: Gesammelte Essays zur Philosophie und Geschichtsschreibung*. Göttingen (Vandenhorck & Ruprecht), 334—360.

Schlechta, Karl (1948): *Der junge Nietzsche und das klassische Altertum*. Mainz (Florian-Kupferberg Verlag).

Svoboda, K. (1919): "Friedrich Nietzsche als klassischer Philolog." In *Zeitschrift für die deutsch-österreichischen Gymnasien*. Vol. 69, 657—673.

Vogt, E. (1962): "Nietzsche und der Wettkampf Homers." In *Antike und Abendland*. Vol. 11, 103—113.

Wilamowitz-Moellendorff, Ulrich von (1880): "Epistula ad Maassium." In *Philologische Untersuchungen*. Vol. 3, 142—164.

——(1928): *Erinnerungen* 1848—1914. Leipzig (K. F. Koehler).

尼采对荷马研究的影响

扎沃洛科夫(Alexey Zhavoronkov) 撰

罗斯(Philip Roth) 英译

[139]每当人们提起那些至少可以部分地看作是尼采研究荷马的职业成果的著作时，首先想到的就是他的就职演说，《荷马与古典语文学》(*Homer and Classical Philology*)。有人也可能会想到那篇短小的论文，《荷马的竞赛》(*Homer's Contest*)，以及——带着某些保留意见地——想到他那篇分两部分讨论的论文，《关于荷马与赫西俄德、他们的家系以及彼此间的竞赛的佛罗伦萨抄本》(*The Florentine Manuscript Concerning Homer and Hesiod, Their Ancestry and Their Contest*)。① 不过，要完全地了解尼采对于荷马的立场和态度，只局限于这些文本远远不够：荷马、荷马式的人物，以及对荷马的引用和暗示，这些都出现在了尼采所有的哲学著作中——包括早期著作(《肃剧的诞生》，1879 年之前的笔记)、中期著作(《人性的，太人性的》)和晚期著作(《扎拉图斯特拉如是说》、

---

① [149]该论文第一部分曾于 1870 年刊于《莱茵博物馆语文学专刊》(*Rheinisches Museum für Philologie*，卷 25，528—540)，第二部分则直到 1873 年才刊于(《莱茵博物馆语文学专刊》，卷 28，211—249)，在《肃剧的诞生》出版之后，也即是尼采与里奇尔之间起争执之后。尼采还准备了一份《荷马与赫西俄德的竞赛》(“Certamen”)的语文学校勘本，于 1871 年由托伊布纳出版社(Teubner Veriag)出版。关于尼采对《竞赛》的研究的具体分析，参 Vogt 1962，105 以下，以及拉达彻在本书中的文章。

《善恶的彼岸》、《道德的谱系》,以及后期的笔记)。荷马从尼采思想最早期便已存在,是其思想最连贯一致的地基,并且不断被重复编织进他更广阔的理论结构中(例如作为某种潜在语境而编入尼采对基督教或柏拉图的批判中)。在本文中,我将以尼采对20世纪荷马研究的影响为背景,从几个方面来谈论他与荷马之间的关系。

一、尼采与学界研究荷马的学术方法

尼采于1869年4月25日在巴塞尔大学所做的就职演说中探讨了学界研究荷马的一些方法。演讲的题目——《论荷马的个性》(*On the Personality of Homer*)①——揭示出,该演讲的基调与当时荷马学术研究的普遍倾向截然相反,即不再讨论荷马的个人(person of Homer),而是从《伊利亚特》与《奥德赛》这两部史诗可能存在的(不)一致性出发来审视这两个文本。这很可能是尼采给他的听众的第一个信号,意在告诉他们,他们既不能期望能在这个语文学报告中听到荷马研究的学术发展现状,也不能指望听到《伊利亚特》和《奥德赛》的分析要点(而是首先听到"荷马问题")。因此,尼采开始其演讲时抛出的那个问题,以及(更重要的)他看待这些问题的方式,都必定叫人大吃一惊,觉得极不寻常。②

[140]尼采没有开门见山地提到荷马、庇西斯特拉托斯(Peisistratos)或亚历山大学派(Alexandrian)的语法学家,而是从对古典语文学(Classical Philology)的批判性探讨开始,即将其视作一门历史科学,同时提出了关于这一领域基础的教育主

① 《荷马与古典语文学》这一标题仅见于公开出版的版本。

② 参 Vogt 1962,104:"尼采早期的语文学研究已十分具有个人特点,其中早已蕴含了他后期发展的原始形态。最重要的一个特征就是,[他]与他研究对象之间的关系尤为独特。"

张。古典语文学被说成是“用奇怪的汁液、金属和骨头调制的一剂迷魂汤(magic potion)”,且从其起源开始就“同时也是教育学”(HCP;KGW II/1,250,因此这并不是一门在历史科学中占有特殊地位的高贵科学[Edelwissenschaft])。根据尼采的观点,古典语文学自己也有大量的敌人,这些敌人可以分为两类:(1)嘲笑语文学的人,以及(2)那些,沉浸在“自己快乐的赞美中”的人,他们跪着仰望希腊文化(Hellenism),将后者视为“至高无上的超验之物,因此也就是站在相当冷漠的立场上”(HCP;KGW II/1,251)。某种程度上,尼采甚至认为“语文学家本身就是古代和古代理想的真正敌人和毁灭者”(HCP;KGW II/1,252)。

在这样的背景下,尼采对沃尔夫(Friedrich August Wolf)的方法论态度进行了批判——不过,他的批判并不是从他关于古典语文学家对手的狭隘观点出发。相反,尼采引用了歌德的指控:歌德认为,若按照沃尔夫的观点来解读,那么《伊利亚特》和《奥德赛》就将不再是杰出的艺术作品或审美的欣赏对象,因为它们不再被视为一个统一连贯的整体。[1] 同时,尼采还谈到了席勒对此的严厉批判,他间接地引用了后者为《伊利亚特》写的讽

---

① 参尼采引用的歌德对沃尔夫及其追随者所写的诗句:

你真愚蠢,因为你,
竟然不崇拜,
我们那赫赫有名的
《伊利亚特》,认为那只是一件拼凑之物。
不要让人责骂我们的罪过;
因为我们知道如何教导年轻人,
我们宁愿将其看作一个整体,
作为一个整体来愉快地享受。

参 HCP;KGW II/l,250;亦参 Porter 2002,68－69。

刺诗:[①]“席勒指责语文学家扯碎了荷马的花冠”(HCP;KGW II/1,252)。[②]

尼采认为,将荷马视为一个实际存在之人,比如作为一位“毫无瑕疵且永无过失的完美艺术家”而存在(按亚里士多德的观点),[③]这种所谓的“可能性”有其心理根源,即“想要确定和认同于某个有形的个性,而不是一个超自然的生物”(HCP;KGW II/1,256—257)。但如果我们越进一步地回溯过去人的看法(除了亚里士多德),我们就会越发意识到,荷马不可能是一个人:更为古老年代的希腊人不仅认为他就是《伊利亚特》和《奥德赛》,而且还认为,他是一股“伟大史诗的浩瀚洪流”(HCP;KGW II/1,257)。

于是尼采又重申了最初的“荷马问题”,并将其分为两个部分:(1)“荷马”一词在这一特定时期指的是什么,以及(2)“相应地,这个词是产生自这个人,还是因这个词而产生了这个人”(HCP;KGW II/1,257)。[④] 这个疑问是在诗人天才的个人特征与民间诗歌的概念这一问题的大背景下提出的。尼采建议从当代美学的立

---

①

> 总是扯碎荷马的花冠,数着那些父亲们的名字,
> 这是一部完整的作品!
> 她是一位母亲,具有母亲的特征。
> 那是不朽的特征,是天性!

参 HCP;KGW II/l,250;亦参 Martin 1996,109。

② 另有一个对沃尔夫观点的间接批评,可见于席勒在 1798 年 4 月 27 日寄给歌德的信中:“顺便说一句,如果有人读完了这些文字,那么就一定会觉得,那种认为这些文字是将一连串不同的源头串在一起的疯言疯语[150]绝对是野蛮人的思想:因为它作为一个整体的那种美妙的连续性与互动性才是最有感染力的美丽之处。”参 NA XXIII,82;以及 Schröter 1982,45。

③ 参 Poetics 1448b,1451a 及该书各处。

④ 关于尼采这种重新阐述的意义,一个简短而有针对性的描述,参 Acampora 2000,554:归根到底,尼采的意图是在为回答“希腊人对我们而言意味着什么”这个问题做准备。

场来考察他演讲的主题，这让他看到了将“民间诗歌与个人诗歌”并置时存在的危险，他看到这种区分仅仅是一种“迷信”，它“随着[……]历史语文学的科学的发现而产生，与民族之魂（Volksseele）的发现和评价一脉相承”（HCP；KGW II/1，260）。在现实中，民间诗歌与强调个人独创的诗歌之间并不存在差异：“所有的诗歌，实际上都需要[……]一个负责表达的单一个体”（HCP；KGW II/1，261）。荷马的名字，

> 从一开始就不必与美学的“完美”观念联系在一起，也没有必要与《伊利亚特》和《奥德赛》绑在一块。作为《伊利亚特》和《奥德赛》的作者的荷马不是一个史学的传统，而是一种美学的判断（HCP；KGW II/1，263）。

此外，我们相信“《伊利亚特》和《奥德赛》必然有某个杰出的作者——但不相信荷马就是这位作者”。所以荷马一词仅仅意味着一个“具有实体的奇点”（HCP；KGW II/1，266）。

[141]很明显，尼采正在处理一个表面上纯粹是语文学的问题，但事实上，尼采并没有借助批判的分析方法从语文学家的立场来处理它。相反，他从哲学和心理学的角度来看待荷马问题。在试图捍卫古典语文学的过程中，①他实际上揭露了古典语文学缺乏对自身方法论基础的反思。② 当尼采说“所有一切的语文学活动都[必须]被哲学的观点[……]包围和封闭起来”时（HCP；KGW II/1，268），这对于当时的古典语文学这个如此保守的学科而言，听起来就像是在挑衅。

① 关于尼采就职演说的辩解特征，参 Lachtermann 1992，24—25。

② 比较尼采的论点，即古典语文学“是一门历史学、一门自然科学和一门美学”。亦参 Schröter 1982，24。

尼采关于荷马的方法论思想在古典语文学家中几乎没有引起什么反响。莱因哈特(Karl Reinhardt)是维拉莫维茨(Wilamowitz)最优秀的学生之一，早期在巴塞尔大学也曾是尼采的学生，深受后者思想的熏陶，[①]但即使是他，在这方面也没有明确地提到过尼采。不过，我们也能找到某些暗示，表明尼采在他的课程和他成熟的哲学著作中使用的方法，已被公认为一元论或单一作者论的代表，且与分析学派(Analysts)形成了鲜明的对比。

这一影响的最好的例子是沙德瓦尔特(Wolfgang Schadewaldt)，20 世纪最杰出的荷马学者之一。在他的作品集《属于荷马的世界和作品》(*Von Homers Welt und Werk*)的引言中，他说道，荷马问题"从根本上来说，总是围绕着一个简单的问题"，也就是"诗歌作者的本质与诗歌作品的本质"(Schadewaldt 1944,10)与"历史现实"的关系这个问题(Schadewaldt 1944,25)。[②] 这句话看起来就像是对尼采的间接引用，沙德瓦尔特曾在他早期的著作中提到过尼采。[③] 沙德瓦尔特——如尼采那样——将荷马问题描述为人文学科之间有必要"相互渗透"的最明显的证据，这种渗透即"观念、方法和发现的环环紧扣"(Schadewaldt 1944,16)。然而，尼采对沙德瓦尔特的这种影响还有另一个维度。沙德瓦尔特也批评沃尔夫的观点，他认为，沃尔夫相信，

> 在希腊那个格外才华出众的年轻时代，这个天堂般的人类圣池(font)[……]，在那里，人们由于灵魂神秘的和谐而创

---

① 参 Hölscher 1965,35—36，及该书各处；参 Lloyd-Jones 1976,1。关于尼采作为语文学教授时教过的学生，与他有联系的语文学家，还有那些在魏玛的尼采档案馆的工作人员的完整名单，参 Cancik 1999,237 以下。

② 参 Schröter 1982,43。

③ 参 Schröter 1982,43—44。在沙德瓦尔特该著作的第 15 页，他提到了尼采在巴塞尔大学的课程以及他论荷马个性的问题，这是他最感兴趣的内容。

> 造了一种孩童般的无意识(kindisch-bewusstlos),并生活于这种无意识中(Schadewaldt 1944,25)。

这与尼采的立场之间存在着明显的联系:[①]沙德瓦尔特像尼采那样批评了19世纪占统治地位的古典主义,即"理想的希腊魅力"(Griechenschönheit),那东西"越来越凝结成一个幼体"(Schadewaldt 1944,25)。

口传诗歌研究是在20世纪20年代末发展起来的研究领域,引起了大量对荷马史诗的起源及形成的关注,该领域的支持者们也对尼采在巴塞尔大学课程中和课程外对荷马性格及其在希腊文化中的背景所做出的讨论表现出了浓厚的兴趣。[②] 阿伦德(Waller Arend)在他那具有里程碑意义的著作《荷马史诗中的典型场景》(*Die typischen Scenen bei Homer*)中引述了《漫游者和他的影子》(*The Wanderer and his Shadow*)中的一段著名的内容,尼采在其中——根据阿伦德的观点——"积极地努力尝试"去"解释"荷马式的"重复之处"(Arend 1933,2):[③]

---

① 参尼采于1872年7月16日致洛德(Erwin Rohde)的信;KSB 4,23:

> 但愿我能够不再听到那些微弱的主张,这些主张认为,荷马的世界是一个年轻的世界,是人类的春天,等等!这种意义,就其被提到的部分来说,完全是虚假的。它是一个可怕的狂野的竞技,来自黑暗、粗野、残忍,在此之前,荷马以胜利者的姿态站在这漫长的严酷时期的末尾,我坚信情况必定是这样。希腊人比人们想象得要古老得多。人们可以谈论春天,只要他们相信冬天一过,春天就会到来:但这个纯洁而美好的世界却不会从天上掉下来。

② 例如,对尼采关于荷马"性格"概念的运用(直接引用了尼采在巴塞尔的课程内容),参Shein 1984,14。

③ 阿伦德在方法论上参考了尼采,但这遭到了帕里(Milman Parry)的批评:"阿伦德没有搞出什么更好的东西,他只不过草拟了一个哲学的、近乎神秘的理论,对此他似乎深受尼采的启发(参Parry 1936,2 n. 3),即尼采那个用发布神谕似的口吻说出的关于荷马带着锁链跳舞的言论"(Parry 1936,358)。

> 戴着锁链跳舞——[……]人们已在荷马那里发现大量沿袭旧章的公式和史诗叙事的成规,他不得不在这个边界里面跳舞:并且,他自己也为后来者制定了新的附加规则。这是希腊诗人们受教育的学校,因此,他们首先会受到来自[142]早期诗人的多方限制,然后他们自己再发明一种新的限制,施加在自己的身上,再优雅地克服它:以便让这些限制和克服得到注目和赞美。(WS 140;KSA 2,612)

我们可以解释阿伦德对尼采的兴趣,至少是部分地,因为,事实上尼采认为荷马的重复之处并不是多位作者的增补,也不是这些作者存在的证据(正如许多分析学派学者的说法),而是属于自然与传统的东西。因此,在阿伦德的解释中,尼采被视为口传诗歌研究的先驱。[①] 鉴于一般的方法论问题都要涉及尼采自己所作的暗示和间接引用——虽然它们很小,但却十分重要——在荷马学术研究的具体主题中能让人更加清晰地看清他的影响。最好的例子是荷马式的诸神在荷马式的凡人"道德败坏"的语境中所发挥的作用。

二、荷马的多神信仰和生存问题

尼采属于那个时期认真看待荷马诸神的少数思想家之一。[②]他对此的兴趣可以从他对一神教的批判中得到解释,他认为一神教是人类的主要威胁,而荷马的诸神则在这种批判中扮演着重要的角色。换言之,古风时期(如荷马时代)的世界中存在着多位神灵,且

---

① "口传理论"当然自有其早期重要的先驱,如赫尔德(Herder,他的论文讨论了作为一位大众诗人的荷马,还讨论了他的史诗的口传特征及其结构等问题),或赫尔曼(Hermann)。然而,尽管尼采对阿伦德的影响十分明显,但他的思想要么被重要的"口传理论"代表著作批评,要么——这种情况更为常见——根本不被理会。

② 参 Lloyd-Iones 1971,10。

没有基督教的道德观，在尼采看来，这样的世界是多神信仰与一神教之间存在对立的必要前提。尼采认为，多元化的诸神让古风时期的人们，尤其是那些行为可能违背当时道德规范的人，获得了几种共存的可能性，因为诸神可以证明他们的行为是“更高”的理想：

> **多神信仰最大的益处**——个人可以确立自己的理想，并从中引导出自己的准则、兴趣和权利，这可能被视为世人最可怕的错误和自我崇拜。事实上，少数斗胆而为的人，总不得不替自己作如下的辩白：“不是我！不是我！而是一个神占据了我！”创造诸神——多神信仰——的奇妙艺术和德性是这样一种方式，人类可以借此释放、净化、完善自己的这一欲望驱力，使其变得高贵：因为这种欲望驱力最初是低级的和不讨人喜欢的，它与固执、违抗和嫉妒相关。对个人那种朝向自己的理想的欲望抱有**敌对的**态度：这是每一种道德的法则。那里只存在一个规范：“**人**”——每个人都相信自己**拥有**这一个最后的准则。但是在自己之上，在自己之外，在那遥远的超-世界里，一个人就能够被允许看到多样的准则：一个神不是另一个神的否定或异端！在这里，个体从最初就是被允许的，在这里，个体的权利从最初就是被尊重的。诸神、英雄和各种超人的发明[……]是无价之宝，为自我主义和个体的傲慢提供了最初的辩护：自由曾经被人类授予一个与其他诸神相关的神，最终也会被允许授予这个与法律、道德，以及邻人相关的自己。(GS 143;KSA 3,490)①

因为在希腊古风时期的文化中并不存在一个单一的理想，所

① 参 NF 1881,12[186];KSA 9,608:“个体的‘不道德’由来已久——因此隐藏了自身，例如，英雄背后的天才(如荷马)。或一个负责任的神。”

以也没有一个普世的道德秩序,也“没有永恒的视域和视角”(同上),根据[143]尼采的说法,这些视域和视角后来体现在柏拉图的神匠(demiurge)身上(绝对的神)。尼采对希腊信仰的评价强调的是创造因素的重要性。基督教则是靠某种已经创造好的共同理想和价值观来运作,基督教深知没有创造个人价值的自由空间,而前柏拉图时代的希腊人却能够为自己创造一个神并以此作为他自主个体的形象,也就是拥有一个根据自己的个人理想来改善自己行为的机会,从而保持生活的多样性。①

尼采在希腊信仰与基督教信仰的对立框架内研究荷马式诸神的特殊性,他的这种方式在奥托(Walter Friedrich Otto)那里找到了共鸣,奥托是一位研究希腊宗教和神话的杰出学者,曾在魏玛的尼采档案馆(Nietzsche-Archive)的科学委员会工作了 12 年,并参与了尼采的《语文学编》(*Philologica*)的筹备工作。奥托著名的《狄俄尼索斯》(*Dionysos*,1933)②以及他的早期作品《希腊的诸神》(*Die Götter Griechenlands*,1929)和《古代世界与基督宗教的精神》(*Der Geist der Antike und die christliche Welt*,1923)每一部都包含了与尼采理论一致的主题和论点。事实上,在最后一本书中有一段文字,其中的内容与尼采关于荷马诸神的思想有着惊人的亲缘关系:

> 任何阅读荷马的诗歌而不带有任何教条偏见的人[……]必定会不断惊讶于他们的虔诚。这里的一切都被置于一种超人的状态下。如果没有一个神提供或给予见解,就永远不会有值得注意的事情,无论那可能是什么。但这些天意的背后

① 参 GM III 25;KSA 5,402—403,尼采论柏拉图与荷马之间的对抗:“柏拉图 vs. 荷马:这是完全的真正的对立——一边是最好的意志的‘超越的一’(Jenseitiger),生命的伟大否定者;另一边是一种神化的无意识,黄金的自然。”荷马在此代表了生活的多样性,而柏拉图则与之相反,代表了那个“死去”了的奇点。

② 论尼采对这本书的影响,参 Cancik 1986。

> 确实没有什么更高的意义,尤其没有道德层面的意义。它们出现了上千次,但从没有任何别有用心的动机,如善与恶,当人类彼此相爱或相互憎恨时,就会彼此触发这些动机。所以,这是荷马式的人在面对存在(being)时创造的一种自然的虔诚,这与所谓的天启宗教的虔诚迥然不同。[……]他对诸神的信仰是对现实的一种宗教式解释。[……]在很早期的阶段,抽象逻辑就与这种多神信仰的形式相互对抗,并最终获胜,但是,如果多神信仰的生存力量(Erlebniskraft)没有衰弱的话,抽象逻辑的这一运动就绝不可能开始。(Otto 1923,21 以下)

尼采对奥托的影响不仅可见于后者使用的方法(比如他描述了一个“鲜活”的多神信仰与阻碍这些生存力量的一神教之间的对抗),还可清晰地见于后者著作的整体基调,其中,他专注于荷马诸神的不道德,荷马凡人的信仰中所具有的自然性,以及抽象逻辑出于形而上的问题成为对抗多神信仰的武器的必然性。

奥托 1929 年的著作对基督教的批判远不如尼采。① 然而,人们也可以在其中找到许多尼采早期的思想——尤其是奥托在“神圣临近于”(divine proximity)人类这一语境下对荷马史诗中的诸神那“自然”且颇为“鲜活”形象的描述:②

> 荷马的诗歌充满了神圣的临近和临在,这些诗歌不同于任何别的国家或时代的诗歌。在它们的世界里,神圣并不是

---

① 奥托的第一部著作引起了严肃的讨论,这使他赢得了“尼采再生”的称号。后来奥托批判性地修正了自己的文本,并放弃了再版该著作修订本的想法。[151]参 Otto 1962,383,文献索引。亦参 Cancik 1986,105 以及 Wessels 2003,197。

② 但是,二者之间也存在着重要的差异。例如,奥托很快就不再论及希腊诸神的“不道德”,而是认为,其道德程度相对较低。参 Otto 1929,3:“人们不该称他们不道德,也许应该认为,他们太过接近自然的状态以及自然的快乐(naturfroh),因为这可能对他们而言就是最高的道德价值。”

作为一种最高的权力凌驾于自然事物之上：而是以自然的形式显现自我，以此作为自己的本质和存在。(Otto 1929,8)[①]

[144]在奥托的赞美中，还有一段内容特别强调了荷马诸神的鲜活特征，再一次让我们想起尼采在批判一神教时对多神教的评价，[②]其中，尼采认为诸神与人类之间的"崇高的距离"好似"悲怆的距离"：

> 确实，希腊诸神并没有揭示凌驾于自然之上的作为绝对实体的律法。这不是一种恐吓自然的神圣意志。[……]他们的壮丽景象需要荣誉和崇拜，但他们始终保持着崇高的距离。(Otto 1929,317)

不过，奥托并不是唯一一位认可尼采在道德问题的语境中看待荷马诸神的学者。奥托对尼采的吸收主要集中于后者思想中多神信仰与一神教之间的对立，而尼采关于荷马的"不道德"的论点(较之柏拉图的道德而言)则是后来的学者们所关注的主要焦点。

---

① 亦参 Otto 1929,7："现在我们应该记住，在荷马那里什么也没有发生，没有那种需要他为之负责的神。但在这前所未有的接近神明的地方，所有的一切仍然以一种自然的方式发生。"关于"荷马宗教观"的自然性，参同上，19 以下，尼采关于荷马诸神之临近人类的论述，参 NF 1885,40[35]；KSA 11,646：

> 人类对于自己的普遍虚伪，总在道德上解释他们的所为与所求，这些行为都是卑鄙的。如果不说有趣的话：只需要观众——这样的戏剧该多有意思！不是出自诸神，出自如伊壁鸠鲁所设想的神！而是荷马的诸神：离人类如此遥远又如此接近，同时观察人类，也许就像加利亚尼(Galiani)和他的那窝猫与那群猴——也就是说，与人类有一点联系，但是更高等！

[译注]斐迪南多·加利亚尼(Ferdinando Galiani)，18 世纪意大利拿波里王国的启蒙思想家。

② 尼采与奥托为多神信仰所做的辩护被一些学者称作"新异教主义"(neopaganism)。参 Kutzner 1986 以及 Wessels 2003,185 以下。

在这方面,尼采对荷马研究的影响主要体现在对“荷马式道德”的有趣而重要的争论上。

三、尼采与“荷马式道德”的研究

尼采对基督教的神的批判与他对当时道德的斗争反抗有关,即反抗神的“阴影”。① 这场战斗部分运用了谱系学的武器,它基于这样一个前提:②即前柏拉图时代与后柏拉图时代的世界观之间横亘着无法逾越的深渊。③ 在苏格拉底和柏拉图之前的古风时

---

① 参 GS 108;KSA 3,467:

> 新的战斗——佛陀圆寂后,洞穴中却依然展示着他的影子,时间长达数百年之久,——一个让人不寒而栗的庞大阴影。神死了:但人的本性依旧,洞穴内依然会存在数千年,其中展示着他的影子。——而我们——我们更应该战胜他的阴影。

参 NF 1886/87,5[71];KSA 12,213:“在其尽头深处,只有那被击溃的道德之神。”

② 参 NF 1883/84,24[1];KSA 10,643:

> 希腊人如此难以接近,甚至于人们无论什么时候观察他们,都会感到与他们相距甚远:我作为一名人性本质的鉴定师,准备以这样的条款(clause)和个人的叹息来着手观察希腊人。一个人能暂时地生活在与他们的信念相矛盾的信念中/我们知道,我们的惊慌失措与其说是一种亲不敬,熟生蔑的感觉,不如说是被教育出来的感觉。

③ 关于尼采批判柏拉图是一位敌希腊者,参 NF 1888,14[94];KSA 13,272:

> 柏拉图,一个属于善(the good)的人——但他将本性从城邦、从竞赛、从军事的勇气、从艺术和美、从神秘、从对祖辈和传统的信仰中分离了出来[……]他深深地同情一切敌希腊的东西……

以及:“通过道德来伪造一切真相[……]柏拉图要对所有这一切负责,他要受到惩罚!他仍然是欧洲人最大的灾祸!”参致欧弗贝克(Overbeck),1887 年 1 月 9 日;KSB 8,9。

期希腊的"不道德"——作为一种柏拉图理想的伦理道德的对应物,也作为希腊文化的前道德状态的象征——在此起着重要的作用。

尼采清晰地勾勒出了前柏拉图时期希腊人的不道德与他们的贵族主义之间的联系。这种围绕着当时希腊人的联系属于这样一个社会:其中,"高贵"或"善良"(well-natured)发挥着核心作用。尼采对道德观念的处理与他对希腊社会结构的分析之间的关系,和他描述荷马时解释的情况一样,这一点在《道德的谱系》中他对几个重要的希腊术语的起源所做的考察中体现得尤为明显,这几个希腊术语就是:ἀγαθός("好"、"善良"、"高贵")、κακός("坏"、"低级"、"可耻")以及ἐσθλός("好"、"高贵"、"勇敢"):

> 例如,他们称自己为"诚实的人":最重要的希腊贵族,其代言人是墨伽拉(Megarian)的诗人忒奥格尼斯(Theognis)。此处术语ἐσθλός词根的确切意思为存在着的某人,他有现实性,是实际的,他是真的;然后,通过主观的扭曲,这个真(true)就变成了诚实的(truthful):在这一观念转变的阶段,这成为了贵族阶层的宣传标语和关键词,并进而演变成"高贵"的意思,以区别于不诚实的普通人,正如忒奥格尼斯所接受和描绘的那样,——直到最后,在贵族阶层衰落以后,这个术语也仍然指向灵魂应有的高贵品德,并且可以说仍然如此醇美和甘甜。术语κακός以及δειλός(平民,与ἀγαθός相对)则突出强调怯弱:这可能是某种暗示,即在这个方向可以找到ἀγαθός这个可以有多种解释的术语在词源上的起源。(GM I,5;KSA 5,262—263)

[145]虽然这里只明确地提到了忒奥格尼斯,但尼采的论点显然同样延伸到了早期的作家,尤其是荷马,因为希腊贵族阶层在

《伊利亚特》与《奥德赛》中居于核心的地位。因此，尼采坚称，荷马史诗中，术语 ἀγαθός［高贵］和 κακός［可耻］指向的是一种社会中的身份，而他们的道德意义则源于对各自社会群体的行为的最初命名。① 换言之，他认为"高贵/普通"的区别对比是"善/恶"这一区别对比的先驱，是希腊统治阶层的构造（或解释），即从自身的角度出发来判断一切事物。②

尼采有关荷马式的人的不道德问题的讨论紧紧围绕着他早期的论点，即他认为希腊人将他们的个人特质视作诸神的直接影响："希腊人羡慕且并不认为这种特质是某种缺陷，而是视其为一位仁慈之神的影响：他们的道德伦理判断和我们的观念之间的鸿沟是多么的巨大啊！"（GS；KSA 1，787）。荷马史诗中的希腊人不以道德来评判他们的成败。例如，当他们犯了一个错误时，他们通常会责怪某些神明——多数没有明确的所指（或有可能指的是宙斯）——这些神明才是这些过错的祸根：

> "愚蠢"、"无知"、还带一点"精神失常"，这也是希腊人在其

---

① 尼采关于荷马诸神的作用以及"好"与"坏"这两个词原初的社会意义的论点，与古典学者施密特（Leopold Schmidt）在他的《古希腊人的伦理》（"Die Ethik der alien Griechen"，Berlin 1882）中的假设一致。据悉，尼采在他的个人藏书中有一份该著作的副本，并曾细致地阅读过。关于这一点，参 Brusotti 1992，123—124 以及 Orsucci 1996，250 以下。施密特的书是尼采的材料来源（尤其是他在《道德的谱系》中的论述），这一点当然十分重要，但也不可高估。尼采关于古代希腊人的不道德的思想与他早期思想的主题密不可分，如竞赛论、残酷的古风时期、希腊人的外来性（foreignness）以及诸种公德（Sittlichkeit）与道德（Moral）之间的联系。

② ［152］参 GM I，2；KSA 5，259：

> 对我而言，首先，很明显的是，在这个理论中，"善"这个词的实际源头并不在这个地方："善"这一裁决不是源自那些被赐予了"善良"的人！不如说，它本身就是这些"善者"本身，这就意味着高贵、有力、超越，以及崇高的心灵，他们感觉到并认为自己的行为是善，即发现自己是第一等级的，与所有低级、心灵卑劣的普通大众截然相反。

> 最强健和最勇敢的时期自己也允许的,也是许多危害和灾难的原因:——愚蠢,不是罪!你们懂吗?……但即使是这种精神失常也是难题——“是的,它是从我们头脑中的哪里蹦出来的?像我们这样的人,怎么可能发生这种事情呢?我们可是具有高贵血统的人,拥有美好的未来,享有美好的一切(Wohlgeratenheit),地位显赫、气质高贵、秉性正直之人。”——这就是高贵的希腊人数百年来所面临的问题,当一切难以理解的暴行和罪恶败坏了自己的名誉时,他们就会这样问自己。“一定是有一个神蛊惑(betören)了他。”他最后会摇着头这么对自己说……这是希腊人摆脱窘境的典型方式……以这种方式,诸神为人类服务,成为哪怕再坏的事的合理辩护,以至于到了成为邪恶的祸根的程度——那时,他们不会接受惩罚,因为高贵,但会感到内疚……(GM II 23;KSA 5,334—335)

因此,根据尼采的观点,为什么内疚对荷马式的人而言并没有什么重要的作用,其原因就十分清楚了。① 有人可能会想到奥德修斯,他没有将那趟为他的战友们带来死亡的不幸航程看作是自己的过错,而是指责诸神才是造成这些罪恶的原因。② 有一个例子能很好地说明荷马式的人的“不负责任”,这是《伊利亚特》(卷九,行 17 以下)中的一幕著名的场景,其中,阿伽门农在面对阿凯亚军队的节节败退时感到震惊和沮丧,但并未反过来对自己之前的指挥表达出任何自责,而是强调这是宙斯的罪过,并将自己描绘成诸神的傀儡:

---

① 同上,其中还提到了《奥德赛》,卷一,行 32—34:宙斯这位奥林波斯诸神的至高无上者在聚会上对其他神明哀叹说,凡人总是把所有祸事都归咎于诸神。

② 在《奥德赛》,卷九,行 37—38,奥德修斯说他归家航程的整个过程(自然也是他失去同伴的整个过程)都是宙斯的精心策划:“现在让我讲讲我充满苦难的归程,那是我离开特洛伊的海岸之后由雷电之王宙斯赐给我的。”

克洛诺斯之子、伟大的宙斯，使我陷入罪过，
他多么残忍，他曾经慈祥地向我点头答应，
叫我作为那城墙高厚的特洛伊的毁灭者回家。
可是他现在揭露了他的恶毒的诡计，
叫我损失许多将士，忍辱还乡。（卷九，行 18—22）

在《伊利亚特》的卷十七（行 469 以下），阿尔克墨冬（Alcimedon）惊讶于奥托墨冬（Automedon）失去理智的行为，他同样认为诸神才是人类错误行径的源头，并认为[146]人类行为可能是由于背后的神圣意志的驱使："奥托墨冬，是哪位神夺走了你良好理智，给你的心灌进了这样愚蠢的念头？"前苏格拉底时期的希腊人从不在一个神的面前（像基督教那样）感到自己有罪，而是将奥林波斯诸神视作一种"远离'问心有愧'"的途径（GM II，23；KSA 5，333）。根据尼采的观点，这一过程属于"运用诸神的虚构的[……]高贵手段"（同上），而不是"自我折磨"（GM II，22；KSA 5，332），也不是残忍地直指自己愧疚的内心。尼采认为希腊诸神是"高贵和自我夸耀的人类的一个映像，在诸神的身上，人性中的兽性被神性化，且没有使自己分裂，也不会对自己感到愤怒！"（GM II，23；KSA 5，333）。所以诸神就是希腊人不会因为自己的欲望动机而自我惩罚的原因。

尼采思想的反响主要集中在以英语为主的荷马研究领域，不过，它受到的第一次推动则来自该领域之外。1934 年，人类学家本尼迪克特（Ruth Benedict）出版了她的《文化模式》（*Patterns of Culture*），其中她对普韦布洛（Pueblo）印第安人的文化与其他北美文化进行了比较，她将这种比较与尼采的"狄俄尼索斯崇拜/阿波罗信仰"的对立联系在一起：①

① 关于尼采对本尼迪克特的影响，亦参 Mead 1959，206—210。

> 普韦布洛人与北美其他文化的根本对立是尼采在其希腊肃剧研究中命名和描述的那种对立。[……]狄俄尼索斯崇拜[……]试图在自己最有价值的时刻成功摆脱五种感觉的限制,以突入到经验的另一种秩序中。狄俄尼索斯崇拜的欲望,在个人性质的经验或仪式中,就是要突破这种界限而达到某种心理状态,从而实现无度。[……]阿波罗信仰则丝毫不相信这一切,往往对这种经验的本质不甚了解。[……]他保持着一条中庸之道,只在已知的地图内玩耍,从不会被混乱的心理状态干涉。[……]西南普韦布洛人就是阿波罗信仰的模式。(Benedict 1968,56—57)①

本尼迪克特试图为她的跨文化间分析寻找一个合理的体系,这一努力也体现在了她后来那部致力于研究日本文化的著作《菊与刀》(*The Chrysanthemum and the Sword*,1946)中。这一次是"耻感文化"与"罪感文化"的重要对比:

> 一个社会若极力灌输绝对道德标准,并依赖人来发展良知,这就是罪感文化,其运用的手段则是羁押;但在这样一个社会中[……]一个人可能会额外受苦。[……]在一个羞辱是主要制裁手段的社会里,人们会为那些我们认为他们会对此

---

① 虽然本尼迪克特也强调了希腊人的生活方式和美洲印第安的生活方式之间有细微差别,但她仍然认为可以运用这种模式:

> 尼采所讨论的阿波罗信仰与狄俄尼索斯崇拜之间的对立并非完全适用于普韦布洛人与周围部族之间的对立。[……]我在描述西南部的印第安人的文化形态时,从古希腊文化中借用了一些术语,但这并不是想把古希腊文明与美洲土著文明等同起来。我之所以使用这些术语,是因为这些范畴能把那使得普韦布洛文化不同于其他美洲印第安人文化的特点清晰地摆在我们面前,而不是因为所有那些在古希腊文化中发现的情感和态度也能在美洲的土著身上发现。(Benedict 1968,57)

感到有罪的行为深感懊恼。[……]在那里，羞辱是主要的制裁手段，当一个人的错误被公开，甚至是当他向人忏悔时，他并不会感到宽慰。[……]真正的耻感文化在导向良好行为时靠的是外在的制裁，而不是像真正的罪感文化那样，后者靠的是内心对过错的负罪。(Benedicl 1946，22—23)

本尼迪克特的论点在人类学领域内至今仍能引起共鸣，她的论点也让我们想起了尼采所描述的在诸神面前丝毫不感内疚的高贵的希腊人。这个相似的关系已经成为学界讨论希腊道德时的重点，其中，本尼迪克的区别对照先是被不容置疑地采纳，之后又遭到严厉批判。[①] 五年后，本尼迪克特的主张找到了进入古典语文学领域的门路。多兹(Eric Robertson Dodds)在他的《希腊人与非理性》(*The Greeks and the Irrational*，1951)中，[147]在"耻感文化"与"罪感文化"之间作了同样的对立，这一对立是他分析"荷马史诗"的基础。多兹在年轻的时候阅读了尼采的几部著作，接受了他的观点，[②]他将自己的注意力转向荷马《伊利亚特》中的一个段落(卷十九，行86)，[③]其中，阿伽门农指出了宙斯的罪过，以代替自己的过错：

"不是我，"他声称，"那件事不能唯我负其罪责。是宙斯、我的命运(my portion)和那奔行于黑暗中的厄里尼斯(Erin-

① 对古典语文学内部的这种对立的鞭辟入里的批判，参 Cairns 1993，14 以下。

② 参 Dodds 1977，19—20。在这一背景下，我们可以假定，尼采关于早期希腊人的非理性与自柏拉图以降的希腊人的理性之间的对立是多兹著作的一个尤为重要的成因。

③ 多兹在荷马式的人的罪感这一语境下分析阿忒-概念(*ate*-concept)时，还增加了许多《伊利亚特》(卷一，行 412；卷六，行 234；卷九，行 376；卷十二，行 254—255 等)和《奥德赛》(卷十二，行 371—372；卷十三，行 11 以下)中的例子。[译注]阿忒女神，或称蛊惑神，常与英雄的肆心有关，参赫西俄德，《神谱》，行 230。

ys):是他们在那天上的大会上给我的思想灌进了可怕的ἄτη[蛊惑],使我在那天反常地抢夺阿喀琉斯的战利品。我能怎么办?神明总有办法实现一切事情。"(Dodds 1951,3)

根据多兹的观点,阿伽门农会提到ἄτη[蛊惑],并非偶然,它暗示了一种重要倾向:[①]荷马式的人,他们的情感属于"耻感文化",将他的羞耻感归咎于外在的权威(Dodds 1951,17)。这个想法再次与尼采对高贵的古希腊人的描述相吻合。而且,和尼采一样,多兹也围绕古风时期的希腊文化提出了他关于"耻感文化"的历史主张。[②]

尼采论点的进一步踪迹可见于阿德金斯(Arthur Adkins)于1960年出版的《功绩与责任》(*Merit and Responsibility*)一书,阿德金斯在书中探讨了从古风时期一直到柏拉图和亚里士多德时代的希腊人道德观的发展。他假定,在我们关于道德问题的世界观与希腊人的道德世界观之间有一条无法逾越的鸿沟(Adkins 1960,2—3)。[③] 阿德金斯在描述古风时期的希腊道德体系时,用了与尼采所举例子类似的情况来阐明自己关于一种不可避免的"术语上的缺陷"的想法。他在《荷马:错误与道德过失》(*Homer: Mistake and Moral Error*)一书的第三章专门分析了ἀγαθός[好]、κακός

① 这个词可以从字面上翻译为"疯狂"。尽管阿伽门农的例子(以及其他人的例子)并不是关于认识自己的疯狂(当然更不是将之当作一种疾病!),而是关于诸神惩罚的干预,这些神会迷惑人类的思想。比较尼采的"精神失常",参GM II,23。

② 参Dodds 1951,28以下,"从耻感文化到罪感文化"(From Shame-Culture to Guilt-Culture)一章。与尼采不同的是,荷马与柏拉图的对立在多兹那里并没有扮演重要的角色。然而,我们可以假设,他为"耻感文化"划定分界线的地方正是尼采认为苏格拉底主义开始在希腊文化中占据统治地位那个节点,例如,多兹称索福克勒斯是"古风时期世界观的最后一位伟大的倡导者"。参Dodds 1951,49;比较尼采论欧里庇德斯的"苏格拉底主义",在论述伟大的希腊诗歌部分之后,参BT 12。

③ 亦参Adkins 1975。尼采关于希腊外来性的思想对阿德金斯的影响,参Zhavoronkov 2012。

[坏]和αἰδώς[羞耻]等术语,[①]他对这些术语的论述效仿了《道德的谱系》中的描述。在研究荷马的一个例子(《奥德赛》,卷十五,行324)时,[②]他对ἀγαθός[好]和κακός[坏]的作用作了如下评论:

> 显然,这里的agathoi[好]和cherees[可耻]各自代表了社会地位的高低之分。这种用法[……]构成了某种世界观的一部分。Agathos[好]是指最受推崇的那类人,他在战争中具有领导战士的技能和素养[……]而在和平时则拥有一位首领所应当拥有的社会优势。(Adkins 1960,32)

尽管阿德金斯没有提及尼采的名字,但我们仍可以推断出二者之间至少存在着间接的联系。他的许多重要的观点都直接继承了他老师多兹处理问题的方法,[③]例如,他假设古风时期的伦理是"表现的伦理"(ethics of performance),其中,外在的行为而非内在的意图,被认为是至高无上的(而且,像正义这样的标准并没有什么重要作用)。[④]

和多兹一样,阿德金斯的著作也对古典语文学产生了很大的影响——尤其是在荷马研究这一古典语文学最重要的分支里。[⑤]

---

① 亦参Adkins 1960a,23以下,他在那里谈到了翻译荷马这几个术语时所存在的困难,他认为,几乎不可能恰当地翻译这些术语。

② [153]奥德修斯伪装成乞丐,对欧迈俄斯(Eumaios)讲了高贵者与伺候他们的下贱之人之间的区别。

③ 参Louden 1996,14 n. 18。关于尼采与多兹之间的相似之处,参上文的论述。

④ 尽管荷马史诗中有影响的重要人物都相信诸神是某种超越人类的权威,也就是说相信诸神会评判人类行动的正当性,但奥林波斯诸神似乎对惩戒作恶之人不感兴趣。

⑤ 从1960年到20世纪80年代中期,持续了一场激烈的争论,其中——仅次于阿德金斯与罗伊-琼斯——朗格(Anthony A. Long)与加加林(Michael Gagarin)也参与了进来。这一激烈争论的"第二波"(20世纪80年代末至90年代中期)源于威廉斯(Bernard Williams)发表的著作与凯恩(Douglas L. Cairn)的研究,在他们的研究中,许多早期的学说与方法都遭到了批判性地重估。

他最重要的反对者之一——也是一位力证了尼采对该学科的影响的学者——是罗伊-琼斯爵士(Sir Hugh Lloyd-Jones)。在他的《宙斯的正义》(*The Justice of Zeus*,1971)中,罗伊-琼斯描绘了古风时期的价值体系,他认为其基石是对δίκη[正义、秩序]的神圣控制,尤其是在宙斯掌控之下:

> 神和人一样,也有他们的君王,他的诸种属性建立在人类统治者的基础之上。[……]既是众神与凡人之父,他也统治着人类。[……][148]他通过惩罚那些扰乱秩序的不义之徒来维护其建立的dikē[秩序],同时严厉地压制凡人任何企图僭越他们所应处的卑微地位的行为。(Lloyd-Jones 1971,27)

罗伊-琼斯认为,从荷马时代到古典时期,希腊的价值体系始终具有连续性和同质性。他的论点是,人类行动的唯一尺度只能归于宙斯的意志,不过,这对阿德金斯和尼采而言完全是一个陌生的概念。

几十年后,尼采的方法也得到了威廉斯(Bernard Williams)的接受和重视,后者同样也在研究古风时期的希腊的道德问题。在他于1993年出版的《羞耻与必然性》(*Shame and Necessity*)中,采纳了尼采道德批判的关键部分。① 虽然威廉斯并没有强调古风时期的希腊文化与柏拉图-基督教典范之间的巨大鸿沟(与阿德金斯不同,他没有强调"术语上的缺陷"的问题),②虽然他努力证明我们的概念和希腊人之间的相似性,但他仍然意识到,必须明确将我们传统上惯用的思维方式与希腊人的思维方式区分开来:

---

① 关于尼采对威廉斯的影响,参Clark 2001。

② 威廉斯经常严厉批判阿德金斯的某些论断,例如他强烈反对阿德金斯的这个观点:即古风时期的希腊人主要关心的是个人的成功——通常以牺牲他人为代价,参Williams 1993,81以下。

> 文化人类学家[……]所理解和描述的是另一种人类生活的形式。我所提到的这类工作首先使希腊人对我们而言显得很陌生，从而有助于我们了解希腊人[……]我们不能与古希腊人生活在一起，也不能在有任何实体的程度上想象我们自己像他们那样生活。他们的许多生活对我们而言隐藏于未知之中，正因为如此，我们才必须保持对他们的他者感，文化人类学方法有助于我们维持这种感觉。这本书没有使用这种方法。[……]但我并不想否认希腊世界的他者属性。我也不会说公元前5世纪的希腊人[……]真的和维多利亚时代的英国绅士几乎一模一样[……](Williams 1993，1—2)

与尼采相似，威廉斯试图使古风/希腊的羞耻与罪过的对立与"道德/不道德"的普遍对立解绑。[1] 他对伦理与道德的区分在这种情况下也就显得格外有趣，同时，这一区分对审查尼采的"贵族道德观"也颇具指导意义，[2]尼采认为在荷马史诗中已经存在这一

① 参 Williams 1993，91—92：

> 如果我们想确切地问清楚希腊人与我们在这方面的差异究竟有多大，我们就遇到了我在第一章中提到的那个问题，即将我们所思考的东西与我们认为我们所思考的东西区分开来。耻与罪之间标志性的对立可能表达的是这样一种观念：区分"道德"与"不道德"这两种品质十分重要。对于这一区分，羞耻本身保持中立[……]。

② 参 BGE 262；KSA 5，214 以下；参 BGE 260；KSA 5，209：

> 高贵的人觉得他们自己就是价值的导向，他们不需要被认可，他们判断"任何对我有害者，即是祸害本身"，他们知道，自己就是那最初赋予事物以荣耀感的人，他们是创造价值的人！

亦参 Solms-Laubach 2007，117 以下。

道德观的雏形。[1] 根据威廉斯的说法，这种涵盖了"一整套伦理观"的道德"与我们非常接近，道德哲学花了太多的时间去研究这些不同观点之间的差异，而不是将这些观点作为一个整体，讨论它和与它完全相反的观念之间的差异"。[2] 通过区分狭义上的道德（作为对社会上其他人的义务）与伦理（作为与个人的目标相关的实际需要），尼采一边批判道德一边又同时赞美贵族价值观的这种表面上的矛盾就能够得到解释了。

虽然威廉斯使用的伦理和道德的概念和尼采并不相同，但他对这些概念的使用仍然可以解释尼采在诸种公德（Sitte）与道德之间所作的区分——与他的超道德（übersittlich）的道德概念有关，而这只有一个有意识的个体才能获得（GM II，2；KSA 5，294）。这两位思想家之间的另一个相似之处是他们都有"不道德"的倾向，这体现在[149]他们分析某些古风时期的希腊术语和概念的方式上。因此，人们可以得出结论，正如威廉斯的著作所反映的，尼采的踪迹不仅出现在讨论荷马式道德的伊始，也能在这一讨论的高潮阶段找到。

---

① 尼采并不认为在荷马这位早期希腊最重要的作者所处的时代就已具有发展完备的贵族道德，这一点可以在他提到希腊英雄的"发明"时清晰地看出，参 GS 143，这种"发明"是一次"为自我主义与个人傲慢进行辩护的宝贵的初步实践"。此外，尤其是希腊人的"不负责任"，这是证明诸种公德（Sittlichkeit）力量的最明显的证据，它在前现代时期十分典型。

② 参 Williams 1985，174。关于威廉斯对伦理的看法和他对道德的批判，参 Clark 2001，尤参 113：

> 威廉斯用来反对道德的例子[……]要成立，必须[……]能使下面这一点合理化：即对伦理经验的道德解释（尤其是作为一种所有事都已被考虑之后得出的[all-things-considered]结论的道德义务概念）整合了我们应该接受的差异，并将之遮蔽：一方面是义务，另一方面是关于实际必要性而得出的结论；道德的义务这种观念首先遮蔽了这样一件事，即事实上义务的根基外在于我们，义务扎根于他人的期望和伦理生活的环境之中，然而，无条件的实际需求则根植于我们的身份认同之中。

尼采对古典语文学的影响被公认为一个严肃的课题，但对此的讨论主要集中在他对希腊肃剧和史学编纂的贡献上。然而，仔细考察尼采对荷马史诗分析的影响也大有裨益。他的方法论（一神论[Unitarianism]与口传诗歌研究的早期阶段）以及主题性的实例（荷马式的多神信仰与“不道德”）都显示出，在这个方向进行研究将会获得丰富的成果。虽然通常来说，尼采的思想不能算是荷马研究主流传统中的一个至关重要的组成部分（如“口传理论”、新分析学派、符号学方法、叙事学研究等等），但却在某些方面发挥着重要的作用。尼采影响中最重要的方面与20世纪下半叶荷马史诗研究领域的成功扩张密不可分，这一扩张应归功于跨学科研究方法的发展，其中包括哲学、社会学、考古学、心理学的元素。该学科的这种全面发展拓宽了研究主题和研究方法的范围，顺应了尼采的设想，即古典语文学应超越自身的界限。

参考文献

Acampora, Christa Davis (2001): "Nietzsche's Problem of Homer." In *Nietzscheforschung*. Vol. 5/6, 533—574.

Adkins, Arthur W. H. (1960): *Merit and Responsibility: A Study in Greek Values*. Oxford (Clarendon Press).

——(1960a): "'Honour' and 'Punishment' in the Homeric Poems." In *Bulletin of the Institute of Classical Studies*. Vol. 7, 23—32.

Arend, Walter (1933): *Die typischen Scene bei Homer*. Berlin (Weidmannsche Buchhandlung).

Benedict, Ruth (1946): *The Chrysanthemum and the Sword: Patterns of Japanese Culture*. Boston (Houghton Mifflin Company).

——(1968): *Patterns of Culture*. London (Routledge).

Brusotti, Marco (1992): "Die 'Selbstverkleinerung des Menschen' in der Moderne. Studien zu Nietzsches *Zur Genealogie der Moral*." In *Niezsche*-

Studien. Vol. 21, 81—136.

Cairns, Douglas L. (1993): *Aidōs: The Psychology and Ethics of Honour and Shame in Ancient Greek Literature*. Oxford (Clarendon Press).

Cancik, Hubert (1986): "Dionysos 1933: W. F. Otto, ein Religionswissenschaftler und Theologe am Ende der Weimarer Republik." In Richard Faber and Renate Schlesier (eds): *Die Restauration der Götter: Antike Religion und Neo-Paganismus*. Würzburg (Königshausen & Neumann), 105—123.

Cancik, Hubert and Hildegard Cancik-Lindemaier (1999): *Philolog und Kultfigur: Friedrich Nietzshce und seine Antike in Deutschland*. Stuttgart and Weimar (J. B. Metzler).

Clark, Maudemarie (2001): "On the Rejection of Morality: Bernard Williams's Debt to Nietzsche." In Richard Schacht (ed.): *Nietsche's Postmoralism: Essays on Nietzsche's Prelude to Philosophy's Future*. Cambridge (Cambridge University Press), 100—122.

Dodds, Eric Robertson (1951): *The Greeks and the Irrational*. Berkeley and Los Angeles (University of California Press).

——(1977): *Missing Persons: An Autobiograhy*. Oxford (Clarendon Press).

Gerhardt, Volker (2004): "'Schuld', 'schlechtes Gewissen', und Verwandtes (II, 4—7)." In Ottfried Höffe (ed.): *Friedrich Nietzsche: Zur Genealogie der Moral*. Berlin (Akademie Verlag), 81—95.

Hölscher, Uvo (1965): "Karl Reinhardt." In his *Die Chance des Unbehagens: Drei Essais zur Situation der klassischen Studien*. Göttingen (Vandenhoeck & Ruprecht), 31—52.

Kutzner, Heirich (1986): "Friedrich Nietzsches Antichristentum und Neuheidentum. Zu ihrer psychohistorischen Dimension." In Richard Faber and Renate Schlesier (eds): *Die Restauration der Götter: Antike Religon und Neo-Paganismus*. Würzburg (Königshausen & Neumann), 88—104.

Lloyd-Jones, Hugh (1971): *The Justice of Zeus*. Berkeley and Los Angeles

(University of California Press).

——(1976):"Nietzsche and the Study of the Ancient World." In James C. O'Flaherty, Timothy F. Sellner, and Robert Helm (eds): *Studies in Nietzsche and the Classical Tradition*. Chapel Hill (The University of North Carlina Press), 1—15.

——(1982):"Nietzshce." In *Blood for the Ghosts:Classical Influences in the Nineteenth and Twentieth Centuries*. Baltimore (Duckworth), 165—81.

Louden, Robert B. (1996): "Introduction." In Robert B. Louden and Paul Schollmeier (eds): *The Greeks and Us: Essays in Honor of Arthur W. H. Adkins*. Chicago (University of Chicago Press), 1—16.

Martin, Nicholas (1996): *Nietzshce and Schiller:Untimely Aesthetics*. Oxford (Clarendon Press).

Mead, Margaret (1959):"Patters of Culture: 1922—1934." In Margaret Mead (ed.): *An Anthropologist at Work: Ruth Benedict*. Boston (Houghton Mifflin Company), 201—212.

Müller, Enrico (2005): *Die Griechen im Denken Nietzsches*. Berlin and New York (Walter de Gruyter).

Orsucci, Andrea (1996): *Orient, Okzident: Nietzsches Versuch Einer Loslösung Vom Europäischen Weltbild*. Berlin and New York (Walter der Gruyter).

——(2000): "Homer." In Henning Ottmann (ed.): *Nietsche-Handbuch*. Stuttgart and Weimar (J. B. Metzler), 366.

Otto, Walter F. (1923): *Der Geist der Antike und die christliche Welt*. Bonn (F. Cohen).

——(1929): *Die Götter Griechenlands: Das Bild des Göttlichen im Spielgel des griechischen Geistes*. Bonn(F. Cohen).

——(1933): *Dionysos. Mythos und Kultus*. Frankfurt am Main (V. Klostermann).

——(1962): *Das Wort der Antike*. Stuttgart (E. Klett).

Parry，Milman（1936）："On Typical Scenes in Homer." In *Classical Philology*. Vol. 31，357—360.

Porter，James I.（2002）：*Nietzsche and the Philology of the Future*. Stanford.（Stanford University Press）.

Schadewaldt，Wolfgang（1944）：*Von Homers Welt und Werk*：*Aufsätze und Auslegungen zur homerischen Frage*. Stuttgart（Koehler & Amelang）.

Schmidt，Leopold（1882）：*Die Ethik der alte Griechen*. 2 vols. Berlin（W. Hertz）.

Schröter，Hartmut（1982）：*Historische Theorie und geschichtliches Handeln*：*Zur Wissenschaftkritik Nietzsche*. Mittenwald（Mäander Kunstverlag）.

Shein，Seth L.（1984）：*The Mortal Hero*：*An Introduction to Homer's Iliad*. Berkerley and Los Angeles（University of California Press）.

Solms-Laubach，Franz Graf zu（2007）：*Nietzsche and Early German and Austrian Sociology*. Berlin and New York（Walter de Gruyter）.

Vogt，Ernst（1962）："Nietzsche und der Wettkamf Homers." In *Antike und Abendland*. Vol. 11，103—113.

Wessels，Antje（2003）：*Ursprungszauber*：*Zur Rezeption von Hermann Useners Lehre von der religiösen Begriffsbildung*. Berlin（Walter de Gruyter）.

Williams，Bernard（1985）：*Ethics and the Limits of Philosophy*. London（Fontana Press）.

——（1993）：*Shame and Necessity*. Berkeley and Los Angeles（University of California Press）.

Zhavoronkov，Alexey（2012）："Nietzsches Idee der Fremdheit des Griechischen und ihre Rezeption in der classischen Philologie." In Renate Reschke and Marco Brusotti（eds）：'*Einige werden posthum geboren*'：*Friedrich Nietzsches Wirkungen*. Berlin（Walter der Gruyter），615—624.

第四部分

文学、语言、文化

作为一个议题的文学史：尼采对再现古代的尝试

桑蒂尼(Carlotta Santini)　撰

一、引　言

[159]我们与古代希腊的对峙始终由古典语文学提供的工具和体系在斡旋。1869年至1879年尼采作为巴塞尔大学的希腊语及文学教授时所开设的课程就是这一真实写照。然而，尽管尼采使用了语文学的形式、范畴及其科学的方法，但他从未停止反思，也从未停止给出创造性的阐释。关于《希腊文学史》(*Geschichte der griechischen Literatur*)的课程(1874—1876；后文简称GgL)也许是能说明尼采如何作为一名从事古代文史研究的学者的最佳例证。① 在这些课程中，他努力向学生们详尽地描述古代文学及其与希腊社会的联系。他的课程毫无疑问受到过多方启发，有博厄克赫(August Boeckh)提出的历史模型，还有布克哈特(Jacob

---

① [175]这些课程分为三个部分，连续不间断地讲授三个学期(1874/1875年冬季学期、1875年夏季学期及1875/1876年冬季学期)，因此它们是关于尼采在巴塞尔大学时期教学活动的最重要和最完整的例子。他为准备这些课程的材料一定忙得不可开交，远超他为其他课程所作的准备，各式各样种类繁多的[176]参考文献给人留下深刻的印象。除非个别翻译另有说明，该课程及其他作品内容的翻译均出自笔者。

Burckhardt)提出的历史模型,[①]他还(通过布克哈特接受了)兰克(Leopold von Ranke)关于"呈现"(Darstellung)的思想,即使他在为该课程准备讲稿时使用的具体资料也是一些简单但不失实用的教材。但是,为了达到他自己的目的,他使用的方法与体系也能体现出他自己的语文学实践。

在本文中,我的目的是要展示尼采如何尝试开展希腊文学史的教学工作,与此同时,我希望为解读希腊文学本身这一实践提供一个元层次(meta-level)的反思。我将参考两篇优秀的(但未获得英语世界足够重视)的文章,以此作为我此项工作的出发点:即芭芭拉·冯·莱布尼茨(Barbara von Reibnitz)的《从"语言学研究"到"阅读文学"》("Vom 'Sprachkunstwerk' zu 'Leseliteratur'", 1994)和杰拉塔纳(Federico Gerratana)的《被普遍人性吸引,尼采〈希腊文学史〉课程研究历程》("Jetzt zieht mich das Allgemein-Menschliche an.' Ein Streifzug durch Nietzsches Aufzeichnungen zu einer 'Geschichte der litterarischen Studien'", 1994)。除这两位学者以外,据我所知,尚没有其他人对尼采的这些课程进行过研究,也没有人认识到,在尼采对古典语文学的批判方式中,有关"文学史"(Literaturgeschichte)的问题是其核心。我在本文的研究将进一步拓宽这一话题,并综合一些主要问题,尤其是尼采在尝试书写古代文学史时所必须面对的那些问题。

二、作为一个议题的文学史

[160]在尼采 1867 年至 1868 年的《遗稿》(*Nachlaß*)中,有诸

① 我们知道,尼采没有读过布克哈特关于《希腊文化史》(*Griechische Kulturgeschichte*)的课程的刊行本。因为该书在布克哈特去世后才出版,此时,哲学家尼采也已经去世多年。尼采当时也没有机会旁听这些课程,然而,他完全熟知这些课程的内容,这要感谢他的学生克尔特博恩(Luis Kelterborn),他曾参与了这些课程,并把课程笔记整编誊写在五本红色的笔记簿上。尼采可能是从 1875 年开始查阅这些笔记的。

多笔记明确地显示出尼采曾质疑过文学史实践的有效性。在这些笔记中,他宣称自己打算着手研究从古代到现代的文学史的传统。[①] 他尤其对学术界用以固定和规范"这种"文学史的动机和方法感兴趣。在对希腊文学本身进行反思之前,对文学遗产的这一历史学处理,尼采认为有必要对其限度和方法进行一种元反思。尼采既关注现当代学者(当时最重要的语文学家,如伯恩哈迪[Gottfried Bernhardy]、伯格克[Theodor Bergk]、穆勒[Karl Otfried Müller]),也对古代的作家感兴趣,这并非巧合,对于他们而言,首先需要对文学进行历史性-系统性的分类。这一讨论虽然本质上不可能完整,但也应被大致地重构,因为这可以使人们认识到尼采分析的主要方向。

跟随《遗稿》中这一反思的脉络,我们就会发现尼采如何找到他在描述文学史时所需要的第一个历史案例。他认为,一定存在一个转变的时期,从这一时期开始:那时的文学还处于非历史的阶段,或者说,那时对文学发展的态度还处于无意识的状态,然后转变到一个对发展具有历史意识的阶段。直到那个时候,才出现希腊文学——这是一个事件(Ereignis)(同 von Reibnitz 1994,48);只有在这之后,文学才开始反思自身的发展,并试图对自身进行界定,从而将其置于历史之中(NF 1867/68,56[1];KGW I/4,361)。

想要更全面地了解尼采的主张,第二篇《不合时宜的沉思》中的观点也许会有所帮助。在该文本中,*历史*(Historie)的意思是对历史的过去有所意识,并把过去作为一种历史知识。这种历史严格地将自身与"非历史"的过去分离开来,所谓"非历史"的过去,是指其自身没有意识到自己是一个过去。但是,我们试图阐明的

---

① 参 NF 1867/68,52[31;66];56[1—8];57[27;41—42;58];58[58];61[2—3];KGW I/4,223—225;276—277;361—369;394—396;404—405;498—499;532—537。

这个"开始"实际上是虚构的，我们主观地选择了一个点，让这个点把过去那巨大的绵延广度划分为历史与前历史。尼采在如下两种语境中揭示了这种思考过去的任意性：历史的语境和历史-文学的语境。即使我们可以追溯到一个或多或少相对精确的历史时期，将之作为文学史诞生的时期，并假定从此时开始对古人及其文化遗产进行有意识的反思，但仍然存在这样一个事实，即这种需求必须在其有正式的向外界的表达之前就已存在于心理层面。这一需求必须在历史-文学的神话中表达自己，这种表达又必须先于科学的表达，或先于有意识且编纂成典的学科表达(BAW 5,212)。

这就包括了一个与此相关的问题，即关于这种对文学的历史考察的原始态度究竟是什么：这是否能被认作是一种审美的判断？——或是一种伦理的判断？就古代学者和文人的情况来看，似乎历史-文学考察的第一种形式与两个相反的目的相关：即赞美或谴责的目的，两者都与希腊社会的内在动力有关(对作品内容的政治和价值判断)。但任何文学史的主要特征都集中于什么才是真正"历史的"这个问题上，换言之，每一部作品之所以有其价值，是因为它们能在那自然的历史-文学发展中找到一席之地。不是由于考虑到[161]其作为文学本身便具有内在的审美价值，每一部作品之所以被人们记住，只是因为它们流传了下来，而它们之所以能流传下来，是因为其在历史上有着决定性的作用。最早出现的文学史确实对文学的美没什么兴趣："期待从语文学家那里看到古代最生动的愉悦，就像期待从科学家那里能看到大自然最生动的感觉，从解剖学家那里看到人类之美最精微细致的感受"(BAW 5,270)。因为流传了下来，每一部作品因此就被认为是重要的，历史价值无法与审美价值区分。现代意识则恰恰相反，现代人认为，艺术具有独立于任何历史考量的价值：审美价值取代了历史的偶然性。

但是，文学史家当然要有一定的价值判断。尽管文学史的目标是保持客观上的冷静，但无论是从作为一种人为的产物，还是从表现了人类的创造力的意义上说，它都仍然是“一件艺术作品”(NF 1867/68,61[2];KGW I/4,533)。在尼采于语文学领域内进行的所有学术与编校活动中，他对文学史的兴趣始终与他对解释古代所赋予前者的那些倾向和方法的兴趣同样浓厚(NF 1867/68,58[58];KGW I/4,498—499)。他总是在这些倾向的根源中寻找心理、社会或文化的动机。这也许是尼采在古代文史的研究中最具独创性的方面之一。因此，古代的历史-文学传统的形式也就与其实质同样有趣，因为这能很好地揭示古人的思想结构。于是，尼采的兴趣不仅在于获取关于古代的某些知识，还在于观察错误和伪造，在于观察那些通常伴生在文学史中的离弦走板。这些与文本传统有关的现象是他兴趣的核心。目录编制的方式，如目录汇编(pinacography)；或编集文学遗产的方法，如论说集述(doxographical)，这些都可能会造成对传统的无意识伪造，因为会出于观念体系的预设对这些材料进行重新编排。我们有证据表明，这些伪造也不总是无意的行为：托名伪文(pseudoepigraphy)、编纂性伪造、对思想或事实的歪曲、作者与编纂者的实际利益、各思潮之间的敌意，以及由于无知或恶意而造成的被深藏的谬误，这些在古代都是常见的现象，优秀的文学史家应该意识到这些问题。

对于语文学家而言，首要的目标是重构随着时间而被这些因素破坏的文本。这些有意或无意的伪造应该被剔除，因为都只是历史中的错误。尼采却与之相反，他的研究同时关注造成某文本错误的条件和对该文本的重构，这两个方面相互交织。对一个文本的重构能告诉我们该文本在哪个时期被构思创作，而对文本讹误及其所有不协调之处的研究则告诉我们当时发生了什么，以及后人如何根据这些已发生的事情解释这一文本。文本讹误的历史对文学史家也具有不可估量的历史价值。这种试图从错误的传统中匡正本源、恢复真相的倾向在尼采自己的写作活动中也十分明显，例如他的语文学著作中的专题研究。① 在他发表的第一篇文章《论忒奥格尼斯诗句蒐集史》的“发端”(incipit)，他讨论了文本中存在的重复之处[162]以及各种编纂者必须将其从校勘本中剔除的在某个阶段适时或不适时添入的内容，他主张：

> 忒奥格尼斯的每一位读者都不可能看不到，许多句子[……]在这本诗集中出现了两次。通过更仔细的观察，他就会发现，这些重复之处的绝大多数都被后来的编纂者从文本中删除了。也许他们的做法没错，因为我们没有通过这些重复的内容获悉什么新的东西。但是，也许他们也错了，因为有时我们能获悉什么完全取决于他们。我们很有可能在其中找到能澄清忒奥格尼斯文本传统的有用线索。(KGW II/1,3)

根据尼采的说法，忒奥格尼斯文本的托名伪文倾向、转录讹误及其碎片化的流传，这些都揭示了该文本所经历过的文化氛围中的诸多要素。② 每个时代都会对其过去的文学遗产进行解释，且

---

① 如果我们梳理一下尼采语文学研究的标题，我们就会发现，他有一部作品有意只讨论前柏拉图哲学家们的*Διαδοχαί*[演替]上，还有大量关于忒奥格尼斯(Theognis)的文章，尤其是《论忒奥格尼斯诗句蒐集史》(*Zur Geschichte der Theognideischen Spruchsammlung*, 1867)，还有一份研究亚里士多德著作*πίνακες*[编目]的作品，许多关于拉尔修(Diogenes Laertius)和《苏达辞书》(Suda lexicon)的研究。尤其是后面提到的这些研究，相当重要，因为它们显示了尼采对文学史元层次的反思。实际上，拉尔修的《名哲言行录》(*Lives and Opinions of Eminent Philosophers*)和《苏达辞书》并非只是单纯的古代著作，同时也是历史和批评-文学的作品，它们给尼采提供了许多关于文学传统的信息，还有许多关于古代历史-文学传统的倾向和方法的信息。

② 在他的论文《论忒奥格尼斯诗句蒐集史》中(KGW II/1,1—58)，尼采试图重构忒奥格尼斯诗集的文本-传统的历史。他阐明了后来的编纂产生了什么样的结果，这种编纂使得这部诗集的作者从一位活跃于各界人士会饮场合的诉歌诗人变成了催人奋进的教育青年的布道者。忒奥格尼斯的诗集也可能只是随意收集起来的产物，也许最初出于讽刺性的模仿意图。通过后续不断地编集、拆解和删除不符合预期的材料，诗集最终被归入箴言集(gnomological)的类别，虽然就这一点而言我们并没有任何具体的证据(比较 Jensen 2008)。

每个时代在接近古人认知时都必然带着某些欠缺(NF 1867/68,52[31];KGW I/4,223—225)。价值判断、美学倾向、编纂者的个人品味、学者们不同的专业水准,以及其他任何可能导致失真的因素,随着时间的推移,都在古代文学的流传过程中起着决定性的作用。

由于这种完全受到语境制约的历史-文学传统的复杂性,尼采对使用死板的科学方法以接近真相的可能性感到十分绝望。如果一种科学方法的目标是获得尽可能高的客观性,那么这种方法

> 必会引起所有自然科学家的排斥,更不用说数学家了,因为它总是以几种相互联系的可能性来进行运作。主观性取得了胜利。许多无意识的力量会对文本发起猛烈的抨击。意识的力量应该对其进行重新补充。(NF 1867/68,58[40];KGW I/4,476)

当尼采出于教育目的在他的《古典语文学通识》(*Encyklopädie der klassischen Philobgie*,后文简称 EkP)中分析文学史实践的用途与缺点时,他实际上变得满腹疑虑:

> 关于文学史。考虑到主流的观点,现在是时候向这种不确定让步了。由于对传统的信任,大多数错误都在悄悄地占据优势,秘密地获得说服力:文学史是集伦理、审美、社会和政治准则的各种例子的总和,因此非常的主观!(EkP;KGW II/3,405)

尼采在这里批评的并不是文学史所具有的丰富视角(审美、社会、政治),而是在批评人们缺乏对此的关注,他的这一批评导致现代学者们对这些观点产生了分化。文学史家们通常都是分门考虑

这些观点,部分是因为估算这些观点之间的交集和不连贯十分困难。根据尼采的观点,这就是为什么传统上语文学更倾向于对其进行简化,并使用古代文学传统固定的图表式分类。这样的操作并非完全不合理,因为每一门科学都需要简化;然而,对于像古代文学传统这样多变和动态的现象而言,这种做法无异于误导。

[163]考虑到材料的质量参差不齐,每一次系统化的尝试就都会冒着违反逻辑的风险。严格来说,科学的系统性只是一个非常狭窄的领域。"除了对作者进行粗略和简短的概述,并专门记下他们的名字,文学史最初完全是多余的"(EkP;KGW II/3,405)。如果文学史是一门严格意义上的科学,那它就会被减少到只剩下作者和书籍的清单;但是,即使如此,也还可能会遇到困难,将作者与其作品联系起来也许是语文学家最艰难的任务之一。① 采取严格意义上的科学态度,将自己限制在纯粹的可证实的事实内——这些限制并不只意味着表示某种肤浅的表面性事物;在哲学中,这种纯粹的"科学"态度根本无法维系。

对于尼采而言,他急需一种与之不同的方法。"历史的事实中有一些使人僵化的东西,就像墨杜莎(Medusa)一样,只有依赖诗人的眼睛才能化解。在历史事实的大石块中,我们必须先雕出一尊塑像"(NF 1867/68,56[3];KGW I/4,364)。为了讲授和理解古代的文学,尼采尝试了一种更具弹性,从而也更有效的知识形式。尼采倡导一种变化不定的调查形式,它需要我们不断接近古代世界的整体,这种调查形式可根据进一步接触原始材料和随后来解释的情况来进行调整。

---

① 根据在研究古代传统时必须考虑的因素,以及根据那种篡改和托名伪文的倾向,尼采总是会提出各种各样的问题,如关于同名异义、原名的衍生(patronymics)的问题,还有关于将某作品错误地归于某人或某事的问题,他还尤其关注他所说的"标题命名法"(Die Methode des Titels)的问题(NF 1867/68,57[27];KGW,I/4,394),即将标题、名字归于古代作品这一传统的主要基础。

> 对每一个真正的语文学家而言，这都是一个重要的任务，也就是他的直觉(Anschauung)的原创性！通过新的观察和比较无休止地进行纠正！由于对感知和判断的信心与日俱增，知识也因此逐渐拓宽！(NF 1867/68，56[3]；KGW I/4，364)。

根据博厄克赫在他的《通识教育》(*Encyklopädie*)中的定义(Boeckh 1877)，尼采关于持续接近真相的这个想法实际上是语文学研究应有的最基本和最正确的态度。这个接近过程的结果就是尼采所说的"历史认知"(historisches Verständnis，EkP；KGW II/3，344—345)。在这个概念中，就其严格地与"历史客观性"(historische Objektivität)的问题相关而言，尼采对兰克历史观的借用显而易见。根据兰克的观点，我们不能盲目地相信我们的方法能够成功，相信能借此获得对历史过去的最终知识。他的"历史呈现"(historische Darstellung)概念与其同时代的实证主义理论相比，确实在历史和史学编纂中引入了一个"较弱的概念"。兰克认为，接近历史是一种持续的、永远无法穷其尽头的尝试，从某个历史时代开始(例如，现代)，也由此时代决定，再去接近过去的另一个时代。这种方法也不能被认为是已经完备了的，而必须始终被认为是一种相对的方法，因为这取决于一个有限的观点，而每个时代又产生自多种多样的实例，这些实例又是始终内在于这个时代。然而，兰克的思想中却蕴含着这一点，即历史思想经验具有无限的丰富性。

尼采在使用兰克的表述时，其真正用意在于指出，要完全理解古代，不仅仅是对古代的各个方面进行单独观察，再将这些观察总和起来这么简单，当然这确实也是一个必要条件。但更为必要的是直觉(Anschauung)，这既是历史学家的研究结果，也是他的向导，同时也使得他积累的大量历史事实变得有意义。这种直觉源自对古代世界整体的推论，而非碎片化的知识，因此也指引着这一过程，而这必然会导向这一知识本身。

[164]历史认知只不过是在哲学前提下对特定事实的理解。这些前提的高度决定了该历史认知的价值。因为事实永无止境,它可以完全被再生产出来。历史认知也只存在级别差异。一个人若试图触及历史,那他只会在其中发现自己知识模型的大集合。这个人自主思考得越多,他就越能在历史中认知自己。(EkP;KGW II/3,344—345)

这一主要思想在研究古代的过程中指引着语文学家,他们从古代世界本身演绎出这一主要思想,它也是古代、古代的模范以及古代那种"作为典范而永恒有效"(ewigmustergültig)的古典精神的特征(HCP;KGW II/1,250)。"古典语文学的哲学前提是古代的古典主义。我们想了解其最显赫的事件,想在他们的模式上成长,活在其中就是我们的任务!"(EkP;KGW II/3,345)尼采使用的关于古典的这个概念首先与希腊文学作品的文体组织模式的形式特征有关。古人通过文本来到我们这里,语文学家基于这些文本的形式创造了他们的古典概念。但是,这个古典也被提升到了具有伦理价值的层面。由于实际上不可能将古代文学传统从其所在的世界、社会、政治和宗教意义中分离出来,古典的概念就不仅仅是一个形式特征,同时还是一个精神和伦理上的特征。从根本上讲,它包含了希腊生活和精神的最高表现。

一部文学史的作者必须以他对古代的古典特征的信念为指导。语文学家出于教学上的需要而在古代与现代性之间进行的比较也是基于这一信念。尼采实际上将比较、寻找发现相似之处及比较差异定义为语文学家最恰当的活动之一:

所有我们看到的,以及所有我们所是的,都刺激了比较;因此,语文学家必须具有一颗深思熟虑的心。他应该用这一比较来教育自己。虽然以这样的方式,他还无法成为希腊人:

> 但他用最高标准的教材训练自己。他不会再因为现在的风暴而感到不安。与古代进行比较，首先要能够在最常见和最明显的事实中认出其潜在的解释性价值：这是一个哲学家的真正特征！因此，我们应该从对古代进行哲学考察入手。(EkP；KGW II/3,372)

语文学家有能力从他自己所处的特殊位置对古代与现代两个世界进行比较，他所处的位置就是这两个世界的边界。由于他总是既外在于这两个世界，又对其相当熟悉，于是便成了两者之间的中介。这个定义与后来在第二篇《不合时宜的沉思》中提到的“不合时宜性”的定义有一定的相似之处(HL；KSA 1,247)，但可能更为激进。语文学家不能只是简单地从古代学习知识，他也不能在现代的环境中再现古代世界的相同环境。他始终是一个不确定的人物，同时是这两个世界的陌生人。语文学家作为现代人以及现代人的主人，为了现代人的利益，为了现代人能从古代获得教育的好处而[165]对古代进行评判。无法保证他的教学的准确性，但语文学家应该能够看到，古代与现代之间几乎没有相似之处，因为差异实在太多。由于不可能获得对古代的确切知识，具备能够看见和了解这些差异的能力就是我们从中能得到的最大收获。这种与古代的相似和差异之间的平衡刺激了现代人，让他们去比较，激发了他们效仿的欲望，这是所有教育的火花。

对尼采关于差异论述的反思是他在批评一种作为研究古代的科学方法的比较主义(Comparativism)时一个不可或缺的元素。尼采激情洋溢地接受了比较主义在语言学领域的重要成果(NF 1867/68,58[52]；KGW I/4,495)，但如果将比较主义作为研究古代的方法，就有可能产生导致不确定结果的风险。希腊的情况是如此独特，以至对于尼采来说，无法诉诸于那些对所有文明都适用的普遍概念，也不能为了解释其现象而与其他现实平行比较。尤其是,尼采认识到,在祭仪里、在政治和社会结构中,当然(我们将在后面看到)也在文学作品中,在这些领域内,希腊人的艺术精神具有极其强烈的民族特征——如此强烈,以至于几乎变成了该地区或区域性的专属特征,这一点只能用独特的社会和政治领域的内在元素来解释,而不能用普遍化的外部现实来解释。对于尼采来说,在对比较方法所作的批判中,关于这种方法是否恰当与合法的问题现在似乎再次成为决定性的问题。问题不再是什么才是理解古代的最好手段,而是现代人可以从对古代的研究中学到什么。

如果不是因为好奇的求知欲获得的那种可疑的满足感,现代人对各种差异巨大的古代社会,如埃及人、希伯来人、中国人的社会进行的比较中能获得什么好处? 在尼采看来,在所有这些古代社会中,只有希腊语社会和拉丁语社会(某种程度上也有希伯来语社会)可以为现代人带来真正有趣的结果。这些文化对现代人的教育确实有用。现代西方文明可以说在其传统上就与这些社会在历史和文化上联系在一起。我们的文明在中国或日本的历史、文学、传统或神话中无法认同自己。相反,希腊和拉丁的文学与文化,以及希伯来的传统都是我们现代文化的基础,它始于宗教,包括哲学和政治。根据尼采的说法,古代东方社会与现代社会的相似之处与现代人的教育毫无关系。我们对希腊和拉丁文化感兴趣,是因为这两者在某种程度上与我们颇为相似,并可与我们相互比较:“因为我们只是为了自己才讲古典主义,为了我们的现代世界,而与印度人、巴比伦人和埃及人无关。”(EkP;KGW II/3,390)①

① 我们可以在他的《古典语文学通识》中的《论语言的比较和古典语文学》(“Über Sprachvergleichung und klassische Philologie”,EkP;KGW II/3,390)这一部分发现他对语言学领域比较方法作了同样的反思,这一反思也见于他后来的作品《论我们教育制度的未来》(Über die Zukunft unserer Bildungsanstalten,FEI;KSA 1,704)。

三、文学史的最初概念

[166]我们现在继续讨论尼采如何把这些反思付诸实践,时值19世纪70年代中期,他已处理了整个希腊文学史的问题。他以一种极其严格,甚至可以说毫无人情味的术语化和概念化的分析开始,着手为他最长的课程《希腊文学史》写作导论(“预备概念”[Vorbegriffe]),目的旨在打破该领域通常的假设。他在“发端”(incipit)写道:

> 文学这个词十分可疑,且包含了偏见。与古代的语法错误类似,这些错误始于字母,而非始于音素,这个词也是文学史的古代错误:它最先考虑的是人们的书写传统,而不是他们巧妙的口语实践,也就是说,它始于某个时期,在那个时期,原来的口传艺术作品只能被读者欣赏。(GgL;KGW II/5,7)

尼采接着对自己课程的标题进行了反思性的批判,甚至对谈论希腊“文学”的合法性提出了质疑。其偏见在于,认为希腊不过是某种与我们现代文化相类似的现象。正如“文学”这个术语,尼采在“adnotatio[评注]”其词源时(注意,是拉丁语而不是希腊语)表明,这个术语本身已预设了必须是某些被写下的东西。① 希腊文化却相反,主要依赖口头表达、诵读和表演,但从不阅读。希腊人有大量技术性的词汇可以表示不同形式的诵读行为,这一点即可证明上述事实(GgL;KGW II/5,22—29),这些词汇有 *λέγειν* [讲]、*καταλέγειν*[详述](属于诉说)、*ᾄδειν*[喊](属于歌唱)、*παίζειν*

① “文学一词曾出现在塔西佗(Tacitus)的著作中[……]对应于字母系统。在其他地方,则是指阅读和书写的技艺,是语法的转换。”(GgL;KGW II/5,9)

[节拍](常伴有舞蹈)、μέλος[曲调]、παρακαταλογή[背诵肃剧]等。

> 现在,对于希腊文学的最主要和最重要的部分而言,我们不应该考虑阅读和书写。不是说他们没有书写——但它只不过是诗人的一项工具,诗人在公众面前做的事情只有诉说与歌唱。一部戏剧是为读者而写,还是为听者和观众而作;所有的语言艺术家,如早期的希腊人,[在创作时]心中实际想到的是不是只有听众和观众,此间的区别是截然不同的;正如在接受一件艺术作品时,读者和听众对该艺术作品的反应也是完全不同的。(GgL;KGW II/5,7)

为了定义希腊的文学现象,尤其是在古风与古典时期的希腊文学现象,尼采使用了"语言的艺术作品"(Kunstwerk der Sprache)这一表述,而不是"文学"(Literatur),因为后者会误导性地暗示"阅读文学"(Leseliteratur)之意,且已经造成了这种误导。尼采建议使用的这一表述方式有望恢复那种鲜活而处在变化中的文化现象的意义,这种文化与人们活的语言有关,不可能将这种语言纳入一个不曾被歪曲过的分类体系中,将其静止和固定下来。但事实上,即使是"语言的艺术作品"这个表达式,也不过是一种拐弯抹角的说法,他真正想说的那个词事实上并不存在。尼采经常忽略这个词,而屈服于那令人厌恶的"文学"一词。① 无论如何,这种对希腊文化最基本的口传结构的普遍误解,完全是因为人们在希腊世界身上应用了一种时代错位的思想结构,尼采在[167]1867年真正的"哲学陈述"(Philosopheme)中所讨论的正是此事(NF

① 昂格(Walter J. Ong)也同样描述了定义口传经验的困难(Ong 1982,12—14)。他列出了学界试图命名这一传统(首先是"口传文学"的定义)的众多举措,他对这些定义的合法性表现出了同样的怀疑态度,他认为这些定义就好比试图定义一部卸了轮子就是马的汽车。

1867/68,52[30—31];KGW I/4,221—223)。[①] 在整篇序言中，尼采都在不断展示这些不协调与时代错位，这表明了他研究的批判倾向，他的术语学分析尤其说明了这点。

这显然也是他的课程《希腊抒情诗人》("Die Griechischen Lyriker",以下简称 GL)中的情况。[②] 在此，尼采试图说明希腊的诵读实践。为了将之与莎士比亚戏剧或法国悲剧的现代实践区别开，尼采使用了两个不同的德语单词："演说"(Vortrag)和"表演"(Vorstellung,GL;KGW II/2,107)。"表演"代表的是现代基于固定书面文本的背诵行为，观众面对这一形式时会将自己的情况定位为一种与典型的直接阅读十分相似的情况。与之相反，尼采用"演说"这个概念来指古代希腊的语境，它应该被理解为一件艺术作品的一个最基本的部分。缺少了这个部分，作品本身就无法在公众面前——即"听众"(Hörer)和"观众"(Zuschauer)面前——实现其目标。

尼采使用"演说"这个词时显然很随意，且常常时机不对。但他只是以此来考察这一古老的具体区别是否可以转化为一个现代术语，并进而转化为现代经验。为了更好地解释这种对比——这对理解希腊"语言的艺术作品"的本质至关重要——尼采回到了希腊的概念，如他在其他场合所做的那样。他还利用了"忒腊基的狄俄尼希俄斯"(Dionysius Thrax)[③]在 apotelestic[效果]这一艺术类型与实用这一艺术类型之间所作的区分(GL;KGW II/2,107),韦斯特法尔在他的《希腊诗歌体裁》(*Metrik*)中也使用了这种区分(West-

---

① 尤其参 NF 1867/68,52[31];KGW I/4,223—225,其中的 Philosophema[三段论/哲学陈述]这个术语[177]由于占统治地位的宗教(Herrschenden Religionen)或伦理的提倡，其地位得到了大大的巩固，成为了一种完美的典范。

② 参论《希腊抒情诗人》的课程(1869 年夏季学期、1871 年夏季学期、1874 年夏季学期、1874/1875 年冬季学期及 1878/1879 年冬季学期)。尼采在 1874/1875 年冬季学期使用了该课程的内容，并将其中第七部分的《抒情诗的主要形式》(*Die Hauptformen der lyrischen Kunstwerke*)整合到了他的《希腊文学史》的课程中。

③ [译注]忒腊基人(Thracian)狄俄尼希俄斯(170—90BC),希腊化时期的语法学家。

phal-Rossbach 1867,3—4)。根据这种二分法,“语言的艺术作品”就应该被从诸如绘画和雕塑之类的艺术中区分出来,因为其各自的目的不同,换言之,绘画和雕塑之类的艺术会生产一个最终物化的结果。相反,“语言的艺术作品”需要一种二次的表达方式,即重新生成,这意味着它必须在观众面前被重述。另外,即使绘画和雕塑可以被定义为 apotelestic[效果]类,那也只有当其作品被完成时才能达到自己的目的;相反,属于生成类的艺术若要实现自己的目的,就需要在观众面前再现自己:他们需要表演。在这个意义上,我们可以理解尼采为什么重启浪漫主义的主题,根据该主题的观点,如果人们书写和阅读一部埃斯库罗斯的肃剧,那么他们就会发现,这个被写下和被阅读的产物只是真正再现的肃剧的替代品。相比之下,莎士比亚的悲剧如果被阅读而不是呈现,就不会遇到这种情况。

尼采归于现代性的另一个偏见,是将“阅读和写作”视为文化本身不可或缺的元素。这种偏见中蕴含着另一个完全属于现代社会的区分,即关于文化获取方式的区分。“阅读和写作”这对术语预先假定了一种“文学”的社会,在这个社会中,人们能够区分哪些是“有教养”的人——他们可以阅读,并可以通过被写下的作品获取知识——哪些是“无教养”的人,对于后者而言,接近文学的路径被关闭了。早期的希腊文化恰恰与此相反,是一种“非文学”的社会。只要依然保持这样的情况,只要它依然抵制通过书写来传播知识,那么现代社会的有教养和无教养之分就毫无意义。①

① 为了解释这一点,尼采提出了一个悖论。参 GgL;KGW II/5,195,308,据尼采在其中的说法,苏格拉底没有著述,因为他从来没有学过写作。尼采很快就解释了苏格拉底是文盲的这一悖论。他并不认为苏格拉底缺乏读写能力,因为这些基本的能力在当时的希腊很普遍。尼采的意思是苏格拉底不能按照他的时代要求作家使用的文体规范来写作,即根据修辞规范进行书写。苏格拉底不需要古代意义上的“教养”(即受过修辞术的教育)即可成为一名哲学家,因为他的教学显然是口传式的。相反,如果他想写作,比如像他的学生柏拉图那样,他就会是一个有教养的作家。苏格拉底缺乏这样的教养,在这层意义上,他就是一个文盲,换言之,他缺乏文字的教养。这一差异在他的时代没有遭到任何排斥,但到了希腊化时期,人们就变得越来越看重这种差异了。

尼采在他的《希腊文学史》课程(GgL;KGW II/5,271)的第三部分中重点关注“文学”和“非文学”这种区分,并借此向另一个已被公认为[168]文学史上最重要的概念提出质疑,这个概念就是古典的概念。希腊文学课程的第三部分也是最后一部分,该部分以一个对学生的“引言”(Vorbemerkung)开始:

> 我们将在今年冬季学期的每周四来处理这个(一年前提出的)问题,那就是古典文学的起源。或者,以一个问句的形式来说:希腊人如何觉醒了他们的古典文学。(GgL;KGW II/5,273)

尼采认为这个问题很好地总结了他关于文学史的全部研究。在这里,我们仍能看见这个不被信任的术语:“文学”,它结合了另一个在这里似乎没有位置的术语:“古典”。虽然尼采也承认文学史的基础中确实有且必须有一个关于古典的概念,但他还是立即表明,这一概念其实是基于一个不合法的认识论的假设(如前所述,这种认识论上的非法性因其具有更高的教育意义上的合法性而得到了弥补)。

在他的《古典语文学通识》讲义某页的页边注中,尼采对“古典”一词的拉丁语起源做了分析,他揭示了该词原有的社会政治意义及其后来衍生的价值论意义。① “古典”一词在现代含义中意味着一种判断,具体来说是一种价值判断。在尼采看来,古典/非古

---

① 参 EkP;KGW II/3,341:

> “古典”是一种政治概念,但之后转变成了其他的情况[……]但是,“古典”(classicus)具有“第一等”的意思,这要追溯到加图[……]。自文艺复兴以来,从西塞罗到奥古斯都时期的罗马作家都被称作“古典”(classical)的,该词只在广义上才泛指所有希腊和罗马作家。“古典的古代”(Classical Antiquity)在所有古代时期中占据首位。这是一个审美的判断。

典的这一组对立的价值只有在与之前分析的另一组文学/非文学对立以交叉互换的形式共同提出时才能被理解:即古典与非文学相对应,就如同文学与非古典相对应。古典的概念意味着对一系列历史上流传下来的作品进行价值判断,而且,还进一步意味着,在这一系列作品中,有一组被选定的作品,该组作品被定义为"古典"的,是由合法的正式标准选出的典范。"古典"这个词确认了一种正典或模范,表明什么可以模仿且值得模仿。

古典文学的概念只能在一种文学的文化中形成,而这种文学的文化本身则基于被视为经典而传承下来的书面文本(即在这种情况下"有效"和"值得教授")。比如像亚历山大时期希腊那样的文学文化(此时首次明确确立了古代文本的正典),或像现代德国这样的文学文化,即基于固定的正典来发展文化,在该正典上形成一种文化品味,并依据该正典来判断文化产物是否符合这一标准。之后,对于之前引文中的第一个问题,尼采含蓄地补充了另外一个问题:我们今天可以创造出能被后代认为是"古典"的文学作品吗?答案是否定的:我们现代人不可能是古典文学的创造者,因为我们已经是一个自身建立在公认为古典的东西基础上的文学时代的后裔。文学,要想成为古典的,就必须扎根于如希腊文化这样的非文学的文化中,以此为基础发展自身。①

四、在文学史方面的尝试

如今被定义为"古典/经典"的希腊名作的起源需要许多现代

① 在这些课程中,尼采似乎明确地质疑,现代能否实现那种最高意义上的文化。相反,即使在 1872 年的课程《论我们教育制度的未来》中,他都在力求实现文学和非文学层面的和解,实现一个具体的教学项目,我们在《古典语文学通识》中已经零星看到了一些属于这个项目的元素。但是,按年表排列这些作品(《希腊文学史》的第三部分授课于 1875/1876 年的冬季学期)就能发现,这种反思逐渐发展为一种显著的怀疑主义态度。

性难以想象的条件。我们的文化永远无法满足这些条件，因为我们的文化完全依赖于古代的模范，且已经失去了其独创性。然而，尼采却仍试图重建古代“语言的艺术作品”的全貌，因为它在后来的书面文本中留下了被我们称作“希腊文学”的痕迹。如果我们在探讨文学史时遭遇的第一个问题[169]是拆除那些现代性妄图依靠概念和时代错位的分级去匹配希腊人，那么尼采现在要做的就是找到一种新的途径，甚至是新的语词来描述他们的成就。换言之，他需要重新界定他可以在其中进行探讨的那条界限。因此，尼采以对文学史这一研究对象的重新定义开始：“我认为这种历史是一种根据艺术的规范运用语言的历史，包括散文和诗歌。因此要排除掉非艺术的使用，如日常的交流，以及真正的博学或科学的书写”(GgL；KGW II/5，8)。这个定义似乎太过本质了，且不太具有说服力。实际上，这个定义有两个要点，对于尼采对希腊文学所作的一般性解释非常重要。

第一点是该定义的核心：“根据艺术的规范运用语言的历史”，用德语说就是“kunstmäßige Behandlung der Sprache”(语言的艺术化处理)。尼采并没有解释清楚他用的这个形容词“kunstmäßig”的具体含义。如果我们考察这个术语在其他地方的使用情况(GgL；KGW，II/5，7)，我们就会发现，很明显指的是一种与日常生活中普通用语相对的典型的艺术的表达。此处使用“kunstmäßig”(人为的)这一旧式的特殊用法，而不是使用意思更明显的“künstlerisch”(艺术的)，是由于专门的语义学上的迫切需要。根据格林兄弟(brothers Grimm)在《德语词典》(*Deutsches Wörterbuch*)中的解释(1854—1861，卷十一，词条2718)，这个形容词的精确含义正是“按照艺术的规范”，与“自然的”相对立，是“artificiosum”[人为的]。艺术(Art)也被理解为是根据特定艺术的规范制作艺术作品的能力。这个定义涉及的仅仅是形式、组成方式和结构，这些都是艺术家“才干”(savoir faire)的结果。在此，审美的愉悦被排除在该定义之外。恰恰相反，“艺术”和规范成为了现在这种文学的主角。关于语言的艺术作品的判断也就无法同时又是对美的判断，而是关于其构造成功与否的判断：“做得好”。

我想在这个定义中指出第二点，这就是，该定义无差别地将诗歌和散文视作艺术作品的形式。在尼采的文学史中，这两种形式的并存并不像人们想象的那样明显，但要比人们通常以为的具有更强的正当性。在现代关于希腊文学的指南中，古典作品的列表下通常都会包含散文和诗歌，但将其纳入其中仅是出于历史的需要，为了提供古代文学完整的面貌。一边是公认的纯粹艺术（诗歌、史诗、抒情诗、诉歌、肃剧等），另一边则相反，是被认为属于文学的东西（史学家和哲学家的散文作品，讼师与政客的修辞演说），在这两个类别之间，确实存在着区别，但这一点只有从历史的角度来观察才会显得有意义。这两个类别之间的正式区别在于对韵律(meter)的使用：诗歌专指使用韵律的作品，而散文指那些不使用韵律的作品。

根据自己对艺术作品的定义，即语言的艺术作品就是根据具体的艺术规范运用语言，尼采热烈地坚称，应对那种完全由现代人在散文类型与诗歌类型之间作出的音顿(caesura)进行重新评估。首先，他强调节奏(rhythm)和韵律有根本区别。即使散文缺少韵律，但这并不意味着散文缺乏节奏。节奏，而不是韵律，在尼采看来是每一个“语言的艺术作品”的基础。① [170]韵律只是节奏可能的表现之一。即使诗歌得益于从节奏变为诸音节(syllables)的小节(measure)的直接转换（如韵律），散文作品也仍然具有其内在节拍(time)的量度(measure)，正如在修辞术中所体现的那样。事实上，“诗可以有 μέτρα［韵律］，但散文自身则具有节拍(das Met-

① 关于尼采早期作品及他在巴塞尔大学的课程中对节奏问题所作的更为详细的讨论，参 Günther 2008。

ron)”(GgL;KGW II/5,30—31)。很明显，在希腊，这种韵律的作品与散文的作品之间几乎没有区别，例如修辞术的情况，这是当时最复杂和最具结构性的艺术之一。一份修辞演说与普通日常的自发性语言无关。相反，演说具有深刻的形式、结构化、人为的特质；其节奏可以在一篇演讲的每一个单独部分被计算出来。尼采给出的另一个例子是诉歌。虽然诉歌使用了韵律，因而也被认作是诗歌的形式，但在希腊却是一种散文的形式。诉歌的对句和抑扬格也是韵律，但更多是被用来(例如在肃剧的对话中)产生散文的效果。①

在厘清了“语言的艺术化处理”大致的边界后，尼采开始着手为那主导其发展的根本问题作定义：“[……]主要分成三个点：A，语言的艺术作品本身；B，它们的影响和它们的听众；C，它们的制造者[艺术家]”(GgL;KGW II/5,30—31)。(A)和(B)是我们的讨论中最重要的部分，因为尼采似乎更关注产生这类文学的文化因素，而不是艺术家的个性。“作者”是尼采的文学史中最显著的缺席者。当他在课程的第三部分结尾着手处理(C)时，他只讲述了能从艺术家那里看出的外界(社会、经济、政治)影响，而没有讨论个人的直觉或艺术上的区分。学习“语言艺术品”是为了研究生产它的文化：即历史背景，艺术的创作能在其中得以展现的那种情况；其影响，目标受众；其语言，在方言和文体方面的物质性以及在组成结构方面的物质性，以及它与其他艺术的关系，如舞蹈、音乐、编剧——总而言之，所有创造“语言的艺术作品”这类现象所必需的元素。

① 现代人对诗歌和散文作出的这种区分以及对古代文学类型的其他各类形式所作的区分实则毫无根据，关于这一点，参 GgL;KGW II/5,27—32,《诗歌与散文(以及其他体裁)之间的差异》(*Prosa und Poesie*[*und ihre Hauptgattungen*]*in ihrem Unterschiede*)的第四部分，以及尼采关于西莫尼德斯(Simonides)的《达娜厄的哀怨》(“Lamentation of Danae”)的论文(KGW II/1,59)。

在列举了最基本的问题后，尼采选择了一种方法去追寻再现文学的历史。尼采在确定他的课程结构的同时，也参考了当时几位学者的文学史作品，并对这些作品提出了质疑。在某些情况下，他对它们的印象显然偏负面，例如，他在谈论伯格克的《希腊文学史》(*Litteraturgeschichte*)的第一卷(Bergk 1872)时认为，其中"毫无一丁点儿希腊的火焰与灵魂的火花"(nicht ein Fünkchen griechischen Feuers und griechischen Sinnes，NF 1875，3[29]；KSA 8，23)。他还用"糟糕的笨蛋"(schlechte Sudelei)(EkP；KGW II/3，406)来诋毁尼科莱(Rudolf Nicolai)的作品(Nicolai 1867)。但尼采十分重视伯恩哈迪的《文学史》(*History of Literature*，Bernhardy 1836—1845)，因为其对希腊文学的研究尤为关注社会政治背景，并试图以这些背景来重构希腊世界的"世界观"(Weltanschauung)。尼采的课程从其灵感的启发到其完成实践，都追随着伯恩哈迪在其《文学史》中表现出的丰富而精准细致的历史、语言、文化方面的观察。但是伯恩哈迪的历史缺乏决定性的结构元素，他只描述了古代的诗歌，却忽略了散文——就像我们刚刚已经看到的那样，这正是尼采在[171]自己的课程中所反对的情况。[①] 不过，尼采最经常提到的文学史作品可能是穆勒的著作(Müller 1841)。尽管尼采批评他的研究有点流于表面，但穆勒的著作还是与伯格克的手册一样，是尼采少数明确提及且经常参考的材料。[②]

上述这些文学史在创作和结构上都使用了一种共同的标准，即按时间编年顺序综合地处理整个古代文学。这可以通过两种方式来完成：第一种，无差别地综合考虑所有古代作品，并完全按时间顺序处理(伯恩哈迪)；或者第二种，在历史文化"时代"的时间演

---

① 实际上，伯恩哈迪本打算为他的《罗马与希腊文学史》再添一卷，即第三卷，专门论述古代散文，但这最后一卷并未出版。

② 关于伯格克，参 GgL；KGW II/5，28，33，103，152，180，281—282，关于穆勒，参 GgL；KGW II/5，75，132。

替顺序内,为单独的文学类型划定框架,分类处理(伯格克)。尼科莱试图采用两者混合的方式,他的方式也更接近尼采,是在按不同文学类型独自处理与按传统编年方式处理之间的妥协;但是,根据上面提到的尼采的评价,实际效果十分混乱。所以,即使尼采的文学史内容缺乏属于他自己的原创性,但他似乎仍能宣称,他的整套课程的创作结构具有很大的自主性:

> 为了构建所有这一切,可以使用上面标注的[A、B、C]作为章节的标题,并在每一章内讨论相关的文学现象的始末。另外还有一种方法,即根据历史的演替来描述艺术作品。[……]最后,第三,可以单独地分开处理个别的文学类型,再根据给出的观点,为它们每一个重新按历史编年体的方式处理或平均化处理。这是我的第一次尝试,我不想为自己选择最困难的方法。(GgL;KGW II/5,8—9)

尼采所运用的主要方法是始终遵循希腊诸种文学类型的开端和发展,并对它们每一个都提出一些基本的问题(其时机是什么?——语言为何?——听众又是怎样的?),并通过这些梳理逐步重构古代文学作品的全貌。现如今,根据文学类型来处理文本,可能比尼采那时候要更成问题,因为至少从克罗齐(Benedetto Croce)开始,①文学类型的概念就被非法化了。对于尼采来说,文学类型不是对古代文学遗产进行随意分类的借口。相反,是这样

① 克罗齐认为,文学类型的分类是艺术作品的副现象。学者们为了简化古代作品多样驳杂的全貌,以便他们使自己的对象能更便于他们开展研究,而将这些类型固定了下来(Croce 1900,41)。相反,克罗齐相信艺术灵感现象具有统一性,甚至认为正是在这些令人印象深刻的诸多形式中,艺术作品才能使自身形体化。文学类型只是随意的编目登记[178],艺术家的才华在其中遭受了不合理的限制。(Croce 1920,44;1935,22)。

一种形式，在这种形式中，希腊人的创造力能自发地表达其自身。文学类型与社会结构和宗教信仰不分轩轾，是希腊精神所必需的形式。

尼采远非只是将艺术视作纯粹的享乐和与世无涉的愉悦，他认为，希腊“语言的艺术作品”的诞生就其多样的形式而言，是一种必然现象，与明确的实用性相关。他将这种实用性归功于“语言的艺术作品”在崇拜诸神的仪式中起到的重要作用，以及希腊世界所有其他表现形式的相关需求。① 希腊的各种艺术都是应特殊场合之需而作，如同插曲一般。每一种文学类型的起源都源于这种多样的特殊场合，不同场合有对艺术的不同需求，比如祭仪、节日、会饮、竞赛。② 因此，文学类型之间的区别从其伊始就相当严格，且一开始就与某些社会文化的元素有关，这是文学史家在分析艺术作品时所无法忽视和回避的问题。首先是语言：不同的希腊方言证明，之所以有不同类型，是由于有不同的希腊部族，这一点同时也揭示出[172]这些部族的发展轨迹及其支配范围。除了语言，韵律也区分了各种诗歌体裁，为音乐伴奏的音调和乐器也同样能起到此区分之效。主题与话题、创作，乃至表演场合本身，都由传统所决定。文学类型体系的严格规范将某种特定的社会思潮及其对公众造成的相应影响制定成典范，进而以此决定每件艺术作品能以什么样的形式对公众施以影响。对尼采而言，这就是能正确解释整个希腊文学的观点：

> 现在，一种针对所有新教育的超乎寻常的恐惧主宰了早

① 尼采在他出版的著作中也同样坚持这一理论。主要参《快乐的科学》，节 84，“论诗的起源”(Vom Ursprunge der Poesie)，GS 84；KSA 3，440。

② 史诗体裁的诗歌最初主要吟诵于与节庆相关的公共赛会。肃剧和谐剧也与公众场合、竞赛和神圣节庆有关。相对而言，诉歌一般更严格地限制于私人领域的会饮。颂诗有多种特殊体裁，用于对应多种不同的场合，如赞颂、哀悼、凯旋等等。

> 期的πόλις[城邦]。这是因为城邦的准则尺度和性格特征是由规则和习传的普遍教育所决定的：人们担心，万一有某些外来的教师导致原来的准则尺度出现松动，城邦就可能被破坏。[……]这些诗人和音乐家可以使你疯狂兴奋、彻底压倒你、让你去做任何事情，这便更增加了这种感觉，让人越发狂热与惊恐。因此，这些城邦一再试图将这些影响置于律法的强制范围之内。一个公认的例子是音乐的创新，曾被宣布为合法的行为，但后来城邦更加强硬地说："现在，够了！不要再来了！"——(GgL；KGW II/5，298)

每一件诗歌的作品都被如此编制，以便引起一种特殊的情感效果，产生出一种适合特定场合的特定感觉：胜利的喜悦、死亡的痛苦、神的歆享、会饮的酒醉逍遥。灵魂会根据音调、韵律及音乐节奏的复合效果对每首歌回应以不同感觉。

但是，正是在这种情况下，从现代经验的观点来看，我们必须谨慎地考虑艺术作品及其对情感产生的特殊影响之间的这种对应关系。为了说明诗歌体裁与其对情感有影响的活动之间的相关性，尼采引用了古代不同类型的ἤθη[特征]之间的区别。每一种文学类型都对应一种特征，而且这种对应建立在一种因果关系之上，这种观点具有十分古老的传统，但直到达墨(Damon)提出他的音乐理论时该观点才首次成为一个系统化的理论。① 根据达墨的理论，每一种希腊诗歌体裁都根据三种基本的类型分别有不同的作用：

---

① 达墨，公元前5世纪的希腊音乐学家。我们仅能通过一些残篇及其他作家的证言知道他有这样一部作品：《战神山演说》(*Areopagitic*)。他关于ἤθη[特征]的著名理论后来被柏拉图用于《王制》中对音乐的解释，即音乐是一种能主宰人类灵魂的力量。

> 这位古希腊技师根据其ἦθος［特征］（情感如何受到影响）区分了不同的cantica［歌曲］。一共有三个主要的ἤθη［特征］：διασαλτικὸν［激荡］，这是在表现μεγαλοπρέπεια［伟大的灵魂］；συσταλτικὸν［收缩］，与第一个相反，该特征是无男子气概的痛苦和低俗滑稽的诗歌特征。第三，ἡσυχαστικὸν［肃静的特征］。（GL；KGW II/3，15）①

这种类型规则的死板的牢笼始终关联于某种特定的效果，也因此与特定的受众相关。作者根据他的类型的结构向观众发声，观众也回应以相应的同样效果，因为他们接受一件艺术作品的方式也早就已经被定好了。在他的文学课程中，尼采坚持以观众的角度来对艺术作品进行正确的评估。因为正是为了那些听众——那些会被这些［173］严格规定的音调和文体技巧影响的人们——这些作品才被导向了现在这些各自特定的形式。

那么，相反，在文学的文化中，如现代文化，听众的精神气质和艺术作品的精神气质之间又会发生什么样的艺术通感？文学文化的作者们是为了让别人阅读他们的作品而创作。在这种情况下，观众不再是特定的受众（即不再属于此时此刻此处诵读的此瞬间），而是任何能够阅读的人。这是一个不稳定的因素，因为艺术作品的直接受众（剧院或公众广场上的观众）被剔除了。因此，作品将使自身从那对自身而言最重要的动机的场合中摆脱出来，不再专门诉诸公众与艺术家之间的共同体验。那种负责考虑听众感受的形式和创作的结构被消除了，情感和激情直接进入到艺术作品的框架内，以便能直接影响它的受众。尼采在1867年就已经批

① 肃剧的音乐（τραγικός τρόπος［肃剧的修辞］）具有ἦθος διασταλτικὸν［激荡的特征］，因为肃剧要展现更高的主题和内容，谐剧则具有συσταλτικὸν［收缩］的特征：因为它的语言层次较低。

评过这种现象，认为这是“根本的错误”(Grundirrtum)，是对艺术的特征不可饶恕的误解：当艺术、音乐和诗歌能直接表达感情时——“语言的感觉”(Sprache des Gefühls)——就失去了自身原有的控制和统治感受的作用(NF 1867/68，26[1]；43[1]；KGW I/4，32 及 127—128)。在此，尼采与现代文学的决定性对抗再次显现。[①] 现代散文已经失去了对观众产生瞬时影响的能力，它必须将这些情感直接作为自己的内容，以替代这种能力。为了说服理性，散文变成了一项智力活动，为了唤起激情，又要变得狂热激昂。如果古代散文是通过节奏来激发和缓和这些激情，从而实现对激情的统治；那么现代散文则是为了产生这种激情的情感效果而改变了节奏，从而变得极不得体。

尼采在巴塞尔大学的课程中对这一变质现象做出的诊断也长期存续在他的反思中，激发了他在《人性的，太人性的》中对“宏伟风格”(grand style)的构想：“宏伟风格源自美战胜怪异的那一刻”(WS 96；[②]KSA 2，596；霍林代尔[Hollingdale]的翻译)。美对那些巨大而令人惊怖之物的胜利就是规则与人为行为对自然的胜

---

① 当尼采在反对现代文学时，他反复引用瓦格纳为例，瓦格纳把音乐视为激情的语言。瓦格纳是音乐家而不是一位作家，且被现代文学社会所神化，但即使如此，他也没有办法做到瞬时的影响，除非它指的是情感的瞬时性。他是一位小说家/音乐家，而这位音乐家甚至在音乐中引入了写作。

> 瓦格纳并不真正相信音乐：他引入了相关的情感，为了要给人以一种具有伟大特征的印象，他调整自己，使自己与别人频率一致，向听众提供搅动人心的美酒，让他们相信音乐已使他们沉醉。(NF 1878，30[73]；KSA 8，535)

在尼采的其他作品中，我们还可以发现许多这种关于瓦格纳的独特批判。关于其最重要的批评，可简要参 BGE 91；KSA 5，90；CW；KSA 6，16；HH；KSA 2，698，436—437。关于尼采对瓦格纳的语言的感觉的这一批判，据我们所知，尼采追随的是汉斯立克(Eduard von Hanslick)的观点(1865)。

② [译注]原文误标为“HH 96”，即《人性的，太人性的》，节 96，“习俗与道德”。“宏伟风格”当为 HH 卷二的《漫游者和他的影子》，节 96。故作“WS 96”。

利。尼采反思文学与现代关系的思想，在我看来主要有两个要点：发现节奏和记忆在古代文明中的核心地位。节奏构成了从最古老的抒情诗到最晚近的演说辞的（作为演说的“风格”或“特征”的全部组成部分）所有古代创作（音乐、舞蹈、文学作品）的框架。尼采承认，节奏具有主要价值，因为它是人类感知世界的最初的几种形式之一，且在对诸神的崇拜活动中起着核心的作用（GS 84；KSA 3,440）。“语言的艺术作品”之所以具有产生影响的能力，也是因为其在形式上与口头传统的典型的三件套元素有关，这三个元素就是：特定类型的规范，作为负责特定口头表达的形式结构基础的节奏，以及使传统能继续传承下去，并持续对希腊民族产生影响的记忆。

根据尼采的观点，节奏、节奏所要求的规范，以及通过记忆而得到内化的规范，这三者之间的相互关系是希腊经验的本质特征。事实上，对于希腊人来说，一个词就足以定义这整个过程：[174]“nomos[礼法]”，同时意味着音乐结构的规范、城邦的律法，以及作为文化的结果的口头传统的对象。然而，这组三件套，即节奏/规范/记忆，并不是单向性的，也必然不代表一种静态的构造：不能被理解为是一组永恒不变、仅仅是重复过去的传统公式。相反，我们看到的是一个能够修正社会和自身的积极主动的公式。从最古老的时代到希腊化时期，再到罗马时代，通过在各种艺术、社会和政治的实践行为中贯彻这一公式，希腊社会自身确实得到了发展，也改变了自己的诸种形式。不过，若尼采从一开始就研究这个希腊公式，那么他可能也会同意，这个公式是一个可以适用于不同语境的函数，例如适用于现代性的语境。如果古希腊能凭借这种本质上属于口传性质的文化使社会进程得到整体的发展，这并不意味着同样的发展过程就一定无法适用于文学文化的社会，如现代文化。文化规范与社会精神的相互依赖，特征的转变，这也许是尼采关于古代希腊世界最有趣的直觉之一。

五、结　论

如果我们仔细考察尼采反思文学史的整个发展过程,我们当然就应该承认,至少是从形式和文体的角度来看,我们面对的是一项正在进行中的工作。尼采在巴塞尔大学的课程和他的笔记都不可能被认为是一部完整的、具有科学系统性的作品。尽管如此,他的反思仍表现出了强烈的内在连贯性,这首先体现在《希腊文学史》的课程中,这一点使得我们可以讨论尼采对古希腊世界所做的一些普遍和原创的解释。在我看来,这种解释的核心是承认古希腊文明在根本上属于口传文化。通过在《希腊文学史》课程中对古代文学创作的全貌所作的细致分析,尼采试图突出所有能证明口头形态从古代时期伊始便是希腊经验的中心元素。尼采对这些元素的强调,在我看来,首先有助于重构古代时期沟通的不同方面,即使现代学者无法直接察觉到这些方面,也至少可以通过他们的想象来重构。

然而,尼采不仅对艺术作品感兴趣,尽管那是关于古代口传交流结构如何运作的最佳的表达形式。他的反思更广泛,包括了所有古代社会的不同时期及其基本构成要素。根据尼采的观点,语言艺术作品的整体效果确实只可能存在于口传文化中,更具体地说,只能存在于一种非文学的文化中。在这一点上,有一点特别有趣,即尼采试图为如下两类现实的基础机制提供一种现象学的解释:一是古老的口头传统,一是文学传统,比如尼采时期的文化,还有我们当代的文化,但就某些方面而言,古代文化也可归入后者。在希腊,从“语言的艺术作品”[175]到文学文化的这种转变,这种决定性的“阅读式文学”只有在亚里士多德之后才真正地产生,尤其是随着希腊势力(Hellas)在希腊化王国中的扩大而出现。这一点可以由需求和公众感受的改变来解释清楚。

"阅读式文学"在希腊的出现是一个衰退的现象,还是一个适应于希腊社会需求转变的合法而进步的发展历程,这个问题确实还含糊不清,存有疑问。在尼采的观点中,希腊文明的整个历史可以根据口传与书写之间的冲突对立来解释,这种口头传统与逐步确立的书写媒介之间的冲突,始终明显地存在于古代社会的各个层面和各个时期。

在尼采看来,在希腊,书写的引入和建立不能被认作是一场"变革"或"断裂"。恰恰相反,这是一个渐进和持续的过程。在我看来,这似乎是尼采的解释中最具原创性的元素之一。事实上,根据他的重构,从希腊文明中不太可能推得出这个过程,因为直到希腊文明最晚近的时代,才有口传与书写的程度较高的混合物出现。如果我们考虑到后来哈夫洛克(Eric Havelock)和昂格(Walter James Ong,此处仅引用这两个最重要的名字)关于古希腊口传形态的研究取得了多么巨大的成功,我们就不可能不将尼采视作这一研究的先驱。他的直觉实际上已经非常接近于整个20世纪对口传问题的成熟反思以及哈夫洛克系统化的概念,甚至在细节上也是如此。尤其是哈夫洛克,尼采和他都同样认为,希腊文化直到最晚近的历史时期都仍然保持着自己的口传特征。但尼采比哈夫洛克更为激进,他相信,不仅是最早期的作品(荷马史诗与古代抒情诗),而且还有散文作品和修辞学及哲学的那些写下来的作品,这些作品在编织各自的文本时,都无法掩盖自身所具有的基本的口传结构。然而,要说清楚这些理论对后来的学者所产生的直接影响,即便不说不可能,那也十分困难。时至今日,尼采在巴塞尔大学的课程基本上仍然处于不为人知的状态。但是,我们至少可以把尼采作品中这些关于口传形态的深刻反思看作证明19世纪后半叶的德国便已存在关于口传问题的讨论的证据。在这个意义上,对荷马史诗的研究传统进行分析,就十分必要,因为后者是尼采研究中一个经常被讨论的议题。事实上,这个独特的语文学传统本身有着更多的古代根源，它构成了一条红线，贯穿了从 18 世纪到 19 世纪对口传形态的反思和关于记忆的相关问题，随着帕里(Milman Parry)基础性的重大贡献，这个传统也在 20 世纪最终趋于成熟。

参考文献

Bergk, Thedor (1872): *Griechische Literaturgeschichte*. Berlin (Weidmann). Vol. 1.

Bernhardy, Gottfried (1836—1845): *Grundriß der griechischen Litteratur mit einem vergleichenden Überblick der römischen*. Halle (Eduard Anton).

Boeckh, August (1877): *Encyklopädie und Methodologie der philologischen Wissenschaften*. Bratuscheck (ed.). Leipzig (Teubner).

Cricem, Benedetto (1990): *Estetica come scienza dell'espressione e linguistica generale*. Bari (Laterza).

——(1920): "Breviario di estetica." In his*Nuovi saggi di estetica*. Bari (Laterza).

——(1935): "Aesthetica in nuce" In his*Ultimi saggi di estetica*. Bari (Laterza).

Gerratana, Federico (1994): "'Jetzt zieh mich des Allgemein-Menschliche an.' Ein Streifzug durch Nietzsches Aufzeichungen zu einer 'Geschichte der literarischen Studien.'" In Tilman Borsche, Federico Gerratana, and Aldo Ventruelli (eds): "*Centauren-Geburten.*" *Wissenschaft, Kunst und Philosophie beim jungen Nietzsche*. Berlin and New York (Walter de Gruyter), 326—350.

Grimm, Jakob and Wilhelm Grimm (1854—1861): *Deutsches Wörterbuch*. Leipzig (Hirzel).

Günther, Friederike Felicitas (2008): *Rhythmus beim frühen Nietzsche*. Berlin (Walter de Gruyter).

Havelock, Eric A. (1963): *Preface to Plato*. Oxford (Basil Blackwell).

——(1982): *The Literate Revolution in Greece and its Cutural Consequences*. Princeton (Princeton University Press).

——(1986): *The Muse Learns to Write: Reflections on Orality and Literacy from Antiquity to the Present*. New Haven (Yale University Press).

Hollingdale, R. G. (ed. And trans.) (1986): *Human all-too-Human*. Cambridge (Cambridge University Press).

Jensen, Anthony (2008): "Anti-Political and Agon in Nietzsche's Philology." In Herman Siemens (ed.): *Nietzshe, Power and Politics*. Berlin (Walter de Gruyter), 281—307.

Müller, Karl Otfried (1841): *Geschichte der griechischen Literatur bis auf das Zeitalter Alxander's*. Breslau (Josef Max und Komp).

Nicolai, Rudolf (1867): *Geschichte der gesamten griechischen Literatur: ein Versuch*. Magdeburg (Heinrichshofen).

Ong, Walter J. (1982): *Orality and Literacy*. London and New York (Methuen).

von Hanslick, Eduard (1865): *Vom Musikalisch-Schönen. Ein Beitrag zur Revision der Aesthetik der Tonkunst*. Leipzig (R. Wiegel).

von Reibnitz, Babara (1994): "Vom 'Sprachkunstwerk' zu 'Leselitteratur'. Nietzsches Blick auf die griechische Literaturgeschichte als Gegenentwurf zur aristotelischen Poetik." In Tilman Borsche, Federico Gerratana, and Aldo Venturelli (eds): *"Centauren-Geburten." Wissenschaft, Kunst und Philosophie beim jungen Nietzsches*. Berlin and New York (Walter de Gruyter), 47—66.

Westphal, Rudolf and August Rossbach (1867): *Metrik der Griechen im Verine mit den übrigen musischen Künten*. Leipzig (Teubner). Vol. 1.

希腊的听众：尼采《语文学编》中不同文学类型的表现与效果[①]

维瓦莱利(Vivetta Vivarelli)　撰

阿尔伯特(Henry Albert)、法图佐(Laura Fatuzzo)　英译

一、希腊诗歌的听众

[181]早在 1864 年，在尼采第一项重要的语文学研究，即研究墨伽拉(Megarian)诗人忒奥格尼斯的一篇文章中，20 岁的他就已经对诗歌的产生及其所处的社会背景给予了很大的关注(KGW I/3，464—465)。关于忒奥格尼斯诗歌在古代的接受情况，[②]尼采指出，诉歌必然只会出现在贵族们交际的聚会上，只有考虑到这一背景，诉歌才能获得正确的解释，因为诉歌被认为并不具有伦理意义。后来，中产阶级带着不同的价值观和不同的心态接触到了这些作品，并找到了一种伦理准则，曾经，在这种准则中，一切事物都要从贵族的立场来看待。因此，背景的“期待视域”(horizon of expectation)

---

① [192]在此我要感谢德雅尔丁(Ann Desjardins)对本文的细心审读。

② 关于尼采的专题论文(*Dissertatio*)《墨伽拉的忒奥格尼斯》(*De Theognide Megarensi*，普福塔中学的“毕业论文”)以及关于此后他于《莱茵博物馆语文学专刊》(*Rheinisches Museum für Philologie*，卷 12，1867，161—200)发表该文一事，参 A. K. Jensen。据詹森(Jensen)的分析，尼采“着重处理了这位描绘[193]多利斯贵族文化与新兴商人阶级之间文化冲突的诗人所受到的评价”(Jensen 2008，320)。

反映了作品本身及其意义。尼采在这项研究的几年后开设了关于希腊抒情诗人的课程，[①]他在该课程的开篇就发出了一个警告：要接近希腊抒情诗，就必须要放弃"公众阅读"这种现代视角。没有任何一首希腊诗歌，甚至古典时期也是如此，拥有任何读者，只有一个倾听者，这个倾听者同时也是一位观众。诗歌作为 praktikon[实践]，与声乐的发音联系在一起(KGW II/2，107，375)。尼采此处暗示的是一个古老的范畴，该范畴与需要被"表现"的艺术有关，即需要通过歌人、演员、吟诵者的活动而被呈现给观众或听者的艺术，此类艺术通常是一个三件套：音乐、orchestikos[伴舞]、诗歌。[②] 希腊人只有通过唱才能获悉一首诗歌。文字和音乐一起产生，且由同一位艺术家创造，就如后来出现的吟游诗人(troubadors)和恋歌诗人(Minnesänger)的情况。听众因此成为了一篇被歌唱的文本的倾听者。尼采认为，"演唱"(Vortrag)和表演都具有重要意义，因此，其影响，也就是"效果"(Wirkung)也具有重要意义，对接受者的关注因而也就是这种思想直接的必然结果。[③] 在这样的背景下，尼采在谈到特尔潘德(Terpander)[④]时提到韦斯特法尔(Westphal)的《音乐史》(*History of Music*)，就并非偶然，韦斯特法尔的书中认为，"音乐的起源与诗歌一样古老，因为在任何地方，最早的诗歌都是唱出来的"(Westphal & Hermann 1864，2)。[⑤]

---

① 该课程开设于 1869 年夏季学期，第二次是 1878/1879 年的冬季学期(1878/1879 年学期的讲义笔记并非出自尼采之手)。

② 尼采在一本论希腊韵律学的书的第一页发现了 apotelestic[效果]艺术和实践艺术的区别，他在他的信件中提到了这件事。参 Rossbach & Westphal 1867，3—4。

③ 注意，尼采 1864 年写的在校论文《〈俄狄浦斯王〉第一幕的合唱歌》(*primum Oedipodis regis carmen choricum*)第 3 节的小标题是《肃剧的效果》(*Die Wirkung der Tragoedie*)(KGW I/3，334)。

④ [译注]特尔潘德，公元前 7 世纪莱斯沃斯岛的诗人。

⑤ 参 KGW II/2，109。尼采还在第 173 页引用了这部著作的内容，他提出，该书的作者是首位认识到普鲁塔克的《论音乐》(*De musica*)的重要性的人(Westphal & Hermann 1864，VIII)。

[182]尼采与他同在巴塞尔大学的年长的同事布克哈特(Jacob Burckhardt)都对吟游诗人以及听众的积极作用抱有极大的兴趣,尼采于1870年参加了布克哈特开设的每周一次的关于历史研究的课程,并在1875年阅读了他的《希腊文化史》(*Griechische Culturgeschichte*)。在其中第二章(论“希腊人及其神话”),布克哈特指出,吟游诗人与听众之间存在着互动影响:

> 希腊的听众主要由城邦居民构成,他们大多具有不可否认的杰出天赋,能够理解和阐释他们听到的作品,并具有持续将自己投注于这些作品中的意志和才能;这样的听众对于吟游诗人的艺术而言堪称理想的受众,若是没有这些听众的传播,这些现在已举世闻名的传奇故事是不可能在希腊世界传播开的。(Burckhardt[1898]1999,24)

在谈论“赛会时代”的那一章中,布克哈特在提到伊奥尼亚人参加提洛岛(Delos)上的节庆时,援引了《荷马的阿波罗颂》(Homeric hymn to Apollo)中诗人对他们辉煌灿烂的社会文化的描述(Burckhardt[1898]1999,162)。

在1875年夏季的一份笔记中,尼采明确地反对那些“用是否真的有荷马这位写作人的问题来折磨自己”的语文学家,他认为,他们不明白“希腊艺术的内部长期隐藏着对书写的内在敌视,它们不想被人阅读”(NF 1875,5[114];KSA 8,70)。尼采的这段话暗示了哈通(Joachim Adam Hartung)的一篇文章,他在研究西莫尼德斯(Simonides)的作品和讲授关于希腊诗歌的课程时曾多次引用过哈通的著作。哈通在自己文章的导论中强调,习惯于阅读和习惯于倾听的人之间是有差异的,他还认为,诗歌按时间顺序应该出现在散文之前:

> 我们称之为阅读的，在古人那则是倾听[……]散文不适合大声地宣读，更不用说背诵或朗读。但那些倾听者[……]要求 orationem numeris modisque clausam[文韵之音不出门户]，也就是说，诗文非散文(Hartung 1856，V—VI)①

随后，哈通回溯了诗歌、祈祷、巫术程序以及咒语誓词的起源，提出了一个对尼采而言十分重要的主张，这就是“效果”(Wirkung)，即节奏的魔力，节奏具有让人无法抗拒的品质：

> 这些巫术程序意味着一种约束力，甚至是一种连诸神与精灵都无法抗拒的强制力量。但要获得这种约束力，他们必须要有一个形式上的约束程序，这就是他们的节奏(rhythm)、韵律(metrics)和音韵(rhyme)，他们的巫术力量就在其中。(Hartung 1856，VI)

可以通过巫术程序、祈祷、誓约(exorcism)②等方式给诸神施加影响，这种影响相当于某种能够迷住某个正在倾听具有节奏韵律的诗歌之人的力量。

荷马诗歌创作时的对象受众及其为之创作的社会形态也是尼采对荷马问题关注的焦点。根据尼采的观点，是沃尔夫(Wolf)首先承认了听众的重要性：没有哪一群公众能在表演期间同时听取、理解并瞬间掌握荷马的整个作品。尼采在他的[183]《希腊文学史》(*History of Greek Literature*)讲义(KGW II/5，297，294，298)中引述了沃尔夫《荷马绪论》(*Prolegomena to Homer*，1795)

---

① 关于该作者，参 Orsucci 1996，78。关于诗歌之早于散文以及散文与写作之间的关系，参 KGW II/5，28。

② [译注]“exorcism”一词没有译作带有过多基督宗教色彩的“驱魔”，其本意为“用誓言来约束”，一种普遍存在于各古代文明中的仪式。此处译作“誓约”。

中的一段十分重要的论述,以此来说明荷马作品如何传播的问题,这个问题至今仍有争议:

> 这并不可信,几乎没有任何权威能证明这一点,即众多歌人会聚集在一起,好几天或长达几个星期,只是为了将篇幅如此之长的史诗演唱给听众[……]但也没有任何一个民族会有如此天才的想法,让一个人有可能在一个没有观众的公开场合,或者让他表演长度超过15000节的诗歌。同样,如果荷马没有读者,那么我当然也就搞不明白,世界上还有什么东西能促使他规划和构思出篇幅如此之长、如此连贯紧密而无法打断的诗歌。(Wolf [1795]1985,115—116)

尼采被沃尔夫所描绘的一个引人注目的情况所吸引,即读者的缺席:《伊利亚特》与《奥德赛》对于沃尔夫而言,似乎是:

> 一艘巨轮,在起锚之前就先在陆地上搭建了船体的结构:它的制造者没有绞车和木辊能将之推动,因而也就无法进入大海中,去磨炼他的技能。(Wolf [1795]1985,116)

在同一个课程中,尼采还解释了当诗歌超越了封闭的社会共同体的界限时,阅读能力和阅读的公众是怎样诞生的(KGW II/5,296—302)。他首先指出,艺术作品一开始并没有书面的文字,它是为表演而被创作出来的,这就意味着,尼采认为,受众、他们的心态,以及他们所属的宗教和社会环境具有重要的意义。这也意味着要处理希腊生活中这种流动变化和难以捉摸的文化和社会现实,和那种不只单单依赖于文本批评(Textgeschichte)的语文学传统一致,这种传统要求包含文本外的元素;这也符合尼采对历史文化、古文物研究、人类学和人种学研究日益增长的兴趣。

二、不同文学类型的公众

对那些观看者或聆听者的关注是《希腊文学史》(1874/1875年与1878/1879年开设的课程)中题为“预备概念”(Vorbegriffe)的第一段的关键要素。此处,尼采在一开始就提议,不要再去想任何与书面文献有关的东西,而应以一种古老的传统取而代之,在这些传统中,所有“语词的艺术家们”在创作他们的作品时,考虑的都只是“听者和观众”(参 von Reibnitz 1994)。然后,他从三个不同的角度考察了希腊文学的历史:第二段具体关注对艺术作品的领会,及其“对公众的影响”之间的关系。在题为“语言艺术作品和其他艺术之间的亲缘关系”(Verbindung der sprachlichen Kunstwerke mit anderen Künsten)的第三段中,尼采强调了歌曲、模仿舞蹈以及演说之间的联系:演说家被要求有一种“演员的艺术”(Schauspielerkunst)。[①] 因此,德摩斯忒涅曾经与杰出的演员一起进行研习与[184]训练,这并非巧合:他雄辩的口才被比作是一种“纵歌狂舞的热情”(KGW II/5,27)。在该系列的课程中,尼采在继续反思不同的体裁之前,先重点关注和讨论了艺术作品的接受者这个问题,并以此展开他的讨论。第四段[②]的题目是“各体裁最初面对的公众”(das ursprüngl,[sic]Publikum jeder Gattung),并以下面的讲话开始:

> 每一种希腊体裁都拥有自己要面对的公众,这一点非常

① 智术师莱昂蒂尼的高尔吉亚(sophist Gorgias of Leontini)把诗歌比作修辞,因为它们都能产生心理教育的影响和情感的影响。

② [译注]原文写作“第三段”,疑误。本文作者在讲到“第一段关键的要素”后提到了“尼采的三个角度”,依次应是:“第二段公众的影响”、“第三段艺术的联系”、“第四段体裁的受众”。

> 重要。这并不意味着每一件希腊艺术品都是后来才找到各自的崇拜者：人们可以说，公众就在那里，只是对于这些公众来说，有人找到了最适合他们的艺术作品。没有他的听众，荷马不可能成为荷马，就好像索福克勒斯没有了雅典的公民也不能成为他自己一样。(KGW II/5, 289)

尼采还引用了沃尔夫的朋友歌德的观点，然后提出，史诗吟诵与滑稽谐剧艺术之间存在着区别，"排在第一位的是安静地围成一圈的听众，第二位则是焦躁好动不耐烦的大众"(KGW II/5, 289)。根据尼采的观点，史诗和戏剧的诞生可以追溯到其各自听众截然不同的需求。尼采提到了一篇文章，即歌德在1797年12月23日寄给席勒的信中所附的一篇论文，其中，歌德围绕着各自目标从来就没有交点的两类艺术家，重点探讨了这两类艺术家的不同受众群体：

> [史诗吟诵者]的诉说，旨在使他的倾听者平静下来，为了让他们听得尽兴而详尽[……]。另一方面，谐剧演员[……]想要让他的灵魂和肉体遭受的痛苦被人觉察，希望有人能分享他的苦难，也希望通过他，人们可以忘记自己[……]。观众和听者必须保持持续的情感张力，必须无暇进行反思，必须热情地跟随事物，他们的想象力必须保持沉默。(Goethe [1797a]2006, 127—128)

三、希腊肃剧的听众：从文本到舞台

反思艺术作品接受者的作用极为重要，尤其是在讨论古代肃剧，即讨论这一表演艺术中的杰出代表(par exellence)的时候。在阿里斯多芬的《蛙》(*Frogs*)中，埃斯库罗斯和欧里庇德斯争论彼此的肃剧对公众的影响:埃斯库罗斯自豪地说,他的《七将攻忒拜》(*Seven against Thebes*)和《波斯人》(*Persians*)启发并激励了雅典人去战斗并赢得了胜利,他反过来责备欧里庇德斯抑制了他们好战的德性(参 KGW II/5,326)。亚里士多德在他的《诗学》(*Poetics*,1449b,6,24—28)中强调了肃剧对观众影响的重要性。怜悯和恐惧是肃剧的情感,也正是一部优秀的戏剧应该在观众中引起的恰当反应。① 但尼采并不认同亚里士多德关于肃剧的观点,因为后者并不重视戏剧布景的 Opsis[场面]、视野、戏剧性的表演或音乐(亚里士多德,《诗学》,1450b16—20;1453b7—8;参 NF 1869/70,3[66];KSA 7,78)。更为严厉的批判出现在《肃剧的诞生》中(节 14),其中有一处提到了柏拉图的《高尔吉亚》(*Gorgias*)中的一个著名段落,苏格拉底在其中说,戏剧的目的应该是使观众获得喜悦和满足(柏拉图,《高尔吉亚》,502b—c)。② 对于尼采而言,苏格拉底从其本质上来讲,无法凝视[185]狄俄尼索斯的深渊(节 14)。尼采坚持认为,音乐、语词、表演之间存在着密切的联系,他还考察了舞台和仪式庆典,雅典公众正是这些仪式不可分割的一部分。为此,他经常强调,希腊戏剧和莎士比亚戏剧之间存在深刻的差异。

早在 19 世纪 70 年代初,在尼采论索福克勒斯的《俄狄浦斯王》(*Oedipus Rex*)的讲义笔记中(1870/1871 年冬季学期),就已有一整段(节 3)被命名为《肃剧的听众》(*Publikum der Tragödie*)。尼采赞同瓦格纳的观点,认为肃剧是一种非常大众化

---

① 甚至在柏拉图的《伊翁》(*Ion*)中,苏格拉底也描述了缪斯的神秘力量,他说这种力量能像磁铁一样操控诗人、吟诵者及其听众(533d)。伊翁这位吟诵者描述了他的听众的各种情绪:"每次我从台上往下看,观察那些听众,看到他们随着我所吟诵的内容,或哭泣、或睇睨、或恐惧"(柏拉图,《伊翁》,535e)。在高尔吉亚那里也能发现有关于诗歌对公众影响的类似的思考。

② 比较尼采关于柏拉图对话研究的导论:"柏拉图肯定会承认,肃剧的目的是使人快乐,因而可称之为大众的演讲术。"(KGW II/4,118)

的艺术，而不是私宅庭院里的表演。在这段文字里，他讨论了人数众多的参与者以及多达二万名的观众，这些观众的心境对戏剧表演的后续发展产生了巨大的影响："听众们怀着庄严的心情：这是一场祭祀仪式。起初大家都会参加演出[……]一切都凑在一起，共同努力，以促成一种冥想"（KGW II/3，18）。雅典观众的行为与法国经典悲剧和莎士比亚的受众的行为判若水火（KGW II/3，18—19）。[①] 在之前的一段文字中，尼采在讨论酒神赞美诗（dithyramb）的话题时着重强调了，在"让人神魂颠倒、精灵般的"狄俄尼索斯节期间"面向民众的大众诗歌"（Volkspoesie der Masse），其时，"所有欣喜若狂的感觉都得到了释放"；尼采还强调，事实上，当时的人们已经根据影响观众的精神、性格、气质的不同方式将 cantica[歌曲]与其他类型区别开来（KGW II/3，14—15）。[②]

尼采在 1872/1874 年对他关于埃斯库罗斯的课程《〈奠酒人〉绪论》（*Coefore's Prolegomena*）（1869/1870 年夏季学期和 1877/1878 年冬季学期）做了补充，他提到这样一个事实，即因为我们没有关于《奥瑞斯忒斯三部曲》（*Oresteia*）表演情况的证据，我们必须猜想角色是如何表演的（需要"费力地猜测"[ein mühsames Errathen der Dinge]）。他强调了一些关于埃斯库罗斯"艺术风格"的影响，例如音乐的，或者是不祥的（"unheimlich"）情绪反应，但是，他首先引用了如下这一段话：

> 雕塑般的元素是由观众之于舞台的距离造就的：受限制的运动、透视元素、面具、苛刻的神圣对称、舞台布景、轮流的对白、让人期待的菲迪亚斯（Phidias）风格。这种雕塑般的元

---

① 论古希腊公众较之于莎士比亚公众的独特之处，参 NF 1869，1[76]；KSA 7，34。亦参 KGW II/5，82。

② 这是阿里斯托克赛诺斯（Aristoxenus）的音乐理论之一，普鲁塔克的《论音乐》恢复了这种理论。

素竟能长期有效,这该如何解释?(KGW II/2,35—36)[①]

在这些关于"效果"的言论中,最令人吃惊的是,尼采竟坚持将肃剧与雕塑挂钩,还有他对音乐元素和直观视觉(anschaulich)元素的见解。尼采为这种关系找到了各种模型,它们既在古典浪漫主义文学中,也在诸如约瑟夫·安瑟尔姆·费尔巴哈(Joseph Anselm Feuerbach)这样的考古学家的著作里。[②] 在尼采讨论抒情诗的讲义笔记中也能发现有关艺术与其对观众的影响之间潜在互动的观念,这些笔记是他对 iporchemi[合唱颂歌]关注的几个方面之一:和普鲁塔克一样(《席间闲谈》[*Quaestiones Convivales*],748a;《七贤会饮》[*Symp.*],IX,15),尼采将舞蹈定义为"静默的诗",而诗则是"诉说的舞蹈":"舞蹈和诗歌的艺术通过语词和手势创造出一种雕塑般的表现,并在 iporchemi[合唱颂歌]的体裁中结合在一起"(KGW II/2,144)。但是,当他在写《希腊文学史》的讲义时,尼采已经不再对"审美的大众"和瓦格纳艺术的受众的理想群体感兴趣了。[③] 即使他的主要兴趣依然是关注某种社会类型和某种特定艺术类型之间的关系,但在他最后一系列的课程中,听众不再像他的瓦格纳时期那样被理想化。在第 8 节("论希腊诗人、演说家及作家面对的公众"[On the Public of Greek Poets, Orators and Writers])中,尼采对希腊听众的观念发生了变化,他开始怀疑[186]他们是否真实地了解艺术品和艺术家,是否具有对其做出判

① 比较 NF 21[2];KSA 7,253。

② 约瑟夫·安瑟尔姆·费尔巴哈是那位哲学家费尔巴哈的兄弟,画家费尔巴哈的父亲。我会在下文对他进行更详细的讨论。[译注]他的那位哲学家弟弟即路德维希·安德列斯·费尔巴哈。他的儿子安瑟尔姆·费尔巴哈即油画《柏拉图的会饮》(1869)的作者。

③ 在瓦格纳的"整体艺术作品"(Gesamtkunstwerk)中(复兴古希腊戏剧的乌托邦计划),理想的群体和听众扮演了关键的角色,他们是戏剧表演的宗教神秘仪式中的重要组成部分。

断的能力。在这里,他的分析变得更加清晰,但也更为复杂。理想化的公众的视野为希腊艺术作品及其审美判断之间的某种“分离”(Ungereimtheit)提供了空间。这个批评并不能为哲学家或艺术家自己的评判腾出空间。即使是阿里斯多芬对欧里庇德斯的评价(在《肃剧的诞生》中被拔高了)也被认为是“卖弄学问和过分考究”。公众的品味本质上是不成熟的,①他们无法对艺术作品进行评估;而且,更重要的是,大多数公众真正赞赏的是一种已经颓废了的艺术,因为只有颓废的诗人才能够满足听众的口味,并了解他们想要的东西。但尼采非常怀疑,肃剧的黄金时代的大多数观众能否真正理解埃斯库罗斯所创作的合唱颂歌,他称这些颂歌为“蜿蜒盘绕、神秘诡异的黑暗的预感”。尼采宣称,他坚信,为了给公众留下“深刻的印象”(den stimmungsvollen Eindruck),这些合唱颂歌的基调和感觉是通过音乐和舞蹈,而不是开口说话来表现的,正是这样的合唱颂歌才是最重要的(KGW II/5,328)。

四、19世纪德国古典学术史中的听众

对于尼采而言,诸如宗教节庆或殊死竞赛等仪式情景都是希腊文化史中至关重要的时刻,“诉说的艺术作品”(sprachliches Kunstwerk)的愉悦便源于此(KGW II/5,8)。这个初始时刻一直都是人们关注的焦点,不仅仅是浪漫主义者的,也是如基内利(Hans Christian Genelli)这样的古代史学家的焦点。在他这部很少被引用的著作《雅典剧场》(*Das Theater zu Athen*,1818)中,基内利描述了一位诗人具有什么样的作用:他能以萨提尔(satyrs)和西勒诺

① 华莱士(Wallace)引用了柏拉图在《法义》中的某些关于精湛的音乐技艺的段落,而正是哲学家柏拉图谴责这种技艺是腐蚀公众品味的主要原因。参 Wallace 1997,97 以下。

斯(Sileni)为掩饰来分派角色,以此引领和指导参与者们从精力旺盛的躁动不安进入一种聚精会神的聆听状态。通过在庄严的宗教庆典中运用史诗的叙事与艺术的统一性,诗人成功地让集会的群众"光顾着倾听"(das bloße Zuhören)(Genelli 1818,10),他将萨提尔和西勒诺斯描述为蹦跶的生物,说他们愉悦的时候和痛苦的时候一模一样,因为他们的表情、声音的语调、手势体态都显示出了不受约束的激情,基内利在此似乎是含蓄地或象征性地将这些野蛮生物的屈从与公众对艺术家的屈从联系在了一起。约瑟夫·安瑟尔姆·费尔巴哈的《梵蒂冈的阿波罗》(*Der vaticanische Apollo*)也提到了基内利论戏剧的文本。这本书出版于1833年,尼采于1869年对其也有所借鉴,其特点是对古典的古代具有广阔的视野,这个时代格外强调审美的愉悦,而不同的艺术往往在某种相互关系中被人评判(如瓦格纳的全部作品)。费尔巴哈的这本书很不寻常,介于一部考古学和美学的写作与一部关于视觉艺术的著作之间,作者在书中试图找到雕塑艺术与希腊肃剧之间的联系。由于这个原因,瓦格纳一定对此留下了非常深刻的印象。威尔克(Welcker)在他创立的杂志《莱茵博物馆语文学专刊》上对《梵蒂冈的阿波罗》做了评论。① 书中那些想必让威尔克感到十分尴尬的章节,却恰恰吸引了尼采离经叛道的目光。[187]尽管如此,威尔克还是撰写了一篇优秀的书评,并强调了该书的第13章和第14章并没有澄清形象艺术与诗歌之间的关系(Müller 1848,631)。

尼采在他关于《希腊音乐戏剧》(*Greek Music Drama*)的课程中引用了这部作品的拓展部分(GMD;KSA 1,518—519)。他在这段篇幅较长的引述结尾处有这样一句话:"如果诗歌事实上是戏剧最亲密和最基本的元素,那么不管怎样,它与雕塑之间必定会发生

① 参 Welcker 1835,630—634。亦参穆勒的评论,《费尔巴哈的〈梵蒂冈的阿波罗〉》("Der vaticanische Apollo von Anselm Feuerbach"),Müller 1848,487—495。

联系。”接下来，费尔巴哈暂停了之前的工作，开始着手对“戏剧诗歌的自然雕塑”进行分析，他将剧作家比作雕刻家，并将菲迪亚斯的雅典娜（Minerva）雕像与埃斯库罗斯和索福克勒斯的《厄莱克特拉》（*Electra*）进行比较（Feuerbach[1833]1855，283；385）。同样的评论也见于尼采的引用：“埃斯库罗斯那简单的雕塑必然代表了向菲迪亚斯迈出的第一步[……]。”[①]在这段文字中，尼采还重新结合了费尔巴哈的观点，以解释瓦格纳的《特里斯坦与伊索尔德》（*Tristan*）的“雕塑般的表现”，在这部歌剧中，演员们保持着温克尔曼般的（Winckelmann-like）“静穆的伟大”。同样的主题也重新出现在《肃剧的诞生》的第 21 节中。根据费尔巴哈的观点，肃剧的听众本质上是观众，被直指表演物体的凝视连接在了一起。他讨论了“观众”（Beschauer）、“好奇的群众”（schaulustiges Volk）、“愉快地观看”（Genuss der Betrachtenden），认为戏剧观众等同于虔诚地凝视着雕像的人。安德勒（Charles Andler）察觉到了尼采与费尔巴哈文本的这种相关性，他辨别出费尔巴哈的文本正是《肃剧的诞生》的材料来源之一（Andler 1921，229 以下）。[②] 正如安德勒所指出的，对于费尔巴哈而言，“观景台的阿波罗（Apollo of Belvedere）这尊雕像与埃斯库罗斯的阿波罗是同一位，埃斯库罗斯的思想结晶成了大理石”（Andler 1921，233）。另一方面，在古代观众的眼中，演员就仿佛是舞台上的大理石雕像，是他们自己审美的理想变形。安德勒注意到，威廉·施莱格尔（August Wilhelm Schlegel）也认为希腊诗歌艺术与雕塑艺术具有相似性，他将希腊肃剧比作舞台上的雕塑（肃剧的人物形象比作运动中的雕像，参 Schlegel 1809，58；69）。在歌德于 1797 年 4 月 8 日写给席勒的信中，我们

---

① 参残篇 25[1]（NF 1872/73；KSA 7，568），该残篇应该是对《肃剧的诞生》的补充。

② 关于费尔巴哈的《梵蒂冈的阿波罗》是《肃剧的诞生》的材料来源，亦参 Brobjer 2005，291。

发现他也提到了这种相似性，[①]歌德在其中说到，人们可以通过借鉴造型艺术而在戏剧舞台上创造出巨大的效果；例如阿里斯托芬的一些场景就如同一件浅浮雕（参 Goethe[1797b]2006）。

尼采与费尔巴哈一样，认为观众也成了艺术的作品，如《梵蒂冈的阿波罗》中所述：

> 但是，歌队对于肃剧而言究竟意味着什么？同样，那个凝视雕像之人对雕像而言又意味着什么？观众-雕像被纳入了艺术作品中，是其自身不可分割的组成部分。（Feuerbach[1833]1855，298）

从这个角度来看，我们可以更充分地了解尼采所说的这个观点的含意，即人们在狄俄尼索斯的咒语下成为了艺术的作品，我们也能更充分地认识他在《肃剧的诞生》的终章里描述的“审美的观众”。根据费尔巴哈的观点，希腊雕像和诗歌一样，对于现代人而言，那些使得他们与希腊人的宗教、政治和社会生活紧紧绑在一起的千丝万缕的联系早已被剪断（Feuerbach[1833]1855，272）。

> 我们只能通过字母表中的每一个字母来理解整篇希腊诗歌，所以，我们也可以通过同样的方式对它的效果有个概念，就好像通过观察雕像的“绘图剖面”来观察这个雕像一样。[……]诗歌的效果很大程度上得益于声乐的发音，以及以基特拉琴或长笛伴奏的歌唱或吟诵；[188]因此也就是得益于一件具有巫术般力量的艺术作品能产生的作用（contribution），即能够支配并震动情绪，赋予想象羽翼和动力[……]。（Feuerbach[1833]1855，274）

① 尼采也提到过这封信，参 NF 1872，25[1]；KSA 7，569。

尼采以极其相似的概念重申了同样的观点,他表示,埃斯库罗斯和索福克勒斯向来都只被认为是"书面文字的写作者,就像剧作家那样",但音乐之于诗歌就像色彩和明暗之于绘画那样(GMD;KSA 1,517;528)。从费尔巴哈的理论中,尼采推测,古代组织演出时可能会使用超过普通人尺寸的大型木偶,而且,观众中还有一种习俗,即大声嘲笑那些错误的口音(GMD;KSA 1,520)。正如尼采在《希腊音乐戏剧》中所指出的,雅典的节庆表演对今天来说可能会是一幅奇怪而野蛮的景观;但其观众和演员一样,都能充分参与到这一神圣的表演中去。雅典人在观看肃剧的过程中,其灵魂吸收了狄俄尼索斯元素的一部分,而肃剧正是从这些元素中诞生的。尼采认为,在古代音乐戏剧中,雅典的观众始终处在最显著的位置,他们具有一种明显好辩和好斗的基调,与孱弱且经常分心的现代观众形成了鲜明的对比。

在他的希腊文学史课上,尼采使用了一个与《希腊音乐戏剧》中的讨论相同的隐喻:"现如今,一位音乐家创作歌剧仿佛不再是为了音乐的演奏,而是为了能读乐谱"(KGW II/5,280)。只有到伊索克拉底的时期,作者才开始为读者写作,不过,正如尼采以一个颇有说服力的形象所描述的那样,一位"升华了的"读者有能力重建并听到演说的声音(KGW II/5,280)。①

需要拓宽考察艺术作品的视野,要包括作品所面对的公众与其社会历史背景,而不是仅拘泥于语法规则、语言学、"内在的这些方面",这一问题已经在所谓"复仇神之争"(Eumenidenstreit)中凸显了出来。博厄克赫(Boeckh)的学生穆勒(Karl Otfried Müller)于1833年出版了埃斯库罗斯的《复仇神》(*Eumenides*),由此导致了

① 巴比奇(Babich)提出了一个有趣的论点:他认为,《肃剧的诞生》在创作时也顾及到了当时的读者,当时的读者由于古代书写,必须使自己置身于听者的视角:"不是用我们的眼睛去读,而是用耳朵:这些过去的文本在其写下的文字间提供了一个可读的语音库"(Babich 2006,46)。

一系列公开争论，包括他对赫尔曼(Gottfried Hermann)方法的抨击(赫尔曼的著作与费尔巴哈的《梵蒂冈的阿波罗》同一年)。穆勒认为，首先必须将雅典肃剧搬上舞台，以便“从我们阅读的纸上文字中把雅典人曾经看到的景象拉出来”(Müller 1833，I，IV)。① 穆勒提到了埃斯库罗斯与观众的关系，尤其是当奥瑞斯忒斯遵照雅典娜的命令出现在雅典人民的法庭上时。

> 这位诗人显然认为在戏剧中看见战神山(Aereopagus)十分重要，并且雅典人作为观众，被视作一个整体，雅典娜在她的“奠基演说”(Stiftungsrede)中就这么称呼他们(创设战神山法庭时)。(Müller 1833，107)

维拉莫维茨(Wilamowitz)在其《希腊肃剧引论》(*Introduction to Greek Tragedy*)中解释自己的研究方法时承认，穆勒是这方面的先驱，他重建了一个古代世界，使现代的诠释者能够沉浸其中。根据维拉莫维茨的观点，语文学家必须具有真正的艺术家的某些特质，“通过他流淌着热血的心将生命的气息赋予死板的文字”(Wilamowitz 1907，257)。维拉莫维茨自己就是这么做的，在这一过程中，他引导现代读者重现雅典人民去狄奥尼索斯剧场(Theater of Dionysus)观看表演时的环境与心境。因此，通过古典学术研究，现代读者重新找回了古代听众所拥有的乐趣。虽然维拉莫维茨也承认赫尔曼的杰出功绩，但他仍然担心，如果我们拘泥于文本分析和古代作家的[189]“形式文风”(forma loquendi)，那

① [194]关于穆勒的论文，比较 Candio 2008，61 以下。在她的书中，坎迪奥(Candio)主要关注“自我沉浸”(sich versenken)的主题，她还讨论了穆勒如何影响了维拉莫维茨和他的研究方法。正如她所指出的，维拉莫维茨后来研究埃斯库罗斯时已经放弃了他先前一直使用的对古代文本的全局式解释学(他使用了一种与尼采不同的方式)，走向了一种“文本历史”(Textgeschichte)。

么整个宇宙就只会变成纸张上的文字（一个“纸境”[paper-horizon]）（Candio 2008，59）。[①] 因此，正如穆勒所建议的那样，对肃剧的研究有必要拓宽诠释者的视野，其做法就是将文本搬上舞台。如果有人读到这位尼采最著名的反对者的这些观点，他就不难发现二者意图的巧合之处及其争论的基本要点。尼采自己的研究也使用了与这些人的著作中的隐喻几乎相同的隐喻，比如幽灵的血液[②]和科学的沙漠，[③]这并非偶然。这场“争论”（Streit）显然给双方都留下了深深的痕迹。两人都想通过那种在冥府之旅前举行的荷马式的νέκυια[招魂术]来复活那个被埋葬的遥远的过去。[④] 对于深受里奇尔（Ritschl）的批评方法影响的尼采而言，语文学家最主要的才智是基于经验而产生的直觉、假设、“divinatio[启示]”和“猜测”（errathen）的技能（Benne 2005，84）；另一方面，维拉莫维茨则侧重古代文史的综合视野，再辅以个人的阐释才华。[⑤]

根据皮西尔（Pöschl）的观点，尼采在伟大的古典主义遗产和语文学面前分裂了，前者是他在普福塔中学的学习经历（grecophilia[希腊情结]，与对“活的”古代的沉思有关），后者则既包含着对魏玛古典主义的希腊的渴望，又同时由于过分的博学使它失去了活力（Pöschl 1979，41 以下）。维拉莫维茨似乎顽强地试图维持

---

① 维拉莫维茨关于语文学的“真正使命”（Die wahren Aufgaben）的思想可见于他的《欧里庇德斯的〈赫拉克勒斯〉注疏》的第一版（参 Wilamowitz 1889）。

② 参 Silk & Stern 1981，102。

③ 《杂乱无章的观点和箴言》（*Assorted Opinions and Maxims*）中第 31 条格言题为“科学的沙漠”，这一荒芜之地象征了科学人士“疲惫的旅途”。这个景象非常类似于语文学学识那枯燥无味、满是灰尘的景象，关于这一点，维拉莫维茨在他第二次抨击洛德时宣称，自己宁愿选择尼采开辟的路径。参 Benne 2005，163。

④ 《以血祭鬼》（*Blood for the Ghosts*）也是罗伊-琼斯（Hugh Lloyd-Jones）文集的名字（1983）。

⑤ 墨达（Medda）在她为坎迪奥所撰的前言中指出，“自我沉浸”（sich versenken）的概念以及博厄克赫的历史研究中都有赫尔曼的文本语文学的痕迹（Candio 2008，III）。

住这两个方面，一方面是在他之前的博大精深的语文学学科所具有的伟大学术价值；另一方面是古代世界的活力，它将作为一种包罗一切的视角而复活。

在尼采重构的这个复杂的古代图景中，公众的角色至关重要。弗里德里希·施莱格尔(Friedrich Schlegel)将希腊艺术作品视为集体创作的过程，而非个人的作品。此外，18世纪下半叶(正值美学在德国出现之时)，绝大多数伟大的德语作家——如温克尔曼、莱辛、赫尔德等人——都在探索艺术作品所能产生的影响，无论是平静安宁的影响，还是活力充沛的。在日耳曼文学界发生了一场关于肃剧的争论，同时也是一场关于日耳曼民族戏剧创作的辩论(Silk & Stern 1981，1以下)。语文学界持续进行着一场解释学上的漫长争论，这要归功于博奈斯(Jacob Bernays)，他和尼采一样是里奇尔的学生。他那篇简短但颇具革命性的论文《亚里士多德论肃剧的效果时所遗失的原理》(*Grundzüge der verlorenen Abhandlung des Aristoteles über Wirkung der Tragödie*，Breslau 1857)曾让他一夜成名，尼采在1869年和1871年从巴塞尔大学的图书馆借阅了他的论著，并多次援引了他的观点。博奈斯的文章以亚里士多德《诗学》中最著名也最具争议的段落开始，即通过怜悯和恐惧实现“肃剧的净化作用”(tragic catharsis，1449b 24—28)。博奈斯对这个术语的解释是，这是一个明喻，源自《政治学》卷八中对医术的描述。在这段文字中，亚里士多德谈到了音乐的益处，并补充说，他在讨论诗学(poetry)时会解释净化(catharsis)的含义，他将净化与“医学治疗”联系了起来。“可以这么说，狂热的情绪已经被医治和净化。”通过音乐，任何人都能实现净化，获得愉悦的释放(亚里士多德，《政治学》，1341b32—1342a27)。博奈斯指出，在《政治学》的同一段中，亚里士多德提到，剧场内有“两类听众”(double audience)：有教养的自由人以及较低阶层的人，[190]后者主要是工匠、雇工，以及其他类似之人，他们有着不同类型的需求，对于这类人而言，表演和音乐需要提供与他们的本性相适宜的消遣娱乐。博奈斯还将净化与纵情狂欢和狄俄尼索斯崇拜联系在一起，并认为这本质上是一种生理学上的“宣泄方式”（Entladung）。这一方式提供了一种兴奋的状态，并且使得心情被“掏空”，这有助于恢复身体的平衡（有点像古罗马的 purgamentum［涤罪仪式］）。更具体地说，他觉得这与治疗焦虑有关，是为了治疗那些无法“转变”或因压抑而导致自己抑郁焦虑的人，因而这种宣泄也与随之而来的相应的释放感有关（Bernays［1857］1970，12）。以前，净化通常被解释为一种道德意义上的涤罪（Läuterung），莱辛尤其如此认为（Lessing［1767—1769］1958，308）。但博奈斯反而讽刺地发现，亚里士多德并不认为希腊的剧场是与其宗教相互竞争的机构（Bernays［1857］1970，8）。甚至连歌德也不认同莱辛关于净化的看法，莱辛认为，净化的基础是“将激情转化为德性的品质”。[①] 歌德认为，通常来说，音乐和艺术都无法对道德产生任何影响，而肃剧和小说一样，也不能“镇定灵魂”，反而更可能干扰和刺激灵魂。歌德也不认为肃剧能对观众施加这样的影响。因此，他建议，应把净化的体验与肃剧人物自身联系起来，而不是与听众（参 Goethe［1826］2006，340—343）。博奈斯反驳了这一观点，因为亚里士多德在上文提到的《政治学》的那几个段落中曾解释说（1341b32），[②]这个词的意思指的是在听者和观众的灵魂中所发生的事件。洛德在一封写给瓦格纳的信中为尼采所遭到的维拉莫维茨的抨击做辩护，他在其中提到，博奈斯对净化的解释似乎是唯一合理的解释。尼采也曾多次使用“宣泄方式”这一术语（他也提到过博奈斯。参 NF 1869/70 3［38］；KSA 7，142）。在《肃剧的诞生》

---

① 莱辛在他的《汉堡剧评》中将净化（katharsis）译作“涤罪”（Läuterung），参 Lessing［1767—1769］1958，308。

② 比较帕杜阿诺（Paduano）关于亚里士多德的净化的“医学解读”的注释，参 Aristotle 1998，74。

第22节，尼采提到了“病理学上的释放”，或“情绪的清洗”，对此，“语文学家真不知道是将其算作医学现象，还是算作道德现象”(BT 22;KSA 1,142)。[①]

随后，瓦滕堡(Yorck von Wartenburg)在他1866年的专题论文《亚里士多德净化论与索福克勒斯的〈俄狄浦斯在科罗诺斯〉》(*Catharsis of Aristotle and Sophocles' Oedipus at Colonus*)中拓展了博奈斯的论点，尼采曾于1870年5月借阅过此文。这篇文章为尼采有关狄俄尼索斯崇拜的若干洞见提供了帮助，瓦滕堡认为，净化的难解之谜被“机智”(geistreichen)的博奈斯解开了，因为博奈斯给出了关于“肃剧净化的深刻和镇定效果”的病理学解释(Wartenburg 1866,24)。

五、结 论

尼采对音乐表演和吟诵的关注与他对语言起源以及手势、戏剧性表现、象征这几个维度的长期兴趣有关。对尼采而言，语言的本质就是修辞术，它仰赖“效果”(Wirkung)，也就是所产生的影响。在他开设的有关拉丁文法的大学课程中，尼采将语言与一种模仿的符号系统进行了比较，即哑剧。他认为语言是“本能的产物”，是“无道德意识的目的论”(KGW II/2,186)。[②] 杰拉塔纳(Federico Gerratana)将尼采对语言起源以及声音和手势的联系的兴趣归因于前叔本华-瓦格纳的促因[191](在19世纪40年代

① 参Gödde 2003,206以下，其中主张，博奈斯对尼采和弗洛伊德都产生了类似的影响。博奈斯是弗洛伊德妻子的叔叔。

② 语言对尼采而言是“完整的有机体”和“本能的产物，就像蜜蜂——蜂窝，等等”(KGW II/2,186)。关于本能的目的论观点以及蜜蜂的比喻，尼采想到的很可能是利希滕贝格(Lichtenberg)的“艺术的本能”(Kunsttriebe)，即蜜蜂构筑蜂巢时无意识的艺术感。例如，参《人类的类蜜蜂性》(“das Bienenartige im Menschen”)，Wastebook L 955 & 956，Lichtenberg 1991,533。

后期和 19 世纪 50 年代初的著作中，Gerratana 1994，343）。尼采在这一时期的主要兴趣是关系的体系以及个人与群体之间的动态互动。这也许可以追溯到瓦格纳对肃剧在观众群体中所起作用的关注上。尼采坚持认为古代表演类似雕塑，例如残篇 25[1]，他的这个观点本意是指雅典人和舞台上的演员之间的交流，尼采将之与瓦格纳的理想群体对照。从这个意义上来说，《肃剧的诞生》恢复了施莱格尔的歌队作为一种"理想化的观众"的歌队形象，虽然尼采最初似乎没有接受这一形象（NF 1872/73；KSA 7，566）。

在尼采最后的大学课程中，尤其是在他与瓦格纳的观点渐行渐远后，他开始认为，希腊听众之间没那么紧密，他们更为复杂和成分多样；尤其是，他开始认为，这个群体并不具有欣赏艺术作品的能力，尽管他们确实一直能够感受到艺术作品的影响。而在一开始，尼采是毫不怀疑地遵循着瓦格纳的观点，他对艺术作品的古代观众的关注由于一些眼前的目标而转移了，尤其是当他对人种学和人类学逐渐产生兴趣后。

尼采在巴塞尔大学开设的课程中坚持主张听众和观众具有重要作用，这些观点也与他之前的笔记以及他军旅时期（从 1867 年秋到 1868 年春）的记录形成了鲜明的对比，这些笔记都被他归在了一个洪堡式的（Humboldtian）标题《通识教育》（*Encyclopädie*）下。在这些笔记中，尼采似乎对听众并不感兴趣，但好像已经有了让自己"沉浸入"（hineinleben）古代世界生活的需要。尼采在他的笔记中提到古典历史学家尼布尔（B. G. Niebuhr）的"给一位青年语文学家的信"："尼布尔，'给一位青年语文学家的信'（Brief an einen jungen Philol[ogen]），莱比[锡]，1839 年。主要的思想是对古代世界应具有活的视域（lebendige Anschauung）"（KGW I/5，198）。

尼采提到了尼布尔著作的第 133 页，其中除了其他的东西还讲到，历史学家眼中的古代就犹如一座巨大的"废墟之城"（Ruinenstadt)，在那里，人们需要知道如何应付没有地图的情况。此外，尼采军旅时期的笔记有一个条目（“语文学与美妙科学的同盟”[Philologie im Bunde mit den schönen Wissenschaften]），其中将18世纪中叶的语文学与日耳曼文学联系了起来，他还提到了莱辛具有开创性的影响，认为莱辛将语文学从啃书灰与学究气中解放了出来，就像温克尔曼做的一样。

另一方面，维拉莫维茨在他的《古典学术史》(*History of Classical Scholarship*)中声称，莱辛、赫尔德和歌德等人，从严格的意义上讲，不能被算进这一学术史中(Wilamowitz 1959，47)。维拉莫维茨也不接受布克哈特的理论。① 因此，尼采的语文学模式比维拉莫维茨更为多样化，但在传统性上则相对少一些，并且主要突出具有创造性的心灵，如作为诗人-语文学家的意大利人文主义者莱奥帕尔迪(Leopardi)，②以及歌德。对尼采而言，德国古典主义之所以能代表一种重要的模式，不仅是因为古代艺术作品的重要影响，也因其教育意义及其所形成的目标。皮西尔强调，教育方面对尼采极其重要，他将尼采的“实践”态度归因于洪堡，和洪堡一样，尼采也写了一本《古典语文学通识》。他声称，正是尼采身上的这些规范性因素预示着他对实践意义的关注，即伽达默尔(Gadamer)的解释学所说的“应用”(Anwendung)(Pöschl 1979，143)。

① 大多数情况下，布克哈特的《希腊文化史》(*Cultural History of Greece*)要么遭到语文学家的忽视，要么被他们批判。维拉莫维茨在他的《古典学术史》(1959)中甚至都不曾提到过他。在其他地方，他写道：

> 要是我在此不站出来反对布克哈特的《希腊文化史》的话，我就会被人嘲笑为一个懦夫[……][这本书]丝毫不讲科学[……]。无论是希腊的宗教还是希腊的政治，它都没有任何值得一提的价值，因为他忽略了过去50年里科学所取得的研究成果，包括文本、证据、方法和观点。(Wilamowitz 1899，6—7)

② 那期《莱茵博物馆语文学专刊》十分有意思，其中有威尔克对费尔巴哈的《梵蒂冈的阿波罗》的评论(Dritter Jahrgang 1835)，该期开头是一篇研究莱奥帕尔迪的文章。

考虑到尼采的讲义笔记是在不同时期撰写的,人们将很容易发现,他并没有改变对某些特定问题的关注,可以说这些问题始终不变,改变的只是他对此的解释。在最后一系列的课程中,如《希腊文学史》,尼采分析了雅典公众的审美感及其社会构成,并指出,就算竞争促进了艺术家提升,那这也不关公众的事(KGW II/5,322 以下)。这反映出他的研究已经具有十分强烈的人类学和人种学取向,导致其所有与节庆和集体仪式有关的话题都从宗教领域转移到了世俗层面,就像他于 1875 年在巴塞尔大学开设的《希腊诸神的祭仪》(*The Greek Cult of Gods*)这一课程中所表现出的那样。尼采有丰富驳杂的材料,他毫无拘束地使用这些研究成果,而且通常使用他认为其中最有效且最具创意的内容,这是他的治学方法和他对早期古代文明提出独到见解的典型特征。由于他作为一名古典学者的宽泛兴趣,他提出了许多问题,这些问题只有在一个世纪后才会引起解释者们的注意,并得到广泛的研究。①

总之,在每种类型是如何被处理的这个问题上,尼采对表演和公众的观点始终如一。在他对语言的本质和修辞特征的论述中,我们发现,他对听众和观众功能具有同样的兴趣。尼采曾多次提到语言的艺术和创新的维度,还提到过将神经的刺激转化为声音和图像(KSA 1,572),还有作为某种普遍易懂的象征性“手势语言”(Geberdensprache),由此可看出,他对通过视觉和听觉的感官激发的情感或移情作用始终具有统 ·的观点。尼采对语言学的兴趣与他对古代修辞术的理解相互交织在一起,他认为后者是语言无意识力量有意识的发展和运用,目的是为了发现和选择“什么能用且有效”(wirkt und Effekt macht,KGW II/4,425—428)。尼采还强调,西塞罗认为(《论演说家》[*De Oratore*],卷三,节 14),听众惊讶地发现演说者在他自己的语言中生产出了一种节奏与和谐

① 对此问题更广泛的讨论以及相关文献,首先参 Gentili 1995;亦参 Wallace 1997。

(KGW II/4,435)。另一方面,古代文学和古代修辞术一样,都是对演说的仿效,目的是想要吸引或"迷住"(bestechen)耳朵。视觉、听觉、节奏,这些元素定义了尼采自己的哲学风格,显示出了同样迷人的品质和古代修辞术的劝说力:尼采想教会自己的读者如何更好地倾听,教会他们如何才能听到文本中每一个细微的差别与谐振,从而以某种方式将他的现代读者转化为善于倾听的敏锐的古代听者(KGW II/5,280)。

参 考 文 献

Andler, Charles (1921): *Nietzsche, sa vie et sa pensée* (1920—1931). Paris (Éditions Bossard). Vol. 2 (La jeunesse de Nietzsche).

Aristotle (1998): *Poetica. Traduzione e introduzione di Guido Paduano*. Bari (Laterza).

Babich, Babette (2006): "The Birth of Tragedy: Lyric Poetry and the Music of Words." In her*Words in Blood, Like Flowers: Philosophy and Poetry, Music and Eros in Höderlin, Nietzsche and Heidegger*. New York (State University of New York).

Benne, Christian (2005): *Nietzsche und die historisch-kritische Philologie*. Berlin and New York (Walter de Gruyter).

Bernays, Jacob ([1857]1970): *Grundzüge der verlorenen Abhandlung des Aristoteles über Wirkung der Tragödie*. Hildesheim (G. Olms).

Brobjer, Thomas H. (2005): "Source of and Influences on Nietzsche's*The Birth of Tragedy*." In *Nietzsche-Studien*. Vol. 34, 278—299.

Candio, Antonella (2008): "*Ein lebendiges Ganzes.*" *La filologia come scienza e storia nelle Coefore di Ulrich von Wilamowitz-Moellendorff*. Amsterdam (Hakkert).

Feuerbach, Anslem ([1883]1855): *Der vatikanische Apollo. Eine Reihe archäologisch-ästhetischer Betrachtungen*. Stuttgart and Augsburg (Cotta).

Genelli, Hans Christian (1818): *Das Theater zu Athen: hinsichtlich auf Architectur, Scenerie und Darstellungskunst überhaupt*. Berlin and Leipzig (Nauck).

Gentili, Bruno (1995): *Poesia e pubblico nella Grecia antica. Da Omero al V secolo*. Bari (Laterza).

Gerratana, Federico (1994): "'Jetzt zieht mich das Allgemein-Menschliche an': Ein Strifzug durch Nietzsches Aufzeichnungen zu einer 'Geschichte der litterarischen Studien'." In Tilman Borsche, Federico Gerratana, and Aldo Venturelli (eds): *Centauren-Geburten. Wissenschaft, Kunst und Philosophie beim jungen Nietzsche*. Berlin and New York (Walter de Gruyter), 326—350.

Gödde, Günter (2003): "Die antike Therapeutik als gemeinsamer Bezugspunkt für Nietzsche und Freud." In Nietzsche-Studien. Vol. 32, 206—225.

Goethe, Johann Wolfgang von ([1797a]2006): "Über epische und dramatische Dichtung." In Karl Richter (ed.): *Sämtliche Werke*. Munich (Hanser). Vol. 4/2, 126—128.

——([1707b] 2006): "Briefwechesel zwischen Schiller und Goethe in den Hagren 194 bis 1805." In Karl Richter (ed.): *Sämtliche Werke*. Munich (Hanser). 2006. Vol. 8/1, 325—326.

——([1826]2006): "Nachlese zu Aristoteles' Poetik." In Karl Richter (ed.): *Sämtliche Werke*. Munich (Hanser). Vol. 13/1. 340—343.

Hartung, Johann Adam (1856): *Die griechischen Lyriker*. Leipzig (Engelmann). Vol. 5.

Jensen, Anthony K. (2008): "Anti-Politicality and Agon in Nietzsche's Philology." In Herman W. Siemens and Vsti Roodt (eds): *Nietzsche, Power and Politics*. Berlin and New York (Walter de Gruyter), 319—345.

Lessing, Gotthold Ephraim ([1767—1769]1958): *Hamburgische Dramaturgie*. Otto Mann (ed.). Stuttgrt (Kröner).

Lichtenberg, Georg Christoph (1991): *Sudelbücher*. Wolfgang Promies (ed.).

Munich (Hanser).

Lloyd-Jones, Hugh (1982): *Blood for the Ghosts: Classical Influences in the 19th and 20th Centuries*. London (Johns Hopkins University Press).

Lowell, Edmunds and Robert W. Wallace (eds): *Poet, Public, and Performance in Ancient Greece*. London (Johns Hopkins University Press).

Müller, Karl Otfried (1833): *Aischylos Eumeniden*. Göttingen (Dieterische Verlags-Buchhandlung).

——(1848): "Der vaticanische Apollo von Anselm Feuerbach." In Karl Otfried Müller: *Kleine deutsche Schriften über Religion, Kunst, Sprache und Literatur, Leben und Geschichte des Alterthums*. Breslau (Max und Komp). Vol. 2, 487—495.

Niebuhr, Barthold Georg (1839): *Brief an einem jungen Philologen*. Leipzig (Vogel).

Orsucci, Andrea (1996): *Orient-Okzident, Nietzsches Versuch einer Loslösung vom europäischen Weltbild*. Berlin and New York (Walter de Gruyter).

Pöschl, Viktor (1979): "Nietzshce und die klassische Philologie." In Hellmut Flashar, et al. (eds): *Philologie und Hermeneutik im 19. Jahrhundert*. Göttingen (Vandenhoeck & Ruprecht), 141—155.

Rossbach, August and Rodolf Westpha l(1867): *Metrik der Griechen im Verine mit den übrigen musischen Künsten*. Leipzig (Teubner). Vol. 1. Schlegel, August Wilhelem (1809): *Ueber dramatische Kunst und Literatur*. Vorlesungen. Heidelberg (Mohr & Zimmer). Vol. 1.

Silk, Michael S. and Joseph P. Stern (1981): *Nietzsche on Tragedy*. Cambridge (Cambridge University Press).

Von Reibnitz, Barbara (1994): "Vom 'Sprachkunstwerk' zur 'Leselitteratur'" In Tilman Borsche, et al. (eds): *Centauren-Geburten. Wissenschaft, Kunst und Philosophie beim jungen Nietzsche*. Berlin and New York

(Walter de Gruyter), 47—66.

Wallace, Robert W. (1997): "Poet, Public and 'Theatrocracy': Audience Performance in Classical Athens." In Robert Wallace and Lowell Edmunds (eds): *Poet, Public and Performance in Ancient Greece*. Baltimore (John Hopkins Press), 97—111.

Welcker, Friedrich Gottlob (1835): "Der vaticanische Apollo von A. Feuerbach." In *Rheinisches Museum für Philologie*. Vol. 3, 630—634.

Westphal, Rudolf and Georg Hermann (1864): *Geschichte der alten und mittelalterlichen Musik*. Breslau (Lauckart).

Wilamowitz-Moellendorff, U. von (1889): *Euripides Herakles, erklärt von U. von Wilamowitz-Moellendroff*. Berlin (Weidmann).

——(1899) (ed. And trans.): *Griechische Tragödien Band 2, Aischylos: Agamemnon, Das Opfer am Grabe, & Die Versöhnung*. Berlin (Wiedmannsche Buchhandlung).

——(1907): *Einleitung in die griechische Tragödien*. Berlin (Weidmannsche Buchhandlung).

——(1959): *Geschichte der Philologie*. 4th edn. Günther Klaffenbach (ed.) Leipzig (Teubner).

Wolf, Friedrich August ([1795]1985): *Prolegomena to Homer*, 3rd edn. Anthony Grafton, et al. (eds) Princeton (Princeton University Press).

York v. Wartenburg, Paul (1866): *Die Katharsis des Aristoteles und der Oedipus Coloneus des Sophikles*. Berlin (Hertz).

尼采早期写作中的古老的诗与哲学之争

迈耶(Matthew Meyer) 撰

一、引言

[197]在《王制》(*Republic*)卷十中,柏拉图让苏格拉底谈论了哲学与诗歌之间的古老纷争(《王制》,607b)。① 尽管也有人质疑在此之前是否真的出现过这样的争论(Most 2011,1—20),但总之,柏拉图基于认知和伦理的立场对诗歌产生了怀疑,并开始了关于哲学与诗歌是否能共存互容的这一长期存在的对话。② 在本文中,我认为可以从这一争论的角度来考察尼采的第一部作品《肃剧诞生于音乐精神》,并将其视作是一部关切这场争论的作品。这是

---

① [212]所有引用的柏拉图作品的翻译均依据《柏拉图全集》(*Plato: The Complete Works*),J. M. Cooper(ed.),Indianapolis:Hackett Publishing Co.,1997。尼采作品的译文参《肃剧诞生于音乐精神》(*The Birth of Tragedy out of the Spirit of Music*),W. Kaufmann.(trans.),New York:Vintage Books,1967;《〈道德的谱系〉与〈瞧,这个人〉》(*On the Genealogy of Morals and Ecce Homo*),W. Kaufmann(trans.),New York:Random House,1989;《人性的,太人性的(卷一、二)》(*Human,All Too Human I and II*),R. J. Hollingdale(trans.),Cambridge:Cambridge University Press,1996;《希腊肃剧时代的哲学》(*Philosophy in the Tragic Age of the Greeks*),M. Cowan(trans.),Washington,DC:Gateway,1962。

② 有关这场长期争论的新近论述,参 Barfield 2011。

因为,这部作品的结构正是围绕那个诗歌的世界及其死于苏格拉底哲学之手,这一两者之间的原始对立;然后,通过康德和叔本华的哲学与巴赫、贝多芬和瓦格纳的音乐之间的联盟,化解了这一对立(BT 19;KSA 1,127 以下)。这个象征着哲学与诗歌和解的人物就是创作音乐的(music-making)苏格拉底(BT 15;KSA 1,102),因此,他就是我们理解《肃剧的诞生》整体结构和论证的关键。

在《肃剧的诞生》中,哲学与诗歌的对立及其最终的解决取决于对尼采与柏拉图共同提出的这一争论的具体理解。具体而言,尼采在这一点上同意柏拉图的看法,即认为这个争论是以两个不同世界观为基础的两种活动之间的冲突。对生命与世界的悲观认识为荷马史诗与阿提卡肃剧提供了框架,反之,苏格拉底将哲学活动与乐观的世界观相结合,也就相应地终结了诗歌以及诗歌的世界观。然而,尼采认为,哲学也能够与悲观的世界观相结合,从而为肃剧和更普遍意义上的诗歌的蓬勃发展提供框架,这就是尼采在他当时的德国哲学中所看到的,也是他为什么会认为德国哲学正在为肃剧能够在瓦格纳歌剧中获得重生夯实基础。

在解释了对这一古老之争的理解如何构成了《肃剧的诞生》的整体框架之后,我得出了一些观察后的结论,即尼采如何在他的第一部作品发表后不久就修改了他在《希腊肃剧时代的哲学》("Philosophy in the Tragic Age of the Greeks")中的论述。他没有将[198]诗歌的希腊描绘成一种前哲学的状态,而是相反,就像他在《肃剧的诞生》中悄悄暗示的那样,他开始认为,总的来说,前苏格拉底哲学,具体主要是赫拉克利特的哲学,表达了肃剧的世界观,因而反过来为肃剧的繁荣发展提供了条件。在我的结论中,我认为,这个发展对于评估尼采与柏拉图的关系,评估尼采对哲学与诗歌这场古老之争的贡献,以及他作为古代文史学者的价值具有重要的意义。

二、《肃剧的诞生》中的肃剧的诞生

人们有时会认为,《肃剧的诞生》的中心思想是开篇就出现的阿波罗信仰-狄俄尼索斯崇拜(Apollonian-Dionysian)的二元对立。[①] 虽然这一对立对于了解作品的开头部分确实至关重要,但一旦苏格拉底的形象在第 10 节被引入时,这种二元性就消失了。这是因为苏格拉底并不代表在狄俄尼索斯崇拜缺失的情况下对阿波罗信仰的强调,[②]而是代表了一股理性主义和乐观主义的新力量,按尼采的说法,这种力量就是艺术的敌人(BT 12;KSA 1,83)。[③] 因此,整个文本都应该通过一个完全不同的动力来理解。具体而言,就是应该通过悲观主义与乐观主义及诗歌与哲学的关系来理解。在前 10 节中,尼采认为希腊诗歌的出现是作为一种回应,回应了那种对世界的悲观认识,这种认识见于西勒诺斯(Silenus)的智慧。在 10 至 15 节中,尼采详细介绍了肃剧如何死于苏格拉底的乐观主义之手,以及相应地,如何死于对西勒诺斯悲观主义的拒绝。在最后一节中,尼采解释了哲学如何再次揭示了悲观主义的真相,从而为真正的肃剧的重生创造了条件。[④]

然而,阿波罗信仰-狄俄尼索斯崇拜的二元对立对理解尼采关于普遍意义上的希腊诗歌的描述和他重点描述的肃剧起源仍然至关重要。首先,尼采将两位神与两种艺术对应:阿波罗与图像和雕塑艺术,狄俄尼索斯与非图像的音乐。然后,他又将这两位神与两种心理现象

---

① 对于这样解读该文本的方法的一个例子,参 Magnus & Higgins 1996,21 以下。

② 参 Magnus & Higgins 1996,23,其中声称,在尼采的眼中,"苏格拉底应为西方文化滑落至夸张而不平衡的地步严重依赖阿波罗信仰的观点而负责。"

③ 关于这一点的讨论,参 von Reibnitz 1992,316。

④ 另有一种解读试图将该文本分成两个部分,参 Burnham & Jesinghauscn 2010,10—11。

联系起来：做梦与陶醉。在梦境中，辉煌的"超人"出现在做梦者的想象中(BT 1;KSA 1,26)，而且，如雕塑这样的艺术形式也与梦境有关，因为雕塑家试图在她的作品中重造梦境中的形象。在陶醉中，人类的主体性和区分单个独立个体的界限被打破，由此创造了一片神秘的一(oneness)的海洋。在这里，"人与人之间的联合"不仅得到了重新肯定，"而且，那个已经变得疏远、充满敌意，或者已被征服的自然，能够再次庆祝她与她的迷途之子重获和谐"(BT 1;KSA 1,29)。像音乐这样的艺术形式与陶醉有关，因为音乐打破了那条将个体的"我"从他人和自然中隔离开的边界，音乐正从这条边界的毁坏中诞生。

尽管尼采并没有把希腊人的艺术世界描述为某种对世界的哲学理解或是诞生自这种理解，但他确实试图以形而上学的区别来表达他的阿波罗信仰-狄俄尼索斯崇拜的美学，这一形而上学的区别对立取自叔本华，即个体化的显在世界与意志的形而上学现实之间的对立统一将超越[199]"个体化原则"(principium individuationis)(BT 1;KSA 1,28)。这就允许尼采能一方面认为所谓的日常生活的现实具有梦境般的状态，可以通过像荷马这样的诗人的视角来塑造进而改变；另一方面又认为音乐可以突破个体化的显在世界，并提供意志的直接写照，对叔本华而言，这就是自在之物(the thing-in-itself)(BT16;KSA 1,104)。

虽然尼采对希腊艺术的解释充满了哲学的思辨，但他却含蓄地暗示希腊人的艺术世界相对缺乏哲学的反思。然而，尼采确实在这些前苏格拉底的希腊诗歌中发现了一种关于世界和人类状况的更宽广的视野。具体而言，尼采将一种对存在的悲观认识归于西勒诺斯的神话形象，这种认识也可称为狄俄尼索斯的世界观。①

① 这里谈到关于肃剧的世界观，这一点可由如下事实证明：尼采为《肃剧的诞生》做准备而写的论文所拟的标题是"狄俄尼索斯的世界观"(Die dionysische Weltanschauung)，参 KSA 1,551 以下。

为了区分西勒诺斯的智慧以及希腊人对之报以的乐观主义回应，确定西勒诺斯智慧的两种特质以及依次与之相对的两种悲观主义的类型就变得十分重要。我们可以通过观察西勒诺斯对弥达斯王(King Midas)所提问题的回答来实现这一点：弥达斯王问，对人类而言什么才是最好的东西。在此，尼采写道：

> 噢，可怜的转瞬即逝的族类，无常与不幸的孩子，你为什么要逼我说出对你而言最好不要听到的话呢？那最好的东西你完全不可能得到：那就是不要出生，不要存在，成为虚无。不过对你而言还有次好的东西——立刻死去。(BT 3；KSA 1，35)

根据这段话，我们可以说，在西勒诺斯的悲观主义回答中，我们能看到一个*事实层面*的部分和一个*判断层面*的部分。[①] *事实层面*的主张是关于人类状况的断言：可怜、转瞬即逝、屈服于无常和不幸。*判断层面*的主张是对这一事实的回应。因为生命充满无意义的痛苦，所以不存在要好过存在。

尼采以这一举动预示了他哲学的成熟，[②]即他认为，诗意的希腊人接受了西勒诺斯智慧事实部分的悲观主义，但却拒绝了判断的那部分。换言之，他们"知道并感受到存在的恐怖缘由和存在的可怕"(BT 3；KSA 1，35)，但他们却通过创造了自己的诸神体系(pantheon)来转变升华这种苦难。根据尼采的观点，这种行为造成的影响就是，这些希腊人相信"立刻死去[是]最糟糕的事情，其次是迟早要死"(BT 3；KSA 1，36)。对于尼采而言，正是希腊诗歌使希腊人颠转了西勒诺斯智慧的判断部分。用尼采在《肃剧的诞

---

① 参 Soll 1988，113—114 及 Came 2004，41，其中都对这种悲观主义的描述形式和评价形式进行了类似的区分。

② 一个类似的解读，参 Came 2004，39。

生》1886年版序言里的话来说，这些审美的希腊人代表了“强力的悲观主义”(BT“尝试自我批判”，1；KSA 1，12)。他们是悲观主义者，因为他们承认了事实的悲观主义真相。然而，他们代表了一种强力的悲观主义，因为他们颠转了西勒诺斯判断部分的断言，即使是这样一个充满痛苦的生命也被视为是最好的东西，而死亡则是最可怕的损失。

尼采用3至9节来解释各种形式的诗歌——史诗、抒情诗、肃剧——如何积极向上地肯定生命来回应西勒诺斯智慧的事实部分。具体来说，尼采用第3节和第4节来解释荷马史诗以什么方式执行这一功能。对于尼采而言，荷马史诗是一种阿波罗的艺术形式。这是因为它源自诗人的想象，其中诗人的任务就是在诗中传达这些梦境的影响(sequences)。和雕塑一样，这样的诗歌不是狄俄尼索斯的艺术形式，因为[200]其灵感不是来自令人狂喜和陶醉的音乐力量。不过，尼采痛苦地承认，这种阿波罗的诗歌与狄俄尼索斯或西勒诺斯的智慧密切相关。根据尼采的观点，荷马的艺术世界诞生自与事实的悲观主义的对抗之中，在那里，存在的暗淡和凄凉驱使诗人缔织出一条安慰的面纱，为了希腊世界的利益，他将这层面纱蒙在存在的脸上。简而言之，荷马发明了诸神的体系，以保护希腊人免于存在的恐怖，从而使人类的生命得到合理的辩护，因为诸神正生活在此。据尼采所言，这是“唯一令人满意的神义论”(BT 3；KSA 1，36)。

有些人将狄俄尼索斯的智慧与阿波罗的诗歌之间的这种动态关系视作尼采关于艺术如何为生命辩护的主要看法。他们的观点是，真相是丑恶的，因此需要诗意的谎言保护我们远离丑恶的真相。① 虽然，这种解读对于这几节内容来说是正确的，但不能完全代表尼采对艺术如何应对西勒诺斯悲观主义事实的理解。这是因

① [213]这样的解读，参 Reginster 2006，248。

为，第5节至第9节探讨了音乐、舞蹈、抒情诗这些狄俄尼索斯艺术的形式，并提出了肃剧这种类型是阿波罗信仰与狄俄尼索斯崇拜的结合。狄俄尼索斯的艺术直面存在的丑恶与不和谐的一面，如痛苦和死亡，并去加以改变和肯定。

第3节和第4节对阿波罗与狄俄尼索斯之间关系的详细阐述只是这一故事的一部分，这一点可被第5节所证实，在这一节的开头部分，尼采将阿尔齐洛科斯（Archilochus）视为一种不同于荷马的新型诗歌的象征性代表（BT 5；KSA 1，42）。对于尼采而言，这两种诗歌的区别在于，抒情诗的创作源于音乐的心情（BT 5；KSA 1，43）。换言之，抒情诗不是始于一系列产生自与惨淡现实相对抗的形象，而是始于一种心理的状态，在这种心理状态下，像阿尔齐洛科斯这样的诗人失去了他日常的身份认同，相反，他认同于“原始的统一及其痛苦与矛盾”（BT 5；KSA 1，43—44）。

虽然他对抒情诗的描述是基于叔本华的外观和现实的区别，但应该指出的是，尼采以其微妙的方式修改了叔本华的形而上学（Decher 1984）。这是因为，痛苦不仅发生在个体化的层面，同样也存在于统一（unified one）的形而上学层面。对于尼采而言，太一（Ur-Eine）与其自身相冲突（BT 5；KSA 1，43—44）。因此，作为狄俄尼索斯艺术家的抒情诗人在认同了“原始的统一”时，他们也认同了那种位于世界心脏位置的痛苦和磨难。这与史诗诗人形成了鲜明的对比，史诗诗人回避存在的苦难，编织出一层精美的面纱，将之蒙在丑恶的现实上，并带着永不满足的喜悦凝视着它。

正如尼采在第5节一开始就指出的那样，讨论史诗和抒情诗的目的是为了实现解释肃剧如何协调在开篇提出的阿波罗信仰-狄俄尼索斯崇拜的二元对立这个终极目标。尼采在第7到第9节中解释了这一点，而且，他在两个相关的层面上论述二者的和解。第一个层面是肃剧诗人的心理层面。具体来说，音乐的心情可以允许诗人表达世界原始的痛苦和矛盾，并与它们融为一体，正是这种痛苦和矛盾产生了象征性的梦境形象。在此,“阿波罗出现了,并用[201]月桂枝触碰了[抒情诗人]”(BT 5;KSA 1,44),这个诗人现在被狄俄尼索斯的音乐迷住了,他开始意识到这个阿波罗的形象和象征的世界。据尼采的论述,这个象征性的梦境世界的最高发展形态可以在肃剧和酒神赞美诗(dithyramb)中发现(BT 5;KSA 1,42)。在酒神赞美诗中,歌队和领歌人想象他们自己已经变形,举止就好像“实际上进入了另一个身体,另一个角色”(BT 8;KSA 1,61)。这种欣喜若狂的体验标志着戏剧的开始,其象征就是面具的穿戴,当歌队变形成萨提尔(satyrs)的歌队,并看到神的形象时,戏剧就发展成具有完整形态的肃剧(BT 8;KSA 1,61)。根据尼采的说法,这是阿波罗对狄俄尼索斯歌队狂喜状态的补充。在此,当一位置身狄俄尼索斯歌队中的演员再现了阿波罗的梦境形象时,戏剧就完成了。正是在这一刻,狄俄尼索斯和阿波罗达成了和解,从狄俄尼索斯歌队音乐灵感的摇篮中诞生了舞台上的阿波罗世界。

肃剧还实现了狄俄尼索斯崇拜与阿波罗信仰的另一种结合,即在这一体裁所产生效果之中。具体而言,尼采将肃剧当作最伟大的肯定生命的艺术,因为唯有它实现了存在的双重肯定。一方面,肃剧为存在提供了一个阿波罗式的合理辩护。与荷马史诗一样,肃剧通过肃剧英雄给观众带来了一种美丽的梦境形象,一种人性的理想形式。在此,存在即合理,因为人类自身被抬升至神的地位(BT 16;KSA 1,108)。另一方面,狄俄尼索斯的艺术正是在这里直面狄俄尼索斯的智慧,在对个体的摧毁中,肃剧为歌队与观众揭露了一次与苦难和死亡面对面的对抗,并将这种对抗提供给他们。具体而言,肃剧性的艺术揭示并呼吁“个体湮灭的快乐”,其中,“英雄,作为意志的最高体现,为了我们的愉悦而被否定,因为他只是一个现象,因为意志的永恒生命不受这种湮灭的影响”(BT 16;KSA 1,108)。

根据尼采的观点,肃剧的表演能让我们体验到这种个体湮灭的快乐，是因为歌队的音乐和舞蹈。尼采特别指出，音乐的不和谐是一种现象，和肃剧的神话本身一样，揭示了人类真正想要的是什么，且无比确定，人们想要的就是苦难(BT 24；KSA 1，152)。尼采告诉我们，音乐的不和谐现象是理解这部作品核心主张的关键："因为只有作为一种美学现象，存在和这个世界才能具有永恒的合理性"(BT 5；KSA 1，47)。这是因为在音乐的不和谐和肃剧的神话中，人们并不是在肯定一个被阿波罗的美丽谎言所掩盖的世界，而是在肯定痛苦和死亡是一场永恒游戏的一部分，这个游戏就是"意志在自己愉悦的永恒振幅中与自己嬉耍"(BT 24；KSA 1，152)。因此，正是借助肃剧，我们才能像个孩子一样愉快地对"个人世界进行戏谑的建设和破坏"——尼采在此明确地借用了赫拉克利特的形象——愉快地堆建"沙丘只为再次将之推翻"(BT 24；KSA 1，153)。

三、《肃剧的诞生》中的肃剧之死

[202]临近第 10 节结尾，尼采开始论述肃剧的死亡。虽然他最初认为欧里庇德斯是这一事件的罪魁祸首(BT 10；KSA 1，74)，但他最终还是声称，欧里庇德斯的背后有一个"新生的精灵(daemon)，名字叫做苏格拉底"(BT 12；KSA 1，83)。[①] 苏格拉底既非狄俄尼索斯，也非阿波罗，所以，他并不代表在狄俄尼索斯-阿波罗这一关系中倾向于阿波罗的那种"不平衡"。[②] 相反，对于孕育了古希腊艺术世界的阿波罗信仰和狄俄尼索斯崇拜而言，他代表的是一股全新的力量、一个外人，甚至是敌人，尼采声称，正是这股苏格拉底的力量创造了欧里庇德斯的作品，最终导致了古希腊肃剧的"自杀"。

那么，苏格拉底究竟代表了怎样的神秘力量？人们可能会认

---

① 关于对这一颇有争议的主张的讨论，参 Henrichs 1986，371。

② 参伯纳姆于本书中的论文，其中讨论了苏格拉底与阿波罗之间的关系。

为，他代表的是哲学和追求真理的动力。虽然尼采确实将这种驱动力归于苏格拉底，并且认为在苏格拉底是一位最杰出的(par excellence)理论者(BT 15；KSA 1，98)，但这并非苏格拉底在这部作品中所代表的全部，也不是导致肃剧之死的那股力量。相反，肃剧的死亡应归咎于苏格拉底的乐观主义，以及理性和知识在帮助促成乐观主义者追求快乐或“eudaimonia[幸福感]”时所扮演的得意洋洋的角色。因此，当尼采声称“我们可以承认，苏格拉底确实是狄俄尼索斯的对手”时(BT 12；KSA 1，88)，我们应该将此理解为是苏格拉底的乐观主义与狄俄尼索斯的智慧之间的对立(也就是与西勒诺斯的悲观主义事实的对立)。

悲观主义事实声称，绝不可能获得快乐或“eudaimonia[幸福感]”，但乐观主义认为，至少有一些人有可能实现这一目标。乐观主义者说，所谓“存在的永恒创伤”，是可以得到治愈的(BT 18；KSA 1，115)，他们还说可以克服这个世界原始的痛苦和矛盾(BT 5；KSA 1，43—44)。尼采之所以会认为乐观主义是诗歌的敌人，这是因为诗歌就是对悲观主义事实的回应。在这一观点看来，人类必然遭受苦难，且这种情况无法解决。因此，问题就是如何挽回和肯定那可能被一些人称之为堕落的世界，并为之辩护，而尼采在《肃剧的诞生》和他后来的作品中所提供的答案就是，与狄俄尼索斯有关的肃剧和谐剧具有变形升华的力量。乐观主义者否认世界的分离(disjointed)本质，认为不再有必要去确认那在尼采看来由艺术家承担的工作，也不再需要为之辩护。① 因为幸福具有真实

---

① 然而，这并不是说苏格拉底的乐观主义确实起到了某种审美上的辩护作用，即使这是一种自欺欺人的乐观主义。换言之，正是对苦难-解脱存在的希望在直面了正在发生的苦难时为存在的合理性作了辩护；这是一种为存在所作的审美上的辩护，因为这种希望建立在一种幻觉上，也就是建立在一种艺术形式的基础之上。根据尼采的观点，苏格拉底本能地产生了这种幻觉，从而阻止了逻辑批判反对自身信念的冲动，他的信念就是，没有什么比真相更有价值(BT 13；KSA 1，90以下)。

的可能性,生命的目的就是要通过使痛苦最小化甚至消除痛苦来使人变得快乐,尼采认为,这就是苏格拉底工作的核心。虽然苏格拉底之后的哲学家们并不同意生活具有美好的本质,也不同意能实现它的手段,然而,后苏格拉底哲学家们仍然认为,“eudaimonia[幸福感]”是人类生活的目标,因此也是哲学活动的核心部分。[①]正是出于这个原因,尼采在苏格拉底的乐观主义中发现了“一个转折点,即所谓世界历史的漩涡中心”(BT 15;KSA 1,100)。

虽然尼采认为一旦拒绝了事实的悲观主义,真正的艺术就会枯萎并死去,但这并不意味着我们所了解的所有艺术都会枯萎消亡。尼采认为,在乐观主义的框架内,艺术就会呈现出不同的、败坏的功能。[203]具体来说,艺术必须有助于或至少不会抑制对幸福的追求,如果乐观主义对幸福的追求与德性、理性和知识绑在一起,那么艺术就必须要使人们变得更具德性、理性和知识。尼采提出,艺术在历史上被认为是一件特别有效的工具,可以教化不懂哲学之人。尼采语带嘲讽地说,伊索寓言就是这种艺术创造的新的范例,他指出,柏拉图的对话以及从对话中成长起来的小说是伊索寓言的更高级形式(BT 14;KSA 1,93)。根据尼采的观点,“可以说柏拉图的对话就如同一艘驳船,拯救了遇难的古代诗歌与她所有的孩子”(BT 14;KSA 1,93)。然而,被拯救的艺术必须依附在“辩证法的身躯”上(trunk of dialectic),最终,就像在柏拉图对话中那样,屈服于哲学的要求。

虽然哲学将自己依附于苏格拉底的乐观主义之后便使自身越发普及和受人欢迎,然而,正是乐观主义,而不是哲学本身,“杀死了”肃剧。在柏拉图的苏格拉底那里很容易找到尼采所说的乐观主义,但在欧里庇德斯的戏剧中却很难发现这种苏格拉底的乐观

---

① 参 Vlastos 1991,203 以下,其中宣称,这种“幸福论者的格言”(eudaemonist axiom)贯穿了整个后苏格拉底哲学。

主义。尤其是，当一位剧作家是乐观主义者时，这就意味着在他所创作的戏剧中，故事的张力会最终在一个完美和具有道德劝喻意义的结局中得到解决。照这样分析，尼采的论点就有一个问题，那就是亚里士多德视欧里庇德斯为最具肃剧风格的诗人(《诗学》，1453a27—30)。不仅是《美狄亚》(*Medea*)那格外可怕的高潮部分，即一位母亲亲手杀死自己的孩子以报复丈夫的不忠；还有《酒神的伴侣》(*Bacchae*)中那个恐怖的结局，同样无法让人忽视：一位母亲意识到自己正提着儿子的头颅，她的孩子就是在她处于酒神式迷醉的疯狂中，被肢解了。

考虑到这样的结局，欧里庇德斯和苏格拉底的乐观主义之间的联系似乎显得微不足道。然而，尼采辩称，尽管欧里庇德斯的肃剧在起步阶段确实有一些毛骨悚然的结局，但随着其成长和发展为阿提卡新谐剧(New Attic Comedy)，其真实的本性很快就显露了出来(BT 11；KSA 1，76)。所以，根据这一观点，即使可以说欧里庇德斯是最具肃剧风格的诗人，因为他的肃剧让我们对人类的苦难和残酷有一种不祥的预感，[①]但这些肃剧仍然为一种体裁提供了框架，这种体裁以幸福快乐、乐观主义、肤浅的结局而闻名。对于尼采而言，阿提卡新谐剧集中展现了希腊欢笑的肤浅外表，不是诞生自与痛苦和死亡的对抗之中，而是企图否认在人类中存在强大的角色(BT 11；KSA 1，78)。

为了进一步推进欧里庇德斯和苏格拉底之间的联系，有必要确定尼采在欧里庇德斯的作品中发现的是怎样的乐观主义。在此，需要注意的是，苏格拉底的乐观主义将幸福的承诺与理性和追求知识结合起来。他的观念就是，理性和知识是获得幸福的手段，

---

① 当然，这一点具有争议，因为欧里庇德斯的一些戏剧也有完美幸福的结局，著名者如《伊菲戈尼娅在陶利斯》(*Iphigeneia in Tauris*)。关于对这些戏剧的分析，参Burnett 1971。

或者本身就是构成幸福的部分(亦或两者皆是)。因此,我们可以说,尼采的欧里庇德斯是一位乐观主义者,因为他试图用他的戏剧来教育公众。与他对伊索寓言的评价相似,他认为,欧里庇德斯把剧场看作是启蒙大众的工具。因而,艺术唯因其能传播知识,因而也就是,按照乐观主义者的理想图景传播幸福时,才具有价值。根据[204]尼采的说法,欧里庇德斯通过把观众带上舞台来实现这一效果,就像是人们通过他的戏剧学会了"如何依据那最机智诡辩的艺术规则来观察、论辩、得出结论"(BT 11;KSA 1,77)。因此,尼采写道:"倘若现在所有人都哲学化了,都以前所未有的细心来谨慎地经营土地、管理动产、进行诉讼,那么,这都是[欧里庇德斯的]功劳,因为这是他向人民灌输智慧的结果"(BT 11;KSA 1,77)。

欧里庇德斯渴望通过他的戏剧来教育更多民众,其结果是,他采取了尼采所说的"审美的苏格拉底主义",宣称"一切的美必须是能被理解的"(BT 12;KSA 1,85)。如果观众要从戏剧中学到任何东西,他们就必须要明白这出戏剧正在呈现的是什么内容,因此,欧里庇德斯为肃剧增加了一出序幕,排除了肃剧中一切难懂的神秘丑陋的踪迹。此外,如果欧里庇德斯想要让每个人都能理解他的戏剧,他就不得不作为一名思想家来创作他的作品,而不是作为一位受音乐灵感启发的诗人(BT 12;KSA 1,87)。因此,欧里庇德斯成为了如埃斯库罗斯之类"沉醉"的诗人中第一位"清醒"的诗人。正因如此,这种对可被理解的要求让他采纳并遵循了苏格拉底的相关要求,即"一切的好必须能被意识"。因为这些原因,尼采声称,"我们可以认为欧里庇德斯是审美的苏格拉底主义诗人"(BT 12;KSA 1,87)。

虽然这些元素将欧里庇德斯的戏剧与苏格拉底的乐观主义联系在了一起,但是,真正使欧里庇德斯"杀死"肃剧的举动是他企图将肃剧从其音乐的起源中分离出来。事实上,这正是尼采之所以将欧里庇德斯与苏格拉底联系在一起的核心原因,而这一点在很大程度上都被那些批评尼采给欧里庇德斯 damnatio[定罪]的学者所忽视了。① 具体来说,尼采抨击苏格拉底和欧里庇德斯,指责他们既反音乐(amusical),又否狄俄尼索斯崇拜(un-Dionysian),因而也就是非希腊的(un-Greek)。根据尼采的观点,欧里庇德斯的肃剧是一种"将这一原始的和全能的狄俄尼索斯元素从肃剧中分开,并在一种完全非狄俄尼索斯的艺术、道德和世界观上重建肃剧"的努力和尝试(BT 12;KSA 1,82)。在艺术创作方面,欧里庇德斯有力地放弃了对于抒情诗、酒神赞美诗和肃剧诗歌的创作而言至关重要的那种音乐的心情,而且,因为他放弃了狄俄尼索斯(音乐),他也没法产生阿波罗的梦境世界的形象。因此,他不得不从日常的经历中拼凑出他的角色,所以他才不得已把观众带上肃剧的舞台。

就表演本身而言,欧里庇德斯改变了音乐,也降低了歌队的意义(BT 14;KSA 1,95)。他改变了音乐是因为他采用了尼采所认为的阿提卡新酒神赞美诗(New Attic Dithyramb)中的音乐的退化形式。这种新的音乐不是超越日常现实并提供意志自身的直接写照,而是模仿由"个体化原则"所管辖的现象的世界(BT 17;KSA 1,111—112)。这种对狄俄尼索斯音乐的忽视再一次导致诗人无法创造那个对肃剧经验而言至关重要的神话世界。与此同时,欧里庇德斯破坏了歌队的意义,因为他让歌队实际上发挥着另一名演员的功能。这样,他便摧毁了"肃剧的本质,这一本质只能被如此解释:它是[205]狄俄尼索斯状态形象的表现和投射"(BT 14;KSA 1,95)。因此,尼采认为,欧里庇德斯所创造的肃剧与他的前辈完全不同,在这层意义上,可以认为正是他导致了肃剧的自

---

① 参 Henrichs 1986,其中对尼采关于欧里庇德斯的讨论作了批判性地评价,不过他忽视了尼采说的欧里庇德斯的主要错误在于忽视了歌队的作用以及肃剧和肃剧创作中的音乐元素的这一主张。

我毁灭(BT 11;KSA 1,75)。

这就是尼采对苏格拉底的乐观主义如何破坏了在他之前蓬勃发展的真正艺术的论证。一方面,苏格拉底的乐观主义消除了尼采所认为的真正艺术需要履行的职责。另一方面,苏格拉底的乐观主义敌视那些回应上述需求的艺术类型。这是因为,希腊艺术世界之所以辉煌,是因为从理性的僭政(苏格拉底)中解放了人类心灵的非理性因素,即意志(狄俄尼索斯)和想象(阿波罗)。由于苏格拉底乐观主义鼓励其追随者要变得完全理性,也就破坏了真正的艺术的创造力,并谴责那些诉诸非理性欲望和情感的艺术作品所产生的愉悦享受。因此,如果艺术要生存下去,就必须将自己变成某种可以使人们更具德性、知识、理性并获得终极幸福的东西。根据尼采的观点,这并没有改变真正的艺术,而是直接杀死了它。换言之,这一转型的过程杀死了真正的肃剧,因为它使得肃剧变成了一种在尼采看来不是*真正*艺术的艺术。然而,真正的肃剧尚存重生的希望,但是,如果要实现这一刻,肃剧的世界观就必须重生,相应地,苏格拉底乐观主义就必须死,尼采相信,这可以通过哲学的进步来实现,这种进步就是,愿意去看世界真实的面貌。

四、《肃剧的诞生》中的肃剧重生与哲学

演奏音乐的或艺术的苏格拉底的形象有助于解开《肃剧的诞生》的结构。这是因为艺术的苏格拉底将哲学对真理的欲求与对这样一种艺术的热爱结合在一起,这种艺术能挽回并确认哲学的和科学的探究所揭示的肃剧的世界观,并能证明这种世界观的合理性。根据年轻的尼采所言,这个世界还从未能出现这样的人物,因为西方的智识传统已经被古希腊的艺术成就与苏格拉底发起的哲学活动之间悬而未决的对立所界定了。尼采认为,只有到了现在这个时代,这个对立的局面才能够得到解决。这是因为,近代德

国哲学的发展正在为肃剧通过德国音乐获得重生做准备。这就是《肃剧的诞生》最后10节的主题，作品前10节描述的诗歌文化与第10至15节描述的哲学文化之间最初的对抗在这里被克服了。正如我们所看到的，这部作品的结构和论证带有一种“强势的黑格尔哲学”的味道（EH“肃剧的诞生”，1；KSA 6，310）。

要理解这一和解如何可能起作用，关键在于看清苏格拉底的活动以什么样的方式将那种随着苏格拉底活动的推进而逐渐显露出来的隐藏的张力纳入自身之中。尼采告诉我们，苏格拉底的活动植根于“对思想不可动摇的信念，即相信思想能够通过因果关系的线索[206]渗透到存在深渊的最深处，相信思想不仅能够认识存在，甚至还能够纠正它”（BT 15；KSA 1，99）。这其中包含了两个主张，可以与两种方式联系起来，根据尼采的观点，苏格拉底的活动就是以这两种方式自我毁灭的。一方面，苏格拉底的活动取决于现实是可理解的这一信念。另一方面，苏格拉底的活动认为，我们所能够获得的知识将会纠正存在，从而成为医治人类痛苦的“灵丹妙药”（BT 15；KSA 1，100）。

然而，苏格拉底活动的内部存在着一股张力，因为这些信念与对真相不屈不挠的欲望结合在了一起。对苏格拉底乐观主义而言，对真相的欲望是一个问题，因为就尼采看来，这一欲望最终揭示了苏格拉底乐观主义的虚假。因此，苏格拉底对真理追求的最终顶峰就是乐观主义的毁灭，这种毁灭将对真理的追求转变成广泛的世界-历史的强力。根据尼采的观点，有两位爱好真理的哲学家已揭露了苏格拉底乐观主义的虚假本质，他们就是康德和叔本华。一方面，康德表明，可知的世界只是一个现象的世界，我们无法获知作为自在之物的世界。另一方面，叔本华提供了一种超越科学限度的智慧，试图“以共情的爱来就其自身地把握永恒的苦难”（BT 18；KSA 1，118）。换言之，叔本华表明，痛苦是人类存在不可避免的特征。因此，他的哲学也就终结了任何希望，不再相信知识可以治愈存在的永恒创伤。事实上，恰恰相反，叔本华的哲学证明，知识不是治愈了人类的苦难，反而是揭示了苦难的无法逃避，而且，对这一事实的认知本身可能正是导致痛苦的原因。从这个意义上讲，最标准的哲学家就不是苏格拉底，而是俄狄浦斯，因为俄狄浦斯要求揭示的正是事实的悲观主义真相（BT 9；KSA 1，65—66）。

可以看出，这两种终结了苏格拉底乐观主义的方式之间相互冲突。康德似乎是为个体负责，使用“科学本身的装备，概括地指出知识的限度和相对性”（BT 18；KSA 1，118），叔本华的工作则基于某些僭越了康德哲学所确立的界限的见解。尽管这一张力贯穿了尼采成熟时期的哲学，但这些立场中的每一个都指向了苏格拉底乐观主义的终结。与此同时，这些强力已经从苏格拉底对真理的追求中浮现而出，而它们所作的正是苏格拉底所要求的，就是使曾经神话般的智慧进入某种明确和概念的状态。换言之，康德和叔本华所揭示的正是“如今由概念形式涵盖的狄俄尼索斯的智慧”（BT 19；KSA 1，128）。

所以，我们从尼采的分析中看到，他试图把哲学的历史解读为将苏格拉底式间接辩驳运用到苏格拉底自己的信念上缓慢展开的进程。简而言之，对真理的热爱首先与人类心灵可以获得真理这一信念不相容，其次也与真理和知识是医治人类痛苦的灵丹妙药这一信念不相容。成为真正的热爱真理者，就意味着承认我们的认知可能永远无法触及真理，或者甚至承认真理可能是苏格拉底乐观主义中最重要的幸福-计划的敌人。就是在这一点上，乐观主义加速了自己的“失事”，那些致力于乐观主义计划的人“惊恐地发现，他们的逻辑如何在这些边界上卷起，并[207]最终咬住了自己的尾巴”（BT 15；KSA 1，101）。在这种情况下，尼采宣称，“一种新形式的洞察力脱颖而出”，一种“肃剧的洞察力，只有忍受才能使艺术成为一种保护和挽回的手段”（BT 15；KSA 1，101）。

鉴于对乐观主义的这种双重攻击，尼采声称，哲学对真理的追求自然会导致向艺术的转变，他的这个观点可以通过两种方式来理解。一方面，向艺术的转变可以理解为是在完成哲学发起的认知活动。这是因为，年轻的尼采赋予了音乐超越单纯现象的能力，还通过提供意志的直接写照，进而提供物自身，而赋予了音乐相关的个体化原则（BT 16；KSA 1，104—105）。然而，尼采要求以苏格拉底乐观主义的自我毁灭为起点转向艺术，他的这个要求似乎更多的是满足存在的需求，而不是满足认知的需求。换言之，我们需要艺术，尤其是音乐，来忍受甚至是肯定哲学揭示的肃剧的洞察力。这当然会让人回想起尼采在第3节中描写的希腊人对抗西勒诺斯智慧时的十足动力，尼采在第7节中又重复说道：

> 知识渊博的希腊人特别敏感于最细腻最深刻的苦难，有了歌队，他们才能得到安慰，才敢于大胆地直视所谓的世界历史的可怕浩劫和自然的残酷，并陷入渴望对意志佛教式否定的危险之中。艺术拯救了他们，并通过艺术——拯救了生命。（BT 7；KSA 1，56）

在《肃剧的诞生》中，尼采并没有用某个人来作为象征音乐或审美的苏格拉底的典范。相反，他认为，这种典范就在德国哲学与德国音乐的融合或“合一”（oneness）之中。正如他看到了苏格拉底的乐观主义在康德和叔本华哲学中逐渐地自我毁灭，他认为，作为一股独立的力量，德国音乐中的“狄俄尼斯精神”正“从巴赫到贝多芬，再从贝多芬到瓦格纳”中“被逐渐唤醒”（BT 19；KSA 1，127）。因为他最终主张，肃剧主要是一种音乐现象，那么，我们就可以这样理解尼采的转向是作为回应德国哲学所认为的真理的、肯定生命的恰当手段的德国音乐，这同他转向肃剧一样，更具体地说，是转向“肃剧的重生”（BT 19；KSA 1，129）。如同叔本华位于这一发展的顶点，瓦格纳也站在德国音乐这一发展的终点。具体而言，尼采在瓦格纳的歌剧中看到了埃斯库罗斯风格的肃剧的重生，虽然这些歌剧具有鲜明的日耳曼特色。然而，这暗示了，演奏音乐的苏格拉底实际就是叔本华与瓦格纳的结合，两者都无法独自象征这种典范。因此，尼采的论述仍然留下了空间，能让某个人具备来实现这个典范的可能，我认为这正是尼采在他 1876 年之后的作品中所做的尝试。①

五、《希腊肃剧时代的哲学》中的肃剧的世界观

[208]虽然尼采在其整个职业生涯中都始终忠实于《肃剧的诞生》的基本框架（TI“我感谢古人什么”，5；KSA 6，160 及 NF 1883，16[11]；KSA 10，510），但他对这些问题的思考确实经历了一些演变，虽然我不能详细地说明这一过程，但我想说明一下他对具有肃剧性的希腊人的这些思考在他出版了他的第一部作品之后是如何以一种细微而重要的方式发生了改变。在《肃剧的诞生》中，尼采主要将希腊人的肃剧时代描绘成前哲学的。然而，尼采在这部作品中也没有完全忽略肃剧时代的哲学。如上所述，尼采在倒数第 2 节中解释肃剧如何为作为一种审美现象的存在辩护时提到了赫拉克利特（BT 24；KSA 1，153）。

尼采对赫拉克利特的引用十分微妙，让人联想到他未发表的文章《希腊肃剧时代的哲学》（“Philosophy in the Tragic Age of the Greeks”），尼采是打算将这篇文章作为《肃剧的诞生》的姊妹篇来进行创作的（致格尔斯多夫[von Gersdorff]，1873 年 3 月 2 日；KSB 4，132）。就理解《肃剧的诞生》的论述而言，《希腊肃剧时代的哲学》颇具价值，因为其中发展了一种既是哲学的又果断反形而

① 参 Meyer 2004，其中，我对这一主题展开了讨论。

上学的肃剧的世界观。基于他对阿纳克西曼德(Anaximander)哲学的阐述,现在可以说,尼采认为形而上学本身就是叔本华所提出的那种否定生命态度的同谋。换言之,这是第二个存在,那个形而上学的世界过去一直谴责世界变成了某种不该成为的东西。因此,如果要克服叔本华那个判断性质的悲观主义,那么,我们就要拒绝叔本华对现实的形而上学认知,而这也是贯穿了《肃剧的诞生》的形而上学。这正是尼采的赫拉克利特所做的事。根据尼采的观点,赫拉克利特并不把形而上学和物质世界区分开来,将之区分的做法与"另一个更为大胆的否定:即他对存在的完全否定"有关(PTAG 5;KSA 1,822—823)。作为一位生成论(becoming)哲学家,尼采的赫拉克利特将现实视为简单的作品(Wirken),这样,

> 一切共存于时间与空间中的东西都只有相对的存在,每一种东西都通过另一种与之相似的东西存在,也为它而存在,也就是说,通过一种同样相对的存在而存在,并为之存在。(PTAG 5;KSA 1,824)

就《肃剧的诞生》而言,尼采对赫拉克利特的描述不仅说明了希腊肃剧时代蓬勃发展的哲学,而且还将尼采从前苏格拉底时期希腊的悲观主义与苏格拉底乐观主义之间的张力中找到的那道位于古希腊文化的裂痕转换成赫拉克利特反形而上学的哲学与巴门尼德形而上学的哲学之间的鸿沟。这是因为,尼采不仅在巴门尼德那里看到了一种对赫拉克利特哲学的回应,而且还将巴门尼德发现存在论的那一刻定义为将"前苏格拉底思想分为两半"的时刻,而且"在两个世纪的肃剧时代中,非希腊乃是别无他者的必然"(PTAG 9;KSA 1,836)。此外,因为尼采同样认为巴门尼德的先验论也是对像赫拉克利特之类前人的经验主义的突破,所以,他所发现的这一古代分歧也可以通过[209]经验主义和理性主义之间

的认识论之争来阐明。总而言之,我们可以发现,尼采的做法就是将苏格拉底的乐观主义与巴门尼德的理性主义和形而上学绑在一起,并将之作为希腊诗歌的事实的悲观主义与赫拉克利特那最能描述经验世界的生成论的对立面。在下一节中,我认为,我们能在柏拉图的作品中找到类似的一系列想法。唯一的区别是,柏拉图捍卫苏格拉底的乐观主义和理性主义的形而上学,并反对诗歌的世界观,他认为,这种诗歌的世界观不仅与一种对人类境况的严峻描述有关,而且还涉及赫拉克利特从经验主义认识论中得出的生成理论。

六、柏拉图与诗歌的世界观

虽然我对柏拉图对话的见解只能说是肤皮潦草,但我在这里还是可以较为肯定说明一下尼采理解古代的方式,他的方式预示了如今学界对柏拉图所理解的哲学与诗歌之间的古老之争的讨论。具体而言,哈利威尔(Stephen Halliwell)等近来的学者认为,柏拉图将古希腊的诗歌与一种更大的世界观中的生活方式联系在一起。关于柏拉图在肃剧中看到了一个更大的生活视野的证据,哈利威尔指出,柏拉图《法义》中有一个段落,其中讲到,一座井然有序的城邦的立法者不会让肃剧演员进入他们的共同体,因为立法者本身就是肃剧作家,而且他们的"肃剧都是最好和最优秀的",他们的城邦借助这些肃剧,可以被"构建为最好和最优秀生活的代表"(《法义》,817b;Halliwell 1996,338)。哈利威尔还提到《斐勒布》中的一段内容,我们被告知:

> 在哀歌以及肃剧和谐剧中,不是在舞台上的,而是整个生命的肃剧和谐剧中,愉悦与痛苦都相互混合在一起,在其他数不尽的场合中也是这样。(《斐勒布》,50b;Halliwell 1996,337)

基于这些段落以及其他的段落，哈利威尔指出，柏拉图认为肃剧（与谐剧）：

> 是一种非常独特的生命意识的传播媒介——以至于到了这种程度，实际上，肃剧完全可以被视作对生命的诠释，生命本身就是一种准美学的现象，具有戏剧作品最集中的表现形式所展现出的各种属性。（Halliwell 1996，337）

哈利威尔还声称，我们在柏拉图那里不只可以发现他对肃剧（谐剧）生活方式的理解，还能发现与这种生活方式相应的世界观。事实上，它从肃剧的类型转向一种对生活和世界的普遍意识，在这层意义上，柏拉图将荷马描绘成“所有优秀肃剧作家的第一位老师和领路人”（《王制》，595b）。也就是说，荷马作为肃剧作家的领路人，不是因为他为戏剧舞台创作了肃剧，而是因为他的诗歌表达了一种关于生命和世界的肃剧视野。这一点在柏拉图《王制》卷二和卷三对荷马诗歌的批判中有明显的体现。根据哈利威尔的观点，柏拉图认为，荷马诗歌的世界观包含了造成各种邪恶的诸神、将死亡体验为巨大损失的人类，以及一种使得正义与人类幸福相分离的社会秩序。简而言之，柏拉图将肃剧的世界观理解为：

> 一种认为这个世界的结构——该世界由能造成残酷破坏的神圣力量所控制，并受到死亡必然性的限制——是[210]对人类的需求和价值的根本敌对形态，与积极的道德意义无法调和。（Halliwell 1996，340）

虽然这些都是哈利威尔的观点，但他关于柏拉图对荷马的肃剧世界观的描述回应了我们对尼采笔下的西勒诺斯世界的理解。柏拉图对荷马诗歌的讨论引人注目的地方在于——这一点哈利威尔并没有指出——完全有理由认为，柏拉图也像尼采那样，将这种肃剧的世界观与赫拉克利特的生成理论联系在了一起。关于这点的暗示可以在《王制》中找到。因为柏拉图在其中指出，那些热衷视觉和声响的人从来不会错过狄俄尼索斯节（《王制》，475d），但却会否认存在"美本身"（《王制》，476c）。在否认美本身的存在，进而也就是否认柏拉图大写的形式（Forms）的时候，这些热衷视觉和声响的人只相信存在一个可感知的世界，在这个可感知的世界中，一切事物既是（are）又不是（are not）（《王制》，478d）。虽然关于某些东西既是（to be）又不是（not to be）这句话到底是什么意思尚有很多争议，但可以认为，正如在事物的世界中，"是"（are）就意味着一个存在（being）的世界，一个事物既是又不是的世界就是赫拉克利特的生成（becoming）的领域（Bolton 1975，77）。如果这一理解正确的话，那么，那些永远不会错过狄俄尼索斯节的热衷视觉和声响的人所相信的就是，感知到的世界就是唯一的世界，而且这个感知到的世界就是赫拉克利特的生成的世界。

诗歌、感知的世界、赫拉克利特的生成论三者之间的联系在《泰阿泰德》（*Theaetetus*）中得到了进一步发展，其中有一段文字更具体地证实了这种联系。这是因为，柏拉图在其中让苏格拉底将前苏格拉底时期的人物，如普罗塔戈拉和赫拉克利特的本体论与那种声称知识就是知觉的主张联系在一起（《泰阿泰德》，151e）。这种联系可以与《王制》中热衷视觉和声响的人联系起来，这不仅是因为真实据说可通过感官来把握，而且还在于赫拉克利特与普罗塔戈拉都否认事物的存在，都否认事物是其自身所是，他俩因此而被绑在了一起。柏拉图的赫拉克利特和普罗塔戈拉认为，

> 我们理所当然地说某某"是"什么的这些事物，都处于一个生成的、将要成为是的（coming to be）过程中，是运动和变动互相结合的结果。当我们称它们"是"什么的时候，这种表

> 述并不正确，因为任何时候都没有是什么的任何事物，它们永远都在生成中。(《泰阿泰德》,152d—e)

这种观点认为，感知的世界是一个生成的领域，且这一生成的领域是动态实体的领域，它只因与其他动态实体的关系而存在，并只因如此而是其所是。用《王制》的话来说，我们可以说感知世界的东西是，因为它们存在，但也不是，因为它们只存在于它们所不是的东西之中。

就哲学和诗歌之间的古老之争而言，《泰阿泰德》中最重要的一段话恰恰出现在关于普罗塔戈拉与赫拉克利特的相对存在理论或生成理论的介绍之后。具体而言，柏拉图让苏格拉底提出了一个令人惊讶的说法，即这种对世界的理解可以追溯到荷马：

> 关于这一点，让我们接受这个事实：即所有古代智慧的哲人都集结在此，除了巴门尼德。我们在这边找到了普罗塔戈拉、赫拉克利特、恩培多克勒；还有[211]两类诗歌各自的大师，谐剧诗人厄庇卡尔莫(Epicharmus)和肃剧方面的荷马。当荷马说到"俄刻阿诺斯(Ocean)，乃诸神之父，忒提斯(Tethys)则是诸神之母"时，他让一切事物都成为了流动和变动的后裔。(《泰阿泰德》,152e)

尽管柏拉图不可能认为荷马提出了关于生成论的成熟的哲学理论，但柏拉图确实认为，这一观点隐含在荷马的诗歌中。若他所言属实，我们就可以说，对于柏拉图和尼采两者而言，荷马诗歌表达了一种肃剧的世界观，而赫拉克利特则提供了关于这个世界观的最明确的哲学公式。

在这一点上，这种关于赫拉克利特及其哲学与荷马诗歌之间的潜在关系的解释可能会引起异口同声的反对，被人认为不合理。

然而,我的观点并不是要证明尼采或者甚至是柏拉图对赫拉克利特的解释有多精确,而只是为了表明尼采将赫拉克利特的哲学与诗歌世界联系在一起的尝试,同样也可以在柏拉图那里找到。因为尼采还跟随着柏拉图的做法,单单拎出巴门尼德,把他作为单独一位坚定反对那批支持荷马流动说的理论家大军的哲学家(参PTAG 9;KSA 1,836),因此,我们可以进一步称,尼采对前苏格拉底哲学的理解在很大程度上与柏拉图相似。

七、身为学者的尼采在哲学与诗歌的古老之争中所体现的价值

如果我关于柏拉图对诗歌批判的概述属实,那么,尼采作为古代文史学者的价值就可以分两个层次来评估。首先,他鼓励我们去发现柏拉图对某些哲学观点的批判与诸如《王制》这样的作品对诗歌展开的批判之间的密切联系。正如尼采在外来世界观被引入那植根于肃剧的世界观时看到了肃剧之死,柏拉图哲学的目的也是要通过攻击诗歌所依赖并表达的那种哲学立场来推翻诗歌。其次,尼采向我们展示了一种关于古代世界的视野,他在两类人物中建起了尖锐的文化分歧:一方面是像荷马、赫拉克利特、埃斯库罗斯和阿里斯托芬这样的形象;另一方面,是如巴门尼德、苏格拉底、欧里庇德斯、柏拉图和亚里士多德这样的形象。虽然有些人会反对以这种方式对古代进行分割,但这确实为那些认为古代从荷马的 mythos[神话]到亚里士多德的 logos[逻各斯]的变化是一种平稳发展历程的人们提供了另一个有意思的视角。[①] 此外,尼采对古代的理解也得到了如下事实的支持:柏拉图倾向于将自己的作

① 参 Buxton 1999,1—25,其中讨论了这一理解古代方式的流行程度,并对其相关问题进行了反思。

品看作对他前辈的哲学与诗歌的激进突破。因此，可以说，尼采对古代的解读是否成立，取决于柏拉图在其对话中巧妙表达的那种关于古代的视角是否准确，以及他在这种文化中赋予自己什么样的地位。

尽管尼采与柏拉图之间有如此广泛一致的意见，但应该明确的是，这两位思想家在哲学和诗歌之间的古老之争中各自选择了不同的立场，通过对苏格拉底乐观主义的攻击和对肃剧重生的呼吁，尼采借《肃剧的诞生》首次尝试[212]重开这场古老的纷争。还应该清楚的是，尼采和柏拉图一样，都以竞赛的世界观来解释这一古老的纷争，所以，人们可以认为，尼采后来的许多哲学都是对这个古老之争的致敬，因为这些哲学旨在用对存在的反形而上学的肃剧视野来取代对世界的形而上学理解。以这种方式解释哲学和诗歌之间的古老之争产生了一个有趣的结果，这就是，这场纷争表现为一系列的哲学问题。正如柏拉图之所以拒绝认为诗歌是人类存在的最高活动是因为他拒绝关于存在的肃剧视野，这和他将之与赫拉克利特的哲学联系在一起的那种世界观一样，尼采重新确立诗歌优越性的这种尝试也与他试图恢复自己在赫拉克利特哲学中发现的那种世界观的终极尝试齐头并进。因此，对于柏拉图和尼采而言，哲学沉思和诗歌创作，哪一个才是生命的最高活动这个疑问，最终就表现为这些疑问：现实世界是否是感知的世界，感知的世界是否可以缩减到一组动态的关系，以至于无物在其自身中存在，并为其自身而存在。因为这些问题都属于哲学领域，所以结果正如柏拉图和尼采所解释的那样，只有哲学家才能解决哲学和诗歌之间的古老之争。

参 考 文 献

Batfield, Raymond (2011): *The Ancient Quarrel between Philosophy and*

Poetry. Cambridge (Cambridge University Press).

Bolton, Robert (1975): "Plato's Distinction between Being and Becoming." In *Review of Metaphysics*. Vol. 34, 66—95.

Burnett, Anne Pippin (1971): *Catastrophe Survived: Euripides' Plays of Mixed Reversal*. Oxford (Clarendon Press).

Burnham, Douglas and Martin Jesinghausen (2010): *Nietzsche's The Birth of Tragedy: A Reader's Guide*. New York (Continuum).

Buxton, Richard (1999): "Introduction." In Richard Buxton (ed.): *From Myth to Reason? Studies in the Development of Greek Thought*. Oxford (Oxford University Press), 1—24.

Came, Daniel (2004): "Nietzsche's Attempt at a Self-Criticism: Art an Morality in*The Birth of Tragedy*." In *Nietzsche Studien*. Vol. 33, 37—67.

Decher, Friedhelm (1984): "Nietzsches Metaphysik in der 'Geburt der Tragoedie' im Verhältnis zur Philosophie Schopenhauers." In *Nietzsche Studien*. Vol. 13, 110—125.

Halliwell, Stephen (1996): "Plato's Repudiation of the Tragic." In Michael Silk (ed.): *Tragedy and the Tragedic*. Oxford (Clarendon Press), 332—349.

Henrichs, Albert (1986): "The Last of the Detractors: Friedrich Nietzsche's Condemnation of Euripides." In*Greel, Roman, and Byzantine Studies*. Vol. 27(4), 369—397.

Mganus, Bernd and Kathleen Higgins (1996): "Nietzsche's Workd and their Themes." In Magnus and Higgins (eds): *The Cambridge Companion to Nietzsche*. Cambridge (Cambridge University Press), 21—70.

Meyer, Matthew (2004): "*Human, All too Human* and the Socrates Who Plays Music." In *International Studies in Philosophy*. Vol. 36 (2), 171—182.

Most, Glenn (2011): "What Ancient Quarrel between Philosophy and Poetry?" In Pierre Destrée and Fritz-Gregor Hermann (eds): *Plato and the Poets*. Boston (Brill), 1—20.

Reginster, Bernar (2006): *The Affirmation of Life: Nietzsche on Overcoming Nihilism*. Cambridge, MA (Harvard University Press).

Soll, Ivan (1988): "Pessimism and the Tragic View of Life: Reconsideration of Nietzsche's *Birth of Tragedy*." In Robert C. Salomon and Kathleen M. Higgins (eds): *Reading Nietzsche*. New York and Oxford (Oxford University Press), 104—131.

Vlastos, Gregory (1991): *Socrates: Ironist and Moral Philosopher*. Ithaca, NY (Cornell University Press).

Von Reibnitz, Barbara (1992): *Ein Kommentar zu Friedrich Nietzsche*, Die Geburt der Tragödie aus dem Geiste der Musik: *Kap*. 1—12. Stuttgart (Metzler).

第五部分

哲学、科学、宗教

尼采的早期希腊哲学谱系

海特(Helmut Heit)　撰

"古希腊文化的发展对我们西方世界具有深远的影响,是我们西方世界作为整体发展的源动力。"

NF 1875,6[11];KSA 8,101

[217]尼采对早期希腊哲学的研究,不仅对那些热衷于尼采研究的学者具有启发意义,也因那个时代在我们的文化史学与自我认知中占具重要的地位而颇富教益。任何一位对西方哲学史及其发展抱有兴趣的人都应该会学习早期希腊的思想,因为那些被称为前苏格拉底哲学家的人通常都被认为是为哲学奠基的"第一批哲人"。然而,正如尼采在自己未发表的论文《希腊肃剧时代的哲学》("Philosophy in the Tragic Age of the Greeks",1873)中所言:"古希腊哲学似乎起源于一个荒诞的想法,即水是万物最初的起源和生命的孕育者这一主张:真的有必要对此保持沉默并严肃以待吗?"(PTG 3;KSA 1,813)。[①] 鉴于我们认为所有这些思想家提出的积极观点几

---

① [228]《希腊肃剧时代的哲学》(PTG)的文本,我使用的是考恩(Marianne Cowan)的译文(1962),《前柏拉图哲学家》(PPP),我使用的是惠特洛克(Greg Whitlock)的译文(2001)。所有其他德文资料的翻译,即尼采未发表的笔记以及德语二手文献的翻译都出自笔者,除非另有说明。

乎都已过时且有误，这似乎是一种支持古希腊文化的不合理的偏见。尽管爱慕希腊的一切(Phil-Hellenism)早已受到了多重挑战，但对早期希腊成就的热情依然是十分普遍的现象。比如，一本最新的全面介绍早期希腊哲学家的英文著作的开篇这样写道：

> 前苏格拉底哲学家将一种全新的智慧引入了这个世界。它们在公元前6世纪突然出现，因为当时的智者不满足于只是单独地去解释这个或那个事实、风俗、制度之类的问题，而是希望能一次性解释所有的东西。他们以学习自然开始，把自然作为一个独立的领域来理解自然本身的能力。在他们身处的这个神话和巫术思维的时代，即使是“自然”，也是一个非常新奇和前所未有的概念。从他们身上诞生出了两个迄今为止奠定了西方思想特征的学科：哲学和科学。(Graham 2010，I，1)

根据这些主张，哲学的发端可以历史[218]和地理地追溯到约公元前600年的古希腊。哲学的起源被认为是前所未有且自发产生的事件。除了关于其独立起源的这些经验性主张外，这一出现的系统内容表现为一种全新的智慧，即这是首次尝试使用一种普遍性的解释，一个关于自然的全新概念，这也意味着哲学与科学的同时兴起。涅斯勒(Wilhelm Nestle)的《从神话到逻各斯》(*Votn Mythos zum Logos*)这一书名是敏锐的目的论短语，恰好巧妙地捕捉到了这些主张和观点(Nestle 1940)，此外，几乎每一本西方哲学史都在不断地变换方式重复着这些论调，但尽管有这些主张，所谓早期希腊成就的确切内容、范围和对它的解释仍然是一个充满争议的话题。① 本文认

① 我详细分析了这一组主张，包括从古代和黑格尔那里一直到现代关于西方哲学史的研究发展，其辩护的模式，及其可能存在的不合时宜性与欧洲中心主义(Heit 2007)。我的研究受惠于我的哲学老师穆勒-沃登(Joachim Müller-Warden)，也是他引领我认识了尼采，参 Müller-Warden 1998 & 2003。

为，尼采对早期希腊哲学的倾情研究为这一持续的争论做出了重要的贡献。首先，我将介绍一系列标志着早期希腊哲学和科学发端的基本材料，尤其是亚里士多德和拉尔修的文本，以及一些流行于尼采时代的历史论著，比如黑格尔、于贝韦格和策勒尔的著作。其次，我将致力于重建尼采为早期希腊哲学所作的非正统谱系。最后，通过从尼采不合时宜与独创的论述中辨别出具有代表性与合时宜的元素，我将尝试着对他的解释作出评价。

一、从神话到理性：传统的回应

亚里士多德《形而上学》(*Metaphysics*)的第一卷给出了第一个关于哲学史及其体系开端的标准描述，这是我们关于早期希腊哲学的最古老的阐述。从这份资料中得出了一则广泛的共识，即米利都的泰勒斯被尊为第一位哲学家，因为据说他提出了 archē［始基］的观念，即我们所理解的质料原则潜在于所有的事物之中：

> 一切东西都是由它组成，最初从它之中生成，最后在它之中消解自身、归于毁灭，它的本质始终保持不变，尽管会因受到各种作用而变换它的形态——那就是人们所说的存在着万物的στοιχεῖον καὶ ταύτην ἀρχήν［元素和本原］。［……］泰勒斯是这一哲学学派的创始人，他认为水就是这种永恒本原。（亚里士多德，《形而上学》，983b）

泰勒斯在此被誉为第一位哲学家，因为他辨识出了亚里士多德的四因之一，也因为他用一种具有普遍性而非宗教性的言语来解释万物的本质。亚里士多德也对这种全新思维方式的出现作出了标准的谱系学解读。《形而上学》的第一句话作了这样的人类学假设:“所有的人类 ὀρέγονται φύσει[天生渴望]知识”(亚里士多德,《形而上学》,980a)。这一句话之后,他紧接着展开论述,最优越和最值得人渴望的智慧形式就在于普遍知识本身。几页之后,他又补充了那句著名的判断:“正是由于 θαυμάζειν[好奇],人们才开始,并且独创地开始了哲学思考。”他还补充道:“只有到了所有生活的必需品都实际得到了满足的时候,人们以 ῥαστώνην καὶ διαγωγὴν[消遣和娱乐]为目的时,这样的思维活动才会开始”(亚里士多德,《形而上学》,982b)。因此哲学起源于三个要素:对自然的渴望或追求、好奇或困惑,以及丰富的物质条件或[219]闲暇的时间。因此,可以这么说,正是自然的潜能、人类的好奇心与适宜的物质环境之间的相互结合,才使得这些潜力成为现实。在这样一种框架内,我们不需要对哲学的起源再作深入的解释,因为只要条件具备,哲学自然就会产生。

尽管这种哲学基础其实是基于人类的本性,但亚里士多德和他的大多数追随者依然坚持这是古希腊所独有的特殊成就。拉尔修则在他记录哲学言论与哲人轶事的集子一开篇就义正言辞地捍卫了哲学的古希腊起源,拒不认同那些声称哲学或类似哲学的思想起源于“异族”文化的主张。“这些作者们忘记了,他们归于异族的那些成就实际上属于希腊人,正是从希腊人那里,哲学才得以开始,而且不仅如此,人类种族自身也从此开始”(拉尔修,《名哲言行录》,卷一,节 3)。① 与多少个世纪后的格雷汉姆(Graham)一样,这些古代的作家把他们早期的前辈看作是这种新思维方式的原初、自发、突然涌现的创造者,这让他们首次在人类历史上试图以这样的方式把握和解释本质。19 世纪的大多数学者也持同样的观点。尽管格雷汉姆认为这不过是前苏格拉底哲学家文本的又一个新版本,由于自

① 关于拉尔修以及他之前和之后的作者对异族的界定,参 Heit 2005。[译注]“卷一,节 3”原文标为“卷一,节 2”,疑误。

第尔斯(Hermann Diels)和克兰兹(Walter Kranz)具有开创性的工作以来"在学术界发生的一些事情"(Graham 2010,I,xiii),但我们不应忽略这方面的某种连续性。为了理解尼采关于早期希腊哲学的论述如何与他同时代的其他人的方法有关系,又如何与之不同,我们先来仔细考察一下他参考过的一些类似的材料。

毫无疑问,19世纪最具影响力的哲学史当属黑格尔的课程,该课程一共进行了九次,时间从1805/1806年在耶拿一直到1831年黑格尔于柏林去世,并于1833年至1836年由米希勒(Karl Ludwig Michelet)发表。黑格尔一直坚称,缺乏关于哲学的概念,就无法书写哲学的历史,对此作了一番延伸论证后,他声称,真正意义上的哲学完全是由古希腊人发展起来的:"确切地说,从泰勒斯那里首次出现了我们所说的哲学(Philosophy)的历史"(Hegel 1892,171)。古希腊思想家并非出乎意料地发明了哲学,他们通过interpretatio graeca[用希腊语解释]这种手段,来改造和改善他们从先人和邻邦的文化中吸收来的一切。泰勒斯可能就利用巴比伦人的观测数据预言了一场日食(DK 11A5),他还运用埃及人的知识计算了金字塔的高度(DK 11A1),但是:

> 泰勒斯主张水是绝对(Absolute)的,或者像古人所言,水是原则,是哲学(Philosophy)的开端,因为只有在它面前,意识才能触碰到本质,触碰到真理,触碰到那个唯一且自在的,这种主张就是一。(Hegel 1892,178)

请注意,关于普遍统一性的概念不是被规定、发明,或者提出的,而是被有意识地认识到的,即,是被发现的。黑格尔还强调,这种形而上学的洞见与可感知的世界有着显著的区别。这代表了在实践的知识与荷马的神话中那种"与我们感官知觉的东西相背离"的东西(Hegel 1892,178),换言之,这就意味着"荷马那野性而无尽变化的想象力通过这样一个主张而得到了解释，该主张就是，存在即是水”(Hegel 1892,179)。泰勒斯的假设既不是源于感知，也不是源于传统，这个假设既反直觉又反经验。然而，根据黑格尔的观点，这恰恰抓住了[220]真正的本质，因为古希腊人所提出的哲学，正是指一种对理性的理想运用。理性是人类区别于其他动物的主要特征，古希腊哲学的兴起是迈向人类全面实现其内涵的重要一步。与亚里士多德和拉尔修一样，黑格尔认为哲学起源于人类本性的实现，因此，他认为这也是人类这一族类的起源。哲学的发展取决于经济的富足余裕、免受神职阶层教化的宗教自由、文化间的接触，以及其他文化的成就等各种条件。但其背后的动力并非这些条件中的任何一个，而是理性的自然发展："哲学的历史就是一种由内在的需要所驱动的连续进程，是这种潜在的理性力量的发展[……]偶然性在哲学出现时必须消失”(Hegel 1892,36—37)。黑格尔看到，自泰勒斯以降，哲学原理不断发展，皆遵循着他所提出的辩证逻辑的概念。

黑格尔去世后不久，越来越多的人开始反对他对历史中理性的神化，普遍认为，他对这些概念的神化毫无说服力。用尼采的话说：

> 顺带一提，只要不这么荒唐地谈论什么“世界-历史”，那一切都会很好：即便这个世界确实有一个目标，我们也不可能知道，因为我们是地球上的跳蚤，而非世界的统治者。(NF 1873,29[74];KSA 7,662)①

尽管受到了这样的批判，黑格尔的这种亚里士多德式的基本假

① 没有直接的证据能表明尼采曾阅读过黑格尔的《哲学史》(*History of Philosophy*)。他1873年的笔记79[72—74]中曾引用过黑格尔《哲学史》中的内容，有一段时间，尼采也还拥用过黑格尔的《哲学科学全书纲要》(*Encyclopedia of the Philosophical Sciences*)，参Campioni等2003,281。

设仍然构成了许多其他不同解释的基础，他认为，哲学从其伊奥尼亚学派的起源开始，就在连续不断地进步和发展。历史学家不断重建早期希腊哲学发展的进程，认为它从早期的神话开始，历经了简陋的伊奥尼亚学派，再到赫拉克利特与巴门尼德的学说对立，经由原子论者及阿纳克萨戈拉的提炼，最终在柏拉图和亚里士多德的经典作品中达到顶峰。于贝韦格明确地指出，黑格尔（只是）

> 用一种难以接受的方式肆意地夸大了“一步步地发展”这个基本概念的另一个合理说法，在哲学体系的演替中，无论是一般的还是特殊的事件进程里都能发现关于这种发展的概念。(Ueberweg 1868，10)①

策勒尔有一部著作，可能是对尼采来说最重要的讨论古希腊哲学的作品，策勒尔在其中也持类似的态度：他认为，像黑格尔搞的这种重构“实际上大部分几乎全是误解，其唯一的合理之处也许是其对历史演进具有内在合法性这一点的普遍信念”(Zeller 1869，11)。要评价尼采的独创性，就需要注意他的反黑格尔历史主义的特征。像于贝韦格和策勒尔这样的学者们拒绝黑格尔所论述的广阔的哲学背景一样，但他们既没有反对历史演进的内在合法性，也没有否认这样的观点：即第一位希腊哲人在人类理性的发展进程中走出了决定性的一步。

> 古希腊人是第一批成功获取这种思想的自由的人，他们没有转向宗教传统，而是着眼于万物本身，以求揭示关于事物

① 出于研究德谟克利特的需要，尼采曾于1867年或者1868年购买了于贝韦格的三卷本《哲学史纲要》(*Grundriß der Geschichte der Philosophic*)，并多次参考其中的内容。

本质的真理；唯因有他们，严格的科学程序和完全只根据自己的规则进行思考的理性才变成可能。单凭这一形式特征就完全足以区别古希腊哲学与东方思想的体系和尝试，[……]后者在面对自然时并非完全自由，因而他们既无法从他们的自然原因中获得对现象的有效健全的解释，也不能获得公民社会的自由或纯粹人类的教化（Bildung），而希腊人却能够[221]从自然中看到合法的规则秩序，并且向往人类生活中的自由与美好的道德。（Zeller 1869，105—106）

这些文字也在不断重复关于早期希腊思想是连续且普遍地发展的这种亚里士多德-黑格尔模式的本质特征。其基本特征是一种自然主义的形而上学，是对一种准确的、自由的且在道德上有效的理性世界观的渴望。它结合了人类学、关于理性的特定概念，以及某些有利的外部条件，以此解释哲学的起源。尼采作为古代文史学者的价值有一部分即源自于此：他在这一标准的论述后加上了一个问号。

二、希腊的肃剧时代：尼采论早期希腊哲学

尼采在巴塞尔的前几年主要处理了早期希腊哲学家的问题，1869年到1873年之间是这一研究的高峰，期间他开设了大学课程《前柏拉图哲学家》（"The Pre-platonic Philosophers"，或许在1869/1870?，1872及1876），①撰写了一篇未完成也未发表的文章

① [229]惠特洛克在对这些讲义笔记的翻译和编辑中得出了一个结论，他认为，尼采可能是在1869年或者1870年冬季学期开设了这门课程，但我们现在看到的讲义更有可能是在1872年编辑整理出来的（Whitlock 2001，XXII—XXIII）。他的介绍还强调了这些资料对于理解尼采下一步的哲学发展所具有的价值。从这些讲义第一次出版以来，它们对我们理解古希腊文化的重要意义就不断被学者们提起，例如罗伊-琼斯（Lloyd-Jones）说："1920年穆萨里昂（Musarion）版尼采全集中的那些讲义文稿，让关注哲学起源的学者格外感兴趣。"（Lloyd-Jones 1976，7）

《希腊肃剧时代的哲学》(1873)。《前柏拉图哲学家》是为介绍性课程而作的一部私人笔记，其中包括对文本材料的详细校勘、考证以及学术性的论辩，而《希腊肃剧时代的哲学》则表现出了一种自由的随笔式风格，且有公开发表的打算。《前柏拉图哲学家》——作为一个介绍性的通识文本——比《希腊肃剧时代的哲学》更符合标准的写作规范，虽然两者存在差异，但在材料来源方面互有重叠，各自的内容可以互证对参。能让我们重构尼采如何看待早期希腊思想的第三个文本是他的论文《前柏拉图哲学的后继者》("*Διαδοχαί* of the Pre-Platonic Philosophers")。他很有可能在1874年向格里斯多夫(Gersdorff)口述过这篇论文，并可能在1876年将之用于他关于该主题的课程(KGW II/5,613—623)。该论文研究后继者，即早期希腊哲学史家，也就是研究古希腊哲学言论的汇编者。尼采之后的著作几乎很少提及前柏拉图的哲学家，不过有两位属于明显的例外：恩培多克勒与赫拉克利特，例如在《人性的，太人性的》第261节。同样值得引起注意的是，青年时代的尼采没有去讨论那些被冠以"智术师"之名的思想家(Brobjer 2008,58)。然而，他对这些西方传统的第一批哲学家的研究持续影响着后来他对这一传统的批判性研究。

对于今天的读者来说，尼采课程的标题似乎很有意义，但我们不该高估其对于尼采的哲学分量。使用"前柏拉图哲学"这一术语而不是"前苏格拉底哲学"，这与历史分类学方面的问题有关，不过尼采也好，他同时代的学者也好，他们在这点上都互不相同。黑格尔对这些思想家并没有使用一个通称，策勒尔说的是"前苏格拉底的"哲学，于贝韦格称他们是"前智术师的"(在后来的版本中改为"前阿提卡的")。在第尔斯与克兰兹合作出版的重要汇编《前苏格拉底哲学家残篇》(*Die Fragmente der Vorsokratiker*)之前，这些术语的运用更是花样百出。其他学者则希望避免使用"前"这个意味着"尚无"(not yet)的语词，关于早期希腊哲学，他们更倾向于使用具有较少指向性的概念。尼采在表示"前柏拉图"时，并不局限于某个固定用法，他同时使用如"肃剧的"、"更早的"、"古风的"，甚至是"前苏格拉底的"等多个术语（PTG 9；KSA 1，836）。[222] 他在 1869 年秋季首次公布他的课程时宣称，该课程讨论的是"更古老的希腊哲学的历史"（Gesthidile der älteren griechischen Philosophie，KGW II/4，209）。

尼采对早期希腊哲学有着十分深刻的认识，这种认识是他获取自对大量材料进行重构的基础之上。对这些哲学残篇的早期收集可以部分地改善缺少像第尔斯和克兰兹（DK 1903）那样的标准版本的情况。拉尔修是一个颇为珍贵的材料来源，尼采曾多次细致地研究过他。正如巴恩斯（Jonathan Barnes）在本书的文章中所指出的，尼采发表的语文学研究中大约有一半是研究拉尔修及其材料来源的作品（KGW II/1，75—245）。这些研究有着决定性的重要影响，让尼采能从哲学言论收集的传记角度来理解古希腊的哲学（Müller 2005，103—117）。除了策勒尔和于贝韦格的文本，当然还有——尤其是考虑到德谟克利特——兰格（Friedrich Albert Lange）所著的《唯物主义史》（*Geschichte des Materialismus*），尼采也同时参考了其他人的哲学史，例如迈纳斯（Christoph Meiners）的《希腊和罗马的科学起源、发展和衰败的历史》（*Geschichte des Ursprungs, Fortgangs und Verfalls der Wissenschaften in Griechenland und Rom*，Lemgo 1781）、普朗特（Karl Prantl）的《希腊-罗马哲学概观》（*Übersicht der griechisch-römischen Philosophie*，Stuttgart 1854），以及博奈斯（Jacob Bernays）对赫拉克利特书信的研究（Berlin 1869）。但是他的重心主要还是放在古代的材料上。他在《古典语文学通识》（"Encyclopedia of Classical Philology"）的课上向他的学生提出了如下建议：

必须用最原始的材料来研究这些文献残篇：比如穆拉赫

(Mullach)编纂的哲学家残篇(尤以德谟克利特的最为匮乏)或拉尔修的私人记录。大量历史书写轶失了。里特尔(Ritter)与普雷勒(Preller)的极具价值的史料纲要与摘录。策勒尔的综合性论著,现在已经有了第三版。(EkP 18;KGW II/3,407)①

尽管尼采有这种 ad fonts[回到本源]的语文学倾向,但他很清楚我们可选择的材料十分有限。由于早期一代代学者和抄写者的偏见和价值判断,我们掌握了什么和没能掌握什么,就会导致各种情况产生。我们所掌握的材料在指引我们的同时,也模糊着我们的视野;缺乏早期希腊哲学家的可靠信息,尤其令人遗憾,且容易产生误导。"这真的很不幸,这些最初的哲学家留下来的东西实在太少了,我们衡量他们时会不由自主地过于谦卑,而自柏拉图以降,则有大量的文字遗产铺展在我们的面前"(PPP 1;KGW II/4,214)。柏拉图和亚里士多德会成为占统治地位的"经典",这在很大程度上只是"纯粹的偶然,因为他们从未缺少过鉴赏家和抄写者"(PTG 2;KSA 1,810)。尼采不仅建议我们不要轻信这些有限的材料,而且还主张颠倒经典哲学和早期希腊哲学之间的关系。如果有人,包括那些抄写者,拥有的是多数庸众的低级趣味及其小家子气的卑微品格,那么,"很有可能,古希腊思想中最令人印象深刻的一部分以及关于它们的语言表达已经轶失了,这并不是什么令人惊讶的命运"(PTG 2;KSA 1,811)。

---

① 此处他提到的两本残篇集和材料分别是:Friedrich Wilhelm August Mullach(1860)的《希腊哲学家残篇》(*Fragmenta philosophorum graecorum. Collegit, recensuit, vertit annotationibus et prolegomenis illustravit indicibus*),以及 Heinrich Ritter & Ludwig Preller(1869)的《基于文献的希腊和罗马哲学史》(*Historia philosophiae graecae et romanae ex fontium locis contexta. Locos collegerunt, disposuerunt, notis auxerunt H. Ritter et L. Preller. Editio quarta*)。为了方便起见,关于尼采的引用,我提供的是 DK 的参考信息。

已经有人主张，尼采一直沉迷于自己手头上为数不多的古代材料(Borsche 1985，81)，而他关于早期希腊哲学的概念在一定程度上来说只是一个人性的，太人性的模板和创造(Rehn 1992，41)。是否可以说，尼采对前柏拉图哲学的这番解读，跟他对古希腊思想的通论性叙述一样，并非完全不正确，而是毋庸置疑的尼采的古代(*Nietzsches Antike*，取自 Cancik 1995 的标题)？[223]显然，情况确实如此，并且——就像他本人深刻地意识到了——无法避免。我们手上的这些为数不多的材料不仅仅只是一些厚厚的关于早期价值判断的羊皮卷；这些保存下来的文本也只对特定的耳朵诉说。并且

> 当我小心翼翼地聆听着古希腊哲学家低沉的声音时，我仿佛感知到了我曾经在古希腊艺术中听到过的那些语调，也就是肃剧。这种感觉有多少是由于古希腊人，而又有多少只是由于这是我的耳朵(一个热爱艺术的人的耳朵)——即使到了今日我都不敢肯定地说出口。(NF 1878，30[52]；KSA 8，530)

当然，尼采的论述也是一种建构，但这一事实本身并不能让他有别于其他的历史编纂者。谈论黑格尔的古代，或者策勒尔的古代，或者——在这个问题上——亚里士多德和拉尔修的古代，似乎都很合理。为了评价尼采对该领域的贡献，我们可以比较一下他的具体结论和他对非正统解读的解释，因为这能突出他的解释的典型性和适时性，以及特异性和原创性的特征。

三、尼采关于早期希腊哲学的谱系学：合时宜与不合时宜

尼采对前柏拉图哲学家的研究在一定程度上属于 19 世纪学术界标准观点的典型做派。他在选择相关古代哲学家时也或多或少地遵循了传统。在《希腊肃剧时代的哲学》中，尼采重构了泰勒

斯(第三部分)、阿纳克西曼德(第四部分)、赫拉克利特(第五至第八部分)、巴门尼德(第九至第十三部分)和阿纳克萨戈拉(第十四至第十九部分)几位哲学家的思想。事实上,他并没有如之前所宣布的那样处理"从泰勒斯到苏格拉底"的哲学家(PTG 1;KSA 1,808),原因正是在于文本材料的残缺不全。《前柏拉图哲学家》所涵盖的范围更广,包括前伊奥尼亚学派和后阿纳克西曼德的思想家,如德谟克利特和苏格拉底。尼采骄傲地宣称自己制作了一张"漂亮的表格,里面包括各种类别、主要的人物(Hauptkerle)、先驱与后来的追随者"(致洛德,1872 年 6 月 11 日;KSB 4,10),但他的自夸只能说是部分正确,因为其他历史学家也会在各种哲学学派的重要人物和次重要人物之间做出类似的区分。阿纳克西曼德是伊奥尼亚学派的"主要人物",这几乎已成为常识,他上承泰勒斯,下启阿纳克西美尼。但是尼采反对这种普遍存在于黑格尔或——之后的——第尔斯那里的观念(Heit 2011b),即早期希腊哲学是一个由不同学派组织起来的阵营。他认为这种不合时宜的偏见来源于亚历山大学派的 diadochai[后继者]:"哲学的流派在那个时代并不存在"(PPP 7;KGW II/4,240;参 KGW II/4,613)。尼采还用当时已经建立的方法来确定传记日期和时间顺序。在有争议的问题上,他通常站在黑格尔的对立面。比如,黑格尔和策勒尔认为赫拉克利特哲学的"生成"是对埃里亚学派的"存在"的回应,而尼采则站在于贝韦格一边,认为是巴门尼德回应了赫拉克利特。尼采不同意策勒尔的看法,后者将毕达哥拉斯学派的哲学与数学置于晚毕达哥拉斯一个世纪的柏拉图的时代(PPP 16;参致洛德,1872 年 6 月 11 日;KSB 4,10),他的反对已被大多数现代学者所证实(参 Heit 2011a,54—55)。

[224]同大部分公认的观点一样,尼采同意古希腊人是哲学的独创者。关于泰勒斯被认为是腓尼基人后裔的这个"奇怪的问题",他提出的答案与他同时代的大多数人一样:"只有在他的家族

可以被追溯到卡德摩斯(Cadmus)时,才能说他是腓尼基人”(PPP 6;KGW II/4,231)。尼采还发现,会有这种问题,是因为“后来的学者具有东方倾向”,即亚历山大学派:“据说古希腊哲学并不是起源于希腊”(PPP 6;KGW II/4,231)。与黑格尔和策勒尔非常相似的是,他认为跨文化的交流对伊奥尼亚的商人和殖民主义者来说都是再自然不过之事。他们并不是孤立的人,而是融入到了各种文化的交往之中。尽管如此,哲学仍然完全是古希腊人独创的成就。

> 没有什么比主张古希腊文明完全是土生土长的更愚蠢的了。相反,他们总是吸收其他当时存在的文化。他们能走得更远,其原因恰恰在于,他们知道怎样捡起别人留下的长矛,并从那个地方向前掷去。(PTG 1;KSA 1,806)

因此,尼采的说法与他当时大多数人的论述基本一致,古希腊文化所处的一般背景环境并不能证明如下这个不合理的结论,即“哲学只不过是被传入希腊的,而不是在其原生的土壤中自然地成长和发展起来的”(PTG 1;KSA 1,806)。哲学是古希腊的一项独特的新事物,对于西方文化的进程来说,它是本构的。然而,尽管尼采坚持哲学的这种基本作用,但他对前柏拉图哲学家的兴趣却并不是一种自我肯定式的探索,他并不想寻找那个为这一辉煌、卓越和持续发展的进程奠定基础的谦逊的源头。他对早期希腊哲学和西方文化的见解分别在不少重要方面都与许多19世纪(和20世纪)的思想家有所不同。

尼采独到的观点所具有的第一个明显特征是他对早期希腊文化的关注。他颠转了古风时期与古典时期希腊哲学之间的标准秩序。大多数学者都同意亚里士多德的观点,认为早期的哲学家“就像未经训练的士兵,在战斗中横冲乱撞,也曾多次冲锋陷阵,命中要害,但他们缺乏科学的头脑”(亚里士多德,《形而上学》,985a),而且“最早的哲学由于幼稚和刚刚起步,所以某种程度上对一切都含糊其辞”(亚里士多德,《形而上学》,993a)。因此,大多数人都把柏拉图和亚里士多德的哲学誉为早期学术方法的“经典”巅峰。另一方面,尼采则倾向于将他们的作品视作对衰落的和迟来的,事实上应该说是过于延时的表述。古希腊人“清楚地知道如何在适当的时机开始[……]处于幸运之中的时候,达到幸运顶峰的时候,达到成熟的男子气概的高峰,作为一种从英勇和获胜的热忱中迸发出来的追求”。但他们不知道何时停止,事实上“他们没有能力及时停止,他们的优点因此被大幅削弱”(PTG 1;KSA 1,805)。后来的古希腊哲学家都缺少一个重要的特征:“自柏拉图以降的哲学家,与从泰利斯到苏格拉底的‘创造性心灵的共同体’(Genialen-Republik)相比,存在本质的缺陷。”换言之,尼采把这些晚期思想家当成是“混合的哲学,之前的则属于纯粹的哲学”(PTG 2;KSA 1,810)。这种判断与他对早期的、古风的、肃剧时代的古希腊的热情十分符合。但同时也表达了一种不同的探索方式。

[225]不仅是主题,尼采的研究方法也有其独创性。寻求另一种生活模式与思维方式的抱负驱使着他的研究。他在《前柏拉图哲学家》的第一部分说道:“我们充满了疑问,我们从以古希腊人为代表的他们的哲学史那里学到了什么?而不是问,我们从以哲学为代表的那里学到了什么?”(KGW II/4,211)。在这一方面,首先需要明白的是,“在古希腊人中产生了哲学家原型(Philosophenttypen)”(PPP 1;KGW II/4,212),“典型的哲学家头脑(die typischen Philosophenköpfe)”(PTG 1;KSA 1,807)。哲学家在希腊人中出现并持续出现,这本身就是一个引人瞩目的事实,因为——与亚里士多德的传统不同——对于尼采而言,这种哲学推理太不自然了。

> 我想讲述关于某些哲学家的——简化的——故事。我打算只把重点放在他们每个人的体系中能够构成其个性的部分,这些部分因此是不容辩驳和争议的证据,将它们保留下来是历史的任务。(PTG 1st“序言”;KSA 1,801)

他甚至明确地恢复了被拉尔修过度使用的冗长且过时的轶事体裁。

> 被驳倒的体系中唯一令人感兴趣的只有个人的因素。只有这才是永远无法被驳倒的。三件轶事可以完全呈现出一个人的形象,我将试着在每个体系中找出三件重点轶事,然后摒弃其余的。(PTG 2nd“序言”;KSA 1,803)

事实上,我无法在之后的任何一个章节中发现他所说的这些三件轶事,但他的强调却十分明确。黑格尔认为“个性和品格在任何重大的层面上都不会进入”对哲学的历史书写的内容和事件(matter)之中(Hegel 1892,1),尼采则与黑格尔形成鲜明的对比,他让我们把注意力放在个人身上。① 他聚焦于“什么是我们必须永远热爱与尊重的,什么是任何后来的启蒙都无法剥夺的:那就是伟大的人类”(PTG 1st“序言”;KSA 1,802),但他获得的反响却褒贬不一。拉普(Christof Rapp)认为尼采的论述古怪地痴迷于一些传记,即非哲学的关注,他的痴迷可已忽略不计,拉普主张——就像黑格尔那样——应该明确地忽略这些的问题(Rapp 2007,11)。另一方面,尼赫斯-普罗斯丁(Heinrich Niehues-Pröbsting)则与尼采保留了“通

---

① 在他的柏拉图对话集研究的导论中,尼采还将柏拉图的哲学当作柏拉图本人的主要证词(KGW II/4,148);他后来也一直使用这种探索方式,把哲学体系解读为“它的创造者的自白和一种无意识和未记录的回忆录”(BGE 6;KSA 5,19);参 Heit 2013。

常的哲学史书写中的哲学言论汇编"和"19 世纪曾出产了大量乏味、多卷而厚重的哲学史手册"的这种做法产生了共鸣(Niehues-Pröbsting 2004,148—149)。他也赞成尼采对个性典范的关注及其对历史现实,因而也就是对人类图景中各种生活方式和观察方式的关注(PTG 1st"序言";KSA 1,801)。但他抱怨尼采并没有完全将他的计划付诸行动(Niehues-Pröbsting 2004,152—153)。这是一个十分合理的反对意见,但尼采的这种不完全性源自这样一个事实,即论前柏拉图哲学家的课程旨在引导他的学生,而论希腊肃剧时代的哲学家的论文还处于松散的篇章阶段。然而,尼采——由于他专注于独特的个性——成功地呈现了一件事实,这就是,早期的希腊思想并不呈现出一种教义学说的理性演变,而是"大量在概念上互相没有太大关系的声音"(Müller 2005,4)。尼采的《希腊肃剧时代的哲学》希望呈现出独属每个个体的原创思想的复调音乐。"这将成为一个起点,其目标是[226]通过比较的方法来恢复和再造某些特定的天性(jene Naturen),让希腊天性的复调音乐有朝一日能再度回响"(PTG 2nd"序言";KSA 1,803)。米利都的泰勒斯就是那些宏伟声音中的一曲。

我们现在可以回到最初的问题,即我们是否应该从严格意义上把泰勒斯视为哲学起源的第一人。"是的",尼采这样回答:

> 有三个原因。第一,因为他告诉了我们万物最初的本原;第二,因为他不是用形象或者寓言,而是用语言来表达;最后,因为包含在其中的是这样一种思想,即使只是雏形,这就是"万物一体"。(PTG 10;KSA 1,813)

与策勒尔等人一样,尼采将哲学的出现建构为一种全新的、不同寻常的思考模式,是从先前的神话诗歌和实践知识中建立起来的。虽然第一因也适用于宗教的宇宙起源论,但泰勒斯的自然主义语言表明了一种完全不同的进取心，这使他上升到了科学的位置。实际上，尼采将水本原说与后来的科学发展联系到了一起，而不仅仅是简单地告诉他的读者，具有塑形能力的水在自然科学的历史上出现过两次，即帕拉塞尔苏斯（Paracelsus）与拉瓦锡（Lavoisier）的理论。他还提请我们"想一想康德-拉普拉斯（Kant-Laplace）假说，[①]他们关注作为宇宙的前提条件的气态"，他认为，这种说法支持了伊奥尼亚学派关于宇宙诞生自不固定、不聚合状态的思想（PPP 6；KGW II/4，236—237）。这些思考普遍存在于《前柏拉图哲学家》里，但《希腊肃剧时代的哲学》中则没有，这证明了尼采早期对自然科学和当代科学发现的持续兴趣。[②] 然而，那个时代和之前的文化，据说完全属于实践和经验思想，这就是巴比伦的科学，泰勒斯与它同样具有相似的世俗自然主义特点。"如果他说，水演变成了地球，那么这只不过是一个错误的科学假说，而且是很难证伪的错误。但是，他超越了科学的思考"（PTG 3；KSA 1，813）。而伊奥尼亚学派之所以有别于巴比伦科学的观察经验主义和实践知识，正是因为超越了那个时代的知识和常识。

> 关于水的发生和变化（更具体地说，是水分），他对经验自然作了一个松散而无序的观察，不可能容忍的粗暴概括（ungeheuerliche Verallgemeinerung），更不用说运用它了。驱使他找到那个命题的是一种形而上学的信念，源于一种神秘的直觉。我们在每一种哲学中都会遇到它，并不断地尝试以一

① ［译注］即康德与拉普拉斯的星云说。

② 举例来说，讨论赫拉克利特的课程提供了唯一的证据，证明了尼采不仅从巴塞尔的图书馆借阅了赫尔姆霍茨（Hermann von Helmholtz）的著作，而且实际上还阅读并引用了他关于自然之力相互依存的论文，来验证赫拉克利特的观点，即不存在无法改变的东西，即便是最稳定的事物最终都肯定会改变形式并灭亡（PPP 10；KGW II/4，270）。

种更合适的方式来表达它，它就是“万物一体”。(PTG 3; KSA 1,813)

因此尼采同意传统的观点：“泰勒斯是第一位哲学家”(PPP 2;KGW II/4,218)。但他给这个头衔赋予了不同的意义。泰勒斯并不是第一位正确使用人类理性的代表，这类人“能在自然中看到一个合理的秩序，并渴望获得人类生活的自由与美好的道德”(Zeller 1869,106)。他的水本原假说并不代表人类“第一次用理性来描述世界原貌的真正尝试”(Kirk 等 1983,75)，而是表达了一种“令人惊讶的概述”，一种“高高在上地处理[227]所有经验”的信仰声明(PTG 3;KSA 1,813)。根据尼采的解释，由伊奥尼亚学派的 physikoi[自然科学家]开创的形而上学假说传统很难出现像那些“把自然当成一个独立的领域，只能以其自身的能力来理解和认知的自然的研究者”的成果(Graham 2010:I,1)。尼采在他的笔记簿中直截了当地写到，这就是“哲学之蛹中的艺术冲动”(NF 1872/73,21[20];KSA 7,529)。泰勒斯提出了一种全新的关于世界的观点，与之前的那些相比，受到了其他来源的启发，被别的需求和价值所引导，尽管如此，它仍然是一种观点。① 然而，澄清并统一这个混乱与生成的观测世界(observational world)的哲学冲动，即巴门尼德的逻辑的净化，却是西方哲学与之背离的那个时

① 哈塔布(Lawrence Hatab)是少数也对古代哲学起源著作颇丰的尼采研究者之一，他也得出了类似的结论：“总而言之，我们发现哲学之后的诸多特征都包含在其第一个历史时刻之中：如寻求统一的解释、反对神圣比喻而强调世俗的经验、独立的自觉心灵的积极作用、没有神圣观念的阻挠，以及表象与现实之间的区别。一般而言，我们可以说泰勒斯发现了看待世界的客观视角，亦即排除世界的情感的、存在的和神圣的几个层面。但我们不能将客观性和‘真理’划等号。恰恰相反，这是一个脱离神话背景的新标准。例如，当阿纳克萨戈拉宣称太阳不是神而是一块白炽石时，他并没有揭露真正的‘太阳’，而只是用一种不同的方式去理解太阳”(Hatab 1990,163—164)。

刻。即使在尼采十分晚期的思想中,他依然把关于统一的存在(unified being)的思想与这些被奉若人类思想神明的早期希腊人联系在一起,而正是统一的存在构成了那唯一明显的世界性的变化和多样的基础:

> 事实上,迄今为止,没有什么比存在(Being)的谬误更具有一种朴素的说服力了,正如埃利亚学派所表述的那样,因为我们所说的每个词、每句话都在为其辩护!——连埃利亚学派的对手也受到了他们关于存在的观念(Seins-Begriff)的诱惑:哲学家德谟克利特便是其中之一,他发明了原子论……一种存在于语言中的"理性":哦,一位多么狡诈的老妪!我担心我们没法摆脱神,因为我们依然相信语法……(TI"哲学中的'理性'"5;KSA 6,78)

四、 尾声:哲学是建在沙堆上的艺术品

尼采在《朝霞》的序言中提出过一个问题:

> 为什么自柏拉图以来的每一位欧洲哲学建筑师都徒劳无功?为什么被他们郑重其事地奉若圭臬 aere perennius[固若金汤]的一切都摇摇欲坠甚或已经躺在废墟之中?(D"序言"3;KSA 3,13)

答案不在于他们没能提供合适的哲学基础和"基本原理",而是因为他们被道德的诸多需求和愿望所误导。洛基得利斯(Nikolaos Loukidelis,2007)证明了尼采在写这段话时参考了罗蒙特(Heinrich Romundt)的《哲学改良的基础》(*Grundlegung zur Reform der Philosophic*)中的部分内容。然而,罗蒙特的文本在

一个重要方面与其存在明显的差异：

> 从泰勒斯到最近时期的哲学体系都是教条学说的建筑体(Lehrgebäude)，但它们不是科学。人类心灵对“立”(build)的动力和欲望比哲学家追求知识和科学的热情更强烈。思想家们更像是发明者，而不是发现者。(Romundt 1885，8—9)

罗蒙特把最早将哲学体系化的野心追溯到了泰勒斯，尼采则归诸于柏拉图和他的追随者，以此区分希腊早期哲学与古典时期的哲学。在《肃剧的诞生》中，既非泰勒斯也不是柏拉图，而是“苏格拉底，这位理论乐观主义者的原型[……]坚信事物的本质是可发现的，因而给信仰知识和认知赋予了一种万能灵药的作用”(BT 15；KSA 1，100)。尼采似乎[228]对这一特定思维模式的确切历史开端，以及早期宏伟的复调声音与后来教条式的混合型思想之间那条清晰的分界线有些不太明确。但是，他对这种新的思维模式的怀疑本质上没有改变。被引入古希腊人的理论乐观主义并不能如其所是地揭示事物的本质，因为这超出了人类所能掌握的范围。哲学从其古希腊的起源开始，就是在沙堆上建造的艺术作品。但它的引入带来了一种智性真诚的价值与强烈的信念，进而产生了一系列学派和方法，直到整个哲学事业本身“受其强烈幻觉的鼓动，无法抗拒地向自己的界限狂奔而去，就在那里，它那被逻辑本质掩盖的乐观主义最终将触礁失事”(BT 15；KSA 1，101)。在那个阶段，尼采将存在(being)视作溺水或建造新船之外的另一个选择(GS 289；KSA 3，529—530)。

尼采对早期希腊哲学家的研究之所以一直受到重视，就是因为它让我们看待这些哲学家成就本质的视角发生了根本转变。不同于认为世界历史是从神话到理性的突破的传统(和欧洲中心的)欣慰自喜，尼采提出了一种视角，将希腊人的奇迹看作是我们创造世界的人类活动中的一个根本性的异样者(variation)。他促使我们将前柏拉图哲学家视为具有创造性的思想家,他们提出了新的世界形象和新的生活方式,但是既不发现自然给定的客观本质,也不提出一种唯一正确的生活方式。他们复调且多元地呈现思想和生活的适当时机,为后来的哲学家提供榜样和模范。他们能够实现这些,凭借的是巧妙的演绎和实验,以及对理性抱有的不合理的乐观和信任。据尼采所言,希腊肃剧时代的复调哲学家们掀起了一场运动,而且并未陷入后来西方哲学教条僵化的困境。

参 考 文 献

Aristotle (*Met.*) (1993):"Metaphysics," In Hugh Tredennick (trans.):*Aristotle in 23 Volums*. Cambridge, MA (Harvard University Press). Vol. 17.

Borsche, Tilman (1985):"Nietzsches Erfindung der Vorsokratiker." In Joesf Simon (ed.):*Nietzsche und die philosophische Tradition*. Würzburg (König-shausen & Neumann), 62—87.

Brobjer, Thomas H. (2008):*Nietzsche's Philosophical Context:An Intellectual Biography*. Urbana (University of Illinois Press).

Campioni, Guiliano, Paolo D'Iorio, Maria Cristina Fornari, Francesco Fronterotta and Andrea Orsucci (2003):*Nietzsches persönliche Bibliothek*. Berlin and New York (Walter de Gruyter).

Cancik, Hubert (1995):*Nietzsche Antike. Vorlesung*. Stuttgart and Weimer (Metzler).

Cowan, Marianne (1962):*Philosophy in the Tragic Age of the Greeks: Friedrich Nietzsche*. With an Introduction by Marianne Cowan (trans.). Washington (Regnery).

Diels, Hermann (DK) (1951):*Die Fragmente der Vorsokratiker. Greek and German*. Walter Kranz (ed.). Zürich (Weidmann).

Diogenes Laertius (*Lives*) (1925):"Lives of Eminent Philosophers." In Robert D. Hicks (trans.): *Lives of Eminent Philosophers*. Cambridge, MA (Harvard University Press).

Graham, Daniel W. (2010): *The Text of Early Greek Philosophy: The Complete Fragments and Selected Testimonies of the Major Presocratics*. Cambridge (Cambridge University Press).

Hatab, Lawrenc J. (1990): *Myth and Philosophy: A Contest of Truths*. La Salle (Open Press).

Hegel, Georg W. F. (1892): "Lectures on the History of Philosophy II: Greek Philosophy to Plato." In E. S. Haldane and Frances S. Simon (trans.): *Hegel's Lectures on the History of Philosophy*. London (Routledge & Kegan Paul).

Heit, Helmut (2005): "Western Identity, Barbarians, and the Inheritance of Greek Universalism." In *The European Legacy: Toward New Paradigms*. Vol. 10 (7), 725—739.

——(2007): *Der Ursprungsmythos der Vernuft. Zur philosophiehistorischen Genealogie des griechischen Wunders*. Würzburg (Königshausen & Newumann).

——(2011a): *Grundwissen Philsophie: Frühgriechische Philosophie*. Sturrgart (Reclam).

——(2011b): "Diels (H.) Frügriechische Philosphie. Vorlesungsmitschrift aus dem Wintersemester 1897/1898. Stuttgart 2010." In The Classical Review. Vol. 61 (1), 320—321.

——(2013): "Lesen und Erraten. Philosophie als 'Selbstbekenntnis ihres Urhebers'." Forthecoming in Marcus Born and Axe Pichler (eds): *Texturen des Denkens*. Berlin and Boston (Walter de Gruyter), 123—143.

Kirk, Geoffrey S., John E. Raven and Malcolm Schofield (1983): *The Presocratic Philosophers: A Critical History with a Selection of Texts*. Cambridge (Cambridge University Press).

Lloyd-Jones, Hugh (1976): "Nietzsche and the Study of the Ancient World."

In James C. O'Flaherty, Timothy F. Sellner, and Robert M. Helm (eds): *Studies in Nietzsche and the Classical Tradition*. Chapel Hill (University of North Carolina Press), 1—15.

Loukidelis, Nicolaos (2007): "Nachweise aud Heinrich Romundt, 'Grundlegung zur Reform der Philosophie'." In *Nietzsche-Studien*. Vol. 36, 403—405.

Müller, Enrico (2005): *Die Griechen im Denken Nietzsches*. Berlin and New York (Walter de Gruyter).

Müller-Warden, Joachim (1998): "Die aktuelle Entwicklung Europas, erörtert im Lichte der Philosophie Friedrich Nietzsches." In Volker Gerhardt and Renate Reschke (eds): *Nietzscheforschung*. Berlin (Akademie). Vol. 4, 119—146.

——(2003): "Nietzsches Frage nach der 'Herkunft der Werte'. Zur Ätiologie der okzidentalen Zivilisation." In*Ästhetik und Kommunikation*. Vol. 120, 103—110.

Nestle, Wihelem (1940): *Vom Mythos zum Logos. Die Selbestentfaltung des griechischen Denkens von Homer bis auf die Sophistik und Sokrates*. Stuttgart (Kröner).

Niehues-Pröbsting, Heinrich (2004): *Die antike Philosophie. Schrift, Schule, Lebensform*. Frankfurt am Main (Fischer).

Rapp, Christof (2007): *Vorsokratiker*. Munich (Beck).

Rehn, Rudolf (1992): "Nietzsche Modell der Vorsokratik." In Rudolf Rehn and Daniel W. Conway (eds): *Nietzsche und die antike Philosophie*. Trier (WVT), 37—45.

Romundt, Heinrich (1885): *Grundlegund zur Reform der Philosophie. Vereinfachte und erweiterte Darstellung von Immanuel Kants Kritik der reinen Vernunft*. Berlin (Stricker).

Ueberweg, Friedrich (1868): *Grundriß der Geschichte der Philosophie von Thales bis auf die Gegenwart.—Erster Theil: Das Altertum. Dritte, berichtigte und ergänzte und mit einem Philosophen-und Litterator-*

en-Register versehene Auflage. Berlin (Mittler).

Whitlock, Greg (2001): "Translator's Preface and Translator's Introduction." In his (trans. and ed.): *The Pre-Platonic Philosophers*. Urbana (University of Illinois Press), vii—xlvi.

Zeller, Eduard (1869): *Die Philosophie der Griechen in Ihrer geschichtlichen Entwicklung. Erster Theil. Allgemeine Einleitung. Vorsokratische Philosophie*. Dritte Auflage. Leipzig (Fues).

尼采的语文学与古代科学

巴比奇(Babette Babich) 撰

一、尼采的科学

[233]尼采凭借自己的突破性发现,在古代语文学或古典学领域站稳了脚跟,他的发现一度成为该职业领域的一种标准(尽管没有号角齐鸣):确切地讲是他对韵律学的贡献(例如,参 Babich 2005,47—78)。这些发现源自他对韵律和节奏的研究,尤其是对定量的或量化的节奏的研究。① 尼采在他为《肃剧诞生于音乐精神》所作的研究中还继续对音乐和言辞提出了更多更广泛的主张,人们对这些主张更多的是无视,而非关注。② 就此程度而言,尽管尼采对自己的领域做出了贡献,而且,就像罗伊-琼斯(Hugh Lloyd-Jones)和阿罗史密斯(William Arrowsmith),还

---

① [251]若想进一步了解一个更广泛的语景,可参我的讨论,参 Babich 2006b,尤参第三章。

② 从罗伊-琼斯(Hugh Lloyd-Jones)到洛候(Nicole Loraux)也存在例外的情况。我在最近的著作中对此做了讨论,对其中一些学者有所引用,尤其是第八和第九章,其中我讨论了古希腊的音乐与尼采的现象学的语文学,参 Babich 2013d。

有莱因哈特和普希尔一样，他们每个人在我之前都以不同程度的严谨（和幽默）对尼采的贡献进行过讨论，但是，尼采的名字在古典语文学界那些值得瞩目的权威声音中仍然缺席，他被整整遗忘了超过一个世纪之久，除了少数偶尔将他纳入该领域的例外，甚至那些受人尊敬的专家和学者也都倾向于将他视作局外人，例行公事地不承认他对韵律学的主流贡献，口径一致地对他的肃剧研究横加指责。

在科学哲学（包括主流和大陆学派）的语境中，我决定遵循库恩（Thomas Kuhn）在这方面的观点，他的观点继承了弗莱克（Ludwik Fleck）（以及其他人）的社会学的科学研究，费耶阿本德（Paul Feyerabend）为圣伯拉敏（Robert Bellarmine）所作的辩护也淘气地再现了这一点，圣伯拉敏曾反对伽利略那更为知名的富有策略性的修辞，他的观点准确精当，但已被人遗忘。我认为，知识界对此的无视——事实上相当于学术压制——往往意在统治学术发现，也许尤其是要管制突破性的发现。所以，可以肯定的是，即使是被公然冠以“尼采语文学”之名的研究，也默默地忽视了尼采在古典语文学研究的发现。[①] 若在我自己的尼采研究中，我会比多数人更强调这种“压制”的政治性，与此紧密相关的是类似的学术争论，尤其[234]是关于科学的争论，或许已经出现在费耶阿本德的著作中，正如人们已经注意到的那样，还可能出现在拉图

① 这个情况中有一部分是同行评议的问题，这是一个固有的循环，其内在也是保守主义，并且当评议者以年轻人为主（这一情况越来越多）而不是年长者时（他们以前也属于年轻那一类），情况往往就像王尔德（Oscar Wilde）所说的：“捡了芝麻丢了西瓜（to straw the wheat and save the chaff）。”与此同时，由于经费的削减，同行评议作为对开放存取（open access）的持续争论的一部分，本身就处于争议之中，此外，社会学和人类学的一些更深层的议题，以及关注金钱，勾结串通和普遍的学术腐败，学科政策也都处在风口浪尖。［译注］“［But］to straw the wheat and save the chaff（割麦存糠）”，出自王尔德的《瑞丁监狱之歌》（*The Ballad of Reading Gaol*）第5部分。

尔(Bruno Latour)等人的著作中,皆以不同的方式呈现出不同的最终样貌。① 在当前的语境里,使情况变得更为复杂的是,学院或学术的压制已变成了一种自我肯定,而且,确实是无意识地如此行事。

具体以尼采所称的"科学"为例,他所指的不仅是物理、化学或生理学(因为"科学"这个术语通常只限于英语传统中的自然科学),而且还包括他自己的学科,即古典语文学(我们也可以再加上他的哲学),主流学术界抗拒去反思尼采的发现,这已成为一种行事准则。请注意,我不是在谈论研究尼采的学者们彼此的主张,比如从洛维特(Karl Löwith)到穆勒-劳特(Wolfgang Müller-Lauter),再从费英格(Hans Vaihinger)到考尔巴赫(Friedrich Kaulbach),以及从威尔考克斯(John Wilcox)到克拉克(Maudemarie Clark),等等。相反,我谈论的是在尼采自己的古典学领域,他本人的研究所涉及的范围。这个问题无疑涉及他的研究中最难的部分(韵律和定量的节奏等),但另一部分同样不容小觑,就是这种深奥的复杂性由于尼采经典的康德主义式自觉反思所具有的激进性(尼采并非新康德主义者)使其变得更为复杂,并因此具有一种公开批判科学的总体取向,也就是公然批判他自己的学科。在他关于荷马问题的就职演说中,这一批判的方法和倾向就已非常明显。②

除了尼采研究本身的复杂性和他那太过敏感的批判发出的不和谐之音,过去的成规定见(fall-out)也依然深得当今学者的赞同,他们解读尼采的态度也和过去一样传统。这种成规定见(就是那种自我肯定的动力来源)必然会将对尼采的"解读"排除在今日

① 相关的论述(以及详细的参考资料),参 Babich 2003b,97—107 以及 Babich 2010b,343—391。

② 我对此作了一个概述,并提供了详细的参考资料,参 Babich 2012,240—259。

古典学者典型的研究模式之外，不管是德语、法语、意大利语或英语学界，等等。尝试弥补这种不足，依其身份来解读古希腊作品或研究古典学著作，这些行为在任何传统中也都不是尼采学者的典型研究模式，无论是分析学派还是大陆学派，无论是文学的还是哲学的。最后，尽管这可以说是最难以描述的详细细节，但总的来说，个人还是必须增加阅读量，拓宽阅读范围。“博学多才”现在已成为责备学者的一个术语，即使在今天所谓的“哲学史”中也是如此（尤其是在主流哲学或分析哲学中，这两种哲学的特点是集中研究一些精选的案例，然后往死里研读文字）。对尼采而言，这种对传统的流水线式、且经常是数字化的调节必然会成为一种障碍，因为所有的证据都表明，尼采本人读过大量的文献材料，以至于对尼采看过的材料的研究也已成为学界的一个次级学科，该学科从表面上看完全建立在对材料进行筛选这一基础之上。[①]

尼采用“语文学的缺失”这个术语来形容这种缺少背景的情况，他所说的缺失在他的年代就已十分明显，“语文学的缺失”指的是长期存在于“文本中的有待解释的困境”，而这又是解释的前提（KSA 13，15[82]，456；比较 460）。[②] 与此同时，这种缺失的情况只会变得更糟，所以，康福德（Francis MacDonald Cornford，1874—1943）才会在尼采去世 12 年之后所写的一本书中，基于区分“神秘宗教”和奥林波斯诸神崇拜这一语境，将尼采的《肃剧的诞生》描述为“一部具有深刻的想象性洞见的作品，它让一代的学者只能跟在后头辛勤劳作”（Cornford 1912，111 n. 1），今天的学者想

---

① 相关的讨论文章，见 Borsche、Gerratana & Venturelli 1994；更新近的讨论，参 Benne 2005。

② 我认为显而易见的是，在尼采那里，与其说分析哲学开始形成，不如说根本就没有形成，虽然我可以将一些保守派视为例外，包括丹托（Danto）和沙赫特（Schacht），他们都是研究黑格尔的专家，而且丹托还是研究艺术的专家。参 Babich 2011a，37—71 及 Babich 2003a，63—103，第二部分。

要理解康福德的意思有一些困难[235](更不用说语境了)。事实上,那些费心想援引康福德对尼采评论的人已经很少了,而且,他们总是倾向于隔开本来连在一起的上下文,或者将之缩减为顺带提及的一笔。这也代表了当我们在研究尼采和古典语文学时所面临的困境。因此,尽管康福德很乐观,但我们仍未能对神秘宗教本身达成任何共识,就像围绕着德尔维尼(Derveni)纸草的一系列争论必然会徒劳无功一样,当代关于狄俄尼索斯的讨论其实也同样如此。① 当前学界围绕着金斯利(Peter Kingsley)关于恩培多克勒的原创研究及其后期(一些)更具倾向性的著作所产生的紧张感也可以部分地让人看清这种状况的复杂性。②

在当前的语境中,康福德对神秘宗教和祭祀崇拜的关注,与尼采和他的友人兼同行洛德(Erwin Rohde)的关注点相同。③ 在今天的哲学语境中,之前有关古代神秘宗教的论述其复杂性几乎没有什么减少,而当我们不再去追求科学的严谨清醒和揭露事物的

---

① 因此,人们可以比较一下金斯利(Peter Kingsley)自己的出版路线,就会发现那些似乎已岌岌可危的挑战。参 Kingsley 1995、1999 及 2003。关于对这一范围涵盖了从秘传仪式到宇宙学的解释性论述的相关讨论,参 Funghi 1997,25—38,另可参 Kahn 1997,55—64;Syder 1997,129—149 及 Burkert 1997,167—174。当然,对狄俄尼索斯的争论延续了皮卡德-坎布瑞吉(Pickard-Cambridge)、亨里克斯(Albert Henrichs)和比尔(Bierl)等学者的路径。亨里克斯自己的回顾概述是当今具有科学精神的古典学者中典型的节制现代主义者的代表。他早期的评论文章即是一个经典的例子,参 Henrichs 1984,205—240。关于对这个问题最近的哲学关注的例子,可见于施勒西尔(Renate Schlesier)的书中收录的其他论文(其中包括亨里克斯自己的论文),参 Wildberg 2011,205—232。

② [252]扬科(Richard Janko)强调了与包容(和排斥)有关的学术习惯所具有的抗拒性质,他的强调具有启发意义,他指出,在确立德尔维尼纸草的指定权威抄本时,学界会压制另类的解读:“通过使用一个简单而古怪的权宜之计,P. 和 T. 有意不承认,除了他们之外,还有其他学者也已艰难地重建了这一文本,而且他们甚至没有校勘纪!”扬科总结说,作者们“既没有选择从过去十年的学术成果中获益,也没有选择从最近对已经碳化的纸草的重建和解读的进展中获益”(Janko 2006)。

③ 这里也有例外,不过与康福德或相关学者的研究没有关系,参 Cardew 2004,458—473。

真相时，我们充其量只是在谈论一种“生活方式”——哈多特(Pierre Hadot)用一个非常尼采式的论调来描述这个术语——我们不过是在谈论一种实践，其中包括对死亡的沉思，后者也是尼采曾论述过的主题，此外，与之类似，哈多特也通过专注研究奥勒里乌斯(Marcus Aurelius)和普罗提诺(Plotinus)从而强调了该主题，当然，他的研究还涉及萨摩萨塔的路吉阿诺斯(Lucian of Samosata)及其他人。①

康福德重点区分了奥林波斯诸神与神秘传统中崇拜和生活之间的差异，除此之外，②尼采自己的语文学发现还关注文字和音乐，尤其是定量的节奏，③其中有些东西看似简单，如古希腊语本身的发音，④有些则是他对一些标志性的语文学主题的研究，如荷马诗歌的接受和传播问题，⑤除了所有这些，尼采还提出了一个至今仍具有重大意义的问题，即肃剧艺术的起源，尼采将它归入可感知之事物或现象学的范围，或言，归之于他所谓的“审美的科学”(BT 1;KSA 1,25)。⑥ 此外，我们可能还会注意到尼采对前柏拉图思想家的研究。对于海德格尔而言，当然还包括芬克(Eugen

① 根据哈多特的观点，古典语文学一方面正苦于没有积极的信息交流，在这一点上我们缺乏大量的材料；另一方面，却正相反：“[……]信息的矿山，如亚历山大的斐洛(Philo of Alexandria)、盖伦(Galen)、阿忒奈俄斯(Athenaeus)和路吉阿诺斯等人的作品，或是古代晚期对柏拉图与亚里士多德著作的注疏都从未得到系统的利用”(Hadot 1990,489)。学术研究中存在着这样一种明显具有缺陷的“时尚”，或者说是一种已被广泛接受的倾向，即我们倾向于引用某些我们喜欢的东西，而不引用我们不喜欢的东西，这让学术研究走进了死胡同。

② 关于奥林波斯诸神更传统的那种概念更多是秘传性，至今仍未被充分理解，这是尼采的第一部著作《肃剧的诞生》给出的结论中最突出之处。

③ 关于更详细的参考资料，参 Babich 2013d，最后一章，其中讨论了尼采与贝多芬；又参 Babich 2005，关于更进一步的参考，再参 Benne 2011，189—212。

④ 关于这一问题，参 Babich 2006b，其中几个章节及 Babich 2005。

⑤ 此处我再次引用了我最近的一篇文章，我在该文中也描述了其主题参考所涉范围之广泛这一特征(Babich 2012)。

⑥ 关于我的相关讨论，参 Babich 2011e，291—311 以及 Babich 2010b。

Fink)以及古典学家和哲学家伽达默尔(Hans-Georg Gadamer),最后这个重点最终将成为一个无法回避的问题。[①]

我将以说明我以前的文章作为开始,其中,我曾主张,假设尼采完全是按字面意义把古希腊韵律理解为音乐,这就会让一切都变得十分不同,而这正是《肃剧的诞生》的副标题——源于音乐的精神——所明确强调的一点。[②] 我在最近的一本书中对此进行了进一步的讨论,我认为,理解尼采与节奏和韵律的关系可以帮助我们了解尼采本人对贝多芬的关注,而不是对瓦格纳的关注(这又是一个传统假说)。[③] 此外,我在其他地方也强调了具有默尼普斯式(Menippean)讽刺的古老传统的路吉阿诺斯对尼采的重要性,他同样也与祭仪崇拜和宗教的语境有关,而且贯穿了从《肃剧的诞生》到《扎拉图斯特拉如是说》及其之后的每一部著作。[④]

尼采所谓的"不朽的"历史,即古典考古学探索,正如尼采在他

---

① 关于这一关系,参 Babich 2011b,57—88。

② 关于早期和晚期的尼采,我已经在别处讨论过了。参 Babich 2013d,最后一章,其中除了罗伊-琼斯等人外,还进一步提到了甘瑟(Albert Günther)、贝恩(Benne)、奥托(Walter Otto)和马斯(Paul Maas)等人。

③ 参 Babich 2013d,第十章。

④ 路吉阿诺斯对尼采而言也十分重要,尤其考虑到他对法国背德者(immoralists)的影响,如伏尔泰和丰特奈尔(Fontenelle),就更为如此,这些背德者对尼采而言也同样重要。在同样的语境中,尼采关于丰特奈尔的评论及他的"死后生长"的概念的重要意义已远超法国人之与路吉阿诺斯的冥府阴影之间的关系(GS 94;KSA 3,449),后者的语境是挪威神话中的死者之船纳吉尔法(Naglfar),在《萨迦》中,它是用死者的指甲造就的,且最终将在诸神的黄昏(Ragnarok)时起航。确实,正如我所强调的,若没有路吉阿诺斯,尼采将无法获得"超人"(Übermensch)这个术语——无论是后-(post-)、超-(super-)还是全人(overhuman)的。为了证明上述相对而言被忽视的观点,我从今天路吉阿诺斯的研究专家尼埃斯-普罗斯林(Heinrich Nieheus-Pröbsling)、内塞拉特(Heinz-Günther Nesselrath)和巴恩汉姆(Bracht Banham)等人那里征求了他们的意见,所有人都正式地以自己的名义确认了这一点,巴恩汉姆认为通常没有人会从这个背景来研究尼采。显然,史罗特迪克(Peter Sloterdijk)借鉴了尼埃斯-普罗斯林的思想,主张尼采有犬儒主义色彩。关于这些内容及其详细的参考文献,参 Babich 2010a,70—93。

于巴塞尔大学任职初期的一些早期公开课上所强调的，是古代语文学的一个重要补充。其中，尼采还提到了残留的古老偏见。正如我们在上文所提到的，库恩把这种“正常的”科学称为“典范”，在这种情况下，无异于将古希腊看作古典本身的符号，认为古希腊是不朽的典范这种幻象[236]：即古代那绝对的单纯洁白。在尼采早期的课程中，他曾将这种纯白与古代雕像和建筑的彩色装饰相比较，并指出，自上个世纪以来，就像他的描述一样，这个生气勃勃的古代已经为人们所熟知，但他并没有得出任何与学术和大众的古希腊形象有区别的结果（而这正是他值得注意的要点）。① 除了强调他的老师雅恩（Otto Jahn）对他观点的重要影响外，我们还应注意到，我称之为“温克尔曼式的单纯”（Winckelmannian whiteness）在我们关于古代的看法中具有极其惊人的生命力，以至于古典艺术史学家里奇威（Brunilde Ridgway）在她的学术著作中论及这一仍然混乱的问题时也会感到犹豫不决。② 我进一步认为，雅恩那更具实验性和实践性的倾向对尼采产生了影响，这可以从后者原现象学的（proto-phenomenological）实践中清楚地辩认出，因为通常认为尼采所诉诸的是另一种考古学的研究方法，包括对进行实验或实践的重现；在此我们可以想象一下，尼采在研究时假装自己在表演舞蹈或演奏长笛，就如我们所指出的那样，用自己的身体去

① [253]参 Babich 2008，127—189，其中我讨论了古代的彩色装饰（polychromy），因为这一点从他的巴塞尔时期伊始便对尼采十分关键。

② 参 Ridgway 2004。里奇威本人指出（她还举例证明了）学者们在跨越不同类型的学术标准时所面临的困难（博物馆编目、艺术史、考古学等）。此处仍有大量解释学的挑战，我在研究古代雕像时曾指出过些些，参 Babich 2008，第一部分，因为要考虑到古代的原料材质及古代雕像的制作工艺和生产诸如此类的背景，同时还要考虑到那些所谓偶像（iconi）或雕刻塑像（portrait statues）的数目，正如古代作家所言，极为惊人（特别是普林尼的统计，也有其他人的），柏拉图和其他人也提到过这些，他们还提出了古代关于空间的公共表现的问题，即政治关系，在最后这个语境中，尼采的“教化”（Bildung）概念变得至关重要。详见 Babich 2011d，391—421，以及我的辞书式的文章，参 Babich 2009b，325—328。

尝试证实这些行为(参 Babich 2013b;亦参 Babich 2011e,结论部分)。更严谨地说,尼采第一次讨论强音(ictus)的问题时(1878—1879)就已提到了这一点,也提到了用舞蹈动作来进行参考(参 Babich 2013d,207 以下)。

尼采在巴塞尔的公开课上提出了荷马诗歌传播和接受的问题,他从根本上探讨了对一种文体进行学术鉴别的本质,清晰地说明了学术界的口味和判断(参 Babich 2012)。但正是在这个意义上,我们可以将尼采在他生命的最后阶段,在《偶像的黄昏》中"我感谢古人什么"(What I Owe the Ancients)一章所作的略带苦涩的反应看作他本人痛苦又狂喜状态的反映,这也是一个迟来的对维拉莫维茨的回应,维拉莫维茨把他的第一本论肃剧的书描述成一本谈论古代对情欲过度拘谨或"压抑"的书。如果我们还记得,维拉莫维茨曾从阿里斯托芬关于传说中的青春之泉的喜剧残篇《老年》(*Geras*)中摘取了他为现象学的解释学所写的题词——其内容是一个年轻人受到了比他更年轻的人的攻击——这一点就更一目了然:

Ὀξωτὰ σιλφιωτὰ βαλβὸς τεύτλιον
ὑπότριμμα θρῖον ἐγέφαλον ὀρίγανον
καταπυγοσύνη ταῦτ᾽ ἐστὶ πρὸς κρεας μέγα.
醋、茴香、葱、甜菜、
多种酸味食物磨碎而成的酱汁、无花果树叶包着的脑子、牛至叶,
淫欲的宴会,边上还放着大块生肉。①

这个题词具有相当明显的挑衅意味——该段转译后的意思指

① 参阿里斯托芬,《老年》,行 17,其引用见于 Wilamowitz-Möllendorff 2000,1。

的就是令人生厌的 καταπυγοσύνη[淫欲]——它还可以被表述为"佐料、陈醋、辣椒、大葱、甜菜、高度精炼的酱汁、包着叶子的脑子、牛至叶——一份娈童的美味佳肴边上放着一套全肉大餐"——维拉莫维茨对尼采的第一部著作的抨击就是如此。可以说,整个 19 世纪的德国古典语文学界都在讨论该题词,因为它涉及了几乎所有事物(Babich 2002,1—2)。但是在这里我只想指出——迄今为止,研究尼采的学者们普遍认为尼采轻易地放弃了他在第一本书中所关注的问题和观点,这已变成了一种广为人知的标准——《偶像的黄昏》最后一节说得非常清楚(TI"我感谢古人什么",5),尼采试图重新阐述他原来关于肃剧神话的独创见解,实际上,也就是重新阐述狄俄尼索斯。我可以十分肯定,他在别的地方也这样做了,例如,他在《快乐的科学》中对《肃剧的诞生》作了一次全面的重述(Babich 2006a,97—114)。

[237]关于这些秘仪崇拜及其对 19 世纪关于希腊神话和宗教的传统观念的挑战(如我在上文指出的康福德的主张),尼采在《偶像的黄昏》的结论部分也对此有所讨论,他断言,痛苦与快乐在这些神秘仪式中都尤其突出。尼采的第一本书从第一节开始就一直强调这种多种情感的聚合,甚至包括后面都提到"犬儒主义者"的那几节,尼采认为,"这些"犬儒主义者(我们再次注意到他参考了路吉阿诺斯)"创造"了所谓的"默尼普斯式讽刺"(TI"我感谢古人什么",2;KSA 6,155)。尼采在《肃剧的诞生》的结尾祈求这些祭仪能如遍及大地的洪水般蔓延传播,我们可以看出,正是这一点上与他在《偶像的黄昏》结尾重复的萨提尔(satire)有所联系,后者正好早于他再版的格言诗集《锤子说话》(*The Hammer Speaks*,出自《扎拉图斯特拉如是说》)。在此,我们看到,"纵欲狂喜的心理是一种漫溢的生命力和力量感,在其中,甚至痛苦也有兴奋剂的效用",它被尼采描述为"肃剧性情感的概念之钥"(TI"我感谢古人什么",5;KSA 6,160)。回顾尼采所谓的在音乐和肃剧中"人之逐

渐失调”(the becoming-human of dissonance,参 Babich 2013d)。我认为,对尼采的这一概念的理解必须要“超越恐惧和怜悯”,也就是要超越亚里士多德主义的每一粒残渣:“成为自身”,也就是变成这样的情况:“永恒的愉悦生成于”自身之中(同上)。

关于尼采与科学之间的关系,我已经表明,尼采的《肃剧的诞生》不可能不关注作为科学的古代语文学,以及这一科学本身的广泛含义。① 下面这一点十分重要,也是尼采始终在抱怨的,即他写下了如此之多的文字,而且使用了如此路吉阿诺斯式的“鱼钩”式的言辞,但身为作者的他却无法靠此获得什么,这并非是他的修辞或文风的局限性所导致的(尼采认为自己是这方面的专家),之所以会出现这种情况,他认为是此处明显缺少[可上钩]的鱼(这同样也是路吉阿诺斯的对话录《渔夫》[*The Fisherman*]的观点)。即便学术界的统治铁律是学者不参与,这也并不意味着,努力克服这一问题就不是科学的任务。②

二、科学何以成为科学?

尼采对科学的自我批判性沉思是科学作为科学的思考——也就是,对科学本身的思考。他的第一本书《肃剧的诞生》中,还有他早期关于荷马(与古典语文学)的就职演说中对风格和趣味的反思,都表现出了尼采对科学的批判性分析。

于是,尼采问道,当我们像学者那样进行判断时,我们在做什么?什么是学术的、科学的判断?他认为,学者与科学家倾向于以

① 关于最新及更多详细的参考文献,参 Babich 2010b。

② 正如加拿大人罗纳根(Thomist Bernard Lonergan)喜欢强调的,若无人学习,便无人指教。我的老师伽达默尔也如此,正如尼采也遵循着荷尔德林的脚步,所以我认为,整个哲学(或者如伽达默尔温和地主张,不存在任何哲学)就像语言:其本身就是一个对话。一个互动的对话,其核心在于每个对话者都会回应每个对话者。

自己的智性感觉和自己的趣味作为规范，这恰恰是休谟（David Hume）在他的短文《论趣味的标准》（*On the Standard of Taste*）中对趣味、时尚以及确定性规范所作的戏谑反思（参 Babich 2012）。尼采在他自己的语文学学科中提出了模式或风格的问题，他将科学本身建构为一个关于感知导向或经验科学本身的问题；换言之，科学本身被视作一个关于诸种科学自身之中或为其自身趣味的美学问题。① 在[238]这一语境中，当尼采问出科学何以成为科学这一问题时，他实际上提出了一个关于科学基础的哲学问题："甚至更糟糕：所有的科学——从何处来——又向何处去？（BT"尝试自我批判"，1；KSA 1，12）。

尼采的这一主张有很大一部分来自叔本华（Schopenhauer）与费尔巴哈（Feuerbach），尼采认为，信仰宗教和追求科学都是出于同样的价值计算理性（value-charged reasons）。② 因此，无论是信仰基督的教徒还是现代技术-科学的人，他们都在追求自己所期盼的优势或利益。基督徒寻求永恒的救恩，认为能够补偿自己一生一世活在这总是要屈服于脆弱和易变或疾病和死亡的肉体之中。而尼采认为，希腊人所缺乏的正是这种信念，信仰科学之人也是出于同样的道理而早早提出，科学具有实践效用，确信能为此生此世，而且最重要的是，为这个肉体带来直接的救赎或转变。因此，科学的信徒对他的前程十分自信，他坚信科学将（很快、非常快地）征服所有具有躯体之物和尘世的一切——即征服每一个人性的、太人性的物体——并突破其限制。如果宗教承诺了生命的救赎终会来到，那么科学与技术也承诺了同样的回报，就在此世、此时此地或未来（更准确地说，这与持续进行的千禧年理念一致）。犹太-

① 因此，我认为，对于库恩和弗莱克甚至费耶阿本德而言，我们在弗莱克的思考风格和库恩的范式的背景下谈论风格，而非隐喻，就十分合理。参 Babich 2010b，前两节。

② 显然，马克思·韦伯和海德格尔对宗教和科学的反思都借鉴了尼采的思想。

基督教的时间和现代的科学-历史的时间，其方向都是进步和划时代：都指向未来。相反，我们知道，尼采的扎拉图斯特拉将会反思爱的概念，却从不反思某个终将到来的世界里的生命（无论是在后世，还是在“未来完美的”技术可续世界），他反思的是生命此刻之所是，而且最首要的，是反思生命曾经之所是及其曾经确切之所是，而且无一例外。他在这里告诉我们的 amor fati[命运之爱]的概念毫无疑问就是他关于永恒轮回的教诲，这种教诲是对生命的一种肯定。

对于将美学定义为科学的尼采而言，美学的范畴对应了他关于自己的古代语文学或古典语文学的科学问题。秉持这样的精神，尼采声称，自己是第一个“把科学的问题作为一个问题提出来”的人（BT“尝试自我批判”，2；KSA 1，13），此事始于《肃剧的诞生》。但是，如上所述，甚至在他出版的第一本书之前，他就已经明确地提出了这个问题，因为尼采的这一批判性观点早在他的巴塞尔就职演说中就已诞生，正是出于这一原因，他才能够以转换或颠倒塞涅卡格言的形式总结他的那场演讲：语文学应该具有哲学的批判性，换言之，语文学必须踏上批判科学的道路。

为此，我将首先回顾尼采的古典学、文学、语言学以及历史学等学科的科学模式，除了作为一种风格和美学的批判科学的问题（因为这些“科学”总是被分开单独谈论），我将尤其从总体上讨论，强调尼采所谓的作为问题的那个科学的问题。但我还要强调，将科学视作一个问题这一思想，正如尼采所作的，始于他后来为《肃剧的诞生》所写的序言，其中，他将科学主题化为“有问题的，有疑问的”（BT，“尝试自我批判”，2；KSA 1，13），即是将科学作为他同时认定为“有疑问的”一部著作的问题精髓，这种思想对于传统的语文学或哲学的讨论而言再陌生不过。可以确定，当相关的哲学论题是科学本身的哲学时，这一点就更为引人注目。[①]

也出于这个原因，今天的学者习惯把尼采视作一位"道德"[239]思想家，而不是一位古代哲学或古典学（古代语文学）领域的专家，更不是一位对科学有着认识论关注和哲学关注的思想家。[②]然而，上文已经指出，尼采自己的计划是要提出关于作为一个问题的科学的确切的批判性问题，十分有必要强调的一点是，这意味着他认为自己的关切受到了科学的推动。因此，尼采认为自己既提供了一种关于古典语文学的元语文学的反思，也提供了一种关于科学本身的元科学的反思。在此广义上，尼采的整体问题包括批判性的语文学和心理学问题（尼采所用的术语），甚至还有批判性的生理学的问题："事实上，就其被视作一种生命的症状而言，所有的科学最终究竟意味着什么？甚至更糟糕：所有的科学——从何处来——又向何处去？它造成了什么？"[③]（BT，"尝试自我批判"，1；KSA 1，12；重点为笔者所加）。

我们一眼就能看出尼采这种质疑风格的谱系学模式相当于某种原型，这种学术上的鉴定符合我们从福柯（Michel Foucault）那里往回解读尼采的倾向。[④] 不过，在证明这一谱系学的解读方式时，我们最好记住，尼采在他的《道德的谱系》的序言中已经做出了

---

① 我会讨论当我们将尼采作为关于科学的哲学家解读时出现的概念上的不和谐，以及尼采的科学哲学对传统的关于科学的哲学概念所带来的挑战，参 Babich 1994，尤其是第二章。

② 有许多人提出了认识论方面的担忧，尤其是费英格，还有斯塔克（George Stack）和威尔考克斯等等。相关内容，参 Babich 1994。但几乎在所有的情况下，对尼采和认识论或科学哲学的兴趣都会服从于主流认识论所关注的问题（这些关注随着时间的推移而发生变化），而很少严肃地看待尼采对这些认识论信条的批评。我则与他们相反，我将以这个解释学上的不和谐之音作为出发点，参 Babich 1994。

③ 这里给出德语原文也许对理解其意有所帮助："Ja，was bedeutet überhaupt，als Symptom des Lebens angesehn，alle Wissenschaft? Wozu，schlimmer noch，woher——alle Wissenschaft? Wie?"

④ 我部分地处理了这一主题，参 Babich 2009a，19—41。

自己的说明,我们必须反过来将这个序言看作是对他之前的著作《善恶的彼岸:未来哲学的序曲》的一个必不可少的补充(或德里达所说的"增补")。[①] 再一次,我们与尼采一起询问,究竟是什么使科学成为科学?什么是使科学成为可能的触发条件?是此处的语文学?换言之,我们又一次看到了上面所提到的问题:在回顾我们所做的古典语文学研究时,我们要囊括所有学术研究的长度和深度;但最重要的是,要将之视作提出关于科学问题的力量,正如尼采后来在为自己的第一本书所补充的序言中提出:一旦领悟了科学本身,又是什么让科学变得必不可少,更确切地说就是:是什么让我们离不开科学?

尼采提出了关于科学本身在古代的起源,这一历史条件的问题,从而将上文所述的问题置于他所处的时代的历史条件和所属学科的严谨及其方法之中,这是一个非常令人惊讶的问题,它并非关于古代和现代科学的区别,而是关于希腊科学的复杂性,尼采问道,为什么现代科学在具有同样精密和先进程度的情况下,花费了如此之久的时间才成为了现代观念文化的主导力量?(参 NF,

① 尼采写信给莱比锡的瑙曼(Naumann)说,《道德的谱系》一般被理解为是他在其中所强调的"细小的争议"(kleine Streitschrift,再次出现在了副标题中),它也可以被视为与"过去一年的'超越'直接联系在了一起:已跟在了标题之后"(direklem Zuzammcnhang mit dem voriges Jahrerschiencnen 'Jenseits':schon dem Titel nach,致瑙曼,1887 年 7 月 17 日;KSB 8,111)。并且,可以肯定的是,《道德的谱系》第一部分的所有标题都让这一点"善与恶"及"好与坏"变得更清晰。格尔哈特(Volker Gerhardt)在他为 1988 年雷克拉姆(Reclam)版[254]《善恶的彼岸:未来哲学的序曲》(*Jenseits von Gut und Böse*:*Vorspiel einer Philosophie der Zukunft*)所作的编后记中一开始就援引了这封信。考芙嫚(Sarah Kofman)也在她的两门讨论《瞧,这个人》的课程中强调了解读尼采这封寄给出版商的书信对理解该著作的重要性,尤参 Kofman 1992,21 以下。事实上,在他的《瞧,这个人》中,尼采告诉我们,在他的《善恶的彼岸》中,他开始"否定语言,否定行为"(neinsagende,neintuende Hälfte)。("在我部分地完成了我的任务后,我现在要否定语言,否定行为[Nachdem der Jasagende Teil meiner Aufgabe gelöst war, kam die neinsagende, neintuende Hälfte derselben an die Reihe]",EH《善恶的彼岸》,1;KSA 6,350)。

1869/70,3[11];KSA 7,62)。

他提出了一个前所未有的问题,而且,当我们将知识的进步或进化特征认为是理所当然的时候,就此程度而言,也就违背了直觉。因此,尼采在《快乐的科学》卷三的一系列格言中追问了他称之为"知识的起源"问题,他挑战了实质(substance)、实质的(substantial)、实质性(substantive)以及身份认同的概念——"存在着相同的事物,有事物、实体、身体"(GS 110;KSA 3,469),并且继续询问,逻辑是如何形成的,他还注意到了其字面意义上的(必须从字面意义上来理解)"不合逻辑的起源"(GS 111;KSA 3,472),并随即向与之相伴而生的解释和因果关系发出挑战:"原因和结果:显然不存在这样的双重性——事实上,一个连续体摆在我们面前,从中,我们抽离出一些项目……"(GS 112;KSA 3,473)我们看到,尼采提出了现代科学文化的起源和发展的问题,这一问题从最初到最后贯穿了尼采整个写作生涯,[①]因此,他不可避免地挑战了现代人关于逻辑和科学进步发展的共识习见。

[240]数学家和古代历史学家卢曳(Lucio Russo)也表达了同样的关切,尽管是从不同的角度,而且是出于一种对科学史的现代敏感。[②] 卢曳的做法一如尼采那样——尽管他肯定没有提到尼采——他通过指出希腊人比我们所认为的要先进得多,从而反对了进步论。至于卢曳自己,他仍然是狭隘地聚焦在当今的历史学

① 参 KSA 1,804 及 813;NF 1876/77,23[8];KSA 8,405 等,参考其中除了此处讨论的《敌基督者》的那部分以及后悔地反思"所有关于古代世界的作品都是徒劳的(Die ganze Arbeit der antiken Welt *umsonst*)"部分(AC 59;KSA 6,247)。

② 此处参 Russo 2004。该著作最初以意大利语出版,参 Russo 1996,之后被译成了德语,其标题具有一种漂亮的尼采式共鸣,参 Russo 2009。这是一个具有悠久传统的主题,可以追溯到尼采(他在意大利语学界的情况,例如,可参 Loria 1914),而卢曳的观点则突出了希腊化时期的希腊人所获得的亚历山大时期的成就。我一直在强调,尼采因为现代的学者对这些抱有很大的兴趣而非常强调这些成就,但他也努力地在这些(完全是)现代的诉求背后前行。

问题上,他肯定不会同意尼采在面对他冠之以“亚历山大时期的成就”之名的一切时持保留意见的各种困惑。[①] 而在尼采这里,重在强调他所说的亚历山大的“衰颓”,及其与亚里士多德和柏拉图的遗产之间存在的连续性,以及如今常被人引用的他对苏格拉底和欧里庇德斯的公开谴责。[②]

正如我们所注意到的,尼采在《敌基督者》里痛苦地指出,对古代文明所有的努力似乎都是“徒劳”(A 59;KSA 6,247—248)。[③] 尼采和卢叟一样,也和萨博(Árpád Szabó)与卡恩(Charles Kahn)一样(这就是卡恩那项极其重要的研究《阿纳克西曼德与宇宙起源论》[*Anaximander and the Origins of Cosmology*]的出发点[Kahn 1960]),他在这项与科学的哲学-理论层面有关的研究中关注的是科学和数学的基础(如哈恩[Robert Hahn]等人所强调的,数学对尼采而言通常也指建筑学)。[④] 在此,我还将加上麦克尤恩(Indra Kagis McEwen)在她的小册子《苏格拉底的前辈》(*Socrates' Ancestor*)中对建筑学的理论反思(McEwen 1993)。越来越多对古代数学的讨论越发成为主流并被广为接受和讨论(布伦博[Brumbaugh]等人),但除此之外,基特勒(Friedrich Kittler)对数学的反思(尼采则不止这一个方面)以及他对古代音乐的思考也和汉金森(Jim Hankinson)对动机和起因的研究同样重要,后者尤甚,[⑤]虽然

① 恰恰相反,在某种程度上,卢叟的批评者认为,卢叟似乎把数学和理论的复杂性的每个层面都归咎于它们。

② 科学史往往不可避免地被赋予了科曼(Comtean)的表述,而不是黑格尔的。关于《伊西斯》(*Isis*)的资深编辑萨顿(George Sarton)在这方面的论述,参 Dear 2009,89—93。

③ 此处值得完整引用:“所有关于古代世界的作品都是徒劳的:我无法诉说,这表示我感受到了某种浩瀚无边之物(Die ganze Arbeit der antiken Welt umsonst:ich habe kein Wort dafür,das mein Gefuhl etwas so Ungeheures ausdrückt)”(A 59;KSA 6,247)。

④ 此处参 Hahn 2001;以及 Couprie、Hahn & Naddaf 2003。

⑤ 参 Kittler 2006a,51—61 以及 Kittler 2009、Kitder 2006b。

汉金森没有明确地提到尼采，但他的著作中确实有两个章节表现出他的问题与尼采自己对因果关系的理论关切（包括廊下派的因果论与怀疑论）一致。[①] 在此，我们可能还会加上对医学和生理学的反思，梅特劳科斯（Guy Métraux）等人便讨论过这个问题，笔者也在探讨与普林尼相关的古代青铜技术时触碰过类似的主题，[②] 在回顾评论古代希腊可能使用的机械实用技术的语境中也对此类主题作了讨论。[③]

正是在这个大背景下，我建议我们应开始解析尼采在他的《敌基督者》中观察的结果："[……]所有的科学*方法*都已可用（alle wissenschaftlichen *Methoden* waren bereits da）"（A 59；KSA 6，247）。我们的反思需要从这里开始，因为这仍然是一个悬而未决的问题，只不过是重复尼采在他早期笔记中所做的观察。[④] 对于尼采而言，什么是最根本、最显著的问题，其答案无非就是希腊人自己创造的那套科学和数学方法极度*缺乏作为结果的属性*。事实上，尼采认为，就获得充分证据证明的最终事实结果而言，恰恰借着这种他们自己所完善的"科学方法"，希腊人却"什么也没有创造出来"。对于希腊人的方法本身，尼采强调了同样的观点，他在论及亚历山大学派的语法学家时声称，这些"方法"都已现成可用，都

---

① 参 Hankinson 1998。关于尼采与休谟有关原因和动机的论述，参 Babich 2013a，397—431。

② 参 Babich 2008。关于其早期欠完善的英译本，参 Babich 2007a，1—30。

③ 参 Manfred Barthel 1995，这是一部广为流传的著作；另参 Horst Bredekamps 1992，这部著作在文体上（或传统上）既具有祛魅倾向，同时论述又极其深奥。如同前面已经指出的那样，亦可参 Russo 2004。另外，在更广泛的意义上，关于希腊科学，可参 Szabó 1992，除此之外，还可参 Kahn 1960 及 Kraft 1971。另外，还要再次提到 Couprie、Hahn & Naddaf 2003。

④ 事实上，尼采在拓展这一平行对比时这样解释，柏拉图和苏格拉底可能与他所谓的与自然科学本身的对抗有关（NF 1872/73，23[22]；KSA 7，548），他说，在伊壁鸠鲁和毕达哥拉斯的科学倾向中，尤其再加上德谟克利特，他们共同为自然科学提供了基础。比较 NF 1872/73，23[40]；KSA 7，557。

已经发展到了相当完善的程度，而且这些“方法”早已被大量科学的方法论所普遍证明，从理论到数学的，再到技术的方法论。①

我们对尼采要求我们回答这个问题有何见解？[241]为什么现代科学花了那么长的时间才能成为现在特指的这种现代科学？在一篇较长的论文中，我尝试将这个问题与海德格尔对现代科学权限造成现代技术差异的质疑联系起来，但是对于尼采而言，这个问题则是完美的、经典的、根本的，并且在同样的程度上，这也是19世纪的典型问题。

我们所认知的现代科学需要的是什么？当然，尼采的答案似乎是现代的犹太-基督教宗教信仰（我们在《敌基督者》中发现他也提出了这个问题，但并没有任何的神秘感）。尼采并非唯一一位给出这种答案的人，但他先于其他同时代的历史和科学哲学的理论家提出了这一点，包括从迪昂（Pierre Duhem）到罗伊（G. E. R. Lloyd）等人。正如洛维特继海德格尔后所指出的，这是一个“反基复古”的观点（Löwith 1997，111），它要求一帖针对亚历山大时代（Alexandrian）的解毒剂，正如尼采在他最后一篇《不合时宜的沉思》中对瓦格纳颇具误导性的想象一样，同样也是某种“反对亚历山大时代”的想象（WB 4；KSA 1，447；参 Löwith 1997，111）。尼

① 尼采在他的第一本书中大量使用了“亚历山大的”（Alexandrinian）这个术语，这本身就值得仔细地研究一番。此处我们完全可以引用尼采自己的说法，因为我们也许可以借此理解他“肃剧的诞生”这个新标题的含义，尼采最终替换了原有的副标题，他原来的标题是：“启蒙与亚历山大时期的教育——最好的案例！——是语文学家所期望的，并非希腊化”（Äufklärung' und alexandrinische Bildung ist es—besten Falls! —，was Philologen wollen. Nicht Hellenenthum，NF 1875，5[136]；KSA 8，75；参他的修改，同上，1[1]，121）。马丁（Nicholas Martin）在他讨论沃尔夫（Wolf）与传统的古代科学（Alterthumswissenscharft）时表示，这是一种文献目录或学术-材料上[255]的关注与创作模式之间的区别，参 Martin 1996，130 以下。不过，正如马丁对席勒的深刻洞见，他的观点更多是对尼采当时的德国古典学传统的传统解读，就像尼采在他的论荷马的就职演说结尾中所说的那样，具有许多非常经典的魏玛式轮廓，但缺乏特色。此外，尼采在《荷马的竞赛》（“Homer Wettkampf”）的结论中再次提到了亚历山大（Alexander）。

采最终放弃了自己对瓦格纳的期望，但这并不重要。此处的关键在于，尼采不是需要一位会切断或松开他描述为“希腊文化的戈尔迪亚斯(Gordian)之结”的那种复杂性的人，而是要一位可以做到“松开这个绳结后，能够再次系上”的人(同上)。①

这个提议更为深奥——事实上，尼采所说的“绑上科学的驱动力”或推动力(Bandigung des Wissenstriebes)这个概念已成为20世纪70至80年代尼采研究的口号。然而，这一研究项目尚未有任何进展，或许是由于与权力意志的驱动力有关。就我个人的解读而言，我认为，我们争论的焦点应在尼采对宗教的观点，即尼采认为，宗教不是科学的敌人，尤其是在那种一神论的模式中，相反，宗教是科学不可或缺的前奏，甚至是盟友，这是尼采在《快乐的科学》中所写的结论(GS 300；KSA 3,539)，也是他在《道德的谱系》第三章中的结论。②

尼采在《敌基督者》中解释了宗教和科学的联盟中那股随时可能崩溃的张力。他注意到，“*事实的感知*”(Thatsachen-Sinn)这一古希腊经验的感知性最终会逐渐演变成为某种类似现代科学的东西(A 59；KSA 6,248)。事实上，尼采提醒我们注意，这种感知与阿基米德的某些灵光一现并不相似，因此，也不是时间长河中一个被揭露的瞬间，相反，这代表的是一个“已存在几个世纪之久的传统”(同上)，其中包括各种技术及科学的流派及其相应的传统。对于作为一位历史学家的尼采而言，此处需要关注的是那些偶然发生的细节，比如希腊的自然科学传统从来没有受到过诸如反经验主义运动之类的东西的抑制，比如被政治化的科学革命故事，例如

---

① 正是在这个意义上，我看到了尼采早期对抒情诗传统状态的反思，尼采在他的课程(Vorlesung)《古希腊抒情诗》(*Die griechische Lyrik*)中注意到，品达是一个例外：“我们站在一片废墟之上，除了品达以外，几乎没有任何完整的”(Wir stehen auf einem Trümmerfeld; spärliche Reste. Vollständiges außer Pindar fast gar nicht)，(KGW II/2,393)。

② 我对此有进一步展开，参 Babich 1994，第五章；之后又作了进一步发展，参 Babich 2011c，305—338。

伽利略的学说遭教会禁止的典故,我们经常自己向自己讲述这个故事,并简化了其中为了打破地心说纲领和支持日心说而作的叙述,当然,对于希腊人而言,他们早就知晓了日心说理论。① 伽利略的故事是一回事,但对于尼采而言,即使是假设,也不能援引这一反对教会的假说来解释古代的情况,因为当时没有教会,简而言之:没有[242]与古希腊的科学相互对抗的教士或宗教传统。当时没有任何一个宗教会反科学,因此,尼采对语文学提出的历史性问题就是:为什么古代没能发展出现代科学?

我们还需要强调作为一个问题的这个问题及其所涉及的议题,因为许多古典学家和哲学史家都已排除了这个问题,他们不在首要的位置提出这个问题,以此方式极佳地避免了从该问题出发。于是,我们已经获悉,正如文献史料所证明的那样,该问题有一个社会原因:人们注意到,在古希腊贵族青年的眼中,技术工、艺术家和手艺人的社会地位既低下又卑贱——尼采自己也曾在科学的语境中指出过这一点,如果不是科学的话,那就是艺术的语境,尤其是雕塑,他反思了伯利克勒斯(Pericles)的时期,在这一时期,英雄才是最重要的,麦金泰尔(Alastair MacIntyre)②强调了类似的观点,他认为,雅典人重德性,而不是艺术家身上的明星素养:换言之,"没有哪个出生高贵的青年,在仰望并注视皮萨(Pisa)③的宙

---

① 虽然直到今天还有一些类似辉格党那样的古典历史学家会继续坚持这一观点,其中许多人的论述声称应对亚里士多德的著作进行经院式的解读(类似非历史的解读)。但是,关于这一历史背景,参 Duhem 1969;关于对伽利略与教会及其政治的解读,可参费耶阿本德的著作,其中还包括了他对伽利略的望远镜可为他提供的实证证据的重要解读(费耶阿本德认为,伽利略的论证并没有建立在我们通常认为的"科学"的基础上),其论证漂亮流畅。正如费耶阿本德所认为的那样,完全不像我们倾向于去尝试的做法,"sub specie aeternitatis[在永恒的相下]"以一种解释学或科学上的严谨对科学史作出的求证。参 Feyerabend 1975,106。

② [译注]此处疑为苏格兰哲学家,阿拉斯代尔·麦金泰尔(Alasdair chalmers MacIntyre,1929—)。

③ [译注]此皮萨位于希腊的奥林匹亚附近。

斯像时，会希望自己有朝一日成为下一个菲迪亚斯(Phidias)，或当他看到阿尔戈斯的赫拉像时，想成为另一个波利克莱特斯(Polycleitus)"(GSt,"序言";KSA 1,766)。

其中，尼采还集中解释了三种不同的理解：对"技艺"(arts)的理解、对古代艺术家的理解以及对我们自己(实际上就是19世纪的人们)由于艺术本身和对艺术和艺术家或"天才"顶礼膜拜的理解，他在论及现代科学的发展时也做了类似的区分。其他学者未采用尼采的区分，还瓦解了尼采的主题(这意味着他们粗暴地剪断了希腊文化的戈尔迪亚斯之结，这也是一种我们出于良好的信仰而持续追求的简单化)。因此，之所以希腊人虽拥有数学和技术上的高超实力却没能发展出现代科学，是由于他们贬低实践，是由于他们对经验抱有一种鄙夷的态度(在此，我们可能会无意间想到有关通常所假设的亚里士多德式经院哲学的争论)。换言之，古典学者认为，希腊人面对科学时表现出的差异源于一种经典的反功利(anti-banausic)倾向，正是这种解释让卡恩及卢曳和哈恩的学术观点遭到了很实在的抵制，或说得好听些，让他们获得的学术评价只限于极小的范围，尽管这种解释并不准确，尽管自尼采以来它就不断受到挑战(例如，参 Couprie 2011)。不过，这就是范例，就是尼采从他的第一本书到他的《敌基督者》都始终质疑的那种假设。此外，一个与之有细微差异，但同样试图重新编织起那些被学术界愚蠢行为拆散的希腊文化问题的线团，构成了他反思希腊音乐艺术作品理论的核心。①

---

① 我说有细微的差异(nuanced)是因为，尼采自己在他的"什么是贵族"中并不否认这种反功利的洞见，这一强调多次出现在他对希腊与艺术之间关系的解读中，他认为，这种关系是人类想完善自己"状态"的理想的一部分，某种程度上来说，即成为一件艺术品。我注意到，这十分复杂，而且包括了许多尼采在宇宙生成论层面上的重要观点，正如他的艺术家形而上学那样。因此，尼采继续说："此人，由艺术家狄俄尼索斯塑形，对自然的表现而言，就犹如阿波罗艺术家的雕像"(Dieser vom Künstler Dionysos geformte Mensch verhält sich zur Natur, wie die Statue zum apollonischen Künstler)。关于此处尼采文本中论雕塑部分的具体参考，参 Babich 2009b。

这一方便省事和简单化的“反功利”假设也适用于古代的科学和技术，还顺理成章地渲染了当时希腊人犹如一众古代“旧官僚”(mandarins)的形象：就算他们自己没有对技术感到恐惧，至少也对它一无所知。这种“无知”的假设让无卢叟、卡恩，以及最近库普里(Couprie)和哈恩等人的研究变成了一种不和谐之音，不过，他们也有意制造出此类不和谐之音。令人惊奇的是，尽管此类假设已经成为了根深蒂固的典范，但关于希腊和罗马世界可用机器和理论技术的清单依然十分引人瞩目，其相关证据可参 50 年前出版的德拉克曼(Aage Gerhardt Drachmann)的手册《古代希腊和罗马的机械技术》(*The Mechanical Technology of Greek and Roman Antiquity*)，[①]当然更具戏剧性的是于尼采去世的那一年(1900)重见天日的[243]安提基忒拉装置(Antikythera)，这部青铜机器至今仍引发着人们持续的关注，人类已经花了超过一个世纪之久，并以所有的空余时间去探索和理论化这部青铜器械，运用了所有可用的现代技术，然而，我可以很确定的说，我们现在还没法完全理解它。我们对这些非凡的成就至今依然一知半解，而且——这一点也许更有说服力——以尼采称之为“不朽的历史”精神而言(就是指用实验考古研究的手段去探索古代，或是以大众电视节目的幻想去想象古代，比如我们在《历史频道》中看到的那些)，这些成就将无法用现在的手段去理解。换言之，我们动用现在所有的现代技术都无法复制这些成就。此外，这也令我们难以尝试尼采提出的计划，即难以“重新编织”希腊文化结构的经纬，对这些成就进行反思，这依然是一个需要我们的智力坚持不断地去攻克的对象，不仅对尼采来说如此，甚至对更为保守或主流的卢叟亦然。然而，无论如何，最近的古典学研究已经证实，尼采对古希腊科学成就的重视不仅仅只是纯粹的理论

① 参 Drachmann 1963，此外亦可参 Oleson 2008，虽然其中没有提到尼采，但就这个主题作了概述。

细节，也高度关注其实践性及技术先进性。① 上述提到的安提基忒拉装置是一架复杂的机械齿轮复合体，就十分通俗地为我们阐明了这一点。很显然，安提基忒拉装置毫无疑问是一种"计算机"，也许用于宇宙天体的计算，或作为日历计时，这部机器符合我们的需要，因为就当时的品味而言，它看起来相当现代，因此它似乎也是一个现代的例证，体现了尼采问题的紧迫性，且不亚于其复杂性。②

这应该是一个最令人信服的例子——我猜，它比我以前在其他地方论及古代希腊青铜雕像的制作，谈到那些同样难以捉摸且充满技术性难题的问题更具说服力（无论是其栩栩如生的精度，还是占绝对优势的数量，参 Babich 2008），这是因为，机械装置本身看起来似乎对于我们来说很眼熟：就其形状和所有的齿轮装备而言，我们几乎就像是在寻找佩利（Paley）的手表，只不过佩利并没有"穿越荒原"时丢置它，或是把它放在无人岛的海边，而是扔进了亚得里亚海域的水底。

这个假设也成为了尼采关于科学知识的理论主题。正如尼采所观察到的，熟悉性对于任何关于知识的主张都是必不可少的条件。因此，正如尼采在其出版和未发表的作品中一再提到的，总的来说，知识的目标是要做减法：将未知数减少到已知的范围。尼采最重要的推论是，如果我们无法将未知数减少到已知的范围内，我们就会一无所知——并且无法知道任何东西。

尼采在《快乐的科学》中宣称："我们只是缺少了知识的器官"（GS 354；KSA 3，593）。尼采建议我们反思被我们认作知识的东

---

① 对实践与怀疑层面的质疑让比利时哲学家贝特洛（René Berthelot）将尼采视作一位实用主义者，并将他与皮尔斯（Pierce）和詹姆斯（James）进行比较，至少也可与庞加莱（Poincaré）相比，在这一语境下，这一点极为重要。参 Berthelot 1911。

② 参 de Solla Price 1957，60—67，以及 de Solla Price 1964，9—2；此外，参 Drachmann 1963。普莱斯（Price）给出了一个关于他自己的研究总结，参 de Solla Price 1974。最近关于装制功能的讨论还以核磁共振成像技术作为论证的辅助手段，参 Freath 等 2006，587—591。对此问题，参 Russo 2009，375—376。

西到底是什么，这一反思也反思了知识本应是什么，以一种严谨的角度或哲学的角度思考了从古代到康德以来关于知识（亦关乎科学）的问题。从这一关于知识的批判角度来看，对尼采而言，对知识的主张仅仅意味着将某种奇怪的东西“简化成了一些熟悉的东西”（GS 355；KSA 3，593—594）。

因此，就当前的主题而言，尼采的主张可以被重申如下：希腊人已经拥有了现代科学发展所必需的所有理论、数学、[244]技术的先决条件，然而，实际情况却是，他们没有凭借这些与现代科学相同的技术前提发展出现代科学，这件事意味着什么？因为，正如尼采提醒我们注意的，希腊的自然科学从一开始就是（或已经是）从“与数学和力学密切相关的自然科学”角度来阐明的（A 59；KSA 6，247）。从现代科学的角度来看，希腊人本来应该是走在通往现代科学的“康庄大道上”（同上）。在这个意义上，被誉为科学、数学、逻辑、哲学，以及所有其他科学的发明者的希腊人本应驶上现代科学的高速路——然而他们却没有。

尼采对此的观点是，其中似乎缺乏了某些东西，更重要的是，他指出，希腊与现代科学之间存在着巨大差异。

他们缺少了什么？他们还需要什么？

尼采提出了这个问题，他以此质疑西方科学本身的发展模式。在这种程度上，作为众多我们所认为是西方科学文化核心事物来源的希腊人就像一个难以回答的谜题，尼采毕生都在努力解决，他也毕生都在向他自己的语文学的科学提出这一科学问题（既是在语文学中提出，也是以语文学提出）。

现代科学发展所需要或必须具备的条件是什么？是数学吗？不：因为古希腊人有数学。[①] 是理论吗？这更难论证。是技术吗？

---

① 从纽格鲍尔（Otto Neugebauer）到罗伊再到克利里（John Cleary）和萨博的学者都有所讨论，而且可以肯定，还有更多人也已经探索和研究过这个问题。

我们有关于古希腊拥有机械装置的确凿证据(暂且无视那些我们尚不知道的装置),因此这也不是答案。尼采给出的答案无论如何表达,对我们而言始终都难以捉摸,他的答案是一神教,尤其是犹太-基督教传统本身。

尼采试图在此提出实质性的观点——它在文体风格上与近当代的一些可被援引来支持他主张的关于希腊科学哲学的反思有很大距离——这一点无论如何都十分明显。虽然他的所有作品都贯穿着类似的反思,但重要的是,相比他在《肃剧的诞生》中为他首次公开发表的关于肃剧诗的起源诞生自音乐精神的讨论提供的文献,他身后出版的《敌基督者》为此提供的材料却少得多(虽然这些还是有必要的)。[①] 确实,如果我们要对前者进行解析,就像我和许多其他学者已经论述过的,我们就需要转向尼采未发表的早期语文学作品,一般来说要从普希尔和博恩曼(Bornmann)开始,还有贝恩和穆勒,以及博斯克(Bosco)和甘瑟,等等。[②] 至于《敌基督者》,我们更需要的是能非常具体地阐明尼采的"语文学"。

因此,我们注意到,尼采强调,对于科学来说,宗教不可或缺,而不是通常所认为的宗教是现代科学的对抗者。在历史事实方面,从事中世纪研究的史学家怀特(Lynn White)也有同样的言论(这里正如上文所指出的那样,此处他回应了迪昂的观点),而且作为科学历史学家的克隆比(Alistair Crombie)也以更中立的态度强调了这点,且对两者都给予了几乎同等的篇幅(统计他的多部研究作品中两者的关注情况得出的结论),现代科学被证明受到了颇多宗教的(religiously)恩惠,是一项极具犹太-基督教性质的事业。请注意,此处论证了科学的"前提"是宗教,并使用了《快乐的科学》

---

① 我们——这可能不只是一个方便的对照,而是一个具有绝对重要的批评意义的对照——才开始发现尼采关于肃剧名义上的主张的字面意思。我对此的探索,参 Babich 2005,此外另参 Babich 2006b,第三章至第五章,其中我做了更广泛的展开。

② 我在此前引用的我的论文中已详细介绍了这些问题和其他的参考资料。

中引用过的术语，但这并不能证明科学是一种明显的、公开的、确实的或尤其有意识的“宗教”。更确切地说，尼采认为，科学不应被视为是[245]宗教苦行主义理想的对手，而应视为其最发达的形式，这意味着，他认为科学（此处包括整个学术及其体制构成的范围）对世界所要求的取向与宗教相同。

因此，尼采主张：

> 近几个世纪以来，科学得到了推广，一部分原因是人们希望通过科学来最好地理解神的善良和智慧[牛顿][……]一部分是因为人们相信知识具有绝对的实用性，尤其与道德、知识和幸福之间有着极为密切的联系[伏尔泰][……]还有一部分是因为，人们认为，在科学中，一个人会拥有和喜爱某些无私的、无害的、自足的、真正清白的事物，在其中，人类的邪恶冲动将没有任何存在的余地[斯宾诺莎][……]（GS 37；KSA 3，405—406）

耶茨（Frances Yates）和多布斯（Betty Jo Teeter Dobbs），最近还有普林西比（Lawrence Principe）等人共同延续了上述关于古代科学的论述，他们重新开创了科学史中的另一个传统，探索了被尼采称为科学“序曲”的文学和实验基础（GS 300；KSA 3，538），以及我们那太人性的，或者也可以说，太亚历山大式的对超自然和神秘力量的趣味，事实证明，这一趣味不是阻碍或偏见，而是一种不可或缺的文化修养，这种修养属于真正的实用技术，而不是自然科学的模型或理论结构。①

---

① 关于最近比较流行的这种对科学“序曲”的描述（按尼采的表达方式），参 Greenberg 2007，Moran 2005；另可参 Debus 2004，其中收集了团体会议记录。关于其他的参考，参 Principe 1998。

最重要的是，尼采指出，现代的科学似乎已将自己抬升到了宗教所处的那个地位，宗教的情况则刚好相反。因此，他重申了基督教对科学的态度，即对于基督教而言，科学是一种附带的、依具体情况而定的事业："处于次等地位，而不属于任何最重要的位置，也并非不可或缺，也不是应该热切追求的对象"(GS 123；KSA 3，479)。在古代，科学被誉为"追求德性的手段"(同上)。因此，尼采的结论是，现代科学是"历史中的一种崭新事物，因为它力争成为一种不仅仅是手段的东西"(同上)，因此，它值得我们做进一步的历史反思。① 科学本身变成了自己的最终目的，但它从来不仅仅只是为了这个理由而被追求。正如尼采的主张，与基督徒谋求美好的回报一样，我们也同样如此，而且正是苏格拉底第一次教会了我们去如此期望，认为理性和科学将会"改善"生活，直到今天，我们还在谈论科学的进步及其承诺将进一步带来的利益：难以想象的富足。

至于尼采自己，他指出，倘若"不是巫师、炼金术士、占星家和女巫们走在科学之前，倘若他们的保证和自我标榜没有激起人们对种种隐藏的和被禁止的力量的饥渴热望与兴趣"，科学就不会存在，这一观点不能再具体了(GS 300；KSA 3，538—539)。②

---

① [256]本着这一精神，科学史学家迪尔(Peter Dear)将"现代科学"(今天的学者一般以"技术科学"来形容他所指出的这种科学的现代实践性或应用性特征)的特征描述为理性的妄想或"杂交"，他的观点与尼采所说的很相似。他的论述比尼采更为克制，参 Dear 2008；但他在最近的一本书中却花费了相当的精力来阐述自己的观点，这也许是因为他在过去的几本书中重复论述这一观点时只得到了(相对)微弱的共鸣。

② 迪尔等科学史学家证实了尼采的科学史(尼采称之为"错误"的历史)，并肯定地称，从科学的实践和应用层面看，过去追求科学的原因和古代对科学对象的评估与现在的学术时代有所不同，而现在普遍认为，这两个是科学所不可或缺的层面，历史学家卡蒙(William Kamon)也在他的书中肯定了尼采关于那被禁止的"科学序曲"与炼金术的叙述，即《科学与自然的秘密》(*Science and the Secrets of Nature*)。参 Dear 2008 及 Eamon 1996。

如果尼采关注的是古希腊的古代科学，那就会出现一系列其他问题，正如尼采通常会提出关于逻辑本身的一般起源问题，还有经验科学等等（我们注意到他对这些做了区分）。在此，我们在回顾了尼采自己关于古代科学方法的结束语后，将要转向下一个主题，他询问他的读者（他的典型做法），他本人是否已被理解："有人能理解这一点吗？为了能开始这项工作，一切至关重要的东西都已经被找到（Alles *Wesentliche* war gefunden，um an die Arbeit gehn zukönnen）"（A 59；KSA 6，248）。通过这种方式，正如我们将在下面看到的，尼采[246]在《敌基督者》中向传统的假设发出了挑战，而这与他最初在《肃剧的诞生》中对苏格拉底发明的理性的关注以及他在《不合时宜的沉思》中独创的名词"亚历山大文化"并没有什么不同。

再次强调，核心的问题在于，希腊人所缺少的那个东西正是我们现代人所拥有的，无论是从犹太-基督教传统或其他传统的宗教信仰文化到当前文化中的大部分内容，无论是从尼采的 19 世纪到我们自己的 21 世纪的传统，我们都知道，这种信仰文化的最新化身就是对现代科学和现代科技的信仰。今天可以肯定的是，我们不再怀疑后者，而是享受后者的果实。

三、亚历山大时代的文化与亚历山大时代的科学

尼采的"审美的科学"，即尼采对肃剧问题的研究，所关注的通常是在"音乐的精神"与"科学的精神"之间作出的平行对照，认为后者的精神"作为一种信仰最早显现在苏格拉底的人格之中——一种相信本质可以解释，且视知识为灵丹妙药的信仰"（BT 17；KSA 1，111）。

这一相信本质可以解释，且视知识为灵丹妙药的信仰并未减弱，而且是目前我们唯一拥有——或需要的信仰。尼采关于科学

理性的批判哲学揭示了这种信仰的逻辑后果。尼采使用了“科学本身的手段”，理解了康德概述的“一般而言知识的限度与相对性”，因此他通过同样的限度，或是通过斯特劳森(Peter Strawson)所说的感觉与感性的“界限”，最终“果断地”否认了“科学所主张的，普遍有效性和普遍的目标”(BT 18;KSA 1,118)。这样，尼采就能够视康德的哲学遗产在逻辑上摧毁了“通过设置自身的界限而对存在表现出自鸣得意的科学的苏格拉底主义”的标志(BT 19;KSA 1,128)，也正是通过这些限度，康德发现了推进这一课题的方式。

在此，尼采阐述了他的“苏格拉底的”(Socratic)文化的知识，他也称之为亚历山大的(Alexandrian)或“亚历山大式”(Alexandrine)文化。他在《道德的谱系》中使用了“亚历山大式文化”(Alexandrine culture)这一术语，意味着乐观自信的奴性的顶峰，因为它持续表现出科学的特征，尤其是技术-科学文化的特征。这种知识的乐观主义文化的关键就是科学的理想，这正是尼采早期所说的“无限权力妄想”的根源(BT 18;KSA 1,117)。①

这种无限权力的幻想借由科学描绘了以“信仰世间所有幸福”的千禧年为基础的现代文化(同上)。但是，就尼采的典型做法而言，他的论述与法兰克福学派理论家们的启蒙辩证法不同，他指出，现代技术和消费至上主义“要求这样一种亚历山大式的尘世幸福”(同上)。在此，尼采将这一需求描述为“欧里庇德斯的机械降神(deus ex machina)的戏法”(同上)。此处对机器的提及是纯字面意义的，此外，在论肃剧的这部作品中，尼采还讨论了作为一种技术的舞台发明，关于神的机械把戏。这种“机械主义”产生了“世

---

① 我将这一点与海德格尔在他的《形而上学导论》(*Introduction to Metaphysics*)与《哲学论集》(*Beiträge zur Philosophie*)中所强调的内容联系了起来，参 Babich 2007b,37—60。

间协调一致”的观念(BT 17;KSA 1,115),这种协调逐渐代替了过去世代纯粹的形而上学的安慰,无论是希腊古代的“理性”(Nous),还是中世纪欧洲教会[247]的神圣安慰。机械的神成为了19世纪(以及20世纪和21世纪)现代科学的神。①

我们仍然认为技术就是机械——现如今,则是电子或数字化——它取代了神圣及其联系,这是萨特(Jean-Paul Sartre)所说的替代品,萨特遵循海德格尔的脚步,认为这是正在将“人类”置于“神的位置上”。② 尼采对此的观点从一开始就是,科学和技术被赋予了太世俗的和太人性的表达,就好像是“机械装置和铸造工厂之神”(同上)。在这种意义下,我们继续相信那驱动经济市场的精神具有神性,我们也继续相信企业的发明创造具有自发和普遍的仁慈。即使是在假定真正的神已经死了之后,正如尼采在他身处的19世纪的世界中充分认识到的那样,企业和工厂的发明创造仍然是每个人都可以相信的单一的神。确实,我们可以完全不信仰任何神,但工业和科学技术的专业知识就是我们所相信的诸神。

此外,非常重要的一点是,尼采的19世纪至高无上的“机械和铸造之神”(de Gott der Maschinen und Schmelztiegel)这个形象在他第一篇《不合时宜的沉思》中首次出现后,就不断地出现在他的作品中,并且在《道德的谱系》的第三篇文章中达到了顶峰。尼采在其中回应了马克思于1844年(尼采诞生的那一年)提出的关于剥削的类似观点,马克思发现,在“两性的自然关系中,人与自然的

---

① 弗里兹·朗(Fritz Lang)1927年执导的电影《大都会》(*Metropolis*)中的机械摩洛神(Moloch Machine)便向我们展示了对机器狂热的宗教崇拜会是何种情况。这种观念并不新鲜,其产生可参 White 1978,Noble 1997,以及 Babich 2013c。[译注]摩洛,迦南等古代近东民族崇拜之神,可能源自腓尼基的都市神(Melqart),所罗门曾为其修筑祭坛(《列上》11:7)。

② 参 Sartre 1993,972:“成为人,意味着奋斗。成为神,或,若你乐意,成为一种对成为神的欲望(Mensch sein heißt danach streben. Gott zu sein oder, wenn man lieber will, grundlegend Begierde, Gott zu sein)。”

关系即是人与人的关系,而人与人的关系即是人与自然的关系”(Marx 1978,83)。马克思的观点是人文主义和自然主义的代表,以漂亮的辩证法为论证手段,坚持那也许能够“真正解决人与自然以及人与人之间的冲突问题”的东西(同上,84)。

在尼采于《快乐的科学》中所做的反思中,也可以发现对克服这一问题的同样理想,其中他重复并提炼了自己早期的思考,他反对将自然理想化作为神圣本身的众多表达:“我们什么时候才能不再将自然奉若神明?我们什么时候才可以根据这个纯粹的、被重新发现和重新救赎的自然来使人性自然化?”(GS 109;KSA 3,469)。当我们把尼采的“自然化”(naturalize)的人性当作我们今天所理解的自然主义时,我们更倾向于区分这个概念与他对科学知识的批判性反思,因为后者是他所说的将自然“人性化”的手段。尼采的意思是批判,就像我们在他对因果关系的批判中所看到的那样,他写道:“应该把科学视为一种尽可能准确地使事物人性化的尝试;我们一个接一个地描述事物,从中我们学习如何越来越精确地描述我们自己”(GS 112;KSA 3,473)。下述这一点需要返回到上文提到的尼采对路吉阿诺斯的解读上(即路吉阿诺斯对真相和虚假的协调):在这一过程中,每当有人以谎言为代价确立真理时,人们总是忽略了科学家在熟悉所谓的历史事实时常会冒险地忽视一些东西,而这两者会不可避免地混同起来。简单粗暴地剪断缠绕在一起的结很诱人,但这种结果却并非真相。正如尼采在《论道德感之外的真理与谎言》(*On Truth and Lie in an Extra-Moral Sense*)中所写的那样,真理超出了我们闪烁其词搪塞出的成见。

尼采文章的开篇与路吉阿诺斯在他的《真实的故事》(*True Story*)中的开篇一样,叙述了他访问月球和更遥远时空的故事,在那里,他遇见了由于火山喷发而被扔到月球上的恩培多克勒,恩培多克勒作为一名素食者,只能靠露水存活,他由此指出了我们太人性的限度,指出了[248]我们感官的限度、受我们在宇宙中的位置所限的视角的限度，以及我们人类这一必死物种的生命的限度：我们忍不住要说谎。就尼采的这个问题的而言，我们被卷入了谎言的漩涡，正如他后来所说的那样，这个问题“承认了我们对真理的渴望”，但他接着又问道：“为什么？或更准确点，为何不是更需要谎言？”因为我们总是说谎，有时和其他人（这就是民众）一样，用传统的方法；有时，只是对自己说谎（这是平凡的自我安逸和自我欣赏）。

同样是尼采，他在《道德的谱系》第三部分的总结中指出，权力意志强调的是与现代的科学时代的贪得无厌和功利截然相反的对立面，他谴责了我们整个现代“对自然的态度，我们借助机械的手段以及技术工与工程师那肆无忌惮的创造力冒犯了她”（GM III，9；KSA 5，357）。尼采的论点预示了精神分析及其全新的版本，后者就在对数字化超人类主义的热情当中——既包括了计算机-驱动领域（例如计算基因组学），也包括了当今的网络电子人（cyborg）的精神幽灵。对尼采而言，这种机械论的工程师的倾向充斥着我们自己对自己的科学态度：“我们兴高采烈地活体解剖我们的灵魂”（同上）。——在此我们应该会想到正在加速前进的脑科学项目，无论是心理学的认知科学，还是生物神经学的不同学科（因此，就科学的工业机械化水平而论，这样的研究所需的动物数量总是超出我们的想象）①——而在“这样的情况下的”对我们的灵魂进行活体解剖（这一说法既是真实的也是比喻的），我们就可以不断地“治愈我们自己[……]我们像夹胡桃那样夹碎自己的灵魂，不断质疑和怀疑，好像生活就只是捣碎坚果，别无其他”（同上）。尼采首选“机械的活动”（GM III，18；KSA 5，382）来描述现代麻木的感觉，“这个事实”，他写道，“就是今天人们有点不太真诚地说的‘劳作的福分’”（同上）。

① 不过，还只是刚刚起步，参 Roberts 1980，以及 Ruesch 1978，1986。

我们为自己而努力劳作,而我们创造的自我是一个消费的自我,当然,是用自己的创造物来消费。

至于尼采,最重要的是他将此联系到了劳作——即批判理论家安德斯(Günther Anders)①与政治传播理论家斯迈思(Dallas Smythe)所说的家庭劳作,我们在自由空闲的时间里通过家庭劳作的劳作来为自己劳作,为了在电视和电台的企业广告形象中产生我们自己,如今则是在网络中,通过各种各样随机、多元的日常渠道来生产形象,如谷歌(Google)、维基百科(Wikipedia)、谷歌信箱(Gmail)、博客(blogs)、优兔(YouTube),或通过推特(Twitter)和脸谱网(Facebook)等社交网络平台,以及任何即将出现的最新事物(所有这些都具有高度结构化的广告特征,无论是在网络上还是电视中和广播里)——这些功能在尼采看来,就是作为一种麻醉的功能(narcotization)。今天的心理学家称之为"诱发"(Priming),阿多诺(Adorno)将之描述为"无处不在的普遍标准",他在与拉扎斯菲尔德(Lazarsfeld)关于普林斯顿广播电台项目的合作中无意间但却相当直接地推动了它的实际效应,之后,他又继续与霍克海默(Max Horkheimer)一起将之命名为"文化产业",正是这一产业制造了文化本身,因此,安德斯和斯迈思所发展的也是这一观点,即我们将自己制造为消费者和家庭-劳作者,在这一被商业所掌控的,有时则是在被政治所调控的方向下为自己劳作。这一产业及其自我生产和自我控制的策略都行之有效,正如尼采所观察到的,"起作用了"(it work),因为"人类意识的议事厅非常之小"(同上)。

[249]尼采在他的第一本书中,把他的隐喻与古代人的世界紧

---

① 参 Anders 1987。关于安德斯对消费者通过电视将他们自己创造成消费者的观点,参 Smythe 1954,143—156。亦参 Ellul 1974,其中发展了博奈斯(Edward Bernays)于 1961 年关于宣传的研究,其最初发表的版本,参 Bernays 1923。关于进一步的讨论和参考文献,参 Babich 2013c。

密地联系在一起。在他后来的作品中，他则逐渐扩大他所涉及的范围（路吉阿诺斯也是这样），将犹太-基督教世界的现代神话纳入考虑之中，虽然这些神话本身已黯淡无光。今天的网络化和互动媒体（互联网和移动电话等）的世界已经改变了尼采诉诸机械本身那如神一般的戏法时所使用的完美隐喻，看起来，这种前进的召唤达到顶峰时，会让我们遗弃（我们确实遗弃了）“现实”的问题。当然，我谈到了互联网：这是一个充满如此之多的使现代人专注的事物、游戏生活和第二人生的空间/非空间，此外还有各种十分日常的交流、交易——银行、买卖、机票、电影和音乐下载——和表达。[①]

现象学已经告诉我们关于我们自己的事，在此基础上，自觉意识的力量便是我们可以（而且我们确实做到了）富有想象力地展现我们自己，但这也意味着一种*真正*的事实上的转换，而且，我们越来越视这种转换为“真实的”：这些不过是我们的激情，或至少也是我们选择把某些东西看作是“我们自己”，它们首先被投射在屏幕上，然后被发现，而这绝不是肃剧的“skene[舞台]”，这是一个世界之梦（world-dream）或幻想的网络，是一个不真实的空间：所有的深度和所有的确切性完全多余，只不过是一个观点的旗手（signifer）。这个*鲍德里亚*的（Baudrilliardian）虚幻或超现实的世界被广泛用于经济学领域：广告和利润，娱乐消遣的传播，当下与任何人、在任何地方、满足任何需求的即时通讯的诱惑。

希腊人及其科学知识，他们对事实和计量的意识，以及他们在建筑和大规模冶金方面的计算技能和工程成就，所有这些不仅是出于我们所谓的艺术，也是出于军事和战略的目的，所有这些无一不在突出表明，希腊人在每个案例中都要处理那依具体情况而定的、可变的、完全是表象的世界。因此，那个因巴门尼德而迷失的

---

① 关于此处，参 Babich 2013d，第一章和终章。尤其是论尼采所谓“人之逐渐失调”的最终章。

逻辑问题要求一元论或统一。但在一个多元且多变的世界中，人类行为的条件变得多元化。正如阿伦特（Hannah Arendt）所阐述的那样，这涉及到二者之间的一个内在差异："我们都一样，都是人类，以这样一种方式：没有人能和其他任何曾经活着、生活或即将生存的人是一样的"（Arendt 1998，8）。相反，正如我们所看到的那样，尼采强调："逻辑必需要有这个条件：假设存在相同的情况"（NF 1885，40[13]；KSA 11，633）。[1] 这个推定站不住脚：因为它从未给定，但却始终假设好像它已经被给定了。尼采在这里的反思是一个非常具体的洞见（许多谈论尼采的自然主义的学者都偏执地误解了他的观点），他在一篇以一个项目或草案（Entwurf）标注的未刊笔记中表达了该观点，旨在阐明"求真的意志"以"无知的绝对价值"（除此之外，再无其他）"渗透进事物中"的深度（NF 1885，43[1]；KSA 11，699）。如我们上面所提到的，对于尼采而言，解释学对他的历史反思十分重要，"暗示（Andeutungen）的价值及其尺度不在于'它是'，而在于'它意味着'"（同上），这种解释学的意义牵涉到他所谓的"求真的意志"：

> "求真的意志"之所以发展其自身，是为了服务于"权力意志"，精确地讲，其真正的任务是助长某种有助于胜利和永恒的非真相，它与完整的伪证相关，而且以之为基础来保护一种特殊的活的事物。（同上）

[250]在这个意义上，尼采再次与路吉阿诺斯选择了一样的做法，他的问题"什么是真理"（NF 1886/87，7[1]；KSA 12，247）始终是为了阐明他所说的"属于某种错误的心理学"（Psychologie der

---

① 这里给出德语原文也许对理解有所帮助："Die Logik ist geknüpft an die Bedingung：*gesetzt，es giebt identische Fälle*。"斜体为尼采自己的强调。

Irrthums)(同上),这种错误归咎于一种深思熟虑的意图(Absicht),无论有或没有(这即是命运)人类主体:在目标这个概念中:"其目的就是为了做着、演着、活着"(同上)。就在科学的方式下,在此,我们可能会想到尼采当时的心理学经济结构,我们尤其可以在马赫(Ernst Mach)的作品中看到这一点,他在自己的作品中也有类似的考虑,尼采认为,"意识的现象"可能纯粹代表"极限的表象",从而构成了"连环锁链的最后一环,似乎在单个意识层面彼此联系相互制约?这是一种错觉"(同上,248)。

为了解析这种作为一种错误的幻觉,尼采强调了"'本质'的缺乏:'生成的'和'现象的'是唯一一种存在的类型"(das "Wesen" *fehlt*: das "Werdende", "Phänomenale" ist die einzig Art Sein)(同上,249)。他在之后的几节重申了关于"真相与错误的价值"的观点,强调了除柏拉图所说的存在(being)之外的表象的重要性,因为柏拉图在《蒂迈欧》(*Timaeus*)中也谈到了一个"世界艺术家"。在此,尼采指出,聚焦在这个艺术家上,这让柏拉图能够主张一个人可以根据价值来衡量"现实的程度":"更多的'形成',更多的存在"(同上,253)。因此,尼采在这里所强调的这一点,之后将会继续被现象学家海德格尔作为自己的象征,以此来阐明尼采的思想,"铭刻(imprint upon)成为了存在的特征——那是最高的权力意志"(NF 1886/87,7[54];KSA 12,312),他强调,陷入了岌岌可危之境的是一种"双重证伪,它在感官和精神这一边,为了维护一个属于存在的世界,维护一个拥有持久的、同等价值的,以及诸如此类之物的世界"(同上)。

因为他热切地期望维护前柏拉图思想家在知识本身的问题上的严谨,尤其是在物质形态生成和变化的领域(即柏拉图和亚里士多德所承认的),尼采强调,古人只能用形而上学来解决这一问题,这意味着:"知识本身就不可能在生成之中,因此,知识如何才能可能?"(同上,313)就此而言,知识只有在作为一种"关于其自身的错误,正如权力意志,也如欺骗的意志”时,才能成为可能(同上)。

正是在这种情况下,尼采反思了“反实证主义”,他试图站在“现象”的基础上,以此作为事实并只作为事实:“那里只存在事实。”对于尼采而言,用他那句著名的话来讲,那就是:“不,根本就不存在确切的事实,存在的只有解释。我们不能确定(fix)任何事实‘本身’,也许,希望这样做就是无稽之谈”(同上,315)。对尼采来说,那处于成败攸关之境的,就是在反思是什么决定了他所谓的“心理视觉”(NF 1887,9[106][71];KSA 12,395)。在同样的语境中,尼采解释说:“这个现象世界的对立面不是‘真实的世界’,而是无形、无法成形的感觉混乱的世界——因此是一种不同类型的现象世界,一个无法‘被我们了解’的世界”(同上)。这就是19世纪晚期的科学的世界,这个科学由于马赫,已经将原子分解成了众多力量的中心。

在这个科学的世界中,从科学观察者的角度进行审查,所有的事情都取决于现象世界的不可知属性,在这个世界中,可知的东西就是作为其基础的或解释它的东西。哲学家,甚至是分析[251]哲学家,仍然是在这个意义上谈论形而上学。尼采和海德格尔总是在同一个方向警惕着形而上学的悖论。当然,尼采的视角或这种透视的视角是关于量子力学的,就像薛定谔(Schrödinger)与尼采的古人,如阿纳克萨戈拉、恩培多克勒、赫拉克利特等人那关于永恒轮回的古老教诲之间的联系一样。① 但是,重新编织所有这些

---

① 我列举了一系列相关的详细参考文献,参 Babich 1994,此外尤其参格林(Rüdiger Hermann Grimm)早年关于尼采的论文,参 Grimm 1977;另参 Stack 1983,其中遵循格林的步伐继续对量子或力点(force point)问题进行了考察,正如尼采遵循博斯科维奇(Boscovich)一样。关于尼采永恒轮回的讨论,参 Becker 1963,更广泛的讨论则可参 Harders 2007 和 Small 2010,亦参 Stölzner 2012,357—370,以及 Vaas 2012,371—390。我讨论了尼采与薛定谔关于记忆和意识的分析之间的关系,参 Babich 2013e;西格弗里德(Hans Seigfried)关于尼采的长期解读可作互补参考,参 Seigfried 1990,619—630。希兰(Patrick A. Heelan)也顺带提到了尼采,参 Heelan 1998,273—298。

线团以及作为一位反亚历山大主义者的尼采也试图去解开那些纠缠在一起的线团，这是每个领域内所有哲学家的任务，既是为了人类自己，也是为了今天的自然科学。

参考文献

Anders, Günther (1987): *Die Antiquiertheit des Menschen. Vol.* 1: *Über die seele im Zeitalter der zweiten industriellen Revolution*. Munich (Beck).

Arendt, Hannah (1998): The Human Condition. Chicago (University of Chicago Press).

Babich, Babette (1994): *Nietzsche's Philosophy of Science: Reflecting Science on the Ground of Art and Life*. Albany (State University of New York Press).

——(2002): "Editor's Commentary and Notes for Ulrich von Wilamowitz-Möllendorff, 'Future-Phlology'." In*New Nietzsche Studies*. Vol. 4 (1/2), 1—32.

——(2003a): "On the Analytic-Continental Divide in Philosophy: Nietzsche's Lying Truth, Heidegger's Speaking Language, and Philosophy." In Carlos G. Prado (ed.): *A House Divided*: *Comparing Analytic and Continental Philosophy*. Amherst, NY (Humanity Books), 63—103.

——(2003b): "Paradigms and Thoughtstyles: Incommensurability and its Cold War Discontents from Kuhn's Harvard to Fleck's Unsung Lvov." In*Social Epistemology*. Vol. 17, 97—107.

——(2005): "The Science of Words or Philology: Music in *The Birth of Tragedy* and the Alchemy of Love in *The Gay Science*." In Tiziana Andina (ed.): Revista di estetica. Vol. 28, XLV. Turin (Rosenberg & Sellier), 47—78.

——(2006a): "Gay Science: Science and*Wissenschaft*, *Leidenschaft* and Music." In Keith Ansell- Pearson (ed.): *Companion to Nietzsche*. Cambridge (Blackwell), 97—114.

——(2006b): *Words in Blood, Like Flowers: Philosophy and Poetry, Music and Eros in Hölderlin, Nietzsche, and Heidegger*. Albany (State University of New York Press).

——(2007a): "Greek Bronze: Holding a Mirror to Life." In *Yearbook of the Irish Philosophical Society*. Vol. 7, 1—30.

——(2007b): "Heidegger's Will to Power." In Journal of the British Society for Phenomenology. Vol. 38 (1), 37—60.

——(2008): "Die Naturkunde der Griechischen Bronze im Spiegel des Lebens. Betrachtungen über Heideggers ästhetische Phänomenologie und Nietzsches agonale Politik." In Günter Figal (ed.), Harald Seubert and Babich (trans.): *Internationales Jahrbuch für Hermeneutik*. Tübingen (Mohr Siebeck), 127—189.

——(2009a): "'A Philosophical Shock': Foucault's Reading of Heidegger and Nietzsche." In Carlos G. Prado (ed.): *Foucault's Legacy*. London (Continuum), 19—41.

——(2009b): "Skulptur[Bildhauerkunst]. "In Christian Niemeyer (ed.): Nietzsche Lexikon. Darmstadt (Wissenschaftliche Buchgesellschaft), 325—328.

——(2010a): "Le Zarathoustra de Nietzsche et le style parodique. A propos de *l'hyperanthropos* de Lucien et du surhomme de Nietzsche." In *Diogène. Revue Internationale des Sciences Humanines*. Vol. 232, 70—93.

——(2010b): "Towards a Critical Philosophy of Science: Continental Beginnings and Bugbears, Whigs and Waterbears." In*International Journal of the Philosophy of Science*. Vol. 24 (4), 343—391.

——(2011a): "An Improverishment of Philosophy." In *Purlieu: Philosophy and the University*. Vol. 1, 27—71.

——(2011b): "Aristen Metaphysik und Welt-Spiel in Fink and Nietzsche." In Cathrin Nielsen and Hans Rainer Sepp (eds): *Welt denken. Annäherung an die kosmologie Eugen Finks*. Freiburg im Breisgau (Alber),

57—88.

——(2011c):"Nietsches Genealogie der Wissenschaft als Mythos: Religion, Moral und die Werte der Moderne." In Beatrix Vogel and Nikolaus Gerdes (eds):*Grenzen der Rationalität*:*Teilband* 1:*Kolloquien* 2005—2009. Munich (Allitera), 305—338.

——(2011d):"Zu Nietzsches Statuen: Skulpter und das Erhabene." In Beatrix Vogel and Nikolaus Gerdes (eds):*Grenzen der Rationalität*:*Teilband* 2. Munich (Allitera), 391—421.

——(2011e):"Zu Nietzsches Wissenschaftsohlsophie." In Helmut Heit, Günter Abel, and Marco Brusotti (eds):*Nietzsches Wissenschaftsphilosophie. Aktualität, Rezeption und Hintergründe*. Berlin (Walter de Gruyter), 291—311.

——(2012):"On Nietzsche's Judgement of Style and Hume's Quixotix Taste: On the Science of Aesthetics and 'Playing' the Satyr." In *The Journal of Nietzsche Studies*. Vol. 43 (2), 240—259.

——(2013a):"Hume on Causality and Nietzsche on Cause and Error in Philosophy." In Babette Babich and Dimitri Ginev (eds):*The Multidimensionality of Hermeneutic Phenomenology*. Frankfurt am Main (Springer), 397—431.

——(2013b):"Nietzsche's Phenomenology: Musical Constitution and Performance Practice." InÉlodie Boubil and Christine Dagle (eds):*Nietzsche and Phenomenology*:*Power, Life, Subjectivity*. Bloomington (Indiana University Press), 117—140.

——(2013c):"O, *Supreman*! or Being Towards Transhumanism: Martin Heidgger, Günther Anders, and Media Aesthetics." In *Divinatio*. Vol. 36, 83—99.

——(2013d):*The Hellelujah Effect*:*Philosophical Reflections on Music, Performance Practice and Technology*. Surrey (Ashgate).

——(2013e):"Schrödinger and Nietzsche: Eternal Return and the Moment." In Christopher Key Chapple (ed.):*Festschrift for Antonio de Nicolas* (forthcoming).

Barthel, Manfred (1995): *Die Enkel des Archimedes. Eine etwas andere Kulturgeschichte*. Witten (Neuhaus).

Becker, Oskar (1963): "Nietzsches Beweis für sein Lehre von der ewigen Wiederkehr." In his *Dasein und Dawesen*. Pfullingen (Neske).

Benne, Christian (2005): *Nietzsche und die historisch-kritischen Philologie*. Berlin (Walter de Gruyter)

——(2011): "Von der Wissenschaft des Rhythumus zum Rhytumus der Wissenschaft." In Helmut Heit, Günter Abel, and Marco Brusotti (eds): *Nietzsches Wissenschaftsphilosophie. Aktualität, Rezeption und Hintergründe*. Berlin (Walter de Gruyter), 189—212.

Bernays, Edward (1923): *Crystallizing Public Opinion*. New York (Liveright).

Berthelot, René (1911): *Un romantisme utilitaire: étude sur le mouvement pragmatiste*. 1, *Le pragmatisme chez Nietzsche et chez Poincaré*. Paris (F. Alcan).

Bredekamp, Horst (1992): *Antikensehnsucht und Maschinenglauben. Die Geschichte der Kunstkammer und die Zukunft der Kunstgeschichte*. Berlin (Wagenbach).

Burkert, Walter (1997): "Star Wars or One Stable World: A Problem of Pre-Socratic Cosmogony (*PDerv*Col XXV)." In André Laks and Glenn Most (eds): *Studies on the Derveni Papyrus*. Oxford (Oxford University Press), 167—174.

Cardew, Alan (2004): "The Dioscuri: Nietzsche and Rohde." In Paul Bishop (ed.): *Nietzsche and Antiquity: His Reaction and Response to the Classical Tradition*. Rochester (Camden), 458—473.

Cornford, Francis MacDonald (1912): *From Religion to Philosophy: A Study in the Origins of Western Speculation*. New York and London (Longmans, Green, and Co. /Edward Arnold), 111.

Couprie, Dirk L. (2011): *Heaven and Earth in Ancient Greek Cosmology*:

From Thales to Heraclides Ponticus. Frankfurt am Main (Springer).

Couprie, Dirk, Robert Hahn, and Gerard Naddaf (2003): *Anaximander in Context: New Studies in the Origins of Greek Philosophy*. Albany (State University of New York Press).

Dear, Peter (2008): *The Intelligibility of Nature: How Science Makes Sense of the World*. Chicago (University of Chicago Press).

——(2009): "The History of Science and the History of the Sciences: George Sarton, *Isis*, and the Two Cultures." In *Isis*. Vol. 100, 89—93.

Debus, Allen G. (2004): *Alchemy and Early Modern Chemistry: Paters from Ambix*. Huddersfield (Jeremy Mills).

Drachmann, Aage Gerhardt (1963): *The Mechanical Technology of Greek and Roman Antiquity*. Madison (University of Wisconsin Press).

Eamon, William (1996): *Science and the Secrets of Nature: Books of Secrets in Early Modern Culture*. Princeton (Princeton University Press).

Ellul, Jacques (1974): *Propaganda: The Formation of Men's Attitudes*. Konrad Kellen and Jean Lerner (trans.). New York (Knopf).

Feyerabend, Paul (1975): *Against Methos*. London (Verso).

Freath, Tony, et al. (2006): "Decoding the Ancient Greek Astronomical Calculator Known as the Antikythera Mechanism." In*Nature*. Vol. 444, 587—591.

Funghi, Maria Serena (1997): "The Derveni Papyrus." In André Laks and Glenn Most (eds): *Studies on the Derveni Papyrus*. Oxford (Oxford University Press), 25—38.

Greenberg, Arthur (2007): *From Alchemy to Chemistry in Picture and Story*. Cambridge (Wiley).

Grimm, Rüdiger Hermann (1977): *Nietzsche's Theory of Knowledge*. Berlin (Walter de Gruyter).

Hadot, Pierre (1990): "Forms of Life and Forms of Discourse in Ancient Philosophy." In *Critical Inquiry*. Vol. 16 (3), 483—505.

Hahn, Robert (2001): *Anaximander and the Architects: The Contributions of Egyptian and Greek Architectural Technologies to the Origins of Greek Philosophy*. Albany (State University of New York Press).

Hankinson, R. J. (1998): *Cause and Explanation in Ancient Greek Thought*. Oxford (Oxford University Press).

Harders, Gerd (2007): *Der gerade Kreis-Nietzsche und die Geschichte der ewigen Wiederkehr. Eine wissensozilogische Untersuchung zu zyklischen Zeitvorstellungen*. Berlin (Duncker & Humblot).

Heelan, Patrick A. (1998): "The Scope of Hermeneutics in the Philosophy of Natural Science." In *Studies in the History and Philosophy of Science*. Vol. 29, 273—298.

Henrichs, Albert (1984): "Loss of Self, Suffering, Violence: The Modern View of Dionysus from Nietzsche to Girard." In*Harvard Studies in Classical Philology*. Vol. 88, 205—240.

Janko, Richard (2006): "Review of*The Derveni Papyrus*, edited by Theokritos Kouremenos, George M. Parássoglou, and Kyriakos Tsantsanoglou." In *Bryn Mawr Classical Review* (October 29). http://bmcr.brynmawr.edu/2006/2006—10—29.html.

Kahn, Charles (1960): *Anaximander and the Origin of Greek Cosmology*. New York (Columbia University Press).

——(1997): "Was Euthyphro the Author of the Derveni Papyrus." In André Laks and Glenn Most (eds): *Studies on the Derveni Papyrus*. Oxfors (Oxord University Press), 55—64.

Kingsley, Peter (1995): *Ancient Philosophy, Mystery, and Magic: Empedocles and Pythagorean Tradition*. Oxford (Clarendon Press).

——(1999): *In the Dark Places of Wisdon*. Inverness, CA (Golden Sufi Center).

——(2003): *Reality*. Inverness, CA (Golden Sufi Center).

Kittler, Friedrich (2006a): "Number and Numeral." In *Theory, Culture & Society*. Vol. 23 (7—8), 51—61.

——(2006b):*Musik und Mathematik*. *Vol*. 1:*Hellas*, *Part* 1:*Aphrodite*. Paderborn (Wilhelm Fink Verlag).

——(2009):*Musik und Mathematik*. *Vol*. 1:*Hellas*, *Part* 2:*Eros*. Paderborn (Wilhelm Fink Verlag).

Kofman, Sarah (1992):*Explosion I. De l'〈Ecce Homo〉de Nietzsche*. Paris (Galilee).

Kraft, Fritz (1971):*Geschichte der Naturwissenschaft I. Die Begründung einer Geschichte der Wissenschaft von der Natur durch die Griechen*. Freiburg im Breisgau (Rombach).

Loria, Gino (1914):*Le Scienze Estate nell'antica Grecia*. 5 vols. 2nd edn. Milan (Hoepli).

Löwith, Karl (1997):*Nietzsche's Philosophy of the Eternal Recurrence of the Same*. Harvey Lomax (trans.). Berkeley (University of California Press).

Martin, Nicholas (1996):*Nietzsche and Schiller*:*Untimely Aesthetics*. Oxfors (Oxford University Press).

Marx, Karl (1978):"Economic and Philosophic Manuscripts of 1844." In Robert C. Tucker (ed.): *The Marx-Engels Reader*. 2nd edn. New York (Norton).

McEwen, Indra Kagis (1993):*Socates' Ancestor*:*An Essay on Aechitectural Beginnings*. Cambridge, MA (MIT Press).

Moran, Bruce T. (2005):*Distilling Knowledge*:*Alchemy*, *Chemistry*, *and the Scientific Revolution*. Cambridge, MA (Harvard University Press).

Noble, David (1997):*The Religion of Technology*:*The Divinity of Man and the Spirit of Invention*. New York (Knopf).

Oleson, John Peter (2008):*The Oxford Handbook of Engineering and Technology in the Classical World*. New York (Oxford University Press).

Principe, Lawrence (1998):*The Aspiring Adept*:*Robert Boyle and his Alchemical Quest*. Princeton (Princeton University Press).

Ridgway, Brunilde Sismondo (2004): "Review of Vinzenz Brinkman and Raimund Wünsche (eds) (2004): *Bunte Götter. Die Farbigkeit antiker Skulptur. Eine Ausstellung der Staatlichen Antikensammlungen und Glyptothek München in Zusammenarbeit mit der Ny Carlsberg Glyptotek Kopenhagen und den Vatikanischen Mussen, Rom.* Second Printing. Munich (Staatliche Antikensammlungen und Glyptothek)." In *Bryn Mawr Classical Review*. August 7, 2004. http://bmcr.brynmawr.edu/2004/2004-0807/html.

Roberts, Catherine (1980): *Science , Animals, and Evolution: Reflections on Some Unrealized Potentials of Biology and Medicine*. Westport, CT (Greenwood).

Ruesch, Hans (1978): *Nackte Herrscherin. Entkleidung der medizinischen Wissenschaft*. Munich (Hirthammer).

——(1986): *Tausend Ärzte gegen Tierversuche*. Klosters (Civis).

Russo, Lucio (1996): *La Rivoluzione Dimenticata. Il Pensiero Scientifico Greco e la Scienza Moderna*. Milan (Feltrinelli).

——(2004): *The Forgotten Revolution: How Science Was Born in 300 BC and Why it Had to Be Reborn*. Silvio Levy (trans.). Berlin (Springer).

——(2009): *Die vergessene Revolution oder die Wiedergeburt des antiken Wissens*. Bärbel Deniger (trans.). Berlin (Springer).

Satre, Jean Paul (1993): *Das Sein und das Nichts*. Justus Strller (trans.). Hamburg (Rowohlt Tb).

Seigfried, Hans (1990): "Autonomy and Quantum Physics: Nietzsche, Heidegger, and Heisenberg." In *Philosophy of Science*. Vol. 57 (4), 619—630.

Small, Robin (2010): *Time and Becoming in Nietzsche's Thought*. London (Continuum).

Smythe, Dallas (1954): "Reality as Presented by Television." In*The Pubilc Opinion Quarterly*. Vol. 18 (2), 143—156.

de Solla Price, Derek (1959): "An Ancient Greek Computer." In *The Scien-*

tific American. Vol. 200 (6), 60—67.

——(1964):"Automata and the Origins of Mechanism and Mechanistic Philosophy." In*Technology and Culture*. Vol. 5(1), 9—23.

——(1974):"Gears from theGreeks: The Antikythera Mechanism-A Calendar Computer from *ca.* 80 B. C." In *Transactions of the American Philosophical Society* (*New Series*). Vol. 64 (7), 1—70.

Stack, George (1983): *Lange and Nietzsche*. Berlin (Walter de Gruyter).

Stölzner, Michael (2012): "Taking Eternal Recurrence Scientifically: A Comparative Study of Oskar Becker, Felix Hausforff, and Abel Rey." In Helmut Heit, Günter Abel, and Marco Brusotti (eds): *Nietzsches Wissenschaftphilosphie*. Berlin (Walter de Gruyter), 357—370.

Syder, David (1997): "Heraclitus in the Derveni Papyrus." In André Laks and Glenn Most (eds): *Studies on the Derveni Papyrus*. Oxford (Oxford University Press), 129—149.

Szabó, Árpád (1992): *Das geozentrische Weltbild*. Munich (dtv).

Tilman, Borsche, Federico Gerratana, and Aldo Venturelli (1994): "Centauren-Geburten." *Wissenschaft, Kunst, und Philosophie beim jungen Nietzsche*. Berlin (Walter de Gruyter).

Vaas, Rüdiger (2012): "Ewig rollt das Rad des Seins': Der 'Ewige-Wiederkunft-Gedanke' und seine Aktualität in der modernen phisikalischen Kosmologie." In Helmut Heit, Günter Abel, and Marco Brusotti (eds): *Nietzsches Wissenschaftsphilosophie*. 371—390.

White, Lynn (1978): *Medieval Religion and Technology*. Berkeley (University of California Press).

Wildberg, Christian (2011): "Dionysus in the Mirror of Philosophy." In Renate Schlesier (ed.): *A Different God?* Berlin (Walter de Gruyter), 205—232.

Wilamowitz-Möllendorff, Ulrich von (2000): "Future-Philology." Gertrude Postl, Babette Babich and Holger Schimid (trans.). In *New Nietzsche Studies*. Vol. 4 (1/2), 1—32.

尼采“我们语文学家的笔记”中的“更古老的希腊人”的宗教

坎辛克、坎辛克-林德迈尔
(Hubert Cancik & Hildegard Cancik-Lindemaier)　撰
詹森(Anthony K. Jensen)　英译

一、文本:“我们语文学家的笔记”(1875)

宗教作为评判的标准:“笔记”的主题

[263]在从未完成的第四篇《不合时宜的沉思》中,尼采探究的主要对象是语文学家与古典时代,同时还有历史科学和人文教育。尼采在这篇《沉思》中声称,现代的语文学家既不能也不想了解古代,古典时代的概念并未能揭示出“真正的”希腊人,语文学-历史科学的事业也没能产生真正的教育。为了证明这些说法,尼采构建了一个“前古典时期”的古代,并将希腊宗教置于他论述的中心。在这一点上,在希腊早期宗教与基督教语文学家之间的对立中,后者显然没有能力去理解、占有和传达古代。希腊文化的其他部分,如欧几里得的几何学、希波克拉底的医学理论、亚里士多德的《工具论》(*Organon*)、阿里斯托克赛诺斯(Aristoxenus)的音乐理论,或托勒密的《至大论》(*Almagest*),都是以一种被糟蹋和混淆的方式被人们所接纳,而且每一个领域在后古代时期的东方和西方都有过卓有成效的进步和发展。但是,根据

尼采的诊断，在语文学与古代之间无法实施这样意义重大的分离手术。因此，对"更古老的古代"宗教的呈现对该"笔记"的普遍论证具有重要的意义。就本质而言，笔记的主题是比较，但由于尼采被一股批判的冲动所驱使，他所说的远远超出了这篇未完成的《沉思》所限定的主题。

"笔记"的发展与形成

笔记簿 U II 8

在魏玛"尼采档案馆"(Nietzsche-Archiv)中，有一本档案编号为"Sigle U II 8"的红色笔记簿，其中包含两个"文本"。第一个文本档案的页码标注是页 239 至页 108，是从后往前写的(这是尼采的书写习惯)，题目被尼采标为："我们语文学家的笔记"("Notes to We Philologists"，即 WPH，以下简称"笔记")。该标题精确地[264]指出了这些笔记的形式和内容。第二个文本是从前往后写的，尼采把笔记本转过来，从第 3 页写到第 43 页，时间可能是在完成第一个文本之后。同样，这个文本的材料和主题也是统一的。尼采讨论了从泰勒斯到苏格拉底的更古老的希腊哲学家，以及抽象科学和生存智慧之间的张力。该文本的题头位置没有写什么东西。但是，在笔记另一边留白的第 4 页中间有一条"备选标题"(test title)，①可以认为是一个相当准确的描述："更古老的希腊哲学家笔下的科学与智慧之争"(Science and Wisdom in Conflict as Depicted in the Older Greek Philosophers，即 WWK，以下简称"之争")。尼采在笔记簿"U II 8"中将两项研究

① [译注]尼采的笔记通常只写一边，另一边留白待修改补充之用。一般是左侧写，右侧留白，但这份文本是倒的，因为尼采从后往前写了第一个文本，写完再 180°转过来(而不是翻过来)从头写第二个，即若正常打开笔记看第二个文本是上下颠倒的，文字在右侧的奇数页上。尼采从正常的第 3 页开始写，第 2 页留白，然后写第 5 页，第 4 页留白。这个标题就在留白的第 4 页上。

("笔记"和"之争")放在一起,但就其文本的产生来看,二者之间并没有相生关系。它们代表了两项独立的研究计划,每个计划都可以追溯到尼采刚来到巴塞尔的时期,而且,其中某些动机甚至可以追溯得更远。

"我们语文学家的笔记"(U II 8,页 239—108)的内容发展自一些技术性的语文学导论和纲领性的文字,以及尼采自己写作《论我们教育制度的未来》时所致力于的研究。"之争"的草稿、大纲和注释(U II 8,页 3—43)开启了尼采在巴塞尔大学时的第一门课程,内容是前柏拉图哲学家。该课程于 1869/1870 年冬季学期开讲,主要探讨早期的希腊哲学。因此,"之争"再次见证了尼采如何将"更古老的希腊"(older Greeks)建构为一个与古典时期、公元前 5 世纪的雅典文化、亚历山大-罗马文化相对立的自主且规范的时代。但其中尚未发现尼采使用过"古风"(archaic)这个词的表达。

这两份笔记-集合被一个历史学-语文学的假设绑在了一起。根据尼采的观点,希腊的古风时期并没有在后来的古典时期完成自己的交割。整个希腊文化据说"尚未"准备好,也"尚未"被发现,在古风时期,至今未知的"生命的可能性"将会被发现(NF 1875,6[48];KSA 8,115)。[①] 真正的语文学,即尼采的语文学,将会发现它们,并通过与希腊的这个独一无二且充满创造力的时期进行接触,使自身也变得具有创造力,因此在最高的意义上成为一种教育:这是真正的"未来的语文学"(Zukunftsphilologie)!

因此,笔记簿"U II 8"中的两个文本整体上就不单单只是所谓的尼采后期作品的"准备阶段"。其中只有某些特定主题被尼采进一步发展,还有某些特定内容可以从文本基因上被证明在其他的出版物中得到了展开和重复使用。无论是这篇原先打算作为第四篇《不合时宜的沉思》的"我们语文学家",还是"科学与智慧之争"

① [275][英译者注]尼采早期的笔记尚无标准的译本,本文所有译文均出自笔者。

的论文——包括《希腊肃剧时代的哲学》(1873)和第五门公开课《论我们教育制度的未来》(1872),尼采都没有出版,尽管后面这些文本实际上已十分完善,具备印刷稿的形式。研究这些手稿材料的时间顺序,我们可以弄清"笔记"是如何诞生的;出于实用方便的考虑,以下用字母A到E来标识原稿的不同部分。

A. U II 8,页239—108:巴塞尔笔记,直到1875年春;尼采的手迹(KSA 8,材料2,5)。

B. Mp XIII 6b,页1—22:格里斯多夫(Carl von Gersdorff)的记述,巴塞尔,1875年3月;格里斯多夫的手迹(KSA 8,材料3)。

C. [265]Mp XIII 6a,页1—11:巴塞尔的创作;巴塞尔(?),1875年夏(?);尼采的手迹(KSA 8,材料7)。

D. M I 1:"犁"(The Plough),页80—88:"论希腊人";1876年9月;伽斯茨(Peter Gasts)的手迹(KSA 8,材料18)。

E. U II 5,页113—14:咳嗽的记述(数量1—6);"咳嗽,从10月3日起"1876年;雷俄(Paul Ree)与尼采的手迹(KSA 8,材料19)。

更多其他的"笔记"手稿(Mp XIII 6a & 6b;M I 1;U II 5)

尼采打算写一篇关于语文学的《不合时宜的沉思》,关于这一点的第一个迹象可以在1873年夏季的笔记中发现:"古典语文学"、"学者"、"教师"是其中的关键词(NF 1873,29[163];KSA 7,699;NF 1873,30[38];KSA 7,744—745)。在这第一个计划之后一年多,紧接第三篇《不合时宜的沉思》,尼采在1874年10月时显然正着手为他的"笔记"展开第一次具体的准备工作(致洛德[Rohde],1874年,10月7日;KSB 4,263;致瓦格纳,约1874年10月10日;KSB 4,265)。同时出现的还有关于《瓦格纳在拜罗伊特》

(“Richard Wagner in Bayreuth”)这篇新《不合时宜的沉思》的笔记条目(NF 1874,32[18];KSA 7,760)——该文最终取代了尼采计划中的“笔记”——和他计划的一篇关于宗教的《不合时宜的沉思》,这一点也许能解释为何“笔记”如此强调这一主题。然而,1874 年 11 月,尼采意识到,在“这个冬季”,他无法完成更多的《不合时宜的沉思》(致洛德,1874 年 11 月 15 日;KSB 4,275)。

尼采写作“笔记”时还获得了一些新的灵感,来自他对合自己口味的语文学家兼诗人贾科莫·莱奥帕尔迪(Giacomo Leopardi,1798—1837)的研究,以及他对布克哈特(Jakob Burckhardt)关于希腊文化的课程的研究。在笔记簿(Notizbuch)“N I”中,有一个可以追溯到 1 月的授课计划,[①]其中包括沃尔夫(Friedrich August Wolf)的《短篇作品》(*Kleine Schriften*)、科赫利(Hermann Köchly)论赫尔曼(Gottfried Hermann)的作品,以及博奈斯(Jacob Bernays)论斯卡利杰(Joseph Justus Scaliger)的作品。[②] 这些作者每一位都在“笔记”中得到了探讨。同样著名的还有尼采在巴塞尔的同事梅利(Jacob Achilles Mähly),但并没有出现在“笔记”中;不过,尼采的《古典语文学通识》(“Encyclopedia of Classical Philology”,下文简称 EkP)提到过他研究波利齐亚诺(Angelus Politianus)的著作(莱比锡,1864)。值得注意的是,如蒙田(Montaigne)这样的法国文学家也包括在内。[③] 2 月,尼采提出希望在复活节前能将“笔记”准备就绪(致洛德,1875 年 2 月 28 日;KSB

① 笔记“N I 4”第 5 页并未收入 KGW,因为这仅是一份“偶获的笔记”(Gelegenheitsnotiz)。但是,这些笔记对重构尼采的治学方法和解读思路具有十分重要的意义。

② 至少根据尼采的说法,斯卡利杰是一位“在任何时代都称得上最杰出的语文学家”(EkP,节 2;KGW II/3,355)。尼采引用了博奈斯的《斯卡利杰》(*Joseph Justus Scaliger*,Berlin 1855);KGW 把日期写成了“1858 年”。

③ 1870 年圣诞,尼采拥有了一套“蒙田全集(我十分推崇此人)”(致弗兰琪斯卡[Franziska]与伊丽莎白·尼采[Elisabeth Nietzsche],1870 年 12 月 30 日;KSB 3,172)。

5,27)。格里斯多夫在巴塞尔逗留期间抄录了一份清晰的笔记"U II 8"的誊本,范围从第238或第239页到第200页,并设计了一张标题页,尼采为之题上了箴言和献词(Mp XIII 6b)。在他的朋友离开之后,尼采在笔记簿"U II 8"中又另外写了大约40页的内容(U II 8,页198—约148)。

1875年5月,尼采收到了克尔特博恩(Louis Kelterborn)抄录的布克哈特的《希腊文化史》(*Greek Cultural History*)讲课笔记(共448页的四开本):这对尼采来说是一次艰难考验,他本打算在"笔记"中放入自己对希腊人的"特征描述",为此,他一直参考使用鲍姆加特纳(Baumgartner)关于该课程的讲课笔记(致奥弗贝克[Overbeck],1875年5月30日;KSB 5,58;致格里斯多夫,1875年7月21日;KSB 5,87;亦参266—267)。

1875年春季,尼采开始着手组织这篇题为《瓦格纳在拜罗伊特》的新《不合时宜的沉思》。尼采进展迅速——以牺牲原计划仍于"1875年夏"完成的"笔记"为代价(NF 1875,4[3];KSA 8,39;对此的追溯参KSA 8,128—130)。尽管如此,为新《沉思》所作的工作才是头等大事;[266]1875年10月,尼采宣布该文已"几乎准备就绪"(洛德,1875年10月7日;KSB 5,119)。论语文学家的《不合时宜的沉思》这一计划被保留了相当长的一段时间。尼采采取了各种办法继续他的筹备工作。但这些努力实际上只相当于一种剧终的收场工作。这一部分的内容可能属于笔记"Mp XIII 6a"(=C,日期为1875年夏季或更晚),还有一些片段写于咳嗽的那段时期(=E,日期为1876年10月3日)。尼采接下来的一些步骤表明,他试图将"笔记"的材料纳入他计划的第一本重要的格言集著作中。

虽然"语文学"的主题似乎已经被尼采放弃,但"希腊人"的主题却没有。我们在笔记簿"N II I"中发现了一长串计划中的《不合时宜的沉思》的标题(NF 1876,16[8—12];KSA 8,288—290),其中反复出现了如“希腊人”和“教师”这样的单词(还出现了一次“有教养的非利士人”[Bildungsphilister]);然而,“语文学家”这个词没有出现。

“希腊人”收录于1876年9月题为“犁”(Die Pflugschar)的格言集,是其中一个章节的标题(M I 1,页80—88 = C:KSA 8,314—331)。尼采显然是从笔记“U II 8(A)”中重新编辑出了一部分有关“希腊人”主题的文本。例如,对色诺芬的苏格拉底的评价源自笔记“A”部分中的某几行(页112,118—119:NF 1876,5[193];KSA 8,95,112,115以下:NF 1876,5[192];KSA 8,94—95),它与格言146有关(NF 1876,18[47];KSA 8,327);与这一章其他一些格言不同,这条格言没有被收入到《人性的,太人性的》中。第四章有些文本(“关于希腊人的草图”[Adumbrations on the Greeks]),加上他对早期希腊宗教信仰的介绍的部分内容,则被一起从格言集“犁”和所谓的“索伦托文献”(Sorrento Papers)中移到了《人性的,太人性的》印刷稿中(1878年1月)。

准备工作与文献材料

尼采在两门课程中都探讨了希腊人的宗教信仰。1871年夏季学期,他的《古典语文学通识》讨论了“古代的宗教与神话”以及“古代宗教研究”(EkP,节19及20;KGW II/3,410—427)。在此,他讲到麦克思·缪勒(Max Müller)的《比较神话学》(*Comparative Mythology*),运用当时在印度-日耳曼语语法研究上获得的新成果来解释各种神的名字,并在关于古代宗教史的课上果断地对基督教进行了分类。第二门课《论希腊人的宗教活动》(“Der Gottesdienst der Griechen”,1875/1876年冬季学期;KGW II/5,355—520)着重讨论“希腊人和罗马人的崇拜活动(祭仪)”。这个明显完全非古典学的题目“宗教活动”(Gottesdienst)或许指出了值得注意的重点。不是关于神话或狄俄尼索斯崇拜-阿波罗信仰的“Theologoumena[对神的谈论]”,其主要的部分是:“崇拜活动的地点和主题”、“参与崇拜活动的人”以及“崇拜活动的实践”。[①] 这些内容包括神像、神庙、圣道以及贡品的清单。尼采关于早期希腊宗教的“草图”准备得非常充分,而且融入了当时很多学派的方法,他原本打算将之作为他的第四篇《沉思》。然而,在“笔记”中,他回避了许多古代文史研究的细节以及专业的文献信息(而从前这些数量甚多)。他几乎没有提到确切日期,更不用说铭文,这种做法的效果是,他缩小了他材料来源的范围,将之局限在像荷马、品达、忒奥格尼斯(Theognis)以及肃剧作家这些高水准的诗人身上。[②]

[267]另一方面,尼采在他的课程中避免对犹太教、基督教以及普遍的宗教进行挖苦,甚至有时具有渎神性质的批评:“犹太人是最差劲的民族”(WPH 5[166];KSA 8,88),“基督教是最彻底的、最可怕的骇人暴行”(WPH 5[148];KSA 8,80),“神的存在完全多余”(WPH 5[166];KSA 8,88;亦参 5[150];KSA 8,80—81)。为什么这些表述不能出现在巴塞尔大学的课程中,答案显而易见。尼采是否会在 1875 年的《不合时宜的沉思》中发表这些内容,也让人颇感怀疑。但这些文字暗示了他后来的《尝试批判基督教》(“Attempt at a Critique of Christianity”,NF 1888 19[8];KSA 13,545 及 22[14];KSA 8,589,此时该标题仍具有学院派的气息)如何最终被命名为《敌基督者》(*Anti-Christ*)和《对基督教的诅咒》

① 在一封寄给罗蒙特(Heinrich Romundt)的信中(1875 年 9 月 9 日;KSB 5,116),尼采提到了另一个标题:“我正着手开始一项为期 7 年的课程,因此,我正在理解‘希腊古代宗教’。这些都是全新的课程,我现在完全忙于此事。别再期盼《不合时宜的沉思》了,那只是我的想法。但我真讨厌出版!——现在也有一些内容基本准备就绪,但不是‘语文学家’(The Philologists);不过就像我说的,没什么能出版的。”

② 关于尼采的材料来源,至少要提到下述几个名字:博迪舍(Karl Bötticher)、柯歇斯(Georg Curtius)、麦克思·缪勒、穆勒(Carl Otfried Müller)、尼森(Heinrich Nissen)、普雷勒(Ludwig Preller)、罗舍尔(Heinrich Roscher)、舒曼(Georg Fricdrich Schoemann)、泰勒(Edward B. Tylor)、威尔克(Friedrich Gottlieb Welcker)。

(*A Curse on Christianity*)。

尼采想要呈现希腊的宗教信仰，其最强劲的动力来自布克哈特的《希腊文化史》系列课程。[①] 在构思他自己的“笔记”时，尼采有两份可资利用的有关这些课程的誊本，分别来自鲍姆加特纳以及克尔特博恩。[②] 布克哈特同样也以荷马史诗为基础来为自己的希腊宗教草图确定方向。通过诸神，诗人为人们揭示了“人自身的存在”，揭示了一个“完整世界(Weltganzen)的形象”以及“人之不朽本质的伟大模范”(Burckhardt 1977，II，36)。诸神由于全民的愿景而出现，他们被艺术家们设计成一面“美化民族形象的镜子”(Burckhardt 1977，II，37)。布克哈特在运用他的文化-批评言论时，还将之与“一神教中的神”进行比较，他的草图也像那些反对现代杂志文化的言论一样，迎合了现代人的需要(Burckhardt 1977，II，45)。希腊宗教被公认为“没有神圣的经典”、没有系统的教条，对人民也没有的内在道德要求——既不要求信仰的皈依，也不要求苦行和禁欲主义(Burckhardt 1977，II，197)：“不做任何教导，因此也不提供任何可以反驳的东西”(Burckhardt 1977，II，125—126)。其中蓬勃发展的不是某种教义，而是“崇拜活动”(Kultus)。布克哈特称，“整个崇拜活动”与“享受愉悦”密切相关(Burckhardt 1977，II，197)，且“将几乎所有生活中的乐趣都逐渐纳入这一活动过程中”(Burckhardt 1977，II，125)。尽管如此，其中却“没有僧侣制度，也不存在祭司”：“首先，宗教并不属于祭司”(Burckhardt 1977，II，127；参 WPH 5[104]；KSA 8，67)。布克哈特关于希腊宗

---

① 关于此处参考的版本，参 Burckhardt 1977(卷三，第 3 部分：《宗教与祭仪·之二：希腊人与他们的诸神》[“Religion and Cult II：The Greek and their Gods”])。

② 参致奥弗贝克，1875 年 5 月 30 日；KSB 5，58：“小克尔特博恩给了我一本漂亮的精装册子，共 448 页，窄四开。是布克哈特的希腊文化课程笔记，确实要好过鲍姆加特纳的版本[……]”参致格里斯多夫，1875 年 7 月 21 日；KSB 5，87。对布克哈特的《希腊文化史》的引用从 WPH 5[60](KSA 8，58)开始明显变多了；参 WPH 3[12]；KSA 8，17—18。

教信仰的每一项言论和评价都重新出现在尼采的“我们语文学家的笔记”中。大部分都属于欧洲人慕希腊文化(Phil-Hellenism)的传统,甚至那种批判基督教的倾向也是如此。但是,当这位巴塞尔的历史学家凭着自己对这些材料来源的知识和颇具权威性的克制独立地作出讨论时,他年轻的古典学同事的“笔记”却不时地向其他那些满怀喜悦赞美的人挑起尖锐的争端,“笔记”是控诉,它渴望忏悔:瞧,语文学家(Ecce Philologus);“我知道他们,我自己也算一个”(WPH 5[142];KSA 8,76)。

二、“更古老的古代”宗教(WPH 5[111];KSA 8,69)

“更古老的希腊”(WWK 6[11];KSA 8,101):论一个时代的构成

[268]诉诸宗教,尼采旨在表明现代语文学家无法理解古代,或无法作为教育者。因此,这个宗教不可能是希腊人在古典时期、希腊化时期或者帝国时期的宗教。① 那些希腊人“呆滞”又“仁慈”(WPH 5[195];KSA 8,95),“堕落”(WWK 6[11];KSA 8,101)、“柔弱”而且“罗马化”,最终只能成为基督教和现代自由启蒙的资产阶级人文主义的“盟友”(WWK 6[14];KSA 8,103)。相反,尼采要寻找“更古老的希腊人”(WWK 6[11];KSA 8,101)、“*更古老的*古代”(WPH 5[111];KSA 8,69)、“青春的年代”(WPH 5[195];KSA 8,95)、“古代最纯粹的时期”(WPH 3[13];KSA 8,18)。那是一个尚未被基督教征服的古代。② 尼采构建了这个前古典时期作

---

① 关于对“古风时期”希腊历史的建构,参 Heuss 1946,26—62;Ridgway 1977;Most 1989,1—23;Faber 1990,51—56;Cancik 及 Cancik-Lindemaier 1999,54—63:《尼采:早期希腊模式》(“Friedrich Nietzsche: Das frühgriechische Modell”)。

② 参 WPH 5[148];KSA 8,79—80。详参 WPH 3[4];KSA 8,14—15;3[14];KSA 8,18。“希腊人整体思维方式的评价”(WPH 3[15];KSA 8,18;WWK 6[6];KSA 8,98—99;6[17];KSA 8,104)。

为一个独立的时代,他将其命名为“肃剧时代”(WWK 6[18];KSA 8,105),因为首次戏剧表演出现在公元前530年左右。在此生活和劳作的是“前柏拉图的”、“前苏格拉底的”,或者说“更古老的”哲学家们(WWK 6[5];KSA 8,98),是那些“精神的僭主”(Tyrannen des Geistes,WPH 5[7];KSA 8,42)。希波战争终结了这个生气勃勃且极富创造力的时期,即希腊历史上的狄俄尼索斯阶段(公元前500年左右)。尼采据此从根本上重新评估了两场对于西方而言具有象征性意义的战役,即马拉松之战和萨拉米斯海战:这两场战争及其胜利实乃一场“民族的灾难”(WWK 6[27];KSA 8,108)。[①] 尼采将公元前776年定为这一时代的开端,因为这一年首次举行了奥林匹亚赛会的庆祝活动(WWK 6[30];KSA 8,110)。[②]

这个时代的第一位见证者就是荷马。他也是尼采在描述早期希腊宗教时最重要的材料来源。荷马从那还十分远古的文化阶段中、从那原始而蛮荒的环境中“解放”了希腊人(WPH 5[165];KSA 8,86)。[③] 转变一种野蛮阴郁的宗教,这确实是一项伟大的成就。让尼采感到疑惑的是,荷马从哪里获得力量来实现这一拯救?[④] “完美”(das Vollendete)“从一开始”就是荷马的属性。所以这不是发展和进步的结果。“但是,”尼采又问,“这真的是开始吗?”(GgL 节 5;KGW II/5,36 n. 2)。[⑤]

---

① 参 WWK 6[13];KSA 8,102;6[35];KSA 8,112;6[38];KSA 8,112—113 及 WPH 5[95];KSA 8,60。

② 参 WPH 3[70];KSA 8,34:“去发现公元前6—5世纪”。

③ 参“幸存者”(Überlebsel),WPH 5[155];KSA 8,83;及 WPH 5[118];KSA 8,71:“泛希腊的荷马”。

④ 参 WPH 5[146](KSA 8,79):“希腊人从何处获得了自由?显然是荷马那里;但是,他呢?”

⑤ 这是个关于史诗的问题,也事关普遍意义上的希腊文学之滥觞。参 WPH 5[1](KSA 8,41):“‘开始’在其开始的时候总是幻象。”参 Burkert 1985,119—125(“荷马的咒语”)。[译注]GgL,尼采的课程《希腊文学史》(*Geschichte der griechischen Literatur*)。

从另一种角度来看，早期古代似乎是古代晚期东方的一种边缘文化（Randkultur），早期希腊雕塑是晚期埃及艺术的延续，荷马诗歌则是漫长的口传文化传统晚期的文字编纂形态，也是它的完成形态。因此，尼采所提出的问题应该被缩小如下：地中海城邦文明圈的文化史与宗教史真正的“开端”是什么？

“笔记”的第四章：“关于希腊人的草图”

1. 尼采原准备在这篇论文的第四章勾勒出“更古老的古代”，即古老希腊（old-Hellas）的宗教的大致轮廓（WPH 5[111]；KSA 8,69）。① 他的“草图”属于[269]“希腊人特征”的一部分，因此，崇拜活动、神话和神学都与希腊文化联系在一起：宗教史是文化史的一部分。② 草图包含了关于宗教的概论以及对基督教的持续批判，虽然后者通常只是暗示。第四章的范围和主题可以通过以下标准来确定：

a）尼采为文章设计各种发散性的结构布局时为该文本所标记的标题和计划（“4. 关于希腊人的草图”）。③

b）手稿 A 中尼采用数字“4”标出的段落。

c）格里斯多夫清晰的誊本（B）中出现在数字“4”下的段

---

① 参 WPH 3[74]（KSA 8,35）：“希腊与罗马之间的对比也是古老的希腊与晚近的希腊之间的对比。”尼采十分明确地提出了这一观点，即应当将[276]希腊宗教历史上的古风时期与古典时期及希腊化时期区分开来，但他没有对此展开进一步讨论。

② 参 WPH 5[4]（KSA 8,41）；尼采用数字“4”标记了这些文本，KSA 没有记录这些以及其他进一步的标记。参 WPH 5[41]；KSA 8,52；手稿，页 181,1—5：“关于‘文化系统’的研讨班”。

③ 参 2[3]（手稿，页 219）；KSA 8,11，“粗略计划”；参 5[59]；KSA 8,57—58,5[36]；关于这份“草图”的关键字列表，参 KSA 8,50 及 5[70]；KSA 8,60。尼采的“计划”谈到，“草图”的功能在于使语文学家丧失合法性，参 5[55]（手稿，174）；KSA 8,55—56。

落:处理了一组相互对立的组合,即"希腊人和语文学家"。

d) 以下部分出自手稿 A 第 146—148 页,尼采没有整理顺序,仅从内容上看,可能属于第四章,但这一点很难确定:

页 142—140:希腊文化的"发展"(WPH 5[146];KSA 8,77—79);

页 141:"净化"(Catharsis)——"希腊本质的基本法则"(WPH 5[147];KSA 8,79);

页 136:希腊宗教(WPH 5[150];KSA 8,80—81);这之后插入了一项课程的计划,共 18 节,讨论希腊宗教:页 134(WPH 5[152];KSA 8,81—82);

页 132—130:古代文化的衰亡(WPH 5[155]—5[158];KSA 8,83—84);

页 110—108:希腊文化史(WPH 5[195]—5[200];KSA 8,95—96)。

因此,第四章有一个相对严格的主题,这一部分的古典学研究范围也相对较广。

2. 尼采的"草图"声称,"天才"与"个性"是希腊精神最重要的特征。① 然而,希腊宗教却并不能很好地显示出这些特征:与艺术一样,宗教带来了一种"暂时的平静",就如同一贴缓释剂,造成了一种"麻木"的效果,从而推迟了"真正的改良"措施(WPH 5[162]及[163];KSA 8,85—86)。尼采认为,艺术是"对启蒙的反动和抵制";宗教会使人"快乐",移除"不幸与厌倦"(WPH 5[165];KSA 8,

① 参 WPH 5[136](手稿,页 146);KSA 8,75;关于"天才":参 5[65];KSA 8,59;5[70];KSA 8,60;5[129];KSA 8,74;关于"个性":参 5[70];KSA 8,60:"个人通过城邦上升到最高权力的层面"。关于意象艺术:参 5[115];KSA 8,70 及 5[121];KSA 8,72。

86—87)。因此,宗教不能清晰地展现"天才"和"个性"的特征,显然艺术也是如此。然而,宗教的例子最易于尼采阐明现代语文学家与真正"更古老的"古代之间的鸿沟(参上文页码 263)。尽管希腊艺术领域拥有温克尔曼(Winckelmann)的权威赞誉,但这在尼采看待古代的方式中毫无用处,无论是在"笔记"还是在其他文本里。①

"安逸自在的诸神":"荷马的宗教"

希腊宗教的草图(手稿 A,页 158,16—22)

在几个列表(Dispositionen)和简短的"草图"中,尼采试图捕捉神学、神话、崇拜活动以及希腊宗教各"层次"与国家、道德和艺术之间的联系。② 其中一份草稿(手稿,页 158)如下:③

5[103]	Zu einem griechischen Polytheismus gehört viel Geist; es isl freilich sparsamer | mit dem Geist umgegangcn, wenn man nur einen hat. |
5[104]	Die Moral beruht nicht auf der Religion, sondern auf der *πόλις*. | Es gab nur Priester einzelner Götter, nicht Vertreter der ganzen Religion: also| keinen Stand. Ebenfalls keine heilige Urkunde.
5[105]	Die "leichtlebenden Götter" ist die höchste Verschönerung, die der Welt zu Theil| geworden ist; im Gefühl wie schwer es sich lebt. |

① 关于温克尔曼,参 WPH 5[46];KSA 8,53。尼采提到了埃伊纳(Aeginetans,始于公元前 5 世纪),参 30[84];KSA 8,536(1878 年夏)。关于古代艺术:参 Cancik [1995]2000,3,13—14;Cancik 1999,3—33。

② 尼采所用的文献材料,尤其是对布克哈特的摘录,可参 KGW IV/4;参上文页码 266—267。

③ 左栏是尼采手稿中的行号以及 KGW 的段落编号;文本下面是所选文本的对应文本和两组(草书)文本校勘记录。其内容是:"希腊多神信仰需要很多精神,如果你只有一个,那么,毫无疑问,在处理精神时就会更吝啬。道德不是基于宗教,而是基于*πόλις*[城邦]。每个个体的神都有单独的祭司,但不存在整个宗教的代表,所以没有神职人员组织。同样也没有神圣的经典。'安逸自在的诸神'(leichtlebenden Götter)是这个世界所能被给予的最高的美化;感受吧,生活着是多么艰难。"

（续表）

	页 158,21—22 → N II 1(16[8],16[9]) 页 158,22:参手稿 A 页 239,5 页 158,16—17:该文本上标有数字“4” 页 158,17:一]一〈神〉添加,KGW 遵循 GAK 页 158,18—20:该文本上标有数字“4” 页 158,21—22:该文本上标有数字“4”

[270]“草图”以荷马神学开始和结束,中间是希腊宗教的四个基本特征:非一神论、宗教几乎不赋予道德合法性、无司祭品阶、无神启写作。这几点中的每一个——多神信仰、神职人员、宗教经典、宗教和道德之间的松散联系——都是常见选项,用以强调希腊宗教与犹太-基督教之间的区别。即使此处没有提到犹太教和基督教,文本的比较倾向和批判倾向也都表露无遗。德国浪漫主义语文学家,如威尔克(Friedrich Gottlieb Wecker,1784—1868)、克罗伊策(Friedrich Creuzer)和格林(Jacob Grimm),都在寻找希腊原始的一神教,据说它在前荷马时期就已经作为一种原始的自然宗教存在。[①] 之后出现的所谓的多神信仰则是堕落的开始:尼采质疑道,“按威尔克的理论,把希腊人视为原初的一神论者”,这种想法“多么基督教”,又离希腊人有多远啊(WPH 5[114];KSA 8,70)。[②] 尼采正确地坚持着所谓的多神信仰的独立性,即使那只是一种廉价的讽刺。但他低估了将基督论和三位一体视作一种(温和)一神论时所需要的庞大的知识谱系。他没有注意到实际的宗教实践,其中,对主神和半神、地方英雄、守护精灵、天使、灵魂、烈

① 参威尔克,《希腊神话学·卷一～三》(*Griechische Götterlehre I—III*),Göttingen,1857(1859—1860;1862—1863)。尼采于 1871 年 4 月从巴塞尔大学的图书馆借阅了此书,1875 年 2 月 18 日,他还借了威尔克的《短篇作品》(*Kleine Schriften*)第四卷:《论希腊文学》(*Zur griechischen Literatur III*,1861)参 Hcnrichs 1986,179—229。

② 参 WPH 5[114];KSA 8,70。编号“4”在文本顶端。

士、先知、圣徒、善良或有害的力量的崇拜活动构成了一个广泛的连续体,模糊了形而上学-神学思考的明确边界。

尼采认为,前荷马时代是一个野蛮阴暗的原始世界,有一位诗人身处其中,用他的艺术"解放"了人类。荷马的"诸神安逸自在",尼采认为,这并不仅仅是年幼弱小的人类的无害幻想,还是人类艰难地战胜了卑劣的,但仍颇具影响的"逆流"(counter-currents)的标志(WPH 5[165];KSA 8,86)。① 尼采要重建的更古老的古代宗教是荷马的"关于诸神的教义"(Götterlehre)。包括了诸神的拟人化,还有他们的"嫉妒心":是诸神使人们"变得更坏",并让他们跌倒。② 诸神不是人类的"主人",他们的崇拜者不是"像犹太人那样的仆人(Knechte)"(WPH 5[150];KSA 8,81)。③ "希腊人的诸神",尼采写道,是"一个美丽的梦想-形象"(WPH 3[53];KSA 8,29):④[271]这听起来有些时代错乱,颇像伊壁鸠鲁关于诸神的原子论概念,也是"笔记"中发现的少数几个类似《肃剧的诞生》中"耽于形象"(image-angling)之语的例子之一。⑤ 这可能是一种无意识的自我参考,让我们注意到一个消极结果:《肃剧的诞生》(1872)问世后,仅仅不过两年,狄俄尼索斯、狄俄尼索斯节、萨提尔以及酒神的女伴都不再被允许出现在《不合时宜的沉思》中。可是,"希腊悲观主义"、以反古典与反教化的方式反对无知的(simplicity)高

① 荷马,《伊利亚特》,卷六,行138;荷马,《奥德赛》,卷四,行805,参WPH 5[118];KSA 8,71;5[150];KSA 8,80—81;参Rodenwaldt 1944;Wohlleben 1990,5—6(关于尼采的荷马概念,参本书扎沃洛科夫的论文)。

② 参WPH 5[115];KSA 8,70及5[120];KSA 8,71。参荷马,《伊利亚特》,卷三,行365;卷四,行478;荷马,《奥德赛》,卷廿,行201;埃斯库罗斯,《波斯人》,行362;希罗多德,《原史》,卷一,节32;卷七,节46。

③ 参上文页码266—267。

④ 出自第四章。

⑤ "根据卢克莱修(Lucretius)的概念,在梦里,神明首次向人的灵魂展现出其辉煌的形象,在梦里,杰出的塑形者注视着那超人迷人的身躯结构"(BT 1;KSA 1,26。Oskar Levy译)。对该段的讨论,参Reibnitz 1992,68—69。

贵、对真相的信仰和对古代的失败"易容"，这些都是尼采这位浪漫主义启蒙者最有意义的"发现"。在"笔记"中，知识很少表现出"耽于形象而导致的种种纷乱"(bilderwüthig und bilderwirrig, BT"尝试自我批判"，3；KSA 1,14)，而是表现得更清醒、更怀疑且更非神话。[①] "希腊文化的黑暗面"被分配到前荷马时代：因此，矛盾的是，同样一个荷马，他曾经是那更古老而且截然不同的古代的关键证人，但现在却变成了一位启蒙家和解放者。

"荷马解放了他们"(手稿 A，页 126)

尼采在"草图"中所描绘的神学，正如上面所引述的，是荷马的神学(Lamberton 1986)。根据古代的分类，这是"神话的神学"(瓦罗[Marcus Terentius Varro]，《神事考古》[*Antiquitates rerurn divinarum*]，残篇 6—10)[②]——这完全是诗学的，尽管具有较大的影响力。尼采认为，荷马将希腊人从史前的黑暗中"解放了"出来。通过他的泛希腊(Pan-Hellenic)史诗，他加强了希腊地区不同村落和部族之间文化与宗教的凝聚力。因此，更古老的古代没有出现政治-军事的集中制："早期泛希腊的荷马永远是重大的事实"(WPH 5[146]；KSA 8,78)。[③]

"前荷马的思想和行为"(Gesinnung und Gesitung)(WPH 5[155]；KSA 8,83)始终影响着希腊宗教的历史，即使是在它们被荷马所战胜后。蒙古人、忒腊基人(Thracian)和闪米特人都是生长于希腊土壤的原始民族(WPH 5[198]；KSA 8,96)："一切都是闪米特人的"(KGW II/5,380)。在此，一个"前存在状态的基督

---

① 只有少数几项：WPH 3[4]；KSA 8,14—15；3[14]；KSA 8,18；3[17]；KSA 8,19；3[39]；KSA 8,25；3[52]；KSA 8,28；3[65]；KSA 8,33；5[12]；KSA 8,43；5[20](KSA 8,45)："揭示人类的非理性"。5[146](KSA 8,78)："对陶醉的贪恋"。

② 关于该残篇的版本，参 Burkard Cardauns 编，《瓦罗的〈神事考古〉》(*M. Terentius Varro. Antiquitates Rerum Divinarum*)，Wiesbaden 1976。

③ [277]参 5[101]；KSA 8,66；5[118]；KSA 8,71。关于这一点的经典文本当属荷马《伊利亚特》，卷二中的"船表"。

教”逐渐形成，之后，它将破坏被“思潮的交流”(cross-currents)所削弱的希腊文化(Cancik & Cancik-Lindemaier 2008)。尼采写道(WPH 5[165]；KSA 8,86；即手稿 A,126)：①

> Im gricchischcn Golterwesen und Cultus findet man alle Anzeichen eines rohen| und diistern uralten Zustandes, in dem die Griechen etwas sehr verschiedenes geworden| wären, wenn sie drin verharren mussten. Homer hat sie befreit, mit der eigen-| thumlichen Frivolitat seiner Goiter. Die Umbildung einer wilden diistern Religi-| on zu einer homerischen isl doch das grosste Ereigniss. Nun beachte man die| Gegenstromungen, das sich-offenbaren der alten Vorslellungen, das Ergreifen Ver-| wandter, Auslandischer. [De]
>
> 页 126,1—3：参致洛德，1872 年 7 月 16 日；KSB 4,23
> 页 126,3—5：参 HH I,MA I 262；KSA 2,218—219
> 页 126 完全使用拉丁语，天蓝色墨水，此处最后一次使用
> 页 126,7：尼采删除了“De”但没有补上替代的词

[272]荷马的宗教和希腊的宗教作为一个整体，包含了来自文化早期阶段的“幸存者”(Überlebsel, WPH 5[155]；KSA 8,83)。在此，就内容和术语而言，尼采遵循了进化论的观点。② 祭仪保存了“前荷马的心智与文明”的古老环境。就类型学和历史学而言，它比神话还要古老，就像神明本身那样，通常是“前-”或“非-”希腊的：“甚至连阿芙洛蒂忒也是腓尼基人的”(WPH 5[65]；KSA 8,59)。③ 尼采是正确的，他也遵循古代传统，坚持认为开端是互相

① “在希腊的神灵与祭仪中，人们能发现蛮荒而阴郁的远古阶段的全部迹象，若希腊人将之保持下去，他们就会变得另一种样子。荷马用他的奇特而欢乐的诸神解放了他们。野蛮而阴郁的宗教变为荷马的宗教，这确实是最伟大的事件。现在来看这股逆流(counter-currents)，来看这古老想象如何浮现，来看这对相关事物及陌生事物(Verwandter, Ausländischer)的把握。”

② 关于“幸存者”的概念，参泰勒(Edward Burnett Tylor)，《原始文化》(*Primitive Culture*)，London 1871。尼采于 1873 年 7 月借阅自巴塞尔大学的图书馆。

③ 该文本被数字“4”遮盖。

混合与掺杂的。在为第四章所作的另一个文本中，他写道：“几乎所有的希腊神都是逐渐累加的，他们一层叠一层，要么成长为一体，要么粗暴地粘连在一起”(WPH 5[113]；KSA 8，70)。[①]

诸神的聚集对应着希腊人口的分层、泛滥和分散。在此，尼采决定性地远离了当时旨在寻找前历史时期的印度-日耳曼起源的比较语言学和宗教学研究。[②] 荷马从这个野蛮暗淡的“前历史”中解放了希腊人(WPH 5[165]；KSA 8，86—87)：[③]他抑制了“盲目的拜物”、“对死亡的恐惧”以及“活人献祭”，并代之以宁静“壮观的崇拜仪式”、热闹的运动竞技，以及安逸诸神的“轻浮举止”。[④] 出于这一原因，尼采在自己为自由精神(Free Spirits)所写的书(1878)中，将荷马置于自由的历史开端，尤其是欧洲：“希腊人所实现的一切精神和人类的自由都”源自荷马和他的泛希腊影响(HH I，262；KSA 2，218)。[⑤] 紧随荷马之后的是埃斯库罗斯和阿里斯托芬、伟大的文艺复兴艺术家们以及歌德(HH I，125；KSA 2，121)。[⑥] 在此，古老的古代祖先变成了自主的艺术家，他凭借自己的形象塑造了诸神，就像雕刻家之于粘土与大理石。尼采认为，荷马“在最深刻的意义上必然是非宗教的(unreligious)”(WPH 5[196]；KSA 8，95)。

三、“宗教批判”

希腊宗教/犹太-基督教

1. 在尼采关于希腊宗教的“草图”中，有三行论述是彼此交织的：

---

① 参 WPH 3[27]；KSA 8，22。

② 参 WPH 5[198]；KSA 8，96；参 2[5]；KSA 8，12。

③ 在列出的关于希腊宗教的 10 个要点中，“1”是重中之重。

④ 参 WPH 5[118]；KSA 8，71：“泛希腊的荷马对他的轻松快乐的诸神感到喜悦满意。”

⑤ 如下面所提到的，该文本(HH I 125；KSA 2，121)也是从“笔记”发展而来。

⑥ 参 WPH 5[196]；KSA 8，95。值得注意是，此处没有提到恩培多克勒对宗教的批判。

● 对“希腊诸神”的慕希腊(philhellenic)传统(席勒);

● 或隐或显地持续“尝试批判基督教”;①

● 普遍的“宗教批判”甚至也没有忽略希腊的梦想-形象:“所有一切的神灵既多余又无用。”(WPH 5[5];KSA 8,42 及 5[158];KSA 8,84)。

在关于更古老的希腊宗教的“草图”中涉及“基督教的批判”,这并非时代错乱,因为尼采在建构这个更古老的古代时有一个预设,根据这一预设,基督教契合于“一个前希腊的人类环境:此时人们相信巫术的活动存在于万事万物之中,还有血腥的祭祀、在神灵的宫殿前迷信的恐惧、对自身的绝望、狂喜入迷的沉思和幻觉[……]”(WPH 5[94];KSA 8,64)。② 这种“前荷马时代的心智和行为”(WPH 5[155];KSA 8,83)在希腊宗教中亦是一股持续的“逆流”(5[165];KSA 8,86—87)。[273]那个更古老的昏暗时代在后世复苏了:东方的、腓尼基的、犹太的以及基督教的崇拜正是生长自这一土壤,并因此得以传播。故在尼采所建构的历史中,基督教和希腊宗教部分地共享了相同的根基:“对希腊人的批判等同于对基督徒的批判,因为两者对神灵的信仰、对宗教的崇拜以及对自然的着魔(Naturverzauberung)有着同样的基础”(WPH 5[156];KSA 8,83)。③

尼采在“笔记”标号“5[165]”到“[166]”这部分列出了与崇拜

---

① 所以这就是后来变成《敌基督者》的文本最初草拟的标题。其批判范围还包括后来添加的犹太教。伊斯兰教在“笔记”中只提及过一次(3[53];KSA 8,28—29):“穆罕默德(Machoument)的神”——“令人畏惧的斗士的幻象”,它与基督教的慈爱之神和希腊诸神的“一个美丽的梦想-形象”相对照。尼采使用的写法十分费解——并非“Muhammad”、“Mohammed”,也非其欧洲的错误拼写“Mahomet”。

② “血祭”:基督教否认动物牺牲是其崇拜活动的一部分,但仍保留了其意象;参“*hostia* / host”。

③ 参 HH I 111;KSA 2,112—116:“宗教崇拜的起源”。

和宗教有关的三项条目(KSA 8,86—88),其中,希腊宗教对基督教的向心力十分显著。第三列关键字“论宗教”下只有一项对基督教的批判:

> II 基督教的爱,基于蔑视。[……]
> VII 最强烈,最反人类理性的,是历史上的基督教。

接下来的观点揭示出是何种冲动驱使尼采从批判希腊宗教和基督教转移到对宗教本身的批判:

> VIII 神的存在完全多余(WPH 5[166];KSA 8,88)。①

2. 在尼采的想象里,希腊土地上的“原住民”是种族混杂的(Völkergemisch):于是,在那片土地上,一开始就不可能存在“纯粹”的希腊宗教。他设想有蒙古人和忒腊基人,“沿海地区则穿插着闪米特人活动的痕迹”(WPH 5[198];KSA 8,96;参 Cancik 1997,55—75)。不久之后,在他的讲座《希腊人的宗教活动》(1875/1876)中,尼采更为果断地声称:“闪米特人的统治必定先于希腊人。”他还提出,“[……]所有事物都是闪米特人的”(KGW II/5,377—383;引文参 377,21—22 及 380,27—28)。② 他认为,阿芙洛蒂忒是一位腓尼基的神灵——其名称、崇拜形式、图像符号等都证实了尼采的假设;甚至连城邦,这一自治自主并能最大程度自给自足的共同体的集合也“都是腓尼基人的发明”(WPH 5[65];KSA,59)。③ 东方高

---

① 参 WPH 5[5];KSA 8,42;关于“爱”,参笔记“U II b”(1876 年夏),17[19];KSA 8,299。

② 在这些事物中,尼采提到了 7 颗行星,7 位月亮女神以及忒拜的 7 座城门。

③ 该文本以数字“4”标记,参希罗多德,《原史》,卷一,节 105;节 131。关于普罗米修斯与赫拉克勒斯如何“变成泛希腊的”,参 5[130];KSA 8,74。

度发达的文化的成就实际上被希腊人消化吸收并改良提高了,这与尼采归之于前荷马时代的那些蒙昧、原始和野蛮的地方毫无相似之处。但与犹太思想的对立依然不可弥合。希腊人认为诸神“并非主人”,也并不凌驾于人,认为他们自己“不是神的仆人,犹太人则会如此自称”(WPH 5[150];KSA 8,81—82)。① 尼采的表述大部分属实,因为“Herr”(*κύριος*[主],*δεσπότης*[主人])以及“Knecht”或“Sklave”(*δοῦλος*[仆人])在希腊人的宗教语言中极为罕见。②

第三列标记了第四个要点:“没有关于复仇与正义的宗教! 犹太人是最糟糕的民族”(WPH 5[166];KSA 8,88)。③ 这一系列的反犹太声明在尼采的早期著作中便已开始了,结合了慕希腊的传统与反闪米特的特点,并在“将一切自然价值去自然化的历史”这一观念中达到了顶峰,尼采后来将之写进了他的《对基督教的诅咒》(“Curse on Christianity”,AC 24—26;KSA 6,191—197,此处参 193)。④

启蒙主义视角下的希腊宗教

1. 在未完成的第四篇《不合时宜的沉思》中,尼采打破了古典教育机构的设想,摧毁了语文学家毫无理由的自我确证,批判了[274]作为教育家和学者的“古典语文学家”。我们的语文学所具有的基督教性质,使得我们难以理解“异教”(pagan)的古代,也难以与之沟通,特别是其宗教。因此,这篇《不合时宜的沉思》由于讨

---

① 关于对该笔记的详尽解释,参 HH I 114;KSA 2,117—118:“基督教中的非希腊因素”。引人注目的是,尽管如此,尼采仍然称他的课程讨论“希腊人如何侍奉神灵(Göttes-Dienst)”。

② 例如,索福克勒斯的《俄狄浦斯王》,行 410:忒瑞西阿斯是阿波罗的*δοῦλος*[仆人]。

③ 参笔记“U II 5b”(1876 年夏),17[20];KSA 8,299:“犹太人是世界上最糟糕的民族[……]”

④ 参 Cancik[1995]2000,134—149;Cancik & Cancik-Lindemaier 1991,21—46。

论了教育系统、教育者、非基督教的古代，便成为了对基督教和对希腊宗教的批判，进而最终成为对“所有宗教”的普遍批判（WPH 5[5]；KSA 8，42）。[①] 这篇无所不包、充满挑衅、颇具破坏倾向的《沉思》，[②]给希腊诸神造成了同样的后果：希腊诸神也是多余无用，甚至有害的，与任何一种宗教一样。从未有人从这个角度审视过希腊宗教，它在古代和后古代的神学对手没有，对之赞赏有加的语文学家更没有，因为后者受制于自身体内“混进的基督教性质”（WPH 5[39]；KSA 8，51）。[③]

2. 尼采对宗教的批判属于一个悠久的传统。古代的启蒙者早已反驳过这种对天意的希望和期盼来自超越世界的神罚。[④] 宗教的功能是“麻醉”、“镇静”、“缓解”和“催眠”。[⑤] 是用来“安抚”、“娱乐”、“慰藉”和“愚弄”人民的。[⑥] 宗教是有效的统治工具：它可以安抚“穷人和民众”，镇定“暴徒和恶棍”（参 5[18]；KSA 8，44—45）。“所以宗教不过就是为穷人提供的空洞许诺”（WPH 5[163]；KSA 8，85—86；5[165]；KSA 8，86—87）。但对于聪明人和有钱人而言，“神的存在”则“完全多余无用”（WPH 5[166]；KSA 8，88）。他们知道，所有宗教的“根基”——即使是希腊宗教

---

① 这一段出自手稿 A，页 198，紧随该誊本的开篇；关于概论性的倾向，参 5[157]；KSA 8，83—84：“一切文化”。

② 参 WPH 5[30]；KSA 8，48—49：“[……]一个渴望被称作‘毁灭者’的人类群体”。

③ 参 5[59]；KSA 8，57：[语文学家]的“错综复杂的基督教”；[33]；KSA 8，49—50：“人文主义与宗教理性主义的联结[……]：赫尔曼是这一类语文学家。”参 5[107]；KSA 8，67—68：“人文主义”是基督教的传教手段。

④ 参[278]WPH 5[20]；KSA 8，45 及 5[24]；KSA 8，46——其古代文献载于 Cancik-Lindemaier 2010，61—83。

⑤ 这是一些经常被讨论的话题：(a)WPH 5[163]；KSA 8，85—86，与“犁”在一起，近页 113；KSA 8，322；5[165]；KSA 8，86—87。(b)5[162]；KSA 8，85。(c)5[162]；KSA 8，85。(d)5[61]；KSA 8，58；5[162]；KSA 8，85；5[163]；KSA 8，85—86。

⑥ 参 WPH 5[139]；KSA 8，75 及 5[165]；KSA 8，86—87。5[163]；KSA，85—86 及 5[188]；KSA 8，94：“基督教激发了人类身上的愚蠢[……]。”

和基督教——都基于“某种特定的自然假设”(WPH 5[5];KSA 8,42),而这种假设早已“过时了”(5[156];5[157];5[158]:KSA 8,83—84)。

对荷马的宗教和这位伊奥尼亚诗人带来的解放的赞美,对更古老的古代宗教的歌颂,这些逐渐与对“古老文化的消亡”的认知交缠在一起(WPH 5[157];KSA 8,83—84)。尼采和他那个时期的大多数人一样,深信基督教将因现代性而终结。他认为,希腊宗教的衰亡可以被看作基督教终结的一种模式(WPH 5[156];KSA 8,83;5[157];KSA 8,83—84)。然而,随着“基督教的消失”,古代本身将变得更无法理解。毕竟,基督教亦是“古代的一部分”(WPH 3[13];KSA 8,18)。[①] “古代将随着基督教而彻底消失,”(WPH 5[148];KSA 8,79—80)尼采声称——这是在诊断病灶还是一种良好的祝愿?因为,如果希腊宗教和基督教“消失了”,那么“我们的社会和政治曾经的基础”也将崩塌(WPH 5[148];KSA 8,79—80)。

3. 尽管如此,第四篇《不合时宜的沉思》并没有放弃讨论对改革“古典教育”、大学预科(Gymnasium)和语文学这些议题(WPH 5[138];KSA 8,75):[②]“有人认为,对语文学来说,它已经完蛋了——但我相信它还没开始”(WPH 3[70];KSA 8,34)。尼采在关于更古老的希腊宗教的“草图”中也提到了这一崭新的开始。然而,有悖于这一变革,同一篇文章中还有另一种立场,即狂飙突进、激进启蒙,要求抛弃一切“旧文化”,抛弃它的宗教和历史:“必须以进步的未来科学取而代之”(WPH 5[158];KSA 8,84)。[③] 对希腊,对那拥有它美丽的梦想-形象的更古老的古代宗教而言,这个

① 参 WPH 5[15];KSA 8,43—44;5[16];KSA 8,44。

② 该段落出自手稿 A,222,即誊本的开头;参 5[109];KSA 8,69。

③ 参 5[20];KSA 8,45;5[88];KSA 8,64:“一个人应该更倾向科学性的[结论]”。

未来中没有它们的立足之地。

参 考 文 献

Buckhardt, Jakob (1977): *Griechische Culturgeschichte*. Munich (dtv).

Burkert, Walter (1985): *Greek Religion*. Cambridge, MA (Harvard University Press).

Cancik, Hubert ([1995]2000): *Nietzsches Antike. Vorlesung*. 2nd edn. Stuttgart and Weimar (Metzler).

——(1997): "Mongols, Semites, and the Pure-Bred Greeks. Nietzsche's Handling of the Racial Doctrines of His Time." In Jacob Golomb (ed.): *Nietzsche and Jewish Culture*. London and New York (Routledge), 55—75.

——(1999a): "Otto Jahns Vorlesung 'Grundzüge der Archäologie' (Bonn, Sommer 1865) in den Mitschriften von Eduard Hiller und Friedrich Nietzsche." In Hubert Cancik and Hildegrad Cancik-Lindemaier (eds): *Philolog und Kultfigur. Friedrich Nietzsche und seine Antike in Deutschland*. Stuttgart and Weimar (Metzler), 3—33.

——(1999b): "'Philologie als Beruf'. Zu Formengeschichte, Thema und Tradition der unvollenden Vierten Unzeitgemäßen Friedrich Nietzsches." In Hubert Cancik and Hildegard Cancik-Lindemair (eds): *Philolog und Kultfigur. Friedrich Nietzsche und seine Antike in Deutschland*. Stuttgart and Weimar (Metzler), 69—84.

——(2011): "Die Pflugschar." In Christian Niemeyer (ed.): *Nietzsche Lexikon*, 2nd edn. Darmstadt (Wissenschaftliche Buchgesellschaft), 290f.

Cancik, Hubert and Hildegard Cancik-Lindemaier (1991): "Phihellénisme et antisémitsme en Allemagne. Le cas Nietzsche." In Dominique Bourel and Jacques Le Rider (eds): *De Sils-Maria à Jérusalem. Nietzsche et le judaïsme-Les intellectuels juifs et Nietzsche*. Paris (Cerf), 21—46.

——(1999): "Das Thema 'Religion und Kultur' bei Friedrich Nietzsche und

Franz Overbeck." In Hubert Cancik and Hildegard Cancik-Lindermaier (eds): *Philolog und Kultfigur. Friedrich Nietzsche und seine Antike in Deutschland*. Stuttgart and Weimar (Metzler), 51—68.

——(2008): "The 'Pre-Existent-Form' (Präexistenz-From) of Christianity. Philological Observations Concerning Nietzsche's Construction of the History of Ancient Religions." In Hubert Cancik: *Religionsgeschichten*. Hildegard Cancik-Lindemaier (ed.). Tübingen (Mohr-Siebeck), 168—190.

——(2011): "Wir Philologen (WPh)." In Christian Niemeyer (ed.): *Nietzsche Lexikon*, 2nd edn. Darmstadt (Wissenschaftliche Buchgesellschaft), 424f.

Cancik-Lindemaier, Hildegard (2010): "'Aus so großer Finsternis ein so helles Licht'. Die Religionskritik des Lukrez im Rahmen derantiken Aufklärung." In Richard Faber and Brunhilde Wehinger (eds): *Aufklärung in Geschichte und Gegenwart*. Würzburg (Königshausen und Neumann), 61—83.

Faber, Richard (1990): "Archaisch/Archaismus." In *Huandbuch religionswissenschaftlicher Grundbegriffe*. Vol. 2, 51—56.

Henrichs, Albert (1986): "Welckers Götterlehre." In William M. Calder III et al. (eds): *Friedrich Gottlieb Welcker. Werk und Wirkung*. Hermes Winzelschriften 49. Stuttgart (Steiner), 179—229.

Heuss, Alfred (1946): "Die archaische Zeit Griechenlands als geschichtliche Epoche." In Antike und Abendland. Vol. 2, 26—62.

Lamberton, Robert (1986): *Homer the Theologian: Neoplatonist Allegorical Reading and the Growth of the Epic Tradition*. Berkeley (University of California Press).

Most, Glenn W. (1989): "Zur Archäologie der Archaik." In Antike und Abendland. Vol. 35, 1—23.

Reibnitz, Babara von (1992): *Ein Kommentar zu Friedrich Nietzsche "Die Geburt der Tragödie aus dem Geiste der Musik" (Kapitel* 1—12). Stuttgart (Metzsler).

Ridgway, Brunilde S. (1997): *The Archaic Style in Greek Sculpture*. Princeton (Princeton University Press).

Rodenwaldt, Gerhart (1944): *Theoi reia zōontes*. (Abhandlungen der Preußischen Akademie der Wissenschaften, Philosophisch-Historische Klasse; 1943, 13.) Berlin (Verlag der Akademie der Wissenschaften).

Wohleben, Joachim (1990): *Die Sonne Homers. Zehn Kapitel deutscher Homer-Begeisterung von Winckelmann bis Schiliemann*. Göttingen (Vandenhoeck & Ruprecht).

人 名 索 引

（索引页码均为原书页码）*

* “（ ）”内的数字为原书遗漏页码。

B

E

F

G

H

I

J

K

L

M

N

O

P

R

T

U

V

W

X

Y

Z

关键词索引

（索引页码均为原书页码）

译后记

正如两位编者所言，本书旨在对身为古典学家的尼采有一个更精更全的把握。也许，这其中还涉及了对古典语文学本身的重识和反思。对于尼采，译者不敢妄加评议，但整书译后不免思绪万千，忍不住斗胆多言。

所谓学海泛舟，尼采显然驾着一艘“快艇”，这兴许就导致了他那宿命般的“翻覆”，也很难说不是他有意为之。然而，尼采并未因此沉沦，一如许多神话中英雄重生的基调，从此诞生了一位伟大的哲人，掀起思想的层层巨浪。

不过，若有同为青年学人之胸怀志向者，还需不务空名、步步为营、缓步慢行。

在此需对原书的几处变动作简要说明。书中脚注原为尾注，因索引之需，在注中增添了原书页码（[X]）；另有关联注释之故，几处注释加标了原注编号（[原文注 X]）。翻译过程中译者翻阅和参考了国内已有的相关译著，前辈们的努力成果对译者理解和把握文意大有裨益，在文中不逐一标出。

翻译此书获益良多，借此，译者要感谢倪为国先生的栽培和信任，也感谢责任编辑彭文曼女士的统筹和细心编校。书中第六篇文章（《尼采与拉尔修》）采用于璐博士的译文，译者做了些微调、统一和补充。（说来也巧，译者有幸与于璐的导师黄瑞成教授是硕士同专业的校友。）译稿经冷昕然校对，此后，译者又对全稿做了改动，几处细节又经她推敲、建议、斟酌而定。亦对她们两位表示感谢。

译者学艺不精且见识有限，若译文的谬误疏漏给读者造成困扰，万望海涵，不当之处敬祈读者惠正。

纪　盛

2018 年 12 月 23 日

图书在版编目(CIP)数据

尼采作为古代文史学者/(美)海特(Helmut Heit),(美)詹森(Anthony K. Jensen)编;纪盛,于璐译.
--上海:华东师范大学出版社,2018

ISBN 978-7-5675-8651-2

Ⅰ.①尼… Ⅱ.①海… ②詹…③纪… ④于… Ⅲ.①尼采(Nietzsche,Friedrich Wilhelm 1844—1900)—哲学思想—文集 Ⅳ.①B516.47—53

中国版本图书馆CIP数据核字(2019)第017283号

华东师范大学出版社六点分社
企划人 倪为国

Nietzsche as a Scholar of Antiquity
by Anthony K Jensen

经典与解释·尼采注疏集

尼采作为古代文史学者

编　　者　(美)海特　詹森
译　　者　纪　盛　于　璐
校　　者　冷昕然
责任编辑　彭文曼
封面设计　卢晓红

出版发行　华东师范大学出版社
社　　址　上海市中山北路3663号　邮编　200062
网　　址　www.ecnupress.com.cn
电　　话　021-60821666　行政传真　021-62572105
客服电话　021-62865537
门市(邮购)电话　021-62869887
地　　址　上海市中山北路3663号华东师范大学校内先锋路口
网　　店　http://hdsdcbs.tmall.com

印 刷 者　上海盛隆印务有限公司
开　　本　890×1240　1/32
插　　页　2
印　　张　15.5
字　　数　280千字
版　　次　2019年3月第1版
印　　次　2019年3月第1次
书　　号　ISBN 978-7-5675-8651-2/B·1161
定　　价　88.00元

出 版 人　王　焰